Frauenwelten — Männerwelten

Alltag und Biografie von Mädchen
Band 8

Herausgegeben von der
Sachverständigenkommission Sechster Jugendbericht
Helga Krüger, Gerhild Frasch, Elfriede Bode,
Dieter Baacke, Renata v. Ungern, Gabriele Naundorf.

Redaktion: Winfried Krüger, Carola Möller, Marianne Weg

Cillie Rentmeister

Frauenwelten — Männerwelten

Für eine neue kulturpolitische Bildung

Leske Verlag + Budrich GmbH, Opladen 1985

CIP-Kurztitelaufnahme der Deutschen Bibliothek

Alltag und Biografie von Mädchen / hrsg. von d. Sachverständigenkomm. Sechster Jugendbericht. Helga Krüger . . . Red.: Winfried Krüger . . . – Opladen: Leske und Budrich

NE: Krüger, Helga (Hrsg.); Sachverständigenkommission Sechster Jugendbericht

Bd. 8. Rentmeister, Cillie, Frauenwelten – Männerwelten. – 1985

Rentmeister, Cillie:
Frauenwelten – Männerwelten: für e. neue kulturpolit. Bildung / Cillie Rentmeister. – Opladen: Leske und Budrich, 1985.
(Alltag und Biografie von Mädchen; Bd. 8)
ISBN: 3-8100-0474-x

Gesamtherstellung: Hain Druck GmbH, Meisenheim/Glan
Printed in Germany

Vorbemerkung der Sachverständigenkommission

Alltag und Biografie von Mädchen sind vielfältig und reichhaltig an gesellschaftlichen Erfahrungen und Widersprüchen; nur ist viel zu wenig davon bekannt. Die vorliegende Reihe veranschaulicht diesen Alltag, liefert Daten, analysiert den gesellschaftlichen Kontext und macht hierüber die Besonderheit weiblicher Existenz deutlich. Sie stellt den Lebenszusammenhang von Mädchen in den Mittelpunkt, um von hier aus eine angemessene Sichtweise der Probleme und neue Perspektiven für Mädchen und Frauen zu entwickeln.

In Forschung und wissenschaftlicher Literatur über Kinder- und Jugendfragen kommen Mädchen wenig vor, da durchweg ohne Unterscheidung über die Lebenskonzepte, die Berufsorientierung, Ausbildungs-, Schul- oder Freizeitprobleme, Familiensituation und Konfliktlagen „der Jugendlichen" oder der „Kinder" nachgedacht wird. Schon bei erstem Hinsehen zeigt sich: Es wird praktisch nur von Jungen berichtet – Mädchen erscheinen subsumiert bzw. allenfalls als eine (defizitäre) Untergruppe des „Normalfalls" der männlichen Jugendlichen. So bleiben die durch die geschlechtsspezifische Arbeitsteilung in der Gesellschaft bedingten Merkmale ihrer Lebenssituation unsichtbar: die Interessen und Denkweisen von Mädchen, ihre Stärken und die ihnen zugemuteten Benachteiligungen, ihre Probleme sind kein Thema. Es geht um „Schüler", „Arbeiterjugendliche", „die Alternativszene" – aber nicht um Schülerinnen, Arbeitermädchen, Mädchen in Alternativbewegungen ....

Das Spektrum dieser Reihe umfaßt unter anderem: die Sichtweise des „weiblichen Sozialcharakters" in den Sozialisationstheorien; Mutter/Tochter- und Vater/Tochter-Beziehungen in der Familie, den Sexismus in der Schule, im Kindergarten, in der Beratungspraxis und in Heimen, die Weiblichkeitsbilder in den Medien; Untersuchungen zur Lebenssituation von Mädchen ohne Ausbildung, von behinderten Mädchen und Mädchen auf dem Lande; sexuelle Gewalt gegen Mädchen ist ebenso Thema wie die Diskriminierung von Mädchen im geltenden Recht; Alternativen der Mädchenarbeit werden aufgezeigt sowie theoretische und praktische Ansätze einer kulturpolitischen Bildung für Mädchen und Frauen.

Die Arbeiten sind als Expertisen zum 6. Jugendbericht entstanden, der das Thema „Verbesserung der Chancengleichheit von Mädchen" zum Gegenstand hat. Ihre Veröffentlichung in dieser Reihe wurde finanziell vom Bundesministerium für Jugend, Familie und Gesundheit gefördert. Die Expertisen waren eine der Grundlagen für die Sachverständigenkommission, die zu Beginn ihrer Arbeit die erheblichen Informations- und Forschungslücken auf allen Gebieten feststellen mußte. Um sie zu schließen, wurden Wissenschaftler/innen und Praktiker/innen mit den oben genannten Themen beauftragt.

Der hier vorliegende Band „Frauenwelten – Männerwelten" vereinigt zwei Expertisen von Cillie Rentmeister. Im ersten Teil zeigt die Autorin an kulturgeschichtlichen und kulturvergleichenden Szenarios, wie wandlungsfähig weibliche Identität und Lebensformen waren und noch sind. Sie erforscht matriarchale und egalitäre Kulturen der Vergangenheit und der Gegenwart, ihre anderen Wert- und Symbolsysteme, unter aktuellen Fragestellungen. So räumt sie beispielsweise mit dem Mythos von der „natürlichen Fruchtbarkeit" auf und beschreibt, wie mit den Methoden frauenrechtlicher Bevölkerungskontrolle jahrtausendelang die Menschendichte in ökologisch und sozial verträglichen Grenzen gehalten wurde. Entsprechend läßt sich der historische Zusammenhang zwischen dem Weg in die Bevölkerungsexplosion mit der Durchsetzung von patriarchalen Wertsystemen nachweisen – als eine Folge einseitig männerrechtlicher Politik, die auf möglichst unbegrenzte Kontrolle und Verfügungsgewalt über Frauen und Natur zielen. Angesichts der gegenwärtigen materiellen und weltanschaulichen Krise dieses Systems sieht die Autorin Feminismus und Ökologie als Hauptstrategien für den notwenigen kulturellen Wandel an. Im zweiten Teil dieses Bandes widerlegt eine kritische Sittengeschichte des weiblichen Körpers aktuelle Tendenzen, die Frauen auf angeblich ewig-weibliche und naturgewollte Plätze zurückzuweisen. Es wird nach den Möglichkeiten von Mädchen und Frauen gefragt, wie sie sich Räume aneignen können. Der Text liefert insgesamt Anregungen, Thesen und Materialien für eine kulturpolitische Bildung, die sich an den Interessen von Mädchen und Frauen orientiert.

Vorbemerkung

Dieser Text erscheint nun fast drei Jahre nach seiner ersten Niederschrift und Abgabe bei der Kommission. Zu den von mir angesprochenen Themen gab es in dieser Zeit eine Reihe von Neuveröffentlichungen, und Diskussionen in Wissenschaften und Frauenbewegung schritten fort. Bei unveränderten Thesen habe ich das neue Material in den Teil I eingearbeitet: er wurde sehr viel umfangreicher und stellt jetzt den Hauptteil dar; den Teil II dagegen habe ich stark gekürzt; er bildet jetzt eine Art Anhang, als kurze Illustration zu den zwei Spezialthemen, wie Kultur und Politik die Identität von Frauen und Mädchen in ihren Körpern und im Raum prägen.

Obwohl, beziehungsweise gerade weil dieser Text als Expertise entstand, habe ich mich besonders um *Vermittlung* bemüht – darum, kulturwissenschaftliche Fragen und Ergebnisse interdisziplinär zu verknüpfen und möglichst auch Praktiker/innen nahezubringen. Das gestaltete sich für mich als teils schwieriger, aber hoffentlich im Ergebnis akzeptabler Balanceakt zwischen Tiefe und Breite; denn es hieß, einerseits wie in einer Luftaufnahme die großen Zusammenhänge überschaubar machen zu wollen; andererseits in „Zwischenlandungen" Detailfragen zu erörtern und manches genauer zu betrachten, um den umfassenden Thesen Leben einzuhauchen und natürlich auch, um sie zu belegen. Entsprechend strukturiert sich die Literaturauswahl: teils enthält sie Grundlagenwerke; teils erschienen mir auch sehr spezielle Angaben nötig, sofern sie in den zitierten eigenen bzw. Arbeiten anderer Autor/innen nicht oder nicht leicht aufzufinden (oder einfach interessant) sind.

Die hier vorgelegten und zusammengefaßten Thesen und Perspektiven entwickelten sich in den vergangenen acht Jahren in Ko-Evolution mit praktischer Arbeit in der kulturpolitischen Bildung: in Universitätsseminaren, in schulischer und außerschulischer Bildung, und in der Frauenbewegung. Gerne hätte ich auch in Kursmodellen und Erfahrungsanalysen diese praktische Arbeit beschrieben, entschied mich aber innerhalb des hier begrenzten Rahmens, erst einmal einen Teil des Stoffes vorzustellen, aus dem die Seminare und Modelle gemacht sind. Ich hoffe, möglichst bald in einer anknüpfenden Veröffentlichung diese notwendige Fortsetzung in die Praxis hinein darstellen zu können.

C.R.

Inhalt

Vorbemerkung der Sachverständigenkommission 5
Vorbemerkung 7

Teil I 13

1. „Durch die Mütter zurückdenken" – Persönliches und Programmatisches zum Kultur-Begriff 15

1.1. Kulturgeschichte als männliche Genealogie 15
1.2. „Fremde in der eigenen Kultur": Koedukation und geschlechtsspezifische Inkulturierung in einer Zwei-Welten-Kultur 17
1.2.1. Virginia Woolf über Männerwelt und Männerwerte 19
1.2.2. Das unheimliche Sich-heimisch-Fühlen: neun Jahre auf dem humanistischen Gymnasium, als Mädchen 20
1.2.3. „Auf das kulturell vermeintlich Eigene den Blick der Entfremdung richten" – über die Fremdheit als Chance 23
1.3. „Mit Kultur wieder die weiblichen Interessen verknüpfen" – ein erweiterter Begriff von Kultur und Kultur-Politik 25
1.3.1. Kultur anders definieren 25
1.3.2. Kultur anders erforschen 28
1.3.3. Eine andere kulturpolitische Bildung – Kulturenfähigkeit in der Alltagswelt, Identität und Intuition 29

2. Matriarchate 31

2.1. Was sind Matriarchate? Kontroversen, Definitionen und drei Beispiele 31
2.1.1. Die Kontroverse, in zehn Aspekten 31
2.1.2. „Ein Mutterleib", „Ein Körper": einige Merkmale von Matriarchaten 40
2.1.3. Matriarchate der Gegenwart, aus fremder und eigener Anschauung 43
2.1.4. „Aus der Frau entsprang der Clan": Matriarchat bei den Khasi . . . 44
2.1.5. „Ein Hahn kann keine Eier legen" – die Minangkabau von heute . . 45

I. Alam Minangkabau – Die Welt der Minangkabau; – 44 – II. Historische Transformationen – 48 – III. „Aus einem Mutterleib“ – Sippe, Haus und Dorf als vernetztes System – 50 – IV. Heirat. Ehe, Vaterschaft, Scheidung – 54 – V. Matriarchale Männer „drinnen“: Statusregeln und Konfliktbewältigungsstrategien – 58 – VI. Matriarchale Männer „draußen“: die Emigration und ihre Gründe – 61 – VII. Das Matriarchat der Minangkabau heute: Bastardisierung, Zusammenbruch oder Überlebenschancen? – 62 –

2.1.6. „Denn eine Frau kennt die Bedürfnisse ihres Volkes besser“ – Interview mit einer Clanmutter der Mohawk, von Cristina Perincioli, November 1979 65
2.2. Matriarchale Weltbilder in Alt-Europa, im Spiegel der Symbolkultur 67
2.2.1. Die Archäologie als „Wissenschaft der Unterwelt“ und ihr Beitrag zur matriarchalen Ikonografie 70
2.2.2. Ausgewählte Beispiele für matriarchale Symbole und Gestalten und ihre Metamorphosen 72

– I. Schoß, Vulva und weibliche Dreifaltigkeit: „the universal womb“ – 75 – II. Geburt und Wiedergeburt aus dem weiblichen „Nabel der Welt“: Kreis, Spirale, Labyrinth – 78 – III. Orte der Kraft, Plätze der Macht – geophysikalische Besonderheiten „heiliger Stätten“ (Exkurs, C. Perincioli) – 81 – IV. Im Anfang war das Ei – Symbol des Werdens und „magische Quelle des Lebens in der Frau und Göttin“ – 82 – V. Exkurs: die Steinzeit – eine Weltanschauung ohne männliche Symbolisationen? – 85 – VI. Berge und Wege, Bäume und Pfeiler, Quellen und Brunnen, Grotten und Grüfte der Großen Göttin: Plätze der Macht und Orte der Kraft –– 89 – VII. Von Bäumen, Bienenstaat und Drohnenschlachten: die Pflanzen und Tiere der Frauen – 91 – VIII. „Die Frau ist Schamanin von Natur“: Über Ahnenkult, Haus-Frauen als Priesterinnen, Schamaninnen, Prophetinnen, Heilerinnen und das Verhältnis von Theologien und Volksglauben – 96 –

3. „Die Junggesellenmaschine“ – Bevölkerungsökologie in matriarchalen und egalitären Gesellschaften, Bevölkerungsexplosion in Patriarchaten 109
3.1.1. Einleitung: Fortpflanzung – eine Frage von Krieg und Frieden, darin sind sich alle einig, nur mit entgegengesetzten Folgerungen . . 109
3.1.2. „Kuskurza“ – falls Mythen die Wahrheit sprechen, ging schon einmal eine Welt an Übervölkerung zugrunde 111
3.1.3. „Für jeden Menschen nur noch ein Quadratmeter Boden“: Schilderung der aktuellen Lage 112
3.1.4. Unsere Zivilisationsphantasien: Gängige „Erklärungen“ für das Bevölkerungswachstum verbergen die Ursache unter den Symptomen 115
3.1.5. Die These 118
3.2. Bevölkerungsökologie in matriarchalischen und egalitären Gesellschaften 119
3.2.1. Einleitung, und zu einigen methodischen und geschlechterpsycho-

logischen Problemen dieser Hypothese 119
3.2.2. „Mutter Natur“ oder „Mutter Kultur“? Über Probleme von Paläodemografen mit der Vorgeschichte, und einige Ergebnisse 124
3.2.3. Das Kinderkriegen in der Kunst der Altsteinzeit 128
3.2.4. „Als ob sie einer anderen Spezies angehörten“ – einige anthropologisch und ethnohistorisch belegte kulturelle Regelungen des Geschlechterverhältnisses, die die Bevölkerungssteuerung beeinflussen 130
3.2.5. „Small is beautiful“ – Argumente gegen das Zivilisationsdogma von der Bevölkerungsexplosion als Folge von Ackerbau und Seßhaftigkeit 136
3.3. Die Megamaschine und die Junggesellenmaschine: historische Umwälzungen und Psychodramen auf dem Weg in die patriarchale Menschenproduktion 144
3.3.1. Die Megamaschine: historische Szenarios von den Umwälzungen zum Vaterrecht und seiner Fortpflanzungspolitik 144

– I. Naturkatastrophen und Kulturkatastrophen – 144 – II. Frühe Patriarchatserrichter, ihre revolutionäre Ökonomie und ihr Kampf um „der Kinder echte Geburt“ – 146 – III. Eine revidierte Chronologie der „Frühen Zivilisationen“ und ihre bevölkerungsgeschichtlichen Konsequenzen – 151 –

3.3.2. Die Junggesellenmaschine: Psychodramen und Manifestationen männlichen Geschlechtsneides 155
3.4. „Der Krieg ist der Vater aller Dinge“ – vom Pyrrhussieg der „harten Werte“ in der Kultur 163
3.5. Bevölkerungsexplosion in Patriarchaten – Ursachen, Entwicklungsstufen und Folgen 165
3.5.1. Die antike Bevölkerungsexplosion 165
3.5.2. „Laß nur tot tragen“ – europäische Menschenproduktion im Zeichen des Kreuzes 167
3.6. Anregungen zum Nach-Forschen: zum Beispiel über den Ledigenstand, Dichteprobleme, Dritte Welt und uns 171
3.6.1. Von der falschen Alternative „Hausfrau oder Kurtisane“ – autonome Frauenbewegungen und die Geschichte des Ledigenstandes . 172
3.6.2. Menschendichte als soziales und psychisches Problem 178
3.6.3. Noch mehr Themen zum Nach-Denken und Nach-Forschen 180

4. *Alte Weisheiten und moderne Naturwissenschaften: über die gegenwärtig konkurrierenden Weltbilder und ihre Spiegelungen des Geschlechterverhältnisses* 183
4.1. „Mutter-Erde“ und das Fortleben animistischer Weltbilder im christianisierten Europa 184
4.2. „Man muß die Natur auf die Folter spannen“: mechanistisches Weltbild seit dem 17. Jahrhundert 186

4.3. Mechanistische Soziobiologie: „Biologie als Schicksal", vor allem für Frauen . . . 192
4.4. Katastrophen als Impulsgeber der Evolution? Aktuelle Tendenzen in der Geologie (Mitteilung von Cristina Perincioli) . . . 195
4.5. „Erleuchtung – klinisch getestet" – vom Paradigmenwechsel in den Naturwissenschaften und dem neuen holistischen Weltbild . . . 198
4.6. Die vier Pfade durch das Patriarchat: Armut, Keuschheit, Lächerlichkeit, Freiheit von unwirklichen Verpflichtungen . . . 206
4.7. Forderungen . . . 207

Teil II: . . . 209

5. *Einleitung: ein männlicher Frauenbeauftragter und die weibliche Schwäche* . . . 211

6. *Körper, Kleider und Geschlechterkampf – eine Übersicht* . . . 214
6.1. Der „Kampf um die Hosen" als Kampf um mehr Bewegungsfreiheit . . . 215
6.2. „Der Kampf um die Hosen", 1850 bis zum ersten Weltkrieg . . . 219
6.3. „Der Kampf um die Hosen": die Zeit zwischen den Welt-Kriegen – „Das Mädchen sieht aus wie ein Mann, der wie ein Mädchen aussieht" . . . 224
6.4. Zur Kontinuität der Ideologie vom Schwachen Geschlecht im Sport . . . 229
6.5. Zur Körper-Kultur der Nachkriegszeit: zwischen Reaktion und Rebellion . . . 233

7. *Frauen, Körper, Raum: zum Thema* . . . 237
7.1. „Das verbaute Leben" – was bewirkt Architektur für die Entfaltungs- und Bewegungsfreiheit von Frauen? . . . 237
7.2.1. „Private" Räume: Die Behinderung der Emanzipation durch die Wohnung . . . 241
7.2.2. „Ein Zimmer für sich allein": eine richtige Forderung und die Wirklichkeit . . . 245
7.3. „Öffentliche Räume" und Identitätsgewißheit von Frauen . . . 247
7.4. „Die eingebaute Gewalt": über die Begünstigung von Gewalt gegen Frauen durch Bau- und Siedlungsstrukturen . . . 250
7.5. Fazit: mehr Raum für Frauen und Mädchen! . . . 255

Literaturverzeichnis . . . 260
Abbildungsverzeichnis . . . 267
Abbildungsnachweise

Teil I

1. „Durch die Mütter zurückdenken“ – Persönliches und Programmatisches zum Kultur-Begriff

Am 20.4.1948 schrieb eine Frau namens Henriette in der Pariser „Stimme der Frauen“, einer feministischen Tageszeitung:

„Deshalb ist die Geschichte vor allen Dingen eine Lüge gegenüber den Frauen, und deshalb wird die *Wahrheit* darin nicht ans Licht kommen, als *bis die weibliche Beobachtung und Intelligenz sich mit ihr beschäftigen,* und vor allen Dingen mit ihr wieder *die weiblichen Interessen verknüpfen* ... (Die Historikerinnen haben) uns so viel zu sagen über die wahren Ursachen unseres fortschreitenden Niederganges, über den *Verlust unserer Schönheit, den Verlust des Gegenstandes unserer Liebe.* Nicht wahr, Frauen, wir wollen alles wissen ... Auf, gehen wir vorwärts mit der Kraft unserer Solidarität ... “ (nach Rentmeister 1974, S. 75).

Kurz nach der französischen Februarrevolution drückt sie damit ihre Enttäuschung aus, daß die bürgerlichen Revolutionen den *Bürgerinnen* Freiheit und Gleichheit nicht gebracht haben. Die Frau namens ‚Henriette‘ verlangt viel und erhofft viel: weibliche Interessen und weibliche Intelligenz sollen sich nur endlich mit der Geschichte verknüpfen – dann wird so etwas wie Wahrheit darin ans Licht kommen?

1.1. Kulturgeschichte als männliche Genealogie

Auf die Frage, was denn Wahrheit sei, bekam schon ein Mann wie Pilatus seinerzeit keine Antwort. Wahrheit in der Geschichte? Wurde denn nicht, experimentell nachgewiesen, der „objektive Beobachter“ um die Jahrhundertwende durch die quantenrelativistische Physik zu Grabe getragen? Wieso sollte er (oder sie) ausgerechnet in den Geisteswissenschaften überleben? Über die Interessen, die sich mit Geschichte jeweils verknüpfen, läßt sich da schon leichter reden; zum Beispiel können wir feststellen: Geschichtsüberlieferung in vaterrechtlichen Gesellschaften ist eine Nachfahrin und Erweiterung der Genealogie. Das heißt, Herrschaft wird – außer mit Gewalt – mit Abstammung und Herkunft begründet. In der Männerlinie gestaltet sich das bekanntlich schwierig. Schon die Römer klagten: „pater semper incertam“ – die Vaterschaft ist immer ungewiß. Aber genau diese bildet die existentielle Legitimierung partriarchaler Individuen, ihrer Gesellschaft und ihrer Geschichte. So lernten gleich in der Morgenröte des Vaterrechts seine Söhne sich als Erben auszuweisen, indem sie ihre Stammbäume herbeteten, bis ins dreimal dreizehnte Glied: „Dies ist das Buch von der Geburt Jesu Christi, der da ist ein Sohn Davids, des Sohns Abrahams. Abraham zeugte Isaak. Isaak zeugte Jakob. Jakob zeugte Juda und seine Brüder . . ." Diese Methode der Vergewisserung nenne ich: „Durch die Väter zurückdenken" – und nach vorn; denn dieselbe Denkungsart verlangt nach Unsterblichkeit im Gedächtnis künftiger Generationen. So mahnen seit Abrahams Zeiten die Ziehväter ihre künftigen Helden der westlichen Welt, unsterblichen Ruhm durch (kriegerische) Taten zu ernten. Oder ihn zu erlangen, indem sie „geistige Kinder" zeugen, die den sterblichen wegen ihrer Unsterblichkeit vorzuziehen seien (s. a. vorn, Kap. 1.2.2., „Neun Jahre auf dem Humanistischen Gymnasium, als Mädchen").

Seit etwa dreitausend Jahren ist im Abendland alles darauf angelegt, eine ausschließlich männliche Genealogie zu sichern: die Definitionen von Kultur, von soziokultureller Evolution, von kulturschöpferischer Leistung und Identität, von Geschichtsfähigkeit und Kulturenfähigkeit, vom Menschen selbst und von seinen Göttern und Götzen. Alles ist darauf angelegt, weibliche Anteile, Leistungen, Wertsetzungen und Fähigkeiten zu eliminieren, zu verschweigen, als defizitär verächtlich zu machen (und dabei umso bequemer auszubeuten). So erscheinen Welt, Geschichte und Kultur als Herrenclub, als Junggesellenmaschine, als Produkt und Spiegel einer kollektiven Männerphantasie. Wie das zuging, wurde in den letzten Jahren zunehmend erforscht (vgl. Kuhn 1979ff.). Das ist aber nicht die ganze Wahrheit. Was ist die Wahrheit? Die Griechen nannten sie mit dem Wort „a-letheia" – das ist „Nicht-Vergessenheit" (vgl. Mühlmann 1981, S. 13). Die politische und kulturelle Macht der Männer baute auf das Vergessen, vor allem der Frauen. Aber die Vorläuferinnen in der Geschichte haben uns Erinnerungsstücke, Zeichen, Symbole und Signale überliefert; und wenn sich mit ihnen wieder die „weibliche Beobachtung" und die „weiblichen Interessen" verknüpfen, beginnen sie zu sprechen und erlauben die Rekonstruktion andersgearteter Kulturen, anderer Geschichte, einer schillernden Vielfalt von Möglichkeiten, anders Frau zu sein, anders als Frau zu leben. Sichtbar wird auch wieder die Geschichte des weiblichen Widerstandes, die in besonderer Weise verdrängt und verschwiegen wurde. Diese Re-Visionen sind ein wichtiges Anliegen meiner Expertise und immer wieder Thema in den folgenden Kapiteln.

1.2. *„Fremde in der eigenen Kultur": Koedukation und geschlechtsspezifische Inkulturierung in einer Zwei-Welten-Kultur*

Allen Gleichberechtigungsversprechen, aller Koedukation und allen leuchtenden Ausnahmen zum Trotz wissen wir, daß Mädchen noch hier und heute einer anderen Inkulturierung ausgesetzt sind als der männliche Nachwuchs, kaum daß sie das Licht der Welt erblicken. Ziele, Methoden, Umstände und Ereignisse dieses Inkulturierungsprozesses zeigen die anderen Expertisen des 6. Jugendberichtes konkret auf (zur Koedukation vgl. die Darstellung von Naundorf/Wildt im Band 14 der Reihe „Alltag und Biografie von Mädchen", 1985); sie zeigen, wie längs durch alle gesellschaftlichen Schichten mit ihrer jeweiligen Kultur und besonderen Normen gilt, daß Mädchen doch zu *Fremden in der eigenen, herrschenden Kultur* erzogen werden. Subordination und Fremdheit werden dann in einem lebenslangen Prozeß immer wieder erfahren gemacht, so daß sie schon bald, statt als inkulturiert, als „natürlich" und „normal" erscheinen. Mädchen und Frauen werden auf allen Ebenen kultureller Betätigung, ob in Kunst oder Leben, auf eine „Karriere der Enge und Bescheidenheit" verwiesen: sie sollen sich weniger raum- und platzgreifend betätigen, von ihren Bewegungen bis zur Lautstärke ihrer Stimmen und Verrichtungen, sie werden trainiert, mit wenig Geld auszukommen, sie sollen sich überhaupt auf Gebiete und Betätigungen beschränken, die als inferior betrachtet werden, und am liebsten ehrenamtlich im Zeichen der Caritas.

Betreten Mädchen und Frauen männliche Territorien, sei es im Beruf, sei es auf der Straße oder in privaten Räumen, so erfahren sie das, was man in der Kulturanthropologie mit „*Kulturschock*" bezeichnet: jene Fremdheit und Desorientierung in einer anderen Kultur, die Einwanderer/innen und Arbeitsemigrant/innen wohlvertraut ist (zur Definition des Kulturschocks vgl. Greverus 1978, S. 11); eben diese Fremdheit kennzeichnet nur zu oft das Befinden der weiblichen Bevölkerung im eigenen Lande: Mädchen und Frauen verhalten sich im Alltagsleben nicht genauso wie die Männer, die orientieren sich nicht an denselben Werten, sie erwarten nicht dasselbe vom Leben und von der Zukunft (vgl. auch Kapitel 4.5.), ja sie sprechen nicht einmal dieselbe Sprache. (Zur anderen Frauensprache vgl. Trömmel-Plötz 1982.) Kurz: sie sind nicht auf dieselbe Wirklichkeit bezogen. Wer diese Behauptung in ihrer Allgemeinheit bezweifelt, möge sich an dieser Stelle nur kurz ihre/seine Umgebung mit getauschten Rollen vorstellen. Das nimmt sich wie ein abgenutztes Komödienklischee oder Feministinnentrick aus, kann sich aber als „Mythologem der verkehrten Welt" auf eine uralte Tradition bei den meisten Völkern der Welt berufen, bis hin zum Schamanenbaum, der umgekehrt wächst – dahinter steckt die Idee, daß im sozial Geltenden der „richtigen", der „normalen" Welt so viel Verkehrtes steckt, daß es nur durch die Verkehrung, im Kopfstand sichtbar wird und damit einen heilsamen Schock ausübt (vgl. dazu Mühlmann 1981, S. 134/135).

F. v. Stuck, „Geschichte" um 1884

Was die weiblichen und männlichen Orientierungsmodi in unserem theoretisch gleichberechtigten gegenwärtigen Kulturzustand angeht, erweist er sich doch immer wieder als Zwei-Welten-Kultur, die Mädchen und Frauen von einer Verhaltensklemme in die nächste geraten läßt; sie haben die Wahl, sich bis zur Unsichtbarkeit einzupassen, durch betonte Mädchenhaftigkeit und Fraulichkeit jene Norm zu akzeptieren, die Schönheit mit Schwäche paart; sie können sich kompensatorisch „entschädigen", indem sie sich als Idol feiern und als Allegorie aufs Podest stellen lassen – womöglich gar als Verkörperung der „Geschichte" (Abb. 1); oder sie können sich durch Mimikry einem männlich definierten Menschenbild, dem „Humanum" angleichen. Aber Frauen sind das Unzufriedene Geschlecht; über die langen Jahrhunderte männlicher Vorherrschaft und Indoktrination sind die Widerspenstigen nicht gezähmt und Ansprüche auf Emanzipation und Erwerb, auf Wissen und Befreiung nicht verstummt. „Fremde in der eigenen Kultur": dazu anschließend zwei Erfahrungsberichte, und die Konsequenzen daraus: nämlich die Fremdheit als Chance zu betrachten, und die „eigene" Kultur anders zu definieren und anders zu erforschen, – und damit sich selbst in ihr.

1.2.1 Virginia Woolf über Männerwelt und Männerwerte

Als sachverständige Zeugin und „Expertin" möchte ich hier nur kurz Virginia *Woolf* auftreten lassen, die 1938 in ihrem Essay „Drei Guineen" ironisch und scharfsinnig die zwei Welten und den weiblichen Kulturschock in der männlichen Welt beschreibt; noch immer, so sagt sie, unterschieden sich die beiden Klassen, Männer und Frauen, voneinander:

„Eure Klasse wird seit fünf- oder sechshundert Jahren in Privatschulen und Universitäten erzogen, die unsere seit sechzig. Oder nehmen wir das Beispiel des Eigentums . . .

. . . Es scheint daher angebracht, daß „wir" – wobei unter „wir" ein vollständig ausgebildeter Körper mit Geist und Seele, beeinflußt durch Erinnerung und Tradition zu verstehen ist – uns immer noch in einigen wesentlichen Aspekten von „euch" unterscheiden, deren Körper, Geist und Seele so verschieden von uns geschult und so verschieden von uns durch Erinnerung und Tradition beeinflußt wurden. *Obwohl wir dieselbe Welt erblicken wir ihr, sehen wir sie mit anderen Augen . . .*

Fangen wir ganz elementar von vorne an und zeigen wir euch ein Photo – ein grausames Farbphoto – von eurer Welt, so wie sie uns erscheint, die wir sie von der Schwelle des Privathauses aus sehen . . .

Nun, eure Welt, die Welt des Berufslebens und der Öffentlichkeit, sieht aus unserer Sicht ohne Zweifel sonderbar aus. Auf den ersten Blick ist sie ungeheuer beeindruckend. Auf verhältnismäßig engem Raum sind zusammengedrängt St. Paul's, die Bank von England, der Amtssitz des Oberbürgermeisters, die massiven, düster dreinblickenden Zinnen der Gerichtshöfe; und auf der anderen Seite Westminster Abbey und die Parlamentsgebäude. Dort, so sagen wir zu uns selbst, . . . haben unsere Väter und Brüder ihr Leben verbracht. Hunderte von Jahren sind sie diese Stufen hinaufgestiegen, haben diese Kanzel erklommen, haben gepredigt, Geld gemacht und Recht gesprochen. Aus dieser Welt bezog das private Heim (sagen wir irgendwo im West End) seine Glaubensbekenntnisse, Gesetze, Kleider und Teppiche, sein Rinder- und Hammelfleisch. Und dann – jetzt ist es uns gestattet – stoßen wir vorsichtig die Schwingtüren dieser Tempel auf, treten auf Zehenspitzen ein und mustern die Szene in ihren Einzelheiten . . .

Noch merkwürdiger als die symbolbeladene Prächtigkeit Eurer Gewänder sind die Zeremonien, die stattfinden, wenn ihr sie anhabt. Hier kniet ihr; dort verbeugt ihr euch; hier schreitet ihr in einer Prozession hinter einem Mann, der einen silbernen Amtsstab trägt; hier besteigt ihr einen geschnitzten Stuhl; hier scheint ihr einem bemalten Holzstück die Ehre zu erweisen; hier neigt ihr euch demütig vor Tischen, die mit ornamentreicher Tapisserie bedeckt sind. Und was auch immer diese Zeremonien bedeuten mögen, ihr begeht sie stets gemeinsam, eure Schritte sind immer im Einklang miteinander, eure Uniform immer dem Mann und der Gelegenheit gemäß . . .

Welcher Zusammenhang besteht zwischen der maßgeschneiderten Eleganz des gebildeten Mannes und der Photographie von Leichen und Häuserruinen?

Wenn die gebildeten Männer ihre Überlegenheit des Intellekts oder der höheren Geburt dadurch gegenüber andern Leuten betonen, daß sie eine besondere Kleidung anhaben, ihrem Namen Titel voranstellen oder ihm Buchstaben hinzufügen, sind solche Handlungen dazu angetan, Konkurrenz und Eifersucht zu wecken – Emotionen, die . . . dazu beitragen, eine verborgene Kriegsbereitschaft zu fördern. Wenn wir also kundtun, daß wir die Verfechter solcher Unterscheidungen lächerlich finden und Gelehrsamkeit verachtenswert, müßten wir eigentlich indirekt mitgeholfen haben, zum Krieg führende Gefühle abzubauen." (Woolf 1980, S. 20-25)

Virginia Woolfs Ausgangsfrage, gestellt im Jahre 1938, war: wie können

Kriege verhindert werden? Zur Antwort verknüpft sie Merkmale zu einer Charakterstudie unserer Kultur, die wir auch 45 Jahre später noch an ihr wiedererkennen, und auf die ich mich in diesen beiden Expertisen immer wieder beziehen werde: die andere Geschichte, Kleidung, die anderen Körper und Räume von Frauen und Männern, die unterschiedlichen Funktionen, Interessen und Machtverhältnisse, die sich darin ausdrücken; das männliche System der „harten Werte": des aggressiven Wettbewerbs und der unaufhörlichen Rangkämpfe, gespiegelt in den zwanghaft wiederholten Ego- und Statusritualen. Virginia Woolf kritisiert: diese „friedenszeitlichen" Prinzipien machen auch zum Krieg mit Waffen bereit, befördern und fordern ihn.

Woolf warnt Frauen eindringlich vor der Mimikry an diese Strukturen; sie sieht Frauen keineswegs als defizitär an, sondern im Gegenteil: sie hätten (freiwillig oder unfreiwillig) Eigenschaften kultiviert, die sie dem Gang der Welt bewußt entgegensetzen müßten: Armut, Keuschheit, Lächerlichkeit, und Freiheit von unwirklichen Verpflichtungen . Diese Überlegungen nehme ich im Schlußkapitel wieder auf, zur Frage: Kulturrevolution oder Instandbesetzung des Patriarchats?

1.2.2. Das unheimliche Sich-heimisch-Fühlen: Neun Jahre auf dem humanistischen Gymnasium, als Mädchen

Wir wissen, aus Anschauung und eigener Erfahrung, daß nicht eben selten Frauen auch die Werte und Normen der herrschenden Kultur akzeptieren und sich, zumal in männlicher Begleitung, in ihr heimisch zu fühlen vermögen. Wir wissen, daß sie diese harten Werte, oft sehr energisch und effektiv, in Erziehungswesen und Politik durchsetzen können. Dies ist dann die oben erwähnte Mimikry, die gelungene Kolonialisierung, in deren Folge männliche Interessen als die allgemein-menschlichen Interessen akzeptiert wurden. Die Auswanderin in die Männerwelt „steht ihren Mann", und deshalb wird ihr der Schritt hinaus (vielleicht) verziehen. Es ist ein trügerisches Sich-heimisch-Fühlen als Ergebnis einer Sprach- und Denk-Regelung, in der noch immer Mann gleich Mensch, gleich Volk und Bürger gesetzt wird. Diese Regelungen möchte ich am persönlichen Beispiel, an einem Ausschnitt meiner Erfahrungen auf dem humanistischen Gymnasium vergegenwärtigen, wie erlebt in den sechziger Jahren zu Berlin-Wilmersdorf. Koedukation und eine Klasse, die beim Abitur noch elf männliche und drei weibliche Köpfe zählt.

Vier Zitate aus dem geisteswissenschaftlichen Lehrstoff, denn die gesamte Bildung, unterstellte sich ja ausdrücklich dem Geiste des Humanismus – nach dem Brockhaus von 1886

> „die wissenschaftliche Richtung der Renaissance, die in dem Leben und der Literatur der klassischen Völker das Musterbild menschlicher Vollkommenheit sah und durch begeistertes Studium in dasselbe einzudringen suchte."

Ich habe unter vielen Textstellen ausgewählt, deren Hinter-Sinn (die geschlechterpolitische Dimension) beim schulischen Übersetzen nicht ausgeforscht und nicht als konstitutiver Bestandteil im antiken „Musterbild menschlicher Vollkommenheit" zu erkennen gelehrt wurde. Bei heutigem Nachlesen enthalten sie aber Stichworte und Motive, die in den folgenden Kapiteln wiederkehren werden. Wäre auch nur ein Teil davon damals schon aufgegriffen worden, ich hätte damals mehr gelernt, und heute weniger vergessen.

Zum Beispiel Catulls Hochzeitscarmen. Wir übersetzten damals:

„Salbenduftender Bräutigam, ungern läßt du von Knaben glatt, sagt man: Hymen io! Hymenaeus io! Ein ganz kleiner Torquatus soll von dem Schoße der Mutter her zarte Händchen erheben und süß auflächeln zum Vater hin mit halb offenem Mündchen. Völlig gleiche er Manlius, seinem Vater, von jeglichem, selbst von Fremden sogleich erkannt, und so zeugt sein Gesichtchen auch für die Keuschheit der Mutter."

Aus meiner heutigen Perspektive scheint es mir kaum ein Vergnügen für die Braut, ein solches Hochzeitslied gewidmet zu bekommen, voller untergründiger Drohungen und Forderungen: einen Sohn soll sie gebären, und wehe, wenn er seinem Vater nicht gleicht. Bei Untreue darf Manlius seine Frau mit eigener Hand töten (vgl. Kap. 3.5.1.). Und Manlius? Ob er nach der Heirat wohl von den „glatten Knaben" lassen wird? (Vgl. Kap. 3.3.2.)

Zum Beispiel Cicero, der über den Staat philosophiert:

„(Wenn in einem Staat alles voll Freiheit ist, dann) ist jedes Privathaus frei von Herrschaftsordnung, schließlich fürchtet der Vater den Sohn, der Sohn mißachtet den Vater, und kein Unterschied besteht, ob man Bürger oder Ausländer ist; der Lehrer fürchtet die Schüler und schmeichelt ihnen, die Schüler verachten den Lehrer, die jungen Leute maßen sich die Bedeutung alter Männer an . . . daher kommt es, daß sogar die Sklaven sich ungebundener benehmen, die Frauen unter demselben Recht stehen wie die Männer, und daß in solchem Übermaß an Freiheit sogar die Hunde und Pferde stehen, schließlich laufen die Esel so freizügig einher, daß man ihnen auf dem Wege ausweichen muß . . ."

Die Hierarchie der Lebewesen ist klar. Am Ende der Skala Sklaven, Frauen und Esel. (Vgl. Kap. 3.3. und 3.4.)

Weiteres Beispiel: Platon, Das Gastmahl. Er läßt Diotima sprechen, wir übersetzten damals:

„Wenn du auf die Ehrliebe der Menschen sehen willst, so müßtest du dich ja über die Unvernunft wundern, wenn du nicht bedenkst, einen wie gewaltigen Trieb sie haben, berühmt zu werden und einen unsterblichen Namen auf ewige Zeiten sich zu erwerben . . .

Die nun, die dem Leibe nach zeugungslustig sind, wenden sich mehr zu den Weibern . . .

Wer aber in der Seele Zeugungskraft hat, ein solcher geht umher, das Schöne zu suchen, worin er erzeugen könnte. Nämlich indem er den Schönen berührt, meine ich, und mit ihm sich unterhält, erzeugt und gebiert er, was er schon lange zeugungslustig in sich trug . . . So daß diese eine weit genauere Gemeinschaft miteinander haben als die eheliche, und eine festere Freundschaft; wie sie auch schönere und unsterblichere Kinder gemeinschaftlich besitzen. Und jeder sollte lieber solche (geistigen) Kinder haben wollen als die menschlichen . . .

Schon viele Heiligtümer sind errichtet worden um solcher Kinder willen, der menschlichen Kinder wegen aber nie jemandem."

Heutige Lesart: Platon erklärt die „*menschliche* Unvernunft" aus der Sucht nach Ruhm und Unsterblichkeit. Trotzdem gab es seinerzeit genug Männer, die dem Leibe nach zeugungslustig waren und zu den Weibern gingen, – sonst hätte sich auch die damalige Bevölkerungsexplosion nicht ereignen können; und woher wären dann wiederum die Männer gekommen, zahlreich und „abkömmlich" genug, um Kriege zu führen und ein Kolonialreich zu begründen? (Vgl. Kap. 3.3.1.)

Platon verknüpft Päderastie, Erziehungswesen und die ruhmvolle Zeugung unsterblicher Kopfgeburten: einer der zahlreichen Hinweise auf die männliche Homosexualität als Grundpfeiler der antiken Gesellschaftsordnung, und daß man sie damals offen benutzen konnte, um damit Staat zu machen (vgl. auch Kap. 3.2.3. und 3.2.2.).

„Ist also nicht das Katharsis (Reinigung), . . . daß man die Seele möglichst vom Körper trenne und sie daran gewöhne, sich von überallher aus dem Körper zusammenzuführen und zu sammeln, und nach Möglichkeit sowohl jetzt als auch später für sich allein zu sein, befreit vom Körper wie von Fesseln? . . . Und das ist das Vorhaben der Philosophen: Loslösung und Sonderung der Seele vom Körper." (zit. nach Albert 1982, S. 39-40)

Mutter, Mater, Materie, Matrix, Körper (besonders unrein der weibliche), – zu Platons Leidwesen unumgehbare Instrumente der Reproduktion; verschmutzt doch die Materie den Geist, hindert der Körper die unsterbliche Seele an der reinen Erkenntnis des Seienden. Oben im Zitat spricht Sokrates, gelassen auf seine Hinrichtung wartend, über das Philosophieren als beständige Vorbereitung auf den Tod, als ewige Sehnsucht und einzige Möglichkeit, endlich das Seiende, das „reine, immer seiende Unsterbliche und sich stets Gleichende" zu erkennen. Heute braucht man dafür nicht zu sterben – die Omnipotenzträume werden im Leben materialisiert, als fleischgewordener Logos: Klonen, Samenbänke, Zeugung in der Retorte (vgl. Kap. 3.2.2.).

Daß die Dramen um Ödipus und Orest und die Schamanin Medea uns Schlüsselgestalten in den Tragödien der patriarchalen Revolution vorstellen, wurde im Unterricht nicht thematisiert – die Lehrer kannten vermutlich das passende Schloß gar nicht (vgl. Kap. 3.3.1.).

Herodot sagte: „Der Krieg ist der Vater aller Dinge" – daß dieser aber eine permanente Erscheinung „im Leben und in der Literatur der klassischen Völker" war, wurde uns nie recht bewußt – oder war es so selbstverständlich? Jedenfalls warf die Kriegs*kunst* gewiß keinen Schatten auf dieses „Musterbild menschlicher Vollkommenheit". Ich übersetzte also Xenophon, Der Zug der Zehntausend; Thukydides, Geschichte des peloponnesischen Krieges; Caesar, Der gallische Krieg. Homer, Die Odyssee: „Den Mann nenne mir, Muse, den vielgewandten, der gar viel umgetrieben wurde, nachdem er Trojas heilige Stadt zerstörte."

Durch alle diese Zerstörungen bewahrte die humanistische Bildung die Grundlagen, definierte bis heute die (im „Ernstfall" zu schonenden) Monumente und Corpora der abendländischen Kultur; sie überliefert die unsterblichen Lehren und Texte, immer wieder aufs Neue interpretiert und purgiert (gereinigt) durch das Feuer des Geistes und die Interessen von siebzig Generationen:

Staatslehrern, Philosophen, Missionaren, Übersetzern, Eroberern, Scholastikern, Empirikern, Professoren, Studienräten, Inquisitoren. Ich höre mich damals mit ihren Zungen reden, betrachte mit ihren Augen die Welt, diskutiere ihre Spitzfindigkeiten, erobere mit ihnen ein Weltreich, stifte eine Religion. An solche Bildung schloß sich ein Archäologie-Studium bruchlos an. Koren, Kontrapost und Kenotaph, Kultscheiben, Kunstwollen und Kultwagen, Kantharos und Kresilas: Klassische Archäologie, streng disziplinär damals. Da begann die Geschichte pünktlich im Jahre 776 v.u.Z., mit der ersten Olympiade, und die Archäologie mit dem ersten archaischen Lächeln auf dem Antlitz des marmornen Jünglings von Kap Sounion.

Kein Wort, keine Lehrveranstaltung zu den Großen Müttern oder nicht nur 'sagenhaften' Amazonen (vgl. Kap. 2.2.ff.). So trage ich zunächst selber, ganz entsprechend dem heißen Wunsch der antiken Kulturheroen nach unsterblichem Andenken, mein Teil zur Bewahrung ihrer Genealogie und ihrer Taten bei.

Vom Deutschunterricht ist ein Faust-Zitat hängengeblieben.

„O glücklich, wer noch hoffen kann aus diesem Meer des Irrtums aufzutauchen! Was man nicht weiß, das eben brauchte man, und was man weiß, kann man nicht brauchen."
Und frau erst recht nicht.

1.2.3. „Auf das kulturell vermeintlich Eigene den Blick der Entfremdung richten" – Über die Fremdheit als Chance

Manch eine mag wie ich über lange Jahre die oben beschriebene *„geistige Hosenrolle"* gespielt haben. Ebenso war es offensichtlich auch vielen möglich, das Drehbuch zu ändern, das Unbehagen in der Kultur auszudrücken, und zum Gegenstand von Kulturanalysen und frauenbewegtem Handeln zu machen. Das persönliche Beispiel betrachtend scheint mir, daß konservative humanistische Bildung, in Wechselwirkung vieler Faktoren und reformfreundlichen Zeiten, in Aufklärung münden kann – ähnlich, wie aus dem historischen Humanismus auch die historische Bewegung der Aufklärung hervorging. Aber wie verläuft dieser Prozeß hin zu einer aufgeklärten Aufklärung, die widerspenstige Entfaltung des Geistes im Rahmen einer wirkungsmächtigen Inkulturierung?

Auf der einen Seite postuliert abendländisch-humanistische Bildung ein universell gültiges, das Weibliche in bewährter Weise verschlingendes „Humanum"; sie proklamierte, teils schon im 18.Jahrhundert, Weltbürgertum, Weltzivilisation, Einheitsbegriffe von „Kultur" und „Fortschritt"; sie setzte *Maß*stäbe für Naturrecht, Menschenrecht, Entwicklung und Unterentwicklung, Mehrheiten und Minderheiten, Vollkommenheit und Defizit, Artiges und Abartiges – im Interesse der *maß*gebenden männlichen Hälfte.

Andererseits lag und liegt dieser Bildungsvariante ein Begriff von Kulturen (im Plural) zugrunde; unübersehbar lösten einander ab und existierten nebeneinander zahlreiche und sehr verschiedene Gesellschaftsformen und Ideologien (christliche, jüdische und heidnische, saekulare und theokratische, organische und mechanistische, republikanische und monarchische . . .). Im Kulturenvergleich unterschied und berwertete man ihre Licht- und Schattenseiten, wählte aus, was zum „kulturellen Erbe" zu erklären sei. Von hier wurden dann überwiegend staatstragende und staatliche Ordnungsmacht begründende Lehren konstruiert, und ein korrelierender Entwicklungsweg führte ins mechanistische Weltbild (vgl. Kap. 4.2.). Aber daneben formulierte man auch die humanistischen Ideale von Vernunft, Mut zur Kritik, geistiger Freiheit und religiöser Toleranz. Auf einer solchen Erkenntnisgrundlage ließ sich die „Verschiedenartigkeit des Verstehens" der Welt nie ganz eliminieren.

Zeitgenössische Kulturanthropolog/inn/en reihen heute, mit schlechtem Gewissen nach dem Zeitalter des Kolonialismus auch in ihrer Disziplin, den Mehr-Kulturen-Begriff und diese Verschiedenartigkeit des Verstehens unter ihre Kategorien. Typischerweise wird aber sanktioniert, wenn Frauen, speziell Feministinnen, sich in genau dieser Weise kulturanthropologisch forschend betätigen: wenn sie, in ihrem je eigenen Land, wo immer auf der Welt es liegen mag, den „Blick der Entfremdung auf das kulturell vermeintliche Eigene", die eigene Situation, richten (Begriff nach W.E. Mühlmann 1981, S. 12). Diese Sichtweise ist überhaupt nur möglich aufgrund einer tatsächlich anderen Wahrnehmung der Wirklichkeit. Der nächste Schritt besteht darin, die Fremdheit, Dissonanz und das Leiden in und an der Männer-Welt auch zuzulassen, sich bewußt zu machen, und „die wahren Ursachen für den Verlust des Gegenstandes unserer Schönheit und Liebe" („Henriette" 1848, s.v.) zu analysieren. Der Preis für die bewußt angenommene Außenseiterinnenrolle ist oft hoch – aber sie dankt es mit neuen und tiefen Einsichten in die Bedingungen der eigenen Existenz. Eine, die den „Blick der Entfremdung" auf die eigene Kultur richtet, kommt potentiell zu einer viel radikaleren Kulturkritik als die Insider der Männer-Welt; sie bemerkt, wie ihr Menschenrecht auf Selbstverwirklichung durch permanenten Realitätsentzug verletzt wird (zu dieser Definition vgl. O.Negt, 1983); sie entwickelt aus der kritischen Distanz und im Kulturenvergleich eine „ironische Anthropologie", eine „ironische Ikonologie". (Unter den "Musterbüchern" für dieses Verfahren: Benard/Schlaffer 1980, Wex 1979, und Elisabeth B.'s „Das ist ja zum Peepen", 1983). Wer so den Blick der Entfremdung auf die eigene Kultur richtet, wird auch als Fremde angeschaut; und wer Absichtlich-Verborgenes und Heuchlerisch-Verstecktes aufdeckt, riskiert, als Dissidentin, als Häretikern behandelt zu werden. Daß heißt, bestenfalls lächerlich gemacht und karikiert, schlimmstenfalls verstärkter psychischer und physischer Gewalt ausgesetzt sich zu finden.

Den Außenseiterinnen kann man jene eine, in diesem unserem Vaterland so beliebte Problemlösungs-Zauberformel nicht zurufen: „Geht doch nach drüben!" Wohin? Frauenländer, Mutterländer sind rar geworden (vgl. Kap. 2.1.3. bis 2.1.6.). So bleibt von daher kaum eine andere Möglichkeit, als das Verrückte zu versuchen: als Einwanderin in die „eigene" Kultur mit ihr wieder die weiblichen Interessen zu verknüpfen und sie in *Kulturpolitik* umzusetzen – im Rahmen des Unmöglichen.

1.3. *„Mit Kultur wieder die weiblichen Interessen verknüpfen" – ein erweiterter Begriff von Kultur und Kultur-Politik*

1.3.1. Kultur anders definieren

Was ist Kultur? „Im umfassenden Sinne ist Kultur die Gesamtheit der Lebensbekundungen, der Leistungen und Werke eines Volkes oder einer Gruppe von Völkern" (Kröner, Philosophisches Wörterbuch 1965). Sie sei hier, in Übereinstimmung mit einer Mehrzahl von Kulturtheorien, *definiert als dreifaltige Einheit aus 1. Werkzeugkultur, 2. Sozialkultur, 3. Symbolkultur.* (Zum Kultur-Begriff vgl. Rentmeister 1983a)
In diese drei Begriffe scheidet man den Prozeß der *soziokulturellen Evolution.* Per definitionem haben Frauen keinen Anteil an ihr. Dazu zwei Szenarien:

– in den Schautafeln zur biologischen Evolution, die der soziokulturellen vorangehend gedacht wird, zeichnet man seit dem Akzeptieren darwinistischer Lehren regelmäßig folgendes Bild: sich verzweigend, schreitet dennoch die Evolution zielstrebig fort, über Dryopithecus, Ramapithecus, Homo Habilis, Homo erectus, vom Primaten zum Wilden, zum Primitiven, schließlich zum homo sapiens sapiens – das heißt eben, vom Affen zum Mann, wie uns unterschiedslos alle die üblichen Schautafeln zur Evolution zeigen (Abb. 2): da

Typische Evolutionsphantasie: Vom Affen zum Mann

Typische Evolutionsphantasie: der altsteinzeitliche Mann als Ernährer und erster Werkzeughersteller

erhebt sich stets, in die Einzelbilder des Evolutions-Trickfilms aufgelöst, der Vierbeiner Stufe um Stufe, und im aufrechten Gang schreitet zuguterletzt die Krone der Schöpfung, *er*. (Vgl. dazu Rentmeister 1984a) Der Betrachterin fällt auf, daß er immer ein Werkzeug in der Hand hält, oder auch einen Speer: untrügliche Signale für den Beginn der soziokulturellen Evolution, 50.000 v.u.Z., in der Altsteinzeit.

– zweite Schautafel: in den altsteinzeitlichen Jäger- und Sammlergesellschaften dräut beständiger Kampf um die karge Nahrung, ums Überleben schlechthin, und nur der Tüchtigste, am besten Angepaßte, ergattert ein Plätzchen in der Evolution. (Ein Wunder der Natur, daß Frauen überhaupt überlebt haben?) Die Männer erjagen Fleisch zur Ernährung der Horden, die Frauen sind für die „zwei K.'s" zuständig. Kirchliche Betätigung ist noch nicht entwickelt, nur das Bedürfnis nach ihr keimhaft an kruden Begräbnissitten erkennbar (Abb. 3).

Präsentiert wird uns wieder Geschichte als männliche Genealogie, und die eine, angeblich männliche Hauptrolle darin, die vom Mann als Ernährer (vgl. dagegen u.a. Kap. 2.1.5.). Diese Ideologien, oder sagen wir besser: kollektiven Männerphantasien, beherrschen keineswegs nur populärwissenschaftliche Darstellungen oder Schulbücher (über die eine diesbezügliche Untersuchung noch aussteht). Sie sind vielmehr integraler Bestandteil auch der wissenschaftlichen Theorien zur soziokulturellen Evolution. Diese spielt sich entsprechend den Lehrmeinungen in Ko-Evolution mit biologischen Entwicklungsprozessen ab, und wird unter verschiedenen Hauptaspekten definiert: als Lernen-Können und Lernen-Wollen (Siewing 1978, S. 348); als Ausbildung und Tradierung von Verhaltensweisen (ibid.); unter der Betonung der Nutzung von Werkzeugen, mit den Leistungsträgern homo faber, dem „ersten Werkzeugmacher", und homo innovator, dem Erfinder; oder sie wird definiert unter Hinzunahme des Aspektes der symbolischen Weltaneignung (Greverus 1978), wo der homo ludens, quasi die verspielte Version (Huizinga 1956), Höhlenwände mit Frauenfiguren und Tieren ziert, und als Zeichen sexueller Devotion kleine Talisfrauen schnitzt (vgl. dazu Kap. 1.2.2., IV., über den Umgang von Paläontologen mit diesem Erbe); oder man betrachtet kulturelle Evolution als Ergebnis des Zusammenwirkens aller dieser Faktoren. Jüngste Theorien betonen den Prozeß der Ko-Evolution von Makro- und Mikrokosmos, von Natur- und Kulturgeschichte; hierbei wird im selbstreflexiven Geist die evolutionäre Haupttriebkraft vermutet: „Weit hinausreichend über die soziobiologische Bindung durch materielle Produktions- und Verteilungsprozesse, bringt der selbstreflexive, emanzipierte Geist seine eigene Selbstorganisation zur realen Wirkung in den soziokulturellen Strukturen der Menschheit . . ." (zit. nach Jantsch 1982, S. 251/52). Das heißt, die Welt als Spiegel männlicher Geisteszustände. (Weitere Ausführungen im Kap. 4.5. und bei Rentmeister 1984 b.)

Allgemeiner Konsensus beteht, Werkzeugkultur und Symbolkultur für männliche Errungenschaften gelten zu lassen. Nun finden sich Lernen und Werkzeug-Herstellung in gewissem Rahmen aber auch bei Tieren (z. B. bei sog. staatenbildenden Insekten), wodurch sie als spezifisch menschliche oder männliche Evolutionsleistungen entwertet werden.

Die außerordentliche Wertschätzung der Werkzeug-Kultur bzw. Technik-Kultur spiegelt nichts anderes als die Wertmaßstäbe und Fetische unseres gegenwärtigen Maschinen-Kults. Die Zuschreibung der Technik-Evolution ans männliche Geschlecht hängt von der Definition für Technik ab:

> „Als Technik bezeichnet man die bewußte Anwendung von Erkenntnissen der Naturwissenschaften zur Verbesserung der Lebensbedingungen des Menschen, zur Befriedigung seiner Lebensbedürfnisse . . . und zur Sicherstellung der Ernährung und des Überlebens überhaupt." (W. Händeler, zit. nach Siewing 1978, S. 411)

Für die vor-geschichtlichen Lebensformen bis ins Neolithikum zeigen uns allerdings die vorhandenen Daten gerade die *Frauen als Trägerinnen der symbolischen und der materiellen Kultur:* als Erfinderinnen und Ausübende der grundlegenden *zivilisatorischen Techniken*, von Landbau, Feuermachen, Kleidung, Ernährung, Behausung und Heilkünsten. Die Symbolkultur (Kunst, Religion mit Göttinnen, Priesterinnen, Schamaninnen) spiegelt dies getreu; vor allem erstreckt sich die weibliche Kreativität ja auch auf die Sozialkultur mit den Elementen von Siedlungs- und Gemeinschaftsstruktur und Konfliktlösungsstrategien (vgl. dazu die Ausführungen über matriarchale Gesellschaften und Weltbilder).

Im patriarchalischen Kulturbegriff tauchen weibliche Anteile nicht einmal in der Sozialkultur recht auf, ähnlich, wie in der modernen Definition des Bruttosozialproduktes die „Arbeit aus Liebe", die Hausarbeit, nicht enthalten ist (Bock/Duden 1977).

Wo die Höhe einer Kultur, der Stand ihrer Entwicklung oder Unterentwicklung, unter dem Primat mechanistischer Definitionen steht, da verrutschen die Maßstäbe, sinken tief unter die Fülle und Komplexität dessen, was das „Humanum" doch wohl ausmacht: Fähigkeiten und Potenzen, die nicht als technische Artefakte ausgegraben und nachgewiesen werden können, werden gar nicht wahrgenommen, für gar nicht wahr gehalten oder geringgeschätzt. Dies gilt zum Beispiel für spirituelle Fähigkeiten. Aber nicht nur der siebte Sinn hat in westlichen Kulturen stark gelitten. Auch die profanen sechs Sinne sind in rapider Rückbildung begriffen: fast verschwunden der Geruchssinn; der Gesichtssinn statt zum „Schauen" zum Starren auf Bildschirme und andre Projektionsflächen benutzt; der Geschmackssinn dank immergleicher „Qualität" von Lebensmitteln vor allem bei der Jugend im Absterben; geistige Techniken werden hier oft nur instrumentell und für Wettbewerbsvorteile ausgenützt – das kann „Yoga für Manager" sein, oder autogenes Training, um gegen Lügendetektoren zu bestehen. Woanders und zu anderen Zeiten übte man diese Fähigkeiten dagegen zu höheren, immateriellen Zielen, zur Evolution des inneren Selbst.

Andererseits verstärken sich Tendenzen zur Wiederbe*sinn*ung in der Kultur – auch unter Männern, die ihrerseits die *herr*schenden Prinzipien zunehmend als defizitär und als Verlust empfinden; Bestrebungen, neu zu erforschen, was Kultur und Kulturenfähigkeit sein kann.

1.3.2 Kultur anders erforschen

Kulturforschung im weiblichen Interesse stellt die Fragen aus den eigenen Lebenszusammenhängen und sucht für ungelöste Probleme Antworten, die in die eigene Lebenspraxis integriert werden können; dies ist auch seit mehr als fünfzehn Jahren Erkenntnismethode der feministischen Wissenschaft.

Sie verfährt *ideologiekritisch* und *interdisziplinär.* Ihre Ideologiekritik befragt im interkulturellen und historischen Vergleich die Normen von Männlichkeit und Weiblichkeit. Solche Ideologiekritik analysiert auch die ideologischen Implikationen und historischen Entstehungsbedingungen der Naturwissenschaften und der auf ihnen begründeten modernen Weltbilder. Solche Kulturforschung ist das Ergebnis interdisziplinären Austauschs; sie verknüpft Daten aus Ethnologie, Anthropologie, Religionswissenschaft, Geschichte, Archäologie, den Sozial- und Naturwissenschaften, der Geologie, der Biologie. Ihr Blick wendet sich auch auf die frauenrechtlichen Gesellschaften der Vor-Geschichte und auf solche, die noch bis in unsere Tage hinein existieren. Sie vor allem bürgen, in restaurativen Zeiten, für die Wandelbarkeit der Verhältnisse.

Eine im weiblichen Interesse forschende Kulturgeschichte deckt die weiblichen Anteile in den patriarchalen Gesellschaften auf. Sie ist Geschichte der Sitten, des Rechts, der Kleidung und Körpersprache, der Symbole wie der Ökonomie, die Geschichte des Festefeierns, der Zeremonien und Rituale, wie auch der Verrichtungen und Gestaltungen des *Alltags.*

„Durch die Mütter zurückdenken", nannte Virginia Woolf dieses Verfahren. Es führt, wenn es trotz widriger Umstände gelingt, zu bewußter Bestimmung des Selbst in Gegenwart und Zukunft, als Bestandteil dessen, was Kulturanthropologen die „Kulturenfähigkeit" nennen:

> „Kulturenfähigkeit aber bedeutet, sich als Schöpfer und Geschöpf einer spezifischen Kultur zu erkennen, erkannt und anerkannt zu werden – und das heißt: Identität in einer Alltagswelt zu besitzen, in der 'Kultur' nicht das abgetrennte Segment des Kunstgenusses oder der Warenästhetik darstellt, nicht nur nostalgisches Versatzstück ist, sondern die Totalität einer sinnvollen Alltagswelt umfaßt, in die der einzelne sich als 'definiertes Ich' einer Gruppenidentität integrieren kann" (Greverus 1978, S. 279).

– und *die* einzelne hoffentlich auch.

1.3.3. Eine andere kulturpolitische Bildung – Kulturenfähigkeit in der Alltagswelt, Identität und Intuition

Die obengenannten Forderungen nach Kulturenfähigkeit „in der Totalität einer sinnvollen Alltagswelt" klingen ebenso schön idealistisch wie unrealisierbar – könnten sie doch nur in einem verbesserten materiellen Rahmen verwirklicht werden. Aber selbst für den europäischen Raum wissen wir, daß eine gegenteilige Entwicklung im Gange ist. „Zwischen 1981 und 1984 hat sich die Situation der Frau in Europa verschlechtert", und zwar auf der ideologischen wie auf der materiellen Ebene. Dies das lapidare Fazit des Parlamentarischen Untersuchungsausschusses zur Situation der Frauen in der EG („Frankfurter Rundschau", 18.1.84). Dort ist davon nicht die Rede, soll aber hier erwähnt werden, daß sich neuerdings auch männliche Stimmen mehren, die es als durchaus im männlichen Interesse liegend betrachten, die „weiblichen Prinzipien" nicht zu unterdrücken. Sie betrachten die einseitige Vorherrschaft der männlichen Prinzipien und Werte samt dem Typus Mann, den sie reproduzieren, nicht gerade als heilsam für den Gang der Welt: vgl. Kap. 4.5. über das holistische Weltbild.

Die Lage von Frauen in patriarchalen Gesellschaften zeichnete sich von jeher durch gewisse „schlechte Rahmenbedingungen" aus; das ist, wenn wir „die wahren Ursachen unserer Verluste" kennen, lange kein Grund, sie nicht zu benennen und Veränderungen zu fordern; es ist erst recht kein Grund, sich am technokratischen Denken zu orientieren, das Interessen und Passivität hinter Begriffen von „Machbarkeit" und „Sachzwängen" versteckt. Solche Einwände gelten ja bezeichnenderweise auch nicht, wenn es um Raumfahrt oder Retortenbaby geht.

Wir müßten sonst den gesamten Begriff von der soziokulturellen Evolution aufgeben, wonach doch die Menschen in relativer und kreativer Freiheit des Geistes Einfluß auf ihre Verhältnisse nehmen, inclusive der Natur.

Darum muß die Trennung in einerseits „politische“ und andererseits „kulturelle“ Bildung aufgehoben werden zugunsten einer *Theorie und Praxis von kulturpolitischer Bildung für Mädchen und Frauen,* die Kultur umfassend definiert, indem sie die Kultur als Politikum und die Politik als Bestandteil von Kultur umfaßt. Verständlich gemachtes und vermitteltes Kulturwissen und Kulturkritik können beitragen, durch das chaotische, warenhausmäßig-verwirrende Angebot kultureller Vielfalt und Identität den je eigenen Lebensweg zu suchen.

Worauf es aber mindestens ebenso ankommt, das ist *individuelle Intuition:* jenes ganzheitliche Systemgedächtnis, das besonders den Frauen von jeher und wohl mit Recht zugeschrieben wird. „In-tuition ist nicht strukturelles Wissen, sondern Wissen um den eigenen Geschichtsprozeß. Damit wird Intuition zum einzigen Richtungsanzeiger, wenn im raschen Wandel die Orientierung an gespeicherter Information und am Austausch mit der Umwelt versagt“ (Jantsch 1982, S. 301). *Intuition ist „Lernen aus sich selbst“, im Vertrauen auf sich selbst, und die anderen.*

2. Matriarchate

Frauen – seit immer und ewig das zweite, schwache, kindliche, abhängige, hysterische, zu ernährende und zu beschützende Geschlecht? Diese Ideologie trifft bei näherem Hinsehen selbst auf patriarchale Verhältnisse nicht zu. Um wieviel weniger beschreibt sie die Wirklichkeit, wenn wir den *Blick auf frauenrechtliche Gesellschaften, auf Matriarchate in Vergangenheit und Gegenwart,* richten. Nur in diesen Gesellschaften besitzen Frauen kulturelle Identität, sind sie *nicht Geschöpfe, sondern Schöpferin.*

2.1. Was sind Matriarchate? Kontroversen, Definitionen und drei Beispiele

2.1.1. Die Kontroverse, in zehn Aspekten

Für ein soziokulturelles Gebilde, das man als „das Matriarchat" schlechthin bezeichnen könnte, besteht keine, auch nur ansatzweise einheitliche Definition. Die Gründe dafür sind vielfältig – ich habe mich andernorts ausführlich damit auseinandergesetzt (Rentmeister 1980a, „Das Rätsel der Sphinx. Matriarchatsthesen und die Archäologie des nichtödipalen Dreiecks").

Da ich in dieser Expertise mit einem Überblick zu Themen und Thesen zu deren Weiterbearbeitung anregen will, halte ich es für nötig, wenigstens an diesem Knackpunkt, der Matriarchatskontroverse, kurz Widersprüchlichkeiten, Streitfragen und ungelöste Probleme aufscheinen zu lassen; mit denen muß sich dann diejenige/derjenige herumschlagen, die tiefer in die Thematiken einzusteigen wünscht. Ich hoffe, in der folgenden kurzen, nach zehn Abschnitten gegliederten Darstellung zu Matriarchatsthesen auch so etwas wie einen Pfad durch das Chaos andeuten zu können. Vor allem geht es dabei um die „Genus"-Frage („Geschlecht"): jene verwirrende Erscheinung nämlich, daß es zwei Geschlechter gibt und zwei offenbar verschiedene Arten, die Welt wahrzunehmen und zu gestalten – und daß das noch, je nach Ort und Zeit, sehr verschieden ausfallen kann. (Die Definition zu „egalitären Gesellschaften“ findet sich in Kap. 3.2.1.)

1. Es wird nur allzuoft nach einer „Reinform“ von Matriarchat gesucht, nach einem Idealfall, der allerdings die schlichte Umkehrformel zum patriarchalen System darstellen soll. Nun gab und gibt es mit Sicherheit aber so viele Formen von Matriarchaten, wie es allein schon gegenwärtig – und gleichzeitig! – Formen von Patriarchaten gibt. Man vergleiche nur einmal die unterschiedlichen Formen des christlichen Männerrechts in modernen Industrieländern mit dem in islamischen Agrarländern. Es kann also nur darum gehen, ein Grundmuster mit einer großen Offenheit für Variationen zu definieren.

2. Auch über die Benennung „Matriarchat“ besteht hauptsächlich Dissens. Als „Mutter*herr*schaft“ übersetzt, würde der Begriff einen Widerspruch in sich selbst und zu starke Analogien zum Patriarchat assoziieren lassen; das griechische „arche“ hat aber mehr Bedeutungen als nur „Herrschaft“; in der Mehrfachdeutung steckt auch wieder genealogische Ableitung und Legitimierung von Macht: es heißt Anfang, Ursprung, von alters her, und es heißt Ursache und Prinzip. So möchte ich Matriarchat mit *Mutterprinzip* übersetzen, auch im Sinne von Mutterursprung, Mutteranfang. Autor/innen, die weniger die Rolle der Mutter betonen, sprechen lieber von Gynaikokratie (Frauenprinzip) oder „frauenzentrischen“ Kulturen. Weitere Vorschläge lauten auf „matristisch“ (Bornemann 1975), „matrifocal“ (z. B. Tanner, in Rosaldo/Lamphere 1974) oder, die bescheidenste und sich rein auf das Verwandtschaftssystem beschränkende Variante, „matrilinear“. Begriffe wie „Fratriarchie“ (Bruderherrschaft, bei Evelyn Reed das Übergangsstadium zwischen Matriarchat und Patriarchat bezeichnend) und „Sororarchie“ (Schwesterherrschaft, von Hirvonen angewendet) erwähne ich nur, um das breite Spektrum der Begriffe und Verwirrungen anzudeuten. Ich selber werde hier, ebenso vereinfachend, wie aber gerade auch die soziokulturell-politische Dimension einschließend, von Matriarchat oder Frauenrecht sprechen – im oben diskutierten Sinn, und diesen Begriff je nach Erfordernis genauer spezifizieren.

3. Die Daten über Matriarchate wurden und werden unter sehr verschiedenen methodischen Voraussetzungen gewonnen und *beurteilt*, nämlich von Ethnologie, Anthropologie, Archäologie, Paläontologie, Religionswissenschaft, Mythenforschung, Rechtsgeschichte usw. Die interdisziplinäre Kommunikation ist noch immer mangelhaft; ein weites Feld für Ideologiekritik tut sich bei diesem Reizthema auf, denn hier wie nirgends sonst gehört der „objektive Beobachter“ der newtonischen Physik ins Reich der Fiktion, und erst recht der „objektive Informant“, den ich hier absichtlich zur männlichen Form, zum mitteilungsbedürftigen Mann, verallgemeinere. Die Geister scheiden sich allzu offensichtlich entlang eines geschlechterpolitisch und ge-

schlechterphilosophisch begründeten Pro und Contra. Ich selber nehme mich davon nicht aus. Warum gewinnen die angeblich doch so mythisch nebulösen, fern vergangenen Matriarchate solche Aktualität, solche traum- oder alptraumhafte Nähe?

4. Die Daten über Matriarchate widersprechen nicht nur gewissen Dogmen von der Universalität der Patriarchate, sondern auch den eingeschliffenen Wahrnehmungen und Alltagserfahrungen in einer patriarchalischen Gesellschaft. So zeigt die nun schon über hundertjährige Kontroverse zum „Mutterrecht", seit Bachofens gleichnamiger Veröffentlichung von 1861, daß es sich um einen „konzeptionellen Kataklysmus", um einen Paradigmenwechsel handelt, wie ihn der Wissenschaftstheoretiker Thomas Kuhn in seiner „Struktur wissenschaftlicher Revolutionen" charakterisiert (Kuhn 1981): um einen jener Umbrüche in der Wissenschaftsgeschichte also, bei denen ein altes Glaubens- und Weltanschauungssystem aufgrund sich mehrender neuer Erkenntnisse infrage gestellt wird, und wo ein neues umfassendes Modell, eine neue Theorie sich herauskristallisiert. Das alte System, in diesem Fall die patriarchale Geschichtssicht und das darauf beruhende Selbstverständnis, ist damit unvereinbar. In seinen Vertretern jedoch fest „faktisch" und *gefühlsmäßig* verankert, halten sie es für einzig gültig und objektiv, und weigern sich mit allen Mitteln, die neuen und widersprechenden Daten überhaupt zur Kenntnis zu nehmen.
So spielt die *Angst-Grenze* der einzelnen, *betroffenen* Forscher/innen eine entscheidende Rolle, als „... das Maß, das die Vertreter einer Disziplin an Eindrücken, Erfahrungen, Erkenntnissen, an un-züchtigen Gedanken ertragen" (Heinrichs 1975, S. 23 und 29). Diese Angst versteckt sich hinter den Mauern von „Wissenschaftlichkeit", „Faktizität" und „Fachgrenzen". Oder, wie es Georges *Devereux* „auf der Suche nach einer wissenschaftlichen Verhaltenstheorie" formuliert: „Je mehr Angst ein Phänomen erregt, desto weniger scheint der Mensch in der Lage, es genau zu beobachten, objektiv über es nachzudenken und angemessene Methoden zu seiner Beschreibung, seinem Verständnis, seiner Kontrolle und Vorhersage zu entwickeln" (Devereux 1976, S. 25). *Devereux'* Irrtum liegt in der Annahme, daß zumindest in den Naturwissenschaften, zum Beispiel in der Astronomie, „der Mensch nicht sehr emotional reagiert". Wir wissen aber, daß „der Mensch" sein geozentrisches Weltbild keineswegs umstands- und gefühllos aufgeben wollte, als die Kopernikanische Wende anstand; wir kennen die Rezeptionsgeschichte der quantenrelativistischen Physik, und welche ausgesprochen emotionalen Schwierigkeiten Physiker hatten, ihr mechanistisches Denken zu erweitern und sich selber als teilnehmende Beobachter zu identifizieren; drittens zeigen sich zur Zeit und werden zunehmend infrage gestellt die geistigen und physischen Prämissen, die naturwissenschaftliche Daten zu einem Credo von „sicherer", uniformer Evolution und Himmelsmechanismen zusammenfügen ließen (vgl. Kap. 4.1. bis 4.5.). Wer über die Sterne spricht, spricht

auch über sich selbst. Wer über Matriarchate oder Patriarchate spricht, spricht auch über sich selbst. Einzig objektive Beobachter sind diejenigen, die zu erkennen und zuzugeben vermögen, daß sie gar nicht objektiv sind.

5. An welchen Frontlinien entlang verlaufen die „Angst-Grenzen" und Abgrenzungen gegenüber Matriarchatsforschung? Als Beispiel sei hier die Bachofen-Rezeption erwähnt (für eine ausführlichere Darstellung vgl. Rentmeister 1980a). In *Bachofens* Geschichtskonstruktion folgte auf die ersten beiden, mutterrechtlichen Stufen – die hetärische und die des „demetrischen Eherechts" –, „endlich der Sieg des Vaterprinzips, das sich an Ödipus knüpft", und das endlich Männern auch eine männliche Genealogie garantiert.

„Das Mutterrecht verbleibt dem Tiere, die menschliche Gesellschaft geht zum Vaterrecht über," sagt Bachofen im Abschnitt übers mutterrechtliche Lykien. Und er setzt hinzu:
„Zugleich wird die Sterblichkeit auf den Stoff beschränkt, der in den Mutterschoß, aus welchem er stammt, zurückkehrt, während der Geist, durch das Feuer von des Stoffes Schlacken gereinigt, zu den Lichthöhen, in denen Unsterblichkeit und Unstofflichkeit wohnt, sich emporschwingt." (nach Rentmeister 1980a, S. 176).

Bachofen nannte andererseits seine Arbeiten auch – etwas nüchterner, – in einem Brief an Charles *Morgan* 1878 – „. . . Bausteine für die Systeme, die jeder von uns entworfen hat . . . *Die Systeme ändern sich und erlauben Abwandlungen,* gemäß der Zunahme der Fakten, die uns zur Kenntnis gelangen; *allein das Material bleibt*, und sichert unseren Arbeiten einen dauernden Wert" (zit. nach Heinrichs 1975, S. 272/73). Auf antropologischer Seite herrschen Tendenzen vor, die weder Bachofens System akzeptieren (zu Recht, wie mir scheint: vgl. Kap. 3.3.1./II); noch billigen sie dem Material irgendeinen heuristischen Wert zu: „Neben der Tatsache, daß er Mythologie als Geschichte mißversteht, stützt sich seine Analyse fälschlicherweise auf Ereignisse und Symbole, die der menschlichen Psyche entstammen" (Fluehr-Lobban 1979, S. 342, Übrs. C. R.). Dieser Kritik aus marxistischer Perspektive, die der Symbolkultur einen geringen Stellenwert einräumt, und die Religion von der Politik und Mythos von Geschichte scharf trennt, stehen Ernst Blochs Anmerkungen zu Bachofen sehr nahe: „. . . Für Religion, nicht für Politik ist so Gynaikokratie historisch erweisbar und gültig." (Zit. nach Rentmeister 1980a, S. 183; vgl. auch Joan Bamberger 1974, S. 266ff., daß „Mythen Fragmente kollektiver Erfahrungen erinnern, die notwendigerweise außerhalb von Zeit und Raum existieren").

6. An *Bachofens* Texten und der Matriarchatsfrage entzündete sich in den siebziger Jahren in Deutschland aufs Neue die *„Genus"-Debatte*: man fragte wieder einmal die endlose Frage, ob Gesellschaften und ihre Geschichte sich entlang des biologisch-sexuellen Dimorphismus strukturieren; und ob folglich ein emanzipatorisches Menschen- und Geschichtsbild ebenfalls zweigestaltig, nach männlich und weiblich verschieden, entworfen werden müßte.

Die Ziehväter der Studentenbewegung ergreifen Partei: Ernst *Bloch* blickt von *Bachofen* zur Gegenwart und fürchtet:

'Die Geschichte wird mit solch romantischen Weibzentrierungen erotisiert, in die Geschlechtsdifferenz aufgeteilt, ja in eine politische Idolatrie der Geschlechtsdifferenz.' Fromm dagegen greift die romantische Idee Bachofens von der natürlichen Verschiedenheit der Geschlechter ganz anders auf: 'Die Theorie von derGleich*artigkeit*der Frau war die Begründung für die Forderung ihrer politischen Gleich*berechtigung*. Gleichartigkeit der Frau hieße aber ausgesprochener oder unausgesprochenermaßen, daß die Frau ihrem Wesen nach dem Manne der bürgerlichen Gesellschaft gleich sei, und Emanzipation bedeutete in erster Linie nicht Befreiung der Frau zur Entfaltung ihrer als solcher noch gar nicht bekannten spezifischen Anlagen und Möglichkeiten, sondern ihre Emanzipation zum bürgerlichen Manne. *Die 'menschliche' Emanzipation der Frau hieß in Wirklichkeit ihre bürgerlich-männliche Emanzipation.'* " (zit. nach Rentmeister 1980a, S. 181)

Ähnlich wie Fromm argumentierend, hat zuletzt Ivan *Illich* die „Genus"-Debatte weitergeführt, um „zu einer historischen Kritik der Gleichheit" zu kommen – keineswegs eine „ganz neue These", wie er im Vorwort behauptet, siehe oben. Ihm geht es um den Verlust der europäischen, vorindustriellen Zwei-Welten-Kultur und das „falsche Wir" im bürgerlichen Zeitalter:

„Mit sozialem Genus meine ich eine je zeit- und ortgebundene Dualität, die Männer und Frauen in einer Kultur voneinander absetzt und sie daran hindert, das gleiche zu sagen, zu tun, zu begehren oder wahrzunehmen. Mit ökonomischem Sexus dagegen meine ich eine Dualität, die den Anspruch erhebt, das illusionäre Ziel ökonomischer, politischer, gesetzlicher und sozialer Gleichheit von Mann und Frau verwirklichen zu können. In einer so konstruierten Wirklichkeit ist Gleichheit – wie ich zeigen werde – meistens ein Phantasiegebilde." (Illich 1983, S. 19)

Unter der Herrschaft der Genus-Kultur hätten Frauen zwar untergeordnet, aber doch in relativer Waffenruhe zwischen den Geschlechtern gelebt, weil gegenseitige Abhängigkeit Kampf, Ausbeutung und Niederlagen begrenzten. Politischer Schlußfolgerungen für die Gegenwart enthält sich Illich scheinbar wohlweislich – aber zur Wahl stellt er nur aussichtslose Gleichberechtigungskämpfe, *patriarchale* Genus-Kultur und „das sexistische Utopia eines Frauenlandes", das „nicht einmal den schäbigen Trost einer Latrinengemeinschaft bietet" (ibid, S. 126). Ich schlage vor, den Blick von solchen Locus- und Genusbegriffen abzuwenden und ihn fragend auf egalitäre und matriarchale Gesellschaften zu richten: ist nicht dort „Genus" auch stark ausgeprägt, aber an einer anderen Werteskala orientiert? Gelangen wir dann vielleicht zu ganz anderen Definitionen? Was sagen feministische Anthropologinnen dazu?
Aber bevor wir diesen Schritt, als vorletzten in diesem Abschnitt über Kontroversen zum Matriarchat, tun können, bleibt erst eine (unerwartete?) Barriere zu überwinden: Angst-Grenzen, Abwehr, Zwiespälte und ein Schuß Borniertheit im (deutschen) feministischen Lager gegenüber diesen Fragen.

7. Auch von Feministinnen wird oft unterstellt, daß Matriarchatsvorstellungen die Frauenbewegung in eskapistische Träumereien entführen würden. Was

die deutschen Frauenbewegungen angeht, so muß die Geschichte der Be- und Verarbeitung von Matriarchatsthesen noch geschrieben werden; aber es spricht viel dafür, daß der Blick zurück in die Vor-Geschichte des Patriarchats und Widerstand in der Gegenwart zusammengehören. Für die „Alte Frauenbewegung“ vor dem ersten Weltkrieg bezeugen dies Lida Gustava *Heymann* und Anita *Augspurg*, Vorkämpferinnen am radikalen linken Flügel. Vor der Verhaftung durch die Nationalsozialisten in die Schweiz geflohen, stellen sie dort in ihren Memoiren ihre Lebenserfahrungen in die geschichtliche Perspektive:

„*Bachofen* konnte mit Recht sagen: 'Von Anfang an gegeben, unwandelbar ist nur das Weib; geworden und darum stetem Untergang verfallen der Mann.' Am Anfang aller Kulturen steht die 'Urmutter' und ein glückliches Zeitalter, erst die 'Männererde' betätigt das raffende, gewalttätige, das analysierende, das zersetzende Element. . .“ (zit. nach Rentmeister 1979 a, S. 264/265; zur Fortsetzung der Diskussion in den zwanziger Jahren sowie bei den sozialistischen Theoretikern vgl. Rentmeister 1980 a, S. 177 ff.)

In der Neuen Frauenbewegung wurde 1973/74 die Vaerting-Schrift „Frauenstaat und Männerstaat“ wiederausgegraben, und brachte die Matriarchatsfrage erstmals einer größeren Zahl von Frauen ins Bewußtsein; die folgende Diskussion bestärkte Autonomiebestrebungen und Positionen, die die „Frauen“-Frage aus dem Schatten des industriegesellschaftlichen Klassenkampfes herauslösten, und als den historischen Hauptwiderspruch erkennen ließen.
Kaum zwei Jahre ging das „Gespenst des Matriarchats“ um, da erhoben sich auch die ersten, warnenden Stimmen von feministischen Historikerinnen und Sozialwissenschaftlerinnen. Sie mahnen bis heute mit einer gleichlautenden, rituellen Beschwörungsformel:

„Die Unterdrückung der Frau ist älter als die Geschichte der bürgerlichen Gesellschaft und ihre Gesetzgebung. Sie in ihrem 'Urzustand' zu erforschen erklärt dennoch nichts. 'Er schiebt bloß die Frage in eine graue, nebelhafte Ferne'“ (Gerhardt 1978)

„Was hilft es den Frauen, wenn sie sich über die nunmehr Jahrtausende andauernde Unterdrückung mit der Vorstellung hinwegtrösten, daß sie selbst einmal am Beginn der Menschheit geherrscht hätten?
Sie sollten nur beweisbare historische Fakten in ihre Argumentation einbeziehen; der leicht zu führende Nachweis ihrer seit Jahrtausenden bis heute andauernden Unterdrükkung genügt vollauf zur Begründung ihrer Forderungen.“ (Janssen-Jurreit 1978)

„Frauen – die ewige Kolonie. Der Glaube an ein ursprüngliches Matriarchat oder zumindest an eine egalitäre frühere Gesellschaft mag tröstlich sein, hilft uns aber nicht weiter. Die Unterordnung der Frauen ist alt und universal. Wie wird sie durchgesetzt? Worauf beruht sie? Wie reagieren Frauen darauf?“ (Benard/Schlaffer 1984; in dem sonst so nützlichen Buch über „Die Grenzen des Geschlechts“ rekonstruieren sie stattdessen eine völlig unhaltbare Evolution der Rolle männlicher physischer Überlegenheit fürs Geschlechterverhältnis:S. 54 ff.; an anderen Stellen ziehen sie aber doch immer wieder historische Frühzeiten in Betracht, in denen Frauen „sozial vorrangige Positionen“ innegehabt hätten: z.B. S. 59).

Solche pauschalen Ablehnungen scheinen auf sehr selektiver und ausgerechnet bei diesem heiklen Thema sehr wenig ideologiekritischer Kenntnisnahme anthropologischer Daten zu beruhen; archäologische Befunde werden überhaupt nicht berücksichtigt. Daß die Matriarchatsfrage nicht für alle gleich wichtig sein muß, ist unbestritten. Suspekt bleibt und zu denken gibt, wenn immer wieder die Diskussion so unfundiert und schnellhin abgewürgt und ein Denkverbot ausgesprochen wird.

8. Das eben beschriebene Phänomen der Abwehr läßt sich durchaus auch in der US-amerikanischen, anthropologischen Matriarchatsdebatte ausmachen. Die Existenz von Matriarchaten ließ sich zum Beispiel scheinbar mühelos leugnen, in dem man/frau darauf verwies, daß selbst in matrilinearen Gesellschaften, beispielsweise bei den Irokesen, *Frauen keine „politische" Macht besäßen* – unter anderem, weil sie sie *nicht monopolisieren:*

„Selbst die Irokesen, einst ein Bollwerk der Matriarchatsverfechter, erwiesen sich als nur matrilinear, obwohl die Irokesen-Gesellschaft noch immer Bachofens Ideal vom „gynaikokratischen Staat" am nächsten kommt, da die Frauen der Irokesen eine entscheidende Rolle in Abstammung und Dorfpolitik spielten. *Doch trotz der grundlegenden Macht, die von Frauen ausgeübt wurde,* wurden durchweg *Männer als politische Führer gewählt.* Heutzutage werden die Irokesen bestenfalls als „Quasi-Matriarchat" angesehen." (Joan Bamberger 1974, S. 266, Übers. C.R.; vgl. dagegen Leacock 1978 und Kap. 2.1.6., Interview mit einer Clanmutter der Irokesen).

„Bei keinem zeitgenössischen oder historischen Beispiel matrilinearer sozialer Organisation wird jedoch die politische Macht von Frauen monopolisiert". (Carolyn Fluehr-Lobban 1979, S. 343)

Mit einem Unterton von Befriedigung wird damit nichts anderes festzuschreiben versucht als die universelle Subordination von Frauen. Sie beruht auf einer methodischen Fahrlässigkeit und einem Verfahren, das bei den Anthropologen gegenüber anderen Phänomenen längst passé ist, und von der „scientific community" schwer gerügt würde: nämlich in eigene Kulturnormen unhinterfragt und ethnozentrisch anders strukturierte Kulturen hineinzupressen und die Verschiedenartigkeit des Verstehens zu leugnen. Dies tautologische Verfahren dient zur Selbstbestätigung und Einverleibung des beunruhigenden Fremden und dazu, die eigenen Kulturnormen am Ende wieder für universell erklären zu können. –

Mit diesen Kernfragen beschäftigte sich 1982 eine Konferenz bekannter Vertreter/innen der Anthropologie unter dem Titel: Feminism and Kinship Theory – Feminismus und Verwandschafts-Theorie (in Bellagio/Italien). Dort wurden auch für die von mir angesprochenen Kontroversen fruchtbare ideologiekritische Forschungsansätze und -strategien formuliert, und eine – wie ich finde – überraschend große Übereinstimmung herrschte darüber unter den Teilnehmer/innen. Einige der Hauptergebnisse übersetze ich gleich, fasse sie zusammen und zitiere sie zum Teil auch wörtlich nach dem Konferenzbericht von Tsing/Yanagisako 1983.

a. Die sogenannte „häusliche" Domäne als Gegenteil der „politisch-rechtlichen" Domäne muß neu bewertet werden.

Die Teilnehmer/innen fochten an, daß die übliche universelle Unterscheidung zwischen den beiden Domänen nützlich und angemessen sei. Sogenannte „politische" Institutionen verknüpft man in der Regel und automatisch mit der sozialen Welt der Männer, und die hielt man für maßgebend. Frauen sah man dagegen hauptsächlich in „häusliche" Beziehungen eingezwängt und auf sie ausgerichtet, und sie galten ebenso automatisch als bedeutungslos, eben „unpolitisch".
Die Unterscheidung zwischen „öffentlichen" versus „privaten" und „häuslichen" Bereichen taucht als ideologische Unterscheidung erst mit der Bildung von Staaten-Gesellschaften auf. Zusammen mit der Klein-Familie bildet sich diese Unterscheidung in Deutschland z. B. sogar erst Anfang des 19. Jahrhunderts ganz prägnant heraus (vgl. Expertise II, Teil 2). Selbst noch in modernen westlichen Gesellschaften führen diese klischeehaften Trennungen, wie auch die Metaphern von „drinnen" gegenüber „draußen", „Familie" gegenüber „Arbeit" als analytische Kategorien in die Irre und verdunkeln die durchaus unterschiedlichen Implikationen für Genus-Beziehungen und die Hierarchie.

Feministinnen haben die Bedeutung des Begriffs „politisch" verändert. Politik sollte als ein System von Machtbeziehungen und Wertehierarchien definiert werden, die notwendigerweise beide, Frauen und Männer, einschließen. Wenn man/frau also *männliche* Aktivitäten, Gruppen und Bindungen studiert, dann in dem Bewußtsein, daß diese Genus-bezogene Phänomene sind, und daß sie keineswegs das eine und einzige, das „menschliche" Universum ausmachen.

b. Das Verhältnis von „Genus" zum „Verwandtschaftssystem" (Lineage).
Es ist nicht mehr selbstverständlich, einzig die Abstammung, zum Beispiel in weiblicher oder männlicher Linie, zum Gradmesser der politischen und sozialen Stellung eines Geschlechts in einer bestimmten Gesellschaft zu machen. Es gibt eine Wechselbeziehung zwischen „Genus" und „Verwandtschaft", und sie variiert stark innerhalb der verschiedenen sozialen Systeme und Kulturen. Deshalb muß man diese Verbindungen zuerst untersuchen, bevor man die Bedeutung der Abstammung in einer Kultur einschätzt. Man kann sogar sagen, daß sich in letzter Zeit der Brennpunkt der feministisch-anthropologischen Analyse auf die Konstruktion und die Deutung des Genus in spezifischen Systemen verlagert hat, weg von der Fixierung auf das „Verwandschaftssystem".

c. Soziale Systeme sind nur historisch zu verstehen.
Erst eine historische Herangehensweise läßt die Kräfte verstehen, die soziale Systeme prägen und immer wieder verändern. Zum Beispiel mußte in Westeuropa im 4. bis 6. Jahrhundert der interessierte Klerus das gesamte traditionelle System von Erbschafts-, Verwandtschafts- und Heiratsregeln grundlegend verändern, um die Institution Kirche überhaupt aufbauen zu können: im Konflikt mit den Interessen von Adel und Landbesitzern mußte er neue Definitonen von legitimer Ehe und Vererbung durchsetzen, die es Individuen ermöglichten, Eigentum an die Kirche zu vermachen zur „Akkumulation des Heils".
Historische Betrachtung zeigt auch in Bezug auf „Genus", wie sich dieser Begriff innerhalb eines Systems mit der Zeit wandeln kann. Zum Beispiel rechnen die Tswana ihre Verwandtschaft bilateral, in männlicher und weiblicher Linie. In der vorkapitalistischen Zeit galt die väterliche Verwandtschaft (agnation) als Idiom für „konkurrierende Rivalität von *Gleichen*", während von matrilinearen Verwandten als „sich unterstützenden und sich ergänzenden *Klienten*" gesprochen wurde. Als sich ein Agrarkapitalismus entwickelte, stellte dann Verwandtschaft väterlicherseits die Beziehungen innerhalb einer Klasse, und matrilineare Verwandtschaft die Beziehungen zwischen Klassen dar. So nahmen „männliche" und „weibliche" Verwandtschaftsbande in einem neuen Kontext von Machtbeziehungen einen neuen Sinn an.

d. Über die kulturelle Konstruktion von „Männlichkeit" und „Weiblichkeit": was ist Genus?

Genus bezeichnet eine symbolische Organisation der Geschlechter; es bildet künstlich eine Vielzahl von Metaphern heraus, die ihre Unterschiede betonen und dann einen „sozialen Geschlechtscharakter" ausmachen. Genus bezeichnet die vertikale Trennungslinie zwischen den Geschlechtern aller Generationen. Verwandtschaft dagegen verbindet gerade Männer mit Frauen verschiedener Generationen und trennt sie von denen, die als nicht-verwandt gelten.

Gleichzeitig finden wir aber auch vielfältige Versuche, genau diese *Genus-Schranken zu transzendieren:* in solchen Weltbildern, wo von wirklichen Männern und Frauen gefordert wird, zum Aufbau ihres vollkommenen Selbst, jeweils beide, die männlichen und die weiblichen symbolischen Genus-Eigenschaften in sich vereinigen und zum Einklang bringen zu lernen.

(Anm. C.R.: Im Zusammenhang mit diesem Vexierspiel von kulturell erzeugtem Genus und kulturellen Versöhnungs- und Aufhebungsversuchen desselben müßten wir eine ganze Reihe von Phänomenen neu würdigen: darunter sicher auch kultischen Geschlechtswandel, Rituale zum Austausch von Geschlechtspotenzen, Vorstellungen von bisexuellen Seelen und Gottheiten und doppelgeschlechtlichen Wesen; vgl. dazu Baumann 1955 und Expertise II, Teil 1).

e. Sexualität und Herrschaft in der Kultur: Heterosexualität, Päderastie und „Inzest".

In dem Konferenzbericht wurde immer wieder die Rolle der männlichen Homosexualität betont, vorzugsweise in der Form der *Päderastie*. Sie gilt Anthropolog/innen als wichtiger Bestandteil von Genus-, Verwandschafts- und Machtbeziehungen. Denn sexuelle Beziehungen, einerseits heterosexuell zwischen Männern und Frauen, andererseits päderastisch zwischen Männern und männlichem Nachwuchs, bilden wichtige Stützpfeiler des Dominanzsystems in den meisten Kulturen der Welt (mehr als man gemeinhin annimmt). Diese sexuellen Beziehungen schaffen Gleichheit, Brüderlichkeit und Wechselseitigkeit unter den „reifen Männern", die sowohl Frauen als auch Knaben besamen, sie stabilisieren die „erwachsenen" Männerbünde.

Das Thema „Inzest" – Inzesttabus, Meidungsregeln – nimmt ja von je her in der anthropologischen Forschung breiten Raum ein. Zum einen wurde in der üblichen ethnozentrischen Manier der westliche Inzest-Begriff für universell gültig gehalten, obwohl er dem Rahmen der Klein-Familie und dem schwülen Sexual-Klima westlicher Gesellschaften entstammt. Dabei muß man zum Beispiel für nicht-familiale Gesellschaften von „Meidungsregeln" sprechen, die eine viel größere Anzahl Personen einzuhalten haben, als dies bei „Inzest-Verboten" der Fall ist (vgl. Kap. 3.2.3.).

Andererseits brachten feministische Analysen auch den westlichen „Inzest"-Begriff ins Wanken: statt schwüler Begehrlichkeit zwischen Mutter und Sohn und lolitahaftem Töchterchen und verführtem Vater brachten sie ein bis dahin wohlverstecktes Ausmaß an sexueller Gewalt gegen Mädchen zum Vorschein – Mißbrauch und permanente Unterwerfungsrituale durch Väter und im engeren männlichen Bekanntenkreis zumeist. Im englischsprachigen Raum haben die Arbeiten von Florence *Rush* und Louise *Amstrong* („Kiss Daddy Good-Night", 1978) eine kontroverse Diskussion unter Kulturanthropolog/innen in Gang gebracht (vgl. Bixler 1981). Für die deutsche Situation liegen jetzt die Arbeiten von *Barbara Kavemann/Ingrid Lohstöter* vor („*Väter als Täter*" 1984, und eine Analyse im Band 9 dieser Expertisenreihe). Darin eröffnen engagierte Betroffene und engagierte Forscherinnen neue und tiefe Einsichten in die Struktur unseres sozialen Dominanz-Systems – Beispiel für eine feministische Anthropologie, die vor der eigenen Türe kehrt, und durch „weibliche Beobachtung" und „weibliches Interesse" die Wahrheit in der Geschichte ans Licht bringen hilft. Wahrheit heißt im Griechischen, wie erwähnt, „Nicht-Vergessenheit". Ganz in diesem Sinne lautet der Untertitel zu der Arbeit von Kavemann/Lohstöter über die Väter als Täter: „Erinnerungen sind wie eine Zeitbombe".

10. Es gibt also in Genus- und Matriarchatsforschung vieles aufzudecken, wenn der Geist nicht interessenhalber anästhesiert ist – das heißt, große Bereiche der Wirklichkeit nicht wahrnehmen und empfinden, weil nicht umgestalten will. Agnostizismus scheint nicht durchweg angesagt. Zeigt doch schon das Beispiel der anthropologischen Debatte mit den feministischen Re-Visionen zu Materialien und Methoden, daß Frauen keineswegs, auch nicht in Patriarchaten, universell defizitäre Wesen sind. Interdisziplinäre Verknüpfungen können dann auf einer weiteren Stufe erhellen, daß und wie im Großen und Ganzen die historische Niederlage matriarchaler Gesellschaften sich ereignete, daß und wie sie den „harten Werten" und der Brachialgewalt einseitigen Männerrechts und Männerkultes unterlagen. Aber dann sehen wir auch, daß diese Dunklen Kontinente zumindest im Bewußtsein nie ganz untergetaucht sind, und immer wieder beunruhigend auftauchen. „Genus" gilt in der Anthropologie zuvorderst als „symbolische Organisation" der Geschlechter, die dann auf alle Kulturbereiche übertragen wird: auf Handlungen, Dinge, Organisationen, auf den Geist und die Wissenschaften, selbst auf die Ökonomie und die Naturwissenschaften (vgl. Kap. 4.2., 4.3. und 4.5.). Von dieser Bedeutung der Sitten- und Symbolkultur wird in den folgenden Kapiteln oft zu sprechen sein; oft mit dem verzweifelten Mut zur Vereinfachung – aber auch in dem Glauben, daß Grundmuster sehr wohl erkennbar und beschreibbar sind, vielleicht sogar als ein paar überraschend einfache Grundmuster für die ungelösten Probleme von Frauen hier und heute, die ja im Grunde die ungelösten Probleme von Männern sind.

2.1.2. „Ein Mutterleib", „Ein Körper": einige Merkmale von Matriarchaten

Einige Merkmale von Matriarchaten, die einzeln oder zusammen auftreten können, sind:

– *Matrilinearität.* Das heißt, Nachkommen werden zur Sippe der Mutter gezählt; der Begriff der „Vaterschaft" ist unbekannt oder sozial bedeutungslos. Es gibt keine „illegitimen" Nachkommen. Entsprechend werden die Kinder in weiblicher Linie, nach der mütterlichen Sippe benannt. Auch geerbt wird in weiblicher Linie (bewegliche Güter, Sippenhäuser; der Boden ist in der Regel Gemeineigentum und wird zur Nutzung nach Bedarf verliehen). Sprachliche Metaphern drücken die Ganzheitlichkeit aller Elemente des Gesellschaftssystems aus (Leibliche Verwandtschaft, Ökonomie, Symbolkultur, alle Bereiche einschließend): bei den Trobriander/innen gehören alle Verwandten mütterlicherseits „zum selben Körper" (Malinowski 1979, S. 149); bei den nordindischen Khasi ist jeder Clan in Haushalte aufgeteilt, in Einheiten namens *ski poh,* „ein Mutterleib" (Thomson 1974, Bd. I, S. 116; dort auch ein ganzes Kapitel zur Frage „Was ist Matriarchat?". Zum Begriff der „Sippe" vgl. Schneider/Gough 1961). Scheidung ist leicht vollzogen, zumal sie den ökonomischen Status der Frau nicht berührt.

(Was das Verhältnis von Matriarchaten zu den Institutionen von Polyandrie bzw. Polygynie (Vielmännerei/Vielweiberei) angeht, weiß ich zu wenig, um darüber etwas sagen zu können; es gibt zum Beispiel Hinweise, daß bevölkerungspolitische Motive bei diesen Institutionen eine Rolle spielen.)

– *Matrilokalität.* Das heißt, „am Ort der Mutter", in ihrem (Sippen-)Haus, bleiben die Kinder. Die Söhne heiraten exogam, d.h. aus der Sippe heraus, und folgen der Frau und ihrem Wohnsitz nach (in Umkehrung des für die Frauen geltenden biblischen Satzes: Wohin du gehst, dorthin will auch ich gehen); oder sie leben auch als verheiratete Männer weiterhin im Haus ihrer mütterlichen Sippe und statten im Haus ihrer Frau nur kurze nächtliche Besuche ab (sog. „Besuchsehe"; z.B. die Nayar in Südindien, die Minangkabau in West-Sumatra.). Matrilokalität und Matrilinearität sind eigentlich untrennbare Bestandteile eines soziokulturell, ökonomisch und ökologisch vernetzten Systems, das Sippenhaus so etwas wie ein raumzeitlicher Fixpunkt, das Dorf der Nabel eines dezentralen Kosmos.

– *Matriarchale Männer.* Die Bedeutung der Ehemänner ist gering zu veranschlagen, sie werden bei vielen Gesellschaften kurz und knapp als „Fremde" bezeichnet. Der (blutsverwandte) Mutterbruder besitzt oft einen äußerlich hervorragenden Status, so daß statt Matriarchats bisweilen ein Avunculat (Onkelherrschaft) behauptet wird. Dies beruht auf einer Fehlinterpretation seiner hauptsächlich repräsentativen und beratenden, seiner „politischen" Funktion. Die Übertragung von Beschützer- und Sprecher-Rollen scheint mir auch in den Rahmen von wohlüberlegten Taktiken zur zwischengeschlechtlichen Konfliktbewältigung sowie zur Befriedigung männlicher Statuswünsche zu gehören. Ebenfalls in diesen Bereich zähle ich die Erzeugung eines Gefühls von „psychischer Bilateralität", von „sozialer Vaterschaft" und Verantwortlichkeit bei Ehemännern, die sich ja per definitionem nicht mit den Kindern ihrer Ehefrau verwandt fühlen. So wird man bei den Trobriandern z.B. immer die Ähnlichkeit von Ehemann und Kind loben, auch wenn davon tatsächlich nicht das Geringste zu bemerken ist (Malinowski 1979, S. 149ff.; vgl. auch Blu 1977).

Wo Männer zur „Stimme" der Sippe gewählt werden, müssen sie sich oft weniger durch Aggressionsbereitschaft als durch „weibliche" Eigenschaften auszeichnen: Duldsamkeit, Toleranz, Vermittlungsfähigkeit.

Unter Männern können ausgeklügelte Rituale dazu dienen, Rangordnungskämpfe im Rahmen von Fehden zu halten oder symbolisch auszutragen (vgl. die Gesangsduelle der Eskimos, Fromm 1977, S. 164), und die Kooperation zu fördern. Denn wie in der Ökonomie, lautet auch hier das Motto: Kooperation statt Kompetition (z.B. Nayar). In der Rechtskultur gilt das Prinzip „Entschädigung", „Wiedergutmachung" statt Strafe.

– *Ökonomie/Ökologie.* Sie bedeutet vor allem in historisch frühen Gesellschaften Sippen-Ökonomie, als Subsistenzwirtschaft, zusammengesetzt aus Sammeltätigkeit, Garten- und Ackerbau, Fischfang und Tierhaltung, je nach Ressourcen. Boden und Bodennutzungsrechte werden nach Bedarf an Untereinheiten verliehen; Sippenhäuser gehören der Muttersippe. (Nicht „die Frau gehört ins Haus", sondern „der Frau gehört das Haus".) Geerbt wird oft nach dem Prinzip der „Ultimogenitur", d. h. die jünstgeborene Tochter erbt, z. B. bewegliche Güter.

Zeitlich und räumlich sehr verschieden ist die Rollenverteilung zwischen den Geschlechtern in Ackerbau, Gartenbau, Viehzucht, Fischfang und Jagd; wichtig ist anzumerken, daß die Rollen oft anders bewertet werden als bei uns, beziehungsweise keine Wertungen vorgenommen werden.

– *Sexualität.* Selbstbestimmte Verfügung von Frauen über ihren Körper, eingeschlossen die Kontrolle über die Fortpflanzung mit den verschiedensten Weisen der Verhütung: pflanzlich, chemisch, andere Sexualpraktiken, z.T. sehr sporadische Sexualität (vgl. Kap. 3.2.3.). Zur Bevölkerungssteuerung auch das Recht auf Kindestötung bei der Frau. Teils voreheliche sexuelle Freiheit. Sehr verschiedene Auffassungen vom Stellenwert der Sexualität im Leben: von Hochschätzung bis hin zu der Betrachtungsweise vom Geschlechtsverkehr als Gunst bzw. Dienstleistung, für die vom Manne eine Gegengabe, ein Geschenk erwartet wird.

– *Weltanschauungen, Religionen.* In den vor-staatlichen matriarchalen Gesellschaften drücken sich Spiritualität oder religiöse Betätigungen in weniger vom „Leben" abgetrennten Formen aus, „Kultus" und Alltag, Numinoses und Profanes, magische und rein „weltliche" Handlungsebenen sind nicht scharf voneinander getrennt; die umgebende Welt und die Wesen in ihr werden als belebt und beseelt gedacht (Animismus), und es sind vorzugsweise die Frauen, die mit ihnen den Umgang pflegen durch Schamanismus, Kräuter- und Pflanzenmagie, Tiermagie, Heilen, Ahnenverehrung, Geburts- und Totenrituale, Weissagen, Exorzismus, Umgang mit den vier Elementen. Frauen pflegen auch den Kontakt mit Ahnen und ihren Kultus. Weltschöpfungsprinzipien, verehrte Wesenheiten und Gottheiten werden oft ausschließlich weiblich vorgestellt; selbst wenn sie unter einer Vielzahl von Namen und für eine Fülle von Funktionen angerufen werden, gelten sie letztenendes doch alle als Erscheinungen der einen Großen Göttin. Söhne, Heroen oder Gatten als Begleiter sind eine historisch spätere Erscheinung. Selbst dann, als sich schon ausgesprochene Göttinnen-Religionen, mit dezidiertem Kultus und einer Art „Theologie" herausgebildet haben, liegt historisch die Ausübung des Kultes und der Rituale zunächst noch bei Priesterinnen als Hauptpersonen.

Ein zyklisches, organisches Weltverständnis von Schöpfung und Zerstörung, Werden und Vergehen drückten sich in Mythologien und Wiedergeburtsglauben aus.

Ergänzend zu diesen Merkmalen von Matriarchaten möchte ich hinweisen auf Überschneidungen mit Definitionen, wie sie für den Status von Frauen und Männern in *egalitären Gesellschaften* gegeben wurden: das heißt, Vor-Klassen-Gesellschaften, als Bande oder Stamm organisiert, nomadisierend oder in Dörfern seßhaft, Nahrung als Jäger und Sammlerinnen beschaffend, oder/und durch Garten- und Ackerbau. Richtungsweisend für ein neues Verständnis der egalitären Gesellschaften ist die Studie von Eleanor Leacock, „Der Status von Frauen in egalitären Gesellschaften: Zusammenhänge mit der sozialen Evolution“ (englisch 1983; vgl. Kap. 3.2.1.).

2.1.3. Matriarchate der Gegenwart, aus fremder und eigener Anschauung

Zahlreiche Gesellschaften finden sich noch im 19. und 20. Jahrhundert, die entsprechend den eben genannten Merkmalen unter Matriarchate zu rechnen sind; sie weisen deren verschiedenste Kombinationen auf, sie sind unterschiedlich gut dokumentiert – aber in jedem Fall mag eine/n die Quantität erst einmal überraschen. Tun wir nur einen einzigen wahllosen Griff in einer größeren Bibliothek, Abteilung Ethnologie, Handbücher, und halten vielleicht „Die neue große Völkerkunde“ von *Bernatzik* in der Hand, erschienen 1953, Band Asien/Australien. Im Register werden wir unter „Mutterrecht“ auf folgende Länder verwiesen: China, Hinterindien, Iraner, Japaner, Kaukasusvölker, Lolo, Mandschu, Mongolen, Ryukyuer, Tibet, Vorderindien, Borneo, Celebes, Engano, Formosa, Mentawei, Nias, Sumatra, Melanesien, Mikronesien, Neuguinea, Polynesien.

Eine umfassendere Statistik findet sich bei G.P. *Murdock*, in seinem „World Ethnographic Sample“; demnach waren von 565 untersuchten Gesellschaften 15% matrilinear, 44% patrilinear, 36% bilateral (!), 5% duolineal (nach Aberle, in Schneider/Gough 1961). Wieweit diese Angaben zuverlässig sind, hängt von den Kriterien *Murdocks* ab; außerdem hat er nur 565 von den gegenwärtig weltweit noch existierenden ca. 6000 Gesellschaften zugrundegelegt.

Zu den am meisten diskutierten und am besten monografisch beschriebenen Matriarchaten zählen sicher die Irokesen (Morgan 1877/1891), die Hopi (Benedict 1949, Waters 1983), die Trobriander (Malinowski 1929/1979), die Khasi (Gurdon 1914), die Nayar (Ehrenfels 1941), die Minangkabau (Kato 1982; ich habe immer nur eine Veröffentlichung von vielen möglichen und den wichtigen genannt).

Die letzterwähnten drei, die Khasi in Nordindien, die Nayar in Südindien, an Keralas Malabar-Küste, und die Minangkabau auf West-Sumatra, verbindet vielleicht eine gemeinsame Vorgeschichte: als Nachfahren der Dravider/innen nämlich, der vorarischen Bevölkerung und Kultur des indischen Subkontinents im 2.Jahrtausend v.u.Z. Auch Matriarchats-Skeptiker (Levi-Strauss, Fox) konnten sich ihrem matrilinearen Charme nicht entziehen, ihrer beeindruckenden Kultur, und sprachen hochachtungsvoll von diesen Beispielen eines „matrilinearen harmonischen Regimes“, die dem hypothetischen, „klassischen Fall“ am nächsten kämen.

Es folgen hier skizzenhafte Darstellungen der *Khasi, der Minangkabau und der Irokesen*: der Khasi nach einer Beschreibung Gurdons von 1914, weil sie auch um die Jahrhundertwende noch wenig überfremdet erscheinen, zum Beispiel in ihrer autochthonen megalithischen Religion, die auch durch christliche Missionierung nicht ausgelöscht wurde; die Minangkabau von heute (ebenso wie die südindischen Nayar) kenne ich von eigenen Aufenthalten dort, und beschreibe sie im Vergleich von anthropologischer Literatur und eigenen Erfahrungen und Interviews; zu den Irokesen hat mir Cristina *Perincioli* Auszüge aus einem Interview mit einer Clanmutter zur Verfügung gestellt (Auszüge aus einem Rundfunkmanuskript), aus dem Jahre 1979.

2.1.4. „Aus der Frau entsprang der Clan": Matriarchat bei den Khasi

Die nordindischen Khasi sind nach 1900 von Gurdon und Lyall ausführlich beschrieben worden; bei *Thomson* (1974) finden sich daraus Auszüge, nach dem ich einige Charakteristika zusammenfasse:

„Das Zentrum im Leben der Khasi bildet das Dorf. Es liegt gewöhnlich am Fuße eines Hügels, an denen das Land überreich ist. Ist es einmal errichtet, wird es nur unter Zwang verlegt. Nach Katastrophen kehren seine Bewohner immer wieder zurück und bauen es an der gleichen Stelle wieder auf. Die Häuser stehen dicht beieinander, und es gibt keinen Unterschied zwischen dem der Familie des weiblichen Oberhaupts gehörigen und den anderen. Rundherum liegen die Clan-Begräbnisstätten und heiligen Haine.

Jeder Clan ist in mutterrechtliche Haushalte aufgeteilt. Diese unter dem Namen „ski poh", „ein Mutterleib" bekannte Einheit umfaßt alle, die mütterlicherseits bis zur vierten Generation von einer gemeinsamen Ahnherrin abstammen. Die Haushaltsvorsteherin leitet den Kult der Familiengöttin. Die beiden Schutzpatrone des Haushalts sind Göttinnen, wenn auch zusammen mit ihnen der erste Vater des Clans angebetet wird. Bei allen Opferhandlungen sind Priesterinnen anwesend, während die männlichen Offizianten lediglich ihre Stellvertreter sind.

Der Clanbesitz wird im Auftrag der Haushaltsvorsteherin von einem Onkel mütterlicherseits verwaltet. Haus und bewegliches Vermögen wie auch das Land sind alleiniges Besitztum der Frauen.

Dem Mann ist kein großer Spielraum gelassen. Was er erwirbt, geht in das Vermögen seiner eigenen matriarchalischen Gruppe ein, und bei seinem Tode werden die Gebeine im Grabbezirk der Verwandtschaft seiner Mutter beigesetzt. In manchen Gegenden wohnt und ißt er nicht im Hause seiner Gattin, sondern sucht es nur nach Anbruch der Dunkelheit auf. Als Gatte ist er den Leuten seiner Frau ein Fremder, die kurz und bündig von ihm als „der Erzeuger" sprechen.

Die Scheidung kann derart leicht vollzogen werden, daß die Kinder in vielen Fällen ihren Vater nicht einmal dem Namen nach kennen. Das stört sie jedoch nicht. Sie sind im Hause ihrer Mutter aufgezogen worden und verbleiben dort auch, ob nun ein Vater vorhanden ist oder nicht." (Paraphrase nach Thomson 1974, S. 116ff.)

2.1.5. „Ein Hahn kann keine Eier legen" – die Minangkabau von heute

1. *Alam Minangkabau – „Die Welt der Minangkabau": verschiedene Perspektiven*

Die Welt der Minangkabau beschreibe ich aus verschiedenen Perspektiven: mein Bild setzt sich zusammen aus ethnologischen Darstellungen und eigenen

Erfahrungen während des Aufenthaltes dort im Frühjahr 1983. Unter den ethnografische Beschreibungen verdanke ich der aktuellen Monografie von Tsuyoshi Kato ein vertieftes Verständnis dieser Kultur, „Matriliny and Migration – Evolving Minangkabau Traditions in Indonesia" (1982). Kato gehört zu jener jüngeren, selbstkritischen Forscher-Generation, die ihre Sichtweise als begrenzt wahrnimmt. Als „Warnung an den Leser" weist Kato darauf hin, sein Buch handele „von den Minangkabau aus einer männlichen Perspektive. Die Untersuchungen wurden von einem männlichen Forscher durchgeführt, vorwiegend unter den Männern von Minangkabau. Es fehlt also ganz offensichtlich die Perspektive von Frauen."

Ich selbst habe mit Frauen und Männern der Minangkabau aus drei Generationen gesprochen. Da taten sich sehr verschiedene Perspektiven auf. Zwangsläufig ist da ständig von Ungleichzeitigem die Rede, denn es geht um eine Kultur, die sich einerseits ganz erstaunlich wenig, andererseits sehr stark wandelt; wo Erinnerungen höchst lebendig sind, in dem Sinne, daß manche Häuser, manche Dörfer noch ganz traditionell bewohnt werden, während an anderen Orten Traditionen nostalgisch gepflegt oder auch schon folkloristisch wiederbelebt werden (und das nicht so sehr für Touristen, sondern für und von Mitgliedern der in die Millionen gehenden Community der emigrierten Minangkabau). Daß sich weder räumlich noch zeitlich ein einheitliches Bild vom heutigen Zustand des Mutterrechts, des „Adat", in Westsumatra zeichnen läßt, hat auch mit der system-typischen Autonomie, der dezentralen Struktur der einzelnen Dorfgemeinschaften zu tun, die auf dem matrilinearen Grundmuster eine Vielfalt von Formen und Regelungen wachsen ließ. Natürlich haben sich traditionelle Strukturen vorwiegend auf dem Lande erhalten, aber auch die Hauptstadt Bukittinggi mit ihren 50.000 Einwohnern (Census 1971) wird von den Einheimischen als „großes Dorf" bezeichnet; die dort lebenden Minangkabau – es gibt auch viele andere ethnische Gruppen, vor allem Chinesen, aber auch Bataker, Javaner in Bukittinggi – verhalten sich exakt wie in ihrem Heimatdorf und bewahren mit einigem Stolz die matrilinearen Traditionen. Das erschließt sich einer Fremden erst, wenn sich ihr die Türen auftun, und sie Bekanntschaft mit den liebenswürdigen Bewohner/innen macht. Rein äußerlich nehmen Reisende zwar, von Java oder Nordsumatra kommend, mit Erleichterung die in jeder Beziehung (und vor allem für Frauen) angenehmere Atmosphäre wahr: geprägt von Freundlichkeit und Wohlstand, in einer faszinierenden Berglandschaft mit üppiger Vegetation. Auf etwa 900 Meter Höhe liegt Bukittinggi, die Hauptstadt des Herzlandes, auf einer hügeligen Hochebene zwischen drei majestätischen Vulkanen. Allein Markthalle und tausende von Marktständen bedecken einen ganzen Hügel; die Szenerie, das tägliche Schauspiel wird von Frauen beherrscht, die aus dem Umland zusammenkommen und ihre Produkte feilbieten in einem großen, geselligen und gesellschaftlichen Ereignis. Erinnerungen an Düfte, Farbenpracht, Vielfalt der Produkte, Kochkünste und immer wieder der selbstbewußte, freundliche Umgang der Einwohner/innen miteinander werden sich auch den Touristen einprägen. Aber daß hinter den Fassaden der Ein- oder Zweifamilienhäuser, die hier im kolonialen oder europäischen Stil, oft mit Wellblech gedeckt und von Gärtchen umgeben, sich noch so etwas wie ein vernetztes matrilineares System erhält, ist nicht ohne weiteres ablesbar; es deutet sich an den Hausschildern höchstens an, weil da ausschließlich ein Frauenname zu lesen steht. Daß immer noch die Häuser den Frauen gehören, daß noch der Ehemann zur Frau zieht – wenn er auch mit ihr dort eine Kleinfamilie gründet – das erschließt sich erst im Kontakt.

Interviews und Gespräche (zu rechtsvergleichenden Fragen geführt zusammen mit der Berliner Rechtsanwältin Ingrid Lohstöter) bilden den Hintergrund für die hier anschließenden Ausführungen (der Text dieses Kapitels folgt Rentmeister 1984d). Direkt einbezogen und zitiert sind hier nur drei Gesprächspartner/innen: Frau Dr. M.D.B. *Aman* (Abb. 4), Jahrgang 1912, ehemalige Schulleiterin, jetzt Clanoberhaupt, – eine weitgereiste, kenntnisreiche, humorvolle und weise alte Dame; Syamsul *Azhar,* Direktor der Senior Technical Highschool in Bukittinggi und Schriftsteller; und Gerard *Moussay,* Franzose, katholischer Priester und Französischlehrer in Bukittinggi, Verfasser von „La Langue Minangkabau" – einer jener Priester-Ethnologen, die niemand bekehren, sondern selber lernen, ein „Mutterrechtler" aus Passion, der bis zu seiner Ausweisung aus Vietnam viele Jahre dort unter den matrilinearen Cham lebte und forschte.

Im folgenden werde ich öfter in der Gegenwartsform über Verhältnisse sprechen, die an manchen Orten schon der Vergangenheit angehören und nur noch in der Erinnerung lebendig sind. Aber Erinnerungen empfinde ich als einen Teil von gegenwärtigem Leben, sie begleiten und beeinflussen es. Und wenn ich hier verkürze und verallgemeinere, dann doch eingedenk der Warnung *Moussay's*:

> „Das matrilineare System der Minangkabau, wie auch das der matrilinearen Cham, bei denen ich gelebt habe, kennen so unglaublich viele Variationen – wenn man nur schon die lokalen Abwandlungen betrachtet. Deswegen darf man die Details nicht aus den Augen verlieren, gerade das Verschiedene. Man entwickelt *bei Studien oft die Tendenz, zu sehr systematisieren zu wollen.*" (Moussay im Interview mit C.R.)

Zu den Detaileindrücken, für die hier leider kein Platz ist, zählt zum Beispiel die Teilnahme am Französischunterricht von Georges Moussay. Im Frage- und Antwort-Spiel berichteten die Schüler/innen und wir gegenseitig vom Leben in unseren Ländern. Auch da bestätigte sich Moussays Beobachtung, mit der ich diese Einleitung abschließe:

> „Prinzipieller ethischer Wert ist der Respekt vor der Frau. Die Frau hat hier eine geradezu primordiale Bedeutung in der Gesellschaft. Ich glaube, daß schon die Mädchen sehr früh ein Bewußtsein ihrer Überlegenheit haben. Das manifestiert sich immer wieder.
>
> Zum Beispiel in den Französisch-Kursen, die ich hier gebe: da sind die Jungen immer sehr respektvoll gegenüber den Mädchen. Normalerweise machen sich doch Jungen über die Mädchen lustig, wenn die sprechen, oder stören sie. Hier machen sich aber die Mädchen lustig, wenn ein Junge spricht, oder sich irrt und einen Fehler macht. Auch stellen die Mädchen viel mehr Fragen als die Jungen." (Moussay im Interview mit C.R.)

Frau Dr. M. D. B. Aman, Clanälteste / Minangkabau

2. *Alam Minangkabau – „die Welt der Minangkabau": historische Transformationen*

„Alam Minangkabau" – „die Welt der Minangkabau", so nennen die Einwohner selbst ihre Welt; die ist zweigeteilt, nicht nur nach der Zweiheit des „Genus", der Geschlechter und ihnen zugeschriebener Aufgaben. Es gibt wortwörtlich zwei Welten, räumlich und bedeutungsmäßig. Die eine heißt *darek*, das Herzland, die Urheimat in Westsumatra. Heute leben dort etwa zweieinhalb Millionen Einwohner/innen in Dörfern, eingeschlossen die Bewohner/innen der Küstenstadt Padang (200.000 Menschen) und Bukittinggis, des Markt- und Verwaltungszentrums im Hochland. Die zweite Welt nennen sie *rantau*, ursprünglich im Sinne von Land außerhalb des Dorfes, Grenzland. *Merantau* heißt emigrieren, das Dorf verlassen auf der Suche nach Gütern, neuen Kenntnissen und Ruhm. Diese Emigration ist Männersache, denn traditionell qualifizieren sie sich in diesen Lehr- und Wanderjahren für eine gute Heiratspartie. Heute kehren die Emigrierten (perantau) oft nicht zurück, sondern heiraten vorher und nehmen Frau und Kinder mit. Eine neue Kategorie von Perantau bilden auch junge Frauen, die außerhalb von Westsumatra studieren. Sie sind überall in Indonesien gut aufgehoben, denn überall haben sich ganze Diaspora-Kolonien aus Minangkabau gebildet, mit starken und solidarischen Banden untereinander. In Djakarta leben gegenwärtig ca. 700.000 Minangkabau, und, Frauen wie Männer, aufgrund guter Bildung und einer bestimmten Weltgewandtheit, stets in den besseren Positionen des Erwerbslebens.

Das mutterrechtliche System existiert schon lange zwischen diesen beiden Polen; Abtrennung und Exil stärkten einerseits die Verbundenheitsgefühle, aber Rückkehr der Emigrierten brachte oft auch Erschütterungen, verwirrende neue Ideen, Reformpläne und Aufbegehren. Dazu später.

Weitere zentrifugale Kräfte zerrten am *Adat*, der mutterrechtlichen Verfassung: die Minang sind mehrfacher Kolonisierung nicht entgangen. Ich hatte bereits erwähnt, daß die Minangkabau (der Name bedeutet wohl „ursprüngliche Heimat") vermutlich uralter, dravidischer Herkunft sind. Die Mutterrechtler/innen begingen jedoch den unverzeihlichen „Fehler", nicht im Interesse westlicher Ethnologen und Historiker sich selbst zu dokumentieren. Sie legten auf exakte, schriflich fixierte Genealogie einfach keinen Wert, sondern führten ihre Sippen bloß jeweils auf eine namentlich meist unbekannte Ahnfrau zurück ... Das Adat wird mündlich, in Aphorismen und einprägsamen Sprichwörtern und im *tambo*, einem Knigge für den männlichen Teil des Haushaltsvorstandes, überliefert.

So muß heute der Eindruck entstehen, die Minangkabau seien mit Namen und Datum erst im Jahre 1365 u.Z. ins Licht der Geschichte getreten – als nämlich Hindu-Rajas, typischerweise als Fürsten ohne zentralistische Macht und Soldaten, doch immerhin eine Art nominelles und repräsentatives Königtum über Sumatras Muttersippen breiteten. Sie verhielten sich patrilinear und endogam, und fielen, verglichen mit anderen Kolonialherren, nicht allzu unangenehm auf. Ähnlich gestaltete sich das Verhältnis der Minang zu den Holländern, die im 17. Jahrhundert Westsumatra „entdeckten" und fortan von seinen Reichtümern profitierten (Gewürze, Kautschuk, Gold, etc.).

Listenreicher passiver Widerstand hinderte bis ins zwanzigste Jahrhundert immer wieder die Holländer, Hand auf das Frauen-Land zu legen. Frau *Aman* erinnert sich:

> „Als ich fünf Jahre alt war, 1917, wollten die Holländer bei uns in Solok Land haben, um Kaffee für den Weltmarkt anzubauen. Mein Vater wollte das nicht zulassen, denn er dachte, dann ändert sich das Adat – das geht nicht! Dann hat er auf dem Hügel einen großen Garten angelegt, und wir sind auch abends dort geblieben. Nach dem Muster hat die ganze Dorfbevölkerung Gärten angelegt, und die Gegend verwandelte sich in einen einzigen, großen Garten. So konnten die Holländer das nicht nehmen, weil wir „es ja zum Leben brauchten".
>
> (Frage: aber sie hätten es doch einfach enteignen können?)
>
> Ach, die Holländer sind auch nicht dumm! Sie wissen ja, daß wir schnell in einen Aufstand kommen. Solok war eine schwierige Gegend, sie waren ein bisschen vorsichtig. Das haben sie genau studiert." (Frau Aman im Interview mit C.R.)

Eine andere Kolonisation verlief gefährlicher und blutiger: die Islamisierung seit dem 16. Jahrhundert, Gefährlicher war sie, weil hier nicht Fremde zur Ausbeutung antraten, sondern weil eine extremistisch-männerrechtliche Ideologie sich mit Verlockungen (und Gewalt) Eingang in die Köpfe der einheimischen Männer verschaffte, und so ein Potential zur inneren Aushöhlung des

Mutterrechts entfaltete. Immer wieder leisteten islamische Fundamentalisten-Bewegungen Überzeugungsarbeit mit der Waffe: Ende des 18. Jahrhunderts war ein Großteil des Hochlandes noch immer nicht bekehrt; mit dem „heidnischen Zustand" des Landes unzufrieden, begannen einige mohammedanische Priester den „*Padri-Krieg*" und töteten und versklavten alle, die sich der Einführung strikten mohammedanischen Gesetzes widersetzten. Viele Minang machten daraufhin rein äußerliche, formale Zugeständnisse. 1927 erschütterte noch einmal der fanatische Aufstand der *kaum muda*, der „Jungen Gruppe" die traditionelle soziale Organisation. In solchen Situationen kam es dann zur Abwehr der Fundamentalisten, zu Koalitionen zwischen Holländern und Adat-Anhängern ...

Trotz dieser Stürme bleibt ein Wunder zu berichten: die generelle und bis heute anhaltende Koexistenz von Islam (shari'ah) und Adat: ein Ergebnis echter weiblicher Diplomatie, wie mir scheint. Und wieder fassten die Minang die Lage in passende Sprichwörter: „Das Adat stützt sich auf die shari'ah, und die shari'ah stützt sich auf das Adat", und: „Islam stieg herauf (von der Küste), Adat stieg herab (vom Vulkan Mt.Merapi)".

1945 hatte Indonesien seine Unabhängigkeit als Nation erlangt. Seitdem leben die Minangkabau und das Adat in einem gewissen Spannungsverhältnis mit der patriarchalischen, zentral-staatlichen Verwaltung. Alle in Westsumatra stationierten Soldaten gehören, zum Zweck der Einschüchterung, der javanesischen ethnischen Majorität an. (Es wird immer wieder bestätigt, daß die Minangkabau große Anti-Militaristen sind.) Aus Javanesen, ausschließlich aus Nicht-Minangkabauern, rekrutiert sich auch der allgegenwärtige Polizeiapparat. Der Staat installierte eigene Dorfbürgermeister (vgl. Abschnitt 5.) und regelte mit einem Gesetz aus dem Jahre 1964, daß Land grundsätzlich verkäuflich zu sein habe. Im gegenwärtigen politischen Klima Indonesiens bedeutet dann die Entscheidung, für eine geplante zentralstaatliche Plantage oder den Straßenbau das (Frauen-Sippen-)Land nicht herzugeben, einen Affront gegen Regierung und System, und man hat Repressalien zu fürchten. Über diese Angelegenheiten wird aus verständlichen Gründen nicht gerne gesprochen; wohl auch deshalb nicht, weil solche Themen an noch frische Wunden rühren:

Von 1958 bis 1961 ging von West Sumatra die regionale PRI-Rebellion aus, „aufgrund eines erhöhten Gewahrwerdens der ethnischen Identität des Minangkabau, die sich gegen andere Ethnien abgrenzen wollten, hauptsächlich gegen die Javanesen". (nach Kato 1982, S. 235)

„Von dieser Rebellion gegen die Zentralregierung sagt man, sie wäre antikommunistisch gewesen (auf Java waren die Kommunisten stärkste politische Kraft), sie habe sich gegen die 'gelenkte Demokratie' von Sukarno gerichtet und gegen den Javazentrismus in der Verteilung der Staatsbudgets. Obwohl diese 'PRI-Affäre' als 'der höflichste, der zwiespältigste Bürgerkrieg der modernen Geschichte' ... bezeichnet wurde, entging West-Sumatra nicht großen physischen Zerstörungen durch die Rebellen und die Armee der Zentralregierung. Die Nachwirkungen der Rebellion bestanden jedoch in weit mehr als physischer Zerstörung." (ibid., S. 236, Übers. C.R.)

Unter diese Nachwehen rechnet Kato schwere Verluste des Selbstwertgefühls und des realen politischen Einflusses im indonesischen Staat. Als 1965 Sukarno stürzte, rechtfertigte das nach Auffassung vieler Minangkabau im Nachhinein den Aufstand.

Tun wir einen Blick ins *darek*, die Innen-Welt der Alam Minangkabau, auf die Dorfkultur in einigen idealtypischen Charakterzügen, wie sie sich aber bis heute, lokal abgewandelt, in weiten Teilen des Mutterlandes erhalten hat.

3. „Aus einem Mutterleib" – Sippe, Haus und Dorf als vernetztes selbstorganisierendes System

Wie bei den Khasi und den Nayar, materialisiert sich das Mutterrecht hier in großzügig angelegten und wohlhabenden Dörfern, rings eingelagert in Reisterassen, blühende Gärten und tropischen Wald. Nichts zu entdecken ist von den sonst in Indonesien kontrastierenden Bildern von beklemmender Armut und demonstrativem Reichtum.

Alle Häuser und alles Land gehörte (und gehört großenteils bis heute) den Frauensippen (sukus). Kristallisationspunkte und Zentrum des Sippenlebens ist das *rumah gadang,* das Mutterhaus (Abb. 5 – 8), überaus geräumig und noch prächtiger und kunstvoller geschnitzt als Berner Bauernhäuser, erhebt es sich zwei Meter über den Erdboden, getragen von traditionell 30 Stützpfeilern. Es besteht aus einer großen, zum Eingang längs gelagerten und die gesamte Breite umfassenden Halle (Abb. 8), und sich anschließenden Appartements für die verheirateten Frauen/Schwestern des Haushaltes. Die Halle dient als Wohn- und Speise-Raum, Gästezimmer, Schlafraum für Kinder und ältere Frauen, und als Versammlungssaal für die ganze Sippschaft, wenn Feste zu feiern oder kollektive Entscheidungen zu beraten sind. In ebenso sorgfältig garbeiteten, hochgestelzten Reisscheuern vor dem Haus (Abb. 6) .werden Vorräte aufbewahrt, ja fast zur Schau gestellt, und es sollen immer drei Scheuern sein: eine für den täglichen Bedarf, eine für Feste und offizielle Gelegenheiten, und eine für Besucher, Bedürftige und Notfälle (Bachtiar 1967, S. 359).

Die Hausgemeinschaft (*paruik*, d. h. „Mutterleib, Schoß) besteht traditionell aus drei Generationen Frauen, wobei die älteste, *induah,* informell, aber umso bestimmender, die Rolle des Clanvorstandes spielt. In der matrilinearen Terminologie der Minang gibt es nur zwei einheitliche, unverrückbare Definitionen: für die größte Einheit, suku, den matrilinearen Clan, und für die kleinste Einheit dieser Gesellschaft: samandai, eine Mutter und ihre Kinder. Bei der großen Zahl weiterer Unterscheidungen herrscht Konfusion (vgl. Kato 1982, S. 43ff.).

Männern ist die Rolle des formalen Vorstands zugewiesen: als mamak, Mutterbruder, trägt ein Mann Mitverantwortung für die Kinder seiner Schwestern; einer von ihnen wird zum nominellen Haushaltsvorstand gewählt (penghulu) und vertritt die Sippe und die von ihr zuvor einstimmig abgesegneten Entscheidungen im Dorfrat. Er wird übrigens nach Kriterien ausgewählt, die

Minangkabau, traditionelles Haus (Neubau) in Pandai Sikat

Minangkabau, traditionelles Haus (Altbau, vor 1900), in Batusangkar

Minangkabau, Detail des Hauses in Batusangkar

Versammlungshalle im Mutterhaus. Minangkabau, in Cupak

einen Politiker hierzulande schon im Vorfeld scheitern lassen würden: Kompromißfähigkeit, Duldsamkeit, Toleranz, würdevolles Betragen. Er darf nicht schnell gehen, nicht in Zorn ausbrechen oder schreien, nicht in Bäume klettern – kurz, er muß sich ähnlich wie eine Schwangere benehmen oder wie eine Gute Mutter; und: „Er soll alle Probleme der Sippe glücklich lösen. Dafür muß er ein gutes Herz haben und ein freundlicher Mann sein" (Azhar, im Interview mit C.R.). Zum Entscheidungsfindungsprozeß und der Rechts-Kultur der Minang später noch einige Angaben. In einem Sippenhaus wohnten im Schnitt 40 Personen; außer den Frauen und ihren Kindern die verheirateten männlichen Blutsverwandten, die ja ursprünglich nur über Nacht, auf „Besuchsehe", ins Mutter-Haus ihrer Frauen gingen. Heranwachsende Jungen zogen ins Männerhaus um (bandjur), das später durch die Dorfmoschee ersetzt oder ergänzt wurde.

Dieser Sippenhaushalt ist *die* ökonomische Domäne, das allumfassende soziale Zentrum und Netz, in dem Sozial-, Werkzeug- und Symbolkultur untrennbar verwoben sind – von Frauen:

„Man stellt fest, daß das tatsächliche Dorfleben von den Frauen gewoben wird. Zuerst, wenn wir das Dorfleben betrachten, wird die Herkunft von Mutter auf Tochter gerechnet (auch dort, wo der Vater wichtig ist), und das Wohnsitz-Muster ist uxorilokal (d. h., am Ort der Gattin). Es stimmt, daß heute viele Leute für ihre eigenen Kinder ein eigenes Haus neolokal (d. h. an einem neuen Platz, meist für eine Kleinfamilie) errichten, aber dieses Haus wird sich auf dem Sippenland der Frau befinden, wenn die Kinder sich im Dorf ansiedeln. So bleibt die enge Bindung und Wechselbeziehung zwischen einer Frau mit ihren Nachbarn und ihrer Familie (die eigenartigerweise überwiegend aus Frauen besteht) unberührt. Das verschafft ihr eine starke Position gegenüber ihrem Ehemann und beträchtliche Bewegungsfreiheit, wegen der Unterstützung, die sie von den Leuten ihrer Umgebung bekommen kann. Und vielleicht beziehen sich deshalb die Frauen eines Dorfes so viel intensiver und häufiger aufeinander als die Männer, und man bekommt den Eindruck, daß das Dorfleben grundlegend von Frauen gemanaged und in Gang gehalten wird." (Pak 1980, S. 8/9, Übers. C.R.)

Männer sind zuständig für Hausbau, gewisse Feldarbeiten (vor allem das Pflügen), Tabakanbau; die Feldarbeit verrichten sie traditionell je zur Hälfte auf dem Land der Mutter und dem der Ehefrau. Frauen sind generell verantwortlich für Ernährung, Kleidung und Geld: sie weben, verkaufen die landwirtschaftlichen Produkte auf dem Markt, und sind ja auch die Hauptbearbeiterinnen des Bodens. Frauen arbeiten, bis sie 60 – 65 Jahre alt sind, meist aber bis zum Tod, Männer bis zum Alter von 50 – 55 Jahren (Pak 1980, S. 13). Männer vertreiben ihre Freizeit mit mehr als zehn Arten von Spielen, Frauen kennen keine. Genus und matrilineares System sind ineinander verschränkt und sicherten den Frauen ubiquitären Einfluß, selbst da, wo sie „leibhaftig" nicht anwesend waren, zum Beispiel, wenn die Penghulus im balai (Rathaus) palavern:

„Es ist sehr gut bekannt, daß innerhalb der territorialen Organisation eines Minangkabau-Dorfes *das matrilineare Prinzip das dominierende Prinzip* war, das dazu diente, die *soziale und politische Organisation zu strukturieren.* Es bestimmte Gruppenmitgliedschaft, Bürgerschaft im Dorf (nagari), Zugang zu politischen Adat-Ämtern und weitgehend Zugang zu ökonomischen Ressourcen. Die Mutter-Gruppe ... kontrollierte die meisten ökonomischen Ressourcen, besonders das Land für den Reisanbau. Dieses sogenannte „*pusako*"-Sippeneigentum war die Lebensgrundlage der lebenden Mitglieder der Gruppe, und auch die der zukünftigen Generationen. Es garantierte die Fortdauer der Gruppe in Bezug auf ökonomische Subsistenz (Selbsterhaltung). Innerhalb dieser Gruppe war das Eigentum oder genauer gesagt: das Recht, das Eigentum auszuwerten, aufgeteilt und zugewiesen entsprechend bestimmten Adat-Regeln ... Um die ökonomische Substanz der Gruppe auf lange Sicht zu schützen, konnte nichts auf Dauer übertragen werden. Auch Eigentum, das nicht zum pusako zählte, wurde in die Kontinuität des pusako überführt: wenn ein Eigentümer/in von „pusako pancarian" (beweglichem, selbst erworbenen Eigentum) starb, dann wurde daraus auch unbewegliches Sippeneigentum." (nach Benda-Beckmann 1980, S. 4, Übers. C.R.)

Das klingt vielleicht kompliziert, ist aber essentiell wichtig für das Überleben matrilinearer Sozialstruktur auch zu Zeiten, als durch Einfluß islamischen Erbrechts ein Vater berechtigt wurde, selbsterworbene Güter an seine leiblichen Kinder zu hinterlassen, das sogenannte „*hibah*".

Patrilineares Erbe ist temporär. Nach dem Tod der Kinder fällt es automatisch an deren Muttersippe, wo es den Status von Niedrigerem Vorfahreneigentum annimmt (harta pusaka rendah), in Abgrenzung zum wahrhaft alten und ehrwürdigen Erbe, den harta pusaka tinggi.

Aus dem bisher Gesagten läßt sich bereits entnehmen, und die Minangkabau-Ethnologen, meist Männer, stimmen auch darin überein, daß die Bedeutung des Mannes nicht in der Produktionssphäre, in der Rolle des Ernährers liegt. Wo aber dann?

4. *Heirat, Ehe, Vaterschaft, Scheidung: „Hat schonmal ein Hähnchen hereingeschaut?"*

Frauen beherrschen nicht nur die Haushalts-Ökonomie in einem Dorf, sondern sie spinnen auch die bedeutenden verwandtschaftlichen Netze über dem Dorf, zwischen und unter den Sippen. In diesem Rahmen entfaltet sich eine feine weibliche Diplomatie, und vor allem die identitätsstiftenden Feste und (Heirats-)Zeremonien bieten erwünschte Gelegenheiten zur Stärkung der gegenseitigen Bande.

Voreheliche Geschlechtsbeziehungen sollen bei den Minang noch bis ins 20. Jahrhundert hinein freier gehandhabt worden sein, als bei ihren patrilinearen Nachbarn, den Batak (Loeb 1974). Schon im Kindesalter arrangierten die Frauen den Austausch von Eheversprechen. Für die eigentliche Rolle des Mannes wird die des Ehemannes in ihrem profansten Aspekt angesehen: nämlich seine Funktion als Samenträger. Alles dreht sich um die Qualität von *bibit*, dem Samen. Sprichworte und ganz dezidierte Auffassungen über Eugenik drücken das aus. Und noch heute ist landläufige Meinung, daß ein Mann nicht für guten Samen garantiert, welche hervorragende Erziehung er auch immer genossen haben mag, wenn er nicht aus der richtigen, möglichst alteingesessenen Familie kommt. Wenn in einem Haus ein heiratsfähiges Mädchen war, pflegte man sich früher zu erkundigen: „Hat schonmal ein Hähnchen hereingeschaut?"

Minangkabau, Hochzeit in Batusangkar: Frauen feiern unter sich

(Pak 1980, S. 10). Für einen als passend erachteten Gatten wird ein Preis bezahlt, eine Art Dauerleihgabe mit Rückerstattungsgarantie im Falle der Scheidung. In jedem Fall ist das Geld nicht verloren:

An vielen Orten kauft noch die Frau den Ehemann. Er ist teuer, wenn er eine gute Position hat. Neulich hat der Clan eines Mädchens 2 Millionen Rupiah für einen Dentisten bezahlt, in Pariaman! Aber das Geld kommt zurück – weil die Frau das Geld verwaltet, das er nach der Heirat verdient. Überhaupt verwaltet in der Regel die Frau das Geld. Die Männer haben Schwarzkassen ..." (Moussay, Interview mit C.R.; 2 Millionen Rupiah entsprechen ca. 5.000 DM).

Aus den meist einwöchigen *Heiratszeremonien* nur einen kleinen Ausschnitt (eine ausführliche Beschreibung findet sich bei Pak 1980, S. 14ff.). Hier wird auch eine Reihe von „Genus"-Bestimmungen deutlich.

Grundsätzlich ist die Eheschließung eine Angelegenheit höchsten politischen und diplomatischen Ranges, an der alle Verwandten, die Nachbarn und das gesamte Dorf teilnehmen. Die „kirchliche" Trauung führt der Imam durch, der moslemische Geistliche. Dann finden die Adat-Zeremonien statt, die von Frauen ausgestaltet und ausgeführt werden, die auch oft mehr als dreimal soviele Teilnehmer stellen wie die Männer. Es sind die Frauen der Sippe des Bräutigams, die ihn an die Frauen der Sippe der Braut „aushändigen". Unter ihnen wird der Kontrakt geschlossen und besiegelt. Die zentralen rituellen Akte gehen um Speisen: Reisaustausch, gemeinsames separates Essen der weiblichen Festgäste (Abb. 9), gemeinsames Essen von Braut und Bräutigam.

(Zur grundlegenden Bedeutung von Speise- und Nahrungstabus vgl. auch Kap. 3.2.3.)

Die Männer halten Reden; die jeweiligen penghulus (formalen Sippen-Vorsteher) verabschieden bzw. begrüßen den Bräutigam, während die Frauen das Zeremoniell des Reistauschs ausführen. Wenn an einem bestimmten Abend der Bräutigam endgültig über Nacht bei der Braut bleiben soll, kommt er in Begleitung zweier berufsmäßiger Festredner; sie müssen tausend Ausreden und Entschuldigungen vorbringen, um so früh wie möglich das Fest verlassen zu können. Professionelle Redner auf Seiten der Brautsippe versuchen sie davon abzuhalten, aber nach vielen Stunden „unterliegen" sie natürlich.

Auch in den Heiratsbräuchen zeigt sich die Verwandtschaft der Minang mit den nord- und südindischen Matriarchaten der Garo beziehungsweise der Nayar: das gemeinsame Speisen von Braut und Bräutigam als zentraler symbolischer Akt, und die Institution der „mock marriage", der Spott-Heirat, der Schein-Heirat. Bei den patrilinearen Batak, Nachbarn im Norden Sumatras, gestaltet sich die „mock ceremony" als Brautraub; bei den Minangkabau, genau umgekehrt, als „Bräutigam-Raub". Jung verheiratete Paare müssen sich in der ersten Woche äußerst zurückhaltend, ja kühl gegeneinander zeigen, jedenfalls in der „Öffentlichkeit" des Hauses der Frau. Nach der ersten gemeinsamen (mit Gesprächen!) verbrachten Nacht entfernt sich der junge Ehemann am Morgen in Richtung des Hauses seiner Muttersippe. Aber eine Abordnung junger Männer, geschickt von der Sippe der Braut, umzingelt ihn und schleppt ihn unter Vortäuschung von Gewaltanwendung zurück zum Haus der Braut. Diese Zeremonie soll das Verhalten eines Bullens imitieren, der, nicht gewöhnt an den seltsamen Stall, davonläuft, und wieder zurückgeholt werden muß (nach Loeb 1974, S. 116).

Über das traditionelle, adat-gemäße Verhältnis der endlich Verheirateten schreibt Loeb:

„Der Minangkabau-Mann besitzt keine Rechte über seine Frau als daß er fordern kann, sie solle ihm treu sein. Er kann sie nicht auffordern, für ihn Kleidung herzustellen, denn das ist die Aufgabe seiner Mutter und Schwestern. Wenn er irgendwelche Nahrungsmittel von ihr oder ihrer Sippe erhält, sollte er dafür bezahlen. Es kann auch vorkommen, daß ein Mann und eine Frau niemals zusammen essen. Andererseits kann die Frau jederzeit fordern, daß ihr Ehemann sie von Zeit zu Zeit heimsuchen und seine ehelichen Pflichten erfüllen soll. Wenn er liebenswürdig sein will, kann er ihr beim Führen des Haushalts helfen und beim Anlegen der Reisfelder. Er kann ihr auch von Zeit zu Zeit Geschenke machen . . ., aber das beruht alles auf Freiwilligkeit, denn das Adat zwingt ihn nicht zu solchen Verbindlichkeiten. Tatsächlich verhält es sich so, daß er, wenn er seinen Privatbesitz, das selbsterworbene harto pancarian, allzu freigebig mit seiner Ehefrau teilt, er Schwierigkeiten mit seiner eigenen Sippe gewärtigen muß.

Verheiratete werden einander gegenüber als rakanan, als Kameraden bezeichnet . . . Eine Frau spricht von ihrem Mann als „Stütze" oder als „der Vater meiner Kinder". Sie spricht ihn an als „älterer Bruder" oder „Vater", falls sie Kinder zusammen haben. Wenn das nicht der Fall ist, nennt sie ihn „Mutterbruder" (maq). Sie kann ihn auch einfach beim Beruf nennen.

Ein Mann wiederum nennt seine Frau *bini* (einfach „Gattin"), und spricht sie an als „kleine Schwester"." (Nach Loeb 1974, S. 111/112; Übersetzung/Zusammenfassung C.R.)

Diese Teknonomie (d. h., sich nicht beim Namen nennen, sondern nach Titeln oder Berufen), und auch die Institution der Besuchsehe, finden wir auch wieder im traditionellen, aber nicht mehr in der Form praktizierten Kodex der Nayar. Auch dort hielt man dafür, daß zu starke Ehe-Bande den Beziehungen innerhalb der Sippe schädlich sein könnten (für die Minang vgl. dazu auch de Josselin de Jong 1980, S. 5). Daß solche Regulationen das Entstehen „romatischer Liebe" zumindest nicht fördern, liegt auf der Hand.

Wurden Kinder geboren, so traten einige Meidungsregeln in Kraft. Väter müssen sich gegenüber Töchtern, Brüder gegenüber Schwestern sehr zurückhaltend aufführen. Über die modernen Verhältnisse wird auch berichtet, daß bisweilen Brüder eine sehr lästige Supervision über die Männerbekanntschaften ihrer Schwestern ausüben – was ich mit dem Blick auf arabische und türkische Verhältnisse dem moslemischen Einfluß zuschreiben würde.

Eine *Scheidung* verläuft noch heute recht problemlos: für die Frau ändert sich ja nichts an Wohn- und Besitzverhältnissen; sie ist immer abgesichert, zumal auch „moderne" Kernfamilien-Häuser in der Regel ihr gehören. Früher schied man sich ganz ohne Zeremoniell, und es wird berichtet, daß manche Frau bis zum 20. Lebensjahr schon fünfmal verheiratet gewesen wäre.

Im Falle einer Scheidung ist eine Frau nicht auf sich alleine gestellt, sondern diese ist oft eine Folge der sozialen Kontrolle, ausgeübt durch den Clan, die Mutter und den Onkel in seiner Beschützerfunktion:

„Die Onkel überwachen das Wohlergehen ihrer verheirateten Nichten. Wenn sich ein Ehemann schlecht benimmt, wird ihm vorgehalten: Mein Clan ist ein guter Clan – achte gefälligst auf unseren Ruf! Oder er wird ohne viel Aufhebens vor die Tür gesetzt. Für das Verfahren mit solchen Ehemännern haben wir ein Sprichwort:

'Asche auf einem abgebrannten Reisfeld wird leicht vom Wind weggefegt.' Den Ehemännern geht es wie der Asche. Die Frauen müssen nach unserer Sitte geehrt werden." (Azhar, Interview mit C. R.)

Scheidung droht auch als Sanktion für Gewalt gegen Frauen:

„Frauen werden so gut wie nicht geschlagen. Auch Vergewaltigung ist ganz selten, im Dorf eigentlich undenkbar. Es weiß sonst gleich der ganze Clan. Da wird automatisch und auf der Stelle geschieden." (Moussay im Interview mit C. R.)

Immerhin betragen noch heute die Scheidungsraten bei den Minang 14,2% gegenüber nur 6,9% auf Gesamt-Sumatra (im Jahre 1930, nach de Josselin de Jong 1980, S. 5; Kato weist jedoch darauf hin, daß vor allem seit den zwanziger Jahren von islamischer Seite immer wieder Kampagnen gegen die Scheidung geführt wurden, und die Häufigkeit daraufhin auch abnahm: Kato 1982, S. 180 ff.)

Bevölkerungspolitisch interessant ist, daß die Kinderzahl im heutigen West-Sumatra im Schnitt nur vier bis fünf Kinder pro Mutter beträgt, im rein islamischen Nord-Sumatra dagegen im Schnitt acht bis zwölf Kinder. Auch die Dorfgröße hat sich, ebenso wie die soziale Infrastruktur, nicht radikal verändert. 1922 wurde ein Dorf durchschnittlich von 2.400, um 1980 von 4.500 Personen bewohnt (Kato 1982, S. 42).

5. Matriarchale Männer „drinnen": Statusregeln und Konfliktbewältigungsstrategien

Ist es ein Zufall, daß, wenn wir nach männlichen Genus-Funktionen in einem Matriarchat fragen, wir uns unausweichlich mit Status-Problemen, Ämtern und Würden, mit Ehrgeiz, Expansionismus und Konfliktlösungsstrategien zu diesen Phänomenen beschäftigen müssen? Es scheint sich um essentielle und immerwährende Probleme zu handeln, und natürlich ist es höchst interessant zu untersuchen, wie man/frau in einer nach weiblichen Prinzipien gelenkten Gesellschaft damit umgeht. Solche Fragestellung gehört keineswegs ins Reich der Polemik, sondern wird immer wieder von Anthropologen/Ethnologen untersucht.

Wenn wir die Situation im *darek*, dem Herzland der Minang in Westsumatra betrachten, dann scheinen die Probleme auf höchst geschickte Weise gelöst. Eine gewisse Eitelkeit wird bei Jungen und Mädchen dadurch befriedigt, daß sie bald nach der Geburt den sogenannten „kleinen Namen" (nama ketek) erhalten; nach der Heirat empfangen sie ihre ererbten, sogenannten „kleinen Titel" (galar ketek). Von da an wird die Titel-Verleihung allerdings nur noch in männlicher Linie weiter gesteigert: mamak (Onkel), penghulu andiko (gewählter Sippensprecher), putjuk suku (oberster penghulu) und so weiter. Der Rang wird jeweils durch Attribute kenntlich gemacht: goldener Gürtel, Turban, Ehrendolch, Spazierstock. Diese Titel werden durch Wahl nach Kriterien moralisch-intellektueller Befähigung verliehen, innerhalb der Matrilineage. In ihrer zweiten Rolle, als Ehemänner von Schwestern eines Clans, heißen Männer dagegen *seresam:* „in derselben Position". So soll Streit unter ihnen vermieden werden, der allerdings auch durch Frauen ausgelöst werden kann, wenn sie die Leistungen und Tugenden ihrer Ehemänner untereinander konkurrierend vergleichen.

Wegen ihrer Entscheidungsfindungsprozesse und ihrer Rechts-Kultur wurde die soziokulturelle Organisation der Minang als *ideale Demokratie* gepriesen. Zwar gibt es von alters her zwei verschiedene politische Traditionen (bodi-caniago und koto-piliang); in der einen sind alle Penghulus gleichgestellt, in der anderen hierarchisch gegliedert. Soziale Stratifikation ergibt sich auch durch die Höherbewertung einer Abstammung aus guter, alter Sippe; sie ergibt sich weiter aus modernen Entwicklungen: wenn die Zentralregierung auf Java die Installation eines Dorfbürgermeisters verlangt und ihn mit gewissen Privilegien, vor allem mit einem Gehalt ausstattet; oder wenn durch ökonomischen Wandel im Zusammenhang mit zentralstaatlichen Eingriffen doch eine Schicht von landlosen Bürger/innen und Einwander/innen aus anderen Landesregionen entstand, denen für ein Leben nach dem Adat im wahrsten Sinne der Boden unter den Füßen fehlt. Warum kommen aber Beobachter/innen aus westlichen Demokratien dazu, die traditionelle politische, die Rechts- und Sozial-Kultur der Minang als ideal-demokratisch hinzustellen?

– In wichtigen Entscheidungen ist Beratung aller gefordert, auf allen Ebenen, und einstimmige Entscheidung: das heißt, *daß nicht eine (eventuell kleine) Majorität eine (eventuell große) Minorität terrorisieren kann.* Dieses Entscheidungsverfahren vollzieht sich sowohl auf der Ebene der Sippe, wie auch, wenn es um Dorfangelegenheiten geht, als Diskussion unter Penghulus, den formalen Sippenvorstehern, die jedoch nur der zuvor von ihrer Sippe getroffenen Entscheidung Stimme im Rathaus (balai) verleihen. Die geräumigen Hallen der Sippenhäuser und der Rathäuser haben demnach schon viele lange Beratungssitzungen gesehen, und sie sind ja auch geschaffen dafür. Für Form und Inhalt dieses Entscheidungsverfahrens formulierten die Minang wieder einen ihrer so plastisch-bildhaften Grund-Sätze, und sie berufen sich gerne auf ihn: „Gleich hoch stehen, und gleich tief sitzen." (Bachtiar 1967, S. 378) Solche basisdemokratischen Prozesse gedeihen natürlich nur auf dem Boden dezentraler Organisation, bei überschaubarer Größe der Gemeinwesen. Tatsächlich statten Autarkie und Selbstorganisation der Dörfer alle ihre Bewohner mit realem Selbst-Bewußtsein und Eigen-Mächtigkeit aus.

„Es gibt keine „typische" Minangkabau-Dorfgemeinschaft. Jede territorial verankerte Gemeinschaft, genannt nagari (Dorf), existiert autonom schon seit sehr langer Zeit, in einigen Fällen seit vier-, fünfhundert Jahren. Die Einwohner/innen jedes nagari bewahrten das Recht, ihre Gemeindeangelegenheiten selbst zu regeln. Sie haben keiner übergeordneten Autorität (außer Gott) das Recht zuerkannt, sich ohne ihre Zustimmung in ihre Angelegenheiten einzumischen. Als die Minangkabau einen Regenten hatten (in der Hindu-Zeit), da wurde er nur als nomineller Fürst anerkannt, den man respektieren und ehren mußte – sonst nichts." (zit. nach Bachtiar 1967, S. 349, Übers. C.R.; zur „Dorf-Republik" auch Kato 1982, S. 42 ff.)

So war und ist die Einheit im Adat vor allem eine Einheit in der Vielfalt.

– In den Erziehungsprinzipien wie in der Rechts-Kultur des traditionellen Adat fehlt ein uns geläufiger Begriff von *Strafe*, wie ja auch im Leben der strafende Vater fehlt. Kinder, vor allem Söhne, haben zum Vater ein Verhältnis, das als „relaxed" beschrieben wird. Es ist sehr wohl Konformität mit den Normen gefordert – aber *es fehlen sadistische Unterwerfungsrituale*, die in patriarchaler Erziehung oder auch in der Erziehung zum männlich-wehrfähigen Staatsbürger (in der Rekrutenausbildung) ein Grundmuster darstellen (vgl. die Schriften von Alice Miller). Wo es keinen Staat gibt, gibt es auch keine Staatsverbrechen, und keine Verbrechen gegen eine Gottheit. An die Stelle der Strafe tritt die Entschädigung, die an die Sippe der/des Geschädigten geleistet wird. Elemente dieser Rechtsauffassung finden sich noch heute, unter zentralstaatlicher Verwaltung:

„Bei Verkehrsunfällen bezahlt immer der „Stärkere". Hier hat kein Mensch eine Versicherung. Wenn zum Beispiel ein Kind ohne meine Schuld in mein Auto läuft, dann bin ich es in jedem Fall, der zahlen muß: es ist der Größere, der Stärkere, der bezahlt, das ist hier automatisch so. Die Polizei kann da nichts machen. Sie ruft die Betroffenen zusammen und fragt, zum Beispiel die Angehörigen eines getöteten Kindes: wieviel Geld verlangen Sie? 300.000 Rupiah sind dafür die Regel. (das sind ca. 800 DM) Einem schweizer Freund ist hier ein Motorradfahrer unters Auto gestürzt, er war so-

fort tot; und er war auch schuld. Aber mein Freund mußte 300.000 Rupiah an dessen Angehörige zahlen. Ein Motorradfahrer müßte wiederum für einen Radfahrer bezahlen, und so weiter . . ." (Moussay im Interview mit C. R./I. L.)

Traditionell wurde die Rolle des Rächers anerkannt, daß er unter Umständen zu Recht und im Affekt handelt. Wenn es sich aber um Tötung aus anderen Beweggründen handelte, kam folgendes Verfahren in Gang:

„Wenn ein Mord passiert, kann die Familie des Ermordeten dem Mörder vergeben. Zuerst ist da immer der Versuch, die Parteien zu versöhnen. Wenn vergeben wird, gibt die Familie bzw. der Clan des Ermordeten ein Stückchen Land an die Partei, den Clan des Mörders – zum Beispiel ein Reisfeld, um zu zeigen, daß sie versöhnt sind. Das war vor der holländischen Zeit. Wenn eine Versöhnung nicht möglich war, wurde der Mörder ausgewiesen aus dem Dorf." (Frau Aman, Interview mit C. R./I. L.)

Ausschließlich für Männer wird die Höchststrafe angedroht und verhängt: die Verbannung und Ausstoßung aus der Sippe.

Können wir nun die Minangkabau als Kultur ansehen, in der kluge Genus-Regeln zur beiderseitigen Zufriedenheit ein immerhin labiles zwischengeschlechtliches und gesellschaftliches Gleichgewicht garantierten? Zeigt die Existenz, die Verwirklichung eines anderen, matriarchalen Wertesystems, daß den Männern zugeschriebene Bedürfnisse nach Expansionismus und Status, daß männliche Aggression und Gewalt nicht universell existieren oder zumindest ausreichend besänftigt und kanalisiert werden können? In einem Filminterview sagte eine distinguierte Minangkabau-Dame, Tochter eines Botschafters: „Die Männer fühlen sich stolz, denn sie sind ja die *Stimme* der Familie, – obwohl sie nur nach außen die Entscheidungen der Frauen vertreten." (nach Troeller/Deffarge 1979) Viele Männer, vor allem diejenigen, die im Kernland geblieben sind, mögen diese Auffassung teilen. Tatsächlich betonten auch mir gegenüber viele einheimische Männer, daß sie zufrieden seien. Aber manchmal schaut hinter scherzhaften Bemerkungen so etwas wie „der genitale Ernst der Lage heraus", und man kann sich daran erinnert fühlen, wie Ethnologen und Anthropologen immer mal wieder das Problem vom „überflüssigen Mann" erörtern (vgl. auch Cherfas/Gribbin, „The Redundant Male", 1984).

„Die Muttersippe muß sich fortpflanzen, und zu diesem Zweck braucht sie „biologische Väter"; sie braucht dagegen keineswegs den Status des „sozialen Vaters". Mit anderen Worten, die Muttersippe erfordert nicht den Status vom Gatten oder Vater. Genau darauf zielt die Bemerkung, die viele Minangkabau, halb scherzhaft, über ihre eigene Gesellschaft machen, und die das auch als einen der Gründe für männliche Emigration angeben." (de Josselin de Jong 1980, S. 4, Übers. C. R.)

Rantau, die Fremde, die Emigration der Männer ist unübersehbar und real die Kehrseite, die ergänzende bessere oder schlechtere Hälfte, *die zweite Welt-Hälfte* der *Alam Minangkabau.*

6. *Matriarchale Männer „draußen": die Emigration und ihre Gründe*

Wer oder was emigrierte? „Bevölkerungsüberschuß, Unzufriedenheit, Neugier, und Ehrgeiz – hervorgebracht im Mutterland . . . Die überschüssige Energie, die das Kernland zur Verfügung stellte, war die Basis für die Expansion, die Erweiterung des Radius der Emigranten." (Kato 1982, S. 244) Die Emigranten waren jahrhundertelang per definitionem Männer. In früheren Zeiten kehrten sie nach einigen Jahren zurück. Heute lebt oft schon die zweite oder dritte Generation in anderen Teilen Indonesiens. Heute emigrieren auch Frauen, auf der Suche nach Erwerbsarbeit oder für die Ausbildung, und sie finden in den Städten in der Regel Anschluß und Aufnahme bei einem entfernten Zweig der Sippe.

Mary *Douglas* hat einige strukturelle Probleme von matrilinearen Gesellschaften definiert, – ich nenne drei davon (zit. nach de Josselin de Jong 1980, S. 8-10): 1. In der mütterlichen Gruppe bilden sich Konflikte heraus durch die Versuche eines jeden Ehemannes und, ihm gegenüber, seines Schwagers, jeweils „die Autorität zu maximieren", in ihrer Abstammungssippe wie auch in ihrer durch die Heirat zur „Orientierungssippe" gewordenen Gruppe (family of procreation vs. family of orientation; dieser Grundkonflikt wurde mir auch von Nayar immer wieder als existenzbedrohend für die matrilineare Ordnung genannt). Die angebotene Lösung: Autorität als Bruder und Onkel ausüben, und Respekt in der Sippe der Ehefrau genießen zu können, reichte dem Ehrgeiz offenbar nicht aus. 2. Der Status eines Kindes wird ausschließlich durch die Mutter-Gruppe bestimmt, genaugenommen durch die Mutter. Der Mann, als Vater, ist überflüssig. Zwar werden „hervorragende Leistungen" von ihm erwartet, und Schwestern-Streits drehen sich öfters um die Frage, welcher Ehemann die größeren Errungenschaften aufzuweisen habe; aber es gibt keinen sicheren, „festgeschriebenen Status" als solchen für den Mann. 3. Mary *Douglas* sagt: Matrilinearität ist bei einer stagnierenden Ökonomie nachteilig. Die Muttergruppe läßt keines ihrer Mitglieder jemals los, und wenn in einer Gesellschaft die Landwirtschaft die wichtigste Unterhalts-Quelle ist, dann führt das zu Bevölkerungsdruck auf das Land. – Diese These halte ich allerdings für einen Widerspruch in sich selbst. Sie setzt fälschlich einen „natürlichen Geburtenüberschuß" voraus (vgl. Kap. 3.2.4.). Und wenn doch gerade „stagnierende Ökonomie", das heißt, die Abwesenheit von Wachstumsideologie gegenüber Land, dessen Besitz und dessen Erträgen, ein Merkmal der matrilinearen Gesellschaft sein soll – ist es dann logisch, Frauen ausgerechnet in Bezug auf die Nachkommen-Erzeugung eine Wachstumspolitik zu unterstellen? Ich vermute vielmehr, daß sich eine Korrelation zwischen Islamisierung und Bevölkerungswachstum herstellen ließe: denn die letzte große Stufe der Bevölkerungsexplosion beginnt ja für den indonesischen Raum mit dieser historischen Periode, und selbst in der davor liegenden Hindu-Zeit ist der gewaltige Bevölkerungsdruck unbekannt. Der Islam hat sich ja in West-Sumatra weniger ökonomisch ausgewirkt, als vielmehr seine Konvertiten mit neuem ideologischem Rückgrat ausgestattet – nicht zuletzt in Bezug auf den Wert von Zeugung und Erzeuger. Der Islam konnte offenbar ein Vakuum im männlichen Selbst-Bewußtsein füllen, und die Emigration eröffnete Räume für Ehrgeiz und Expansionslust, die im Mutter-Land nicht zur Verfügung standen. So überlebten paradoxerweise mit, trotz oder wegen Islam und Emigration traditionelle matriarchale Errungenschaften der Minangkabau.

7. *Das Matriarchat der Minangkabau heute: Bastardisierung, Zusammenbruch, oder Überlebenschancen?*

Die matriarchalen Institutionen der Minangkabau haben bisher viele, von einer patriarchalen Außenwelt eingeführte Neuerungen überstanden: Islam, Geldwirtschaft, Privateigentum, zunehmende Mobilität, formal-schulische Erziehung, zentralstaatliche Verwaltung und Oberhoheit, und Fremdeinflüsse in materieller und ideologischer Hinsicht (Kleidung, Ernährung, Einfamilienhaus; westliche und indische Medien-Einflüsse mit Propagierung romantischer Liebe).

Über die Veränderungen im Wertesystem hat sich *von Benda-Beckmann* geäußert, und er untersuchte sie im Zusammenhang mit Gesetzesänderungen und der heutigen Rechtsprechung zu Eigentums- und Erbschaftsfragen (1980). Er konstatiert: Die Verbindung zwischen Vater und Kind wurde in den letzten 150 Jahren zunehmend enger; die Verbreitung des Kleinfamilienhauses hat zugenommen; Männer arbeiten zunehmend „für" Frau und Kinder, statt im Interessen- und Einflußbereich der Schwester(n); Kinder erben zunehmend vom Vater. Alle diese Tatsachen, so *von Benda-Beckmann*, würden immer wieder als Anzeichen für den Zusammenbruch des matrilinearen Systems gewertet. Aber:

> „Die überraschende Sache ist, daß all jene Sozialwissenschaftler, die während der letzten fünfzehn Jahre Feldforschung in Minangkabau betrieben, wieder und wieder von der Allgegenwart matrilinearer Elemente im sozialen Leben und der sozialen Organisation beeindruckt waren. Alle konstatierten Wandlungen, aber durchaus *Wandlungen innerhalb des matrilinearen Systems. Niemand sprach von einem Zusammenbruch des Systems.*" (Benda-Beckmann 1980; S. 2, Übers. C. R.)

Im Einzelnen begründet der Autor das unter anderem so: Man kann weder von einem Übergang zu einem patrilinearen oder bilateralen System sprechen; man kann auch nicht von einer gesteigerten Anwendung islamischen Rechts in Besitzfragen sprechen, denn väterliche Erbteile bleiben ein einmaliger, sich nicht wiederholender Vorgang, werden in der dritten Generation dem Sippenerbe eingegliedert und stärken so eher Sippe und Adat. Der größte Teil des Landes ist heute Pusako, Sippenbesitz der Mutter-Gruppen. Allerdings macht sich die moderne Geldwirtschaft auch gegenläufig bemerkbar: Sippenbesitz wird zwar noch selten verkauft, aber immer häufiger verpfändet – und für diesen Zeitraum, manchmal über Generationen bis zur Einlösung, kann investiert und ausgebeutet werden. Gründe für Verpfändungen gibt es viele, darunter oft den Bedarf nach Geldmitteln, um Tochter oder Sohn die kostspielige formale Erziehung, das Studium zu ermöglichen. Trotzdem sind bis heute starke, von Gesetzen unabhängige Mechanismen mit wirksam, moralische Ideen, religiöse Gefühle, und sozialer Druck. Insgesamt sorgt kollektiver Sippenbesitz weiterhin mit für die Kontinuität politischer, sozialer und eigentumsmäßiger, sicher auch emotionaler Beziehungen. Immer wieder beschäftigen sich nationale und regionale Konferenzen mit der Eigentumsfrage. *Von Benda-Beckmann* meint, daß auf diesem Gebiet eigentlich nur das Konzept des „hak milik" dem Konzept vom diachronischen, daß heißt durch die Generationen währenden Sippenbesitz gefährlich werden könnte. Hak milik entspricht wesentlichen Konzepten von Eigentum und hat auch den Status von diachronischem Eigentum und könnte so eine neue, mit der mutterrechtlichen Erbes konkurrierende Kontinuität erschaffen. (Ähnliche Einflüsse haben in den 50er Jahren, nach der Unabhängigkeit Indiens und der damit verbundenen einheitlichen, zentralstaatlichen Gesetzgebung, dem matrilinearen System der Nayar auch noch den rechtlichen Boden entzogen: Vererbung in ausschließlich weiblicher Linie verstieß nun gegen Gleichheitsgrundsätze, und Scheidungsprozesse wurden entsprechend panindischen Gesetzen beträchtlich erschwert . . .)

In Minangkabau sprachen Einheimische auch kritisch über die Auswirkungen staatlicher Subventionspolitik, die unter Umständen auch in Zusammenarbeit mit ausländischer Investition und Entwicklungshilfe vollzogen wird. Zum Beispiel wird die Einrichtung einer Plantage nur gefördert und unterstützt, wenn sie auf der Basis einer Kleinfamilie mit männlichem Vorstand angelegt wird.

Ich muß noch einmal auf die erstaunliche, stabilisierende Wechselwirkung zwischen dem Herzland in Westsumatra und den Emigrantengemeinden zu sprechen kommen. Wer sich in Westsumatra aufhält, als Ethnolog/in oder einfach interessierte/r Tourist/in, wird immer wieder feststellen, wie bewußt dort viele Minangkabau am Adat festhalten, und daß viele ihre Kultur als Matriarchat bezeichnen, sicher zum Entsetzen der meisten Ethnologen, die es natürlich genauer wissen. Die Minang beziehen Stolz aus der Abgrenzung, bewußt kultivieren sie ihre Verschiedenheit von den meisten anderen ethnischen Gruppen Indonesiens. Das ist nicht nur degenerierte Folklore oder Touristenattraktion, sondern eine ganz reale Möglichkeit, in dem Vielvölkerstaat ethnische und kulturelle Identität zu bewahren. Selbst schon länger, vielleicht in der zweiten Generation emigrierte Minangkabau, legen großen Wert darauf, ein Mutterhaus im Mutter-Land zu haben. So hat auch das Einfamilienhaus das Sippen-Haus nicht verdrängt. Wie die Emigration als das erwähnte „Ventil für überschüssige männliche Energien" diente, fließen doch auch immer wieder materielle und moralische Unterstützungen zurück, und in einem feedback-Effekt bestärken die Auswanderer sogar zunehmend die Identität und den Stolz der Daheimgebliebenen, die ganz und gar nichts von Museumswarten an sich haben.

Zeitweise bekämpften, wie eingangs erwähnt, auch Emigranten das matrilineare System. Am bekanntesten ist der Fall des Haji Abdul Hamka, eines berühmten „eingeborenen" Minangkabau-Forschers und Anti-Adat-Revolutionärs des 20.Jahrhunderts. Hamka, Sohn einer berühmten islamischen Führerfigur und selber auch Organisator einer nationalen islamischen Organisation (der

Muhammadiyah), galt seit den dreißiger Jahren als prominentester Kritiker des matrilinearen Systems. Aber er wandelte sich vom Saulus zum Paulus. Die Geschichte seiner Konversion (hier wiedergegeben nach Kato 1982, S. 231 und 241) rankt sich um einen vielzitierten Aphorismus, der die unwandelbare Natur des Adat ausdrücken soll:

„Das alte Adat, uraltes Erbe,
verrottet nicht im Regen
und bekommt in der Sonne keine Risse."

1963 kommentierte Hamka noch bissig: „Das Adat der Minangkabau verrottet nicht im Regen und bekommt in der Sonne keine Risse – dieser Ausspruch ist höchst passend, denn was im Regen nicht verrottet und in der Sonne nicht birst, ist Stein. Und dieser Stein ist nun mit Moos bedeckt. Laßt ihn uns in ein Museum stellen, so daß er gut aufbewahrt ist und wertvoll bleibt. In jedem Museum gibt es viele Freunde dieses Steines, in vielen Formen." Diese Aufforderung zeitigte in Westsumatra viel Empörung und keine Auswirkung. 1970 besuchte Hamka dann dort, in Batusangkar, ein Seminar über Geschichte und Kultur der Minangkabau. Als ihm das Wort erteilt wurde, brach er in Tränen aus und beteuerte, wie glücklich er sei, lange genug gelebt zu haben, um noch einmal mit eigenen Augen sehen zu dürfen, daß das Minangkabau-Adat noch immer stark und gesund sei. Seither kann der alte Herr die aufsteigenden Tränen nicht mehr unterdrücken, sobald er auf Minangkabau zu sprechen kommt.

Ich hatte erwähnt, daß sich die Minangkabau im nationalen indonesischen Vergleich durch bedeutend größeres soziales Wohlergehen und ebensolche Bildung herausheben, beides auch für Mädchen und Frauen zutreffend. Dasselbe Phänomen ist bei den südindischen Nayar bemerkbar, und nur als Wirkung oder Nachwirkung des matrifocalen Systems zu deuten. Für die Nayar bedeutet das noch heute geringere Säuglingssterblichkeit als sonst in Indien, keine Witwenverbrennungen, hohen formalen Bildungsstand der Frauen, bessere medizinische Versorgung, eine ausgeglichene Geschlechterratio, bei der auch Frauen ein längeres Leben vergönnt ist . . .

Über die Zukunft des Adat gehen die Meinungen auseinander, zu viele Faktoren werden in die Entwicklung hineinspielen. Aber daß es in der Jetztzeit noch segensreich die sozialen Verhältnisse mitbestimmt, da sind sich doch viele Minangkabau sicher. Frau *Aman* sagt:

„. . . Der heutige Wohlstand der Minangkabau hängt in gewissen Weise mit dem Adat zusammen, das ganze Wohlergehen. Erstens wegen des Grundbesitzes. Der ist sonst in den Händen der Reichen. Und unser Land ist in der Hand von Minangkabauern. Jetzt kommen allerdings Änderungen von Staats wegen, die das schwieriger machen. Zweitens: wir haben hier keine Prostitution. Drittens werden die Waisen gut versorgt. Wenn eine Frau Witwe wird, kümmert sich der Onkel um die Kinder. Wir haben dafür ein Sprichwort: „Das eigene Kind auf dem Schoß, und die Nichte an der Hand." Das ist die Aufforderung an den Onkel: du sorgst für dein Kind, aber du sollst die Nichten und Neffen nicht vergessen. Sowas gibt es auf Java nicht. Viertens: man stiehlt nicht, man raubt nicht, es gibt ziemlich große Sicherheit. Hier sehe ich die Frauen noch mit viel Gold herumgehen, Ketten, Ringe, Armreifen. In Djakarta würdest du dafür beraubt und umgebracht. Fünftens gibt es zwar viele Arbeitslose, aber man hilft einander im Rahmen des Clans. Sechstens gibt es keine Vergewaltigungen. Es wird gesagt: die Minangkabau machen nichts, wofür sie sich schämen müßten. Man würde untereinander darüber sprechen, und der ganze Clan wäre schlecht angesehen ...

Ich finde das Adat besser – vielleicht weil ich eine Minangkabau bin." (Frau Aman, Interview mit C.R.)

Gérard *Moussay* sagt:

„Der Wohlstand und das soziale Niveau sind hier sehr viel höher als auf Java zum Beispiel. Hier gibt es keine Armen. Es gibt Leute, die sind wirklich nicht sehr reich – aber wenn jemand in Not gerät, hilft man ihm, bis es wieder vorangeht, ganz automatisch und selbstverständlich. Ich denke, das hat sehr wohl eine Beziehung zum sozialen System, in dem Sinne, daß die einzelnen Gruppenmitglieder der matrilinearen Clans solidarisch sind ...

Die Minangkabau sind von einer großen Freundlichkeit des Herzens, sind treu in der Freundschaft und ungeheuer solidarisch in ihrem Dorf, ganz besonders natürlich im Clan. Das sehe ich im Gegensatz zu jener Art Freundschaft, die wir Westlichen pflegen, wo wir mit spitzen Fingern und sehr kritisch unsere wenigen Freunde verlesen ..." (Moussay, Interview mit C.R.)

Ich selbst benutze normalerweise das Wort „Hochkultur" nicht. Aber wenn es die Leistung ausdrückt, daß eine menschliche Gemeinschaft über einen langen Zeitraum für das leibliche, seelische und geistige Wohlbefinden aller ihrer Mitglieder, der Frauen, Männer und Kinder, zu sorgen imstande ist, dann können die Minangkabau auf ihre Hochkultur stolz sein. Sie haben mich übrigens wieder Sprichwörter schätzen gelehrt – deren Präzision, Bildhaftigkeit, Knappheit und Einprägsamkeit. Dazu oft so ein Unterton, die Mischung aus Ironie und Beharrlichkeit, mit der diese als Antwort auf bohrende Fragen von Fremden dienen. „Warum sind Sie anders als die anderen, warum haben Sie ein matriarchalisches System entwickelt?" Dann kommt, nach langen und geduldigen Ausführungen, doch immer irgendwann der endgültige Bescheid – das erste und das letzte Wort, und das ist wieder eine Tierparabel: „Ein Hahn kann keine Eier legen."

2.1.6. „Denn eine Frau kennt die Bedürfnisse ihres Volkes besser" – Interview mit einer Clanmutter der Mohawk, von Cristina Perincioli, November 1979

Die Mohawk-Indianer gehören zur Nation der Irokesen. Sie leben im Norden des Staates New York. Heute arbeiten die Mohawk vornehmlich im Stahlhochbau. Sie sind schwindelfrei und deshalb bei der Konstruktion von Wolkenkratzern und Brücken unentbehrlich.

Elisabeth *Clute*, eine Clanmutter der Mohawk, erläutert, wie ihr Stamm matriarchale Lebensformen ablegte und wie diese aber heute in ihrem Widerstandskampf wieder Bedeutung gewinnen:

„Vor langer Zeit, sagt man, war die Frau – wie soll ich das ausdrücken? – die höchste

Herrscherin im Land. Wie die Erde, die alles hervorbringt, so ist sie die Mutter von allen. Deshalb hat man immer Frauen an die Spitze gewählt.

Eine Clan-Mutter muß dieselben Qualifikationen mitbringen wie ein Häuptling. Aber sie ist – wir gebrauchen das Wort „höher" nicht gern – aber sie ist höher als die Männer, in vieler Hinsicht.

Sie bestimmt den Häuptling. Sie sucht unter den Männern einen aus, der ihr am geeignetsten scheint, und dann diskutiert sie diesen Vorschlag mit dem Clan. Das war schon immer so und das ist sicher auch gut so, denn eine Frau kennt die Bedürfnisse ihres Volkes besser, kennt den zukünftigen Häuptling von Kind auf, weiss, wie er aufgewachsen ist. Sie kann am besten beurteilen, was für ein Mann er ist.

Um Häuptling zu werden muß er selbst eine Familie haben, damit er – wie die Clan-Mutter – das richtige Gefühl für Verantwortung kennt.

Die Clanmutter wird von allen Männern und Frauen aller Clans des Stammes gewählt; allerdings nicht unter Konkurrenz mit einer anderen; es wird nur eine vorgeschlagen und darüber diskutiert.

Nach außen hin sind es die Häuptlinge, die den Stamm repräsentieren, für ihn sprechen. Doch was hier jetzt passiert, die Entscheidung für den Widerstand, ist gemeinsam mit den Clan-Müttern im Stammesrat getroffen worden. Im Stammesrat diskutieren nur die Häuptlinge, aber er ist öffentlich, das Volk hört zu und kann auch sprechen. Auch die Clan-Mütter hören dann nur zu; sollte ihnen aber die Entscheidung der Häuptlinge nicht gefallen, dann können sie diese verhindern.

Der Stammesrat ist aber nur das letzte Glied beim Zustandekommen einer Entscheidung: Alles geht erst mal vom Volk aus und wird zuerst den Clan-Müttern vorgetragen, die es dann mit den Häuptlingen besprechen. Die Leute glauben oft, ein Häuptling entscheidet alles alleine. Er ist aber eher sowas wie bei euch ein Minister, der zwar auch Entscheidungen fällt, aber er wird sich hüten, das gegen den Willen des Parlaments zu tun. Denn die Clan-Mütter können den Häuptling auch absetzen.

Noch vor 25 Jahren haben die Töchter das Land geerbt (die Mohawk lebten, bevor ihr Reservat durch Chemie- und Aluminiumindustrie verseucht wurde, von Landwirtschaft und Jagd), und wenn sie heirateten, zog der Mann zu ihnen. Aber dann hat die amerikanische und die kanadische Regierung uns den Stammesrat aufgezwungen, und nun sind die Männer die Herren im Haus und die Söhne erben das Land. Die Regierung hat uns mehr oder weniger nahegelegt, daß die Männer das Sagen haben sollten, und das taten sie dann auch.

Aber heute, wo wir uns wieder auf unsere Traditionen besinnen, wird auch das wieder rückgängig gemacht werden müssen, so daß die Frauen wieder überall an der Spitze stehen."

Dieser aufgezwungene Stammesrat, der nicht von Frauen ausgesucht worden war, hatte beschlossen, das Reservat einzuzäunen. Die traditionell eingestellten Mohawks widersetzten sich diesem Vorhaben, und die amerikanische Polizei begann ihre Führer zu verhaften und ins Gefängnis zu stecken. Um diese zu schützen und um ihren Widerstand zu stärken, verließen viele Mohawks ihre Häuser und zogen zusammen in ein Camp, das sie mit Waffen gegen die Polizei verteidigten. Als es Winter wurde, bauten sie sich ein Küchen- und ein Schlafhaus, wo sie zu mehreren Hundert Menschen gemeinsam wohnten. Welche Umstellung bedeutete dies für die Frauen:

„Wenn du allein lebst mit deiner Familie, muß geputzt werden, drei Mahlzeiten müssen gekocht werden, die Wäsche und all die tausend Dinge und das jeden Tag aufs neue, das bleibt alles an dir hängen, denn du bist ja allein. Hier aber kochst du z. B. nur eine einzige Mahlzeit; wenn du das Frühstück kochst für alle, bist du dann den ganzen Nachmittag frei, Mittagessen und Abendessen kochen dann andere Frauen.

Auf diese Weise habe ich viel mehr Zeit für meine eigenen Angelegenheiten oder für meine Kinder. Oder wir setzen uns mit den jungen Mädchen zusammen, denn junge Mädchen haben eine Menge Fragen, die sie leichter einer anderen Frau stellen, als ihrer eigenen

Mutter. Auch meine eigenen Kinder habe ich ab und zu gefragt: Wollt ihr lieber wieder nach Hause? – „Um Gottes Willen! Hier ist es viel besser!“ Hier finden sie viele andere Kinder in ihrem Alter, und sie finden auch andere Eltern, und auf diese Weise hat ein Kind nicht nur eine Mutter, sondern mehrere, und das ist besonders wichtig bei den Mädchen in der Pubertät, daß sie nicht nur eine Mutter haben.

Unsere Kinder sind aufgewachsen im „American Way of Life“ und viele sind hierhergekommen als Alkohol- und Drogensüchtige. Hier im Camp sind Drogen – aber auch Alkohol – grundsätzlich verboten. Viele der Mädchen und Jungen kamen hierher, um davon loszukommen, und einige sagten: „Das ist der einzige Ort, wo ich es schaffen kann!“

Viele Probleme unserer Kinder entstehen erst durch die Schule. Was ist denn das auch für eine Erziehung! Bei uns hier lernen sie mit anderen Menschen auszukommen, mit ihnen zusammenzuleben, mit ihnen zu teilen, was sie haben, mit ihnen zu arbeiten – für mich ist das Erziehung!

Aber in der Schule der Weißen lernt man nur für sich selbst; und was du begriffen hast, behältst du für dich. Und überall diese Diplome! Überall mußt du Schwarz auf Weiß bestätigt haben, was du gelernt hast!“

Irokesen schlagen ihre Kinder grundsätzlich nicht; was geschieht aber, wenn eine Frau geschlagen wird von ihrem Mann! Was geschieht, wenn Familienkrach aufkommt?

„Gerade mit den jungen Ehepaaren, die aus diesem „American Way of Life“ kommen, haben wir oft Probleme. Normalerweise werden dann die Clan-Mütter geholt und die nehmen sich der Frau an, und die Häuptlinge knöpfen sich den Ehemann vor, reden mit ihm und versuchen so, das Problem zu lösen.

Zu Hause waren wir Frauen meist allein. Hier aber haben wir Aufgaben, die für uns wirklich neu sind und wir lernen eine Menge und wir lernen nicht alleine, sondern zusammen mit anderen Frauen. Also ich möchte das nicht mehr missen!

Zu Hause dachte ich meistens nur an mich selbst, aber hier sehe ich, was sich alles tut. Ich weiß nicht, warum wir jemals aufgehört haben so zu leben!“

2.2 Matriarchale Weltbilder in Alt-Europa, im Spiegel der Symbolkultur

Vorbemerkung zu diesem Kapitel: „Frauen, das erste Geschlecht“

Von den frühesten Anfängen in der Altsteinzeit bis heute sollen Männer die „Leistungsträger der soziokulturellen Evolution“ gewesen sein; in Geschichtsschreibung und Historienmalerei (Abb. 2 und 3) werden sie uns immer wieder als die ersten Beschützer, Ernährer und Künstler vor Augen gestellt. Das hatte ich bereits im Kapitel 1.4.1. kritisiert und behauptet, daß kulturhistorische Daten dafür keine Anhaltspunkte liefern. In diesem Kapitel will ich nun illustrieren, daß ganz im Gegenteil die soziokulturelle Bedeutung von Frauen zunehmend überliefert wird, je weiter wir in die Geschichte zurücksteigen; in den Jahrtausenden der Steinzeitkulturen schließlich ist ein „männlicher Anteil“ an ihnen so gut wie unsichtbar: das heißt, es gibt nur sehr wenige und oft schwer identifizierbare Darstellungen von und mit Männern in der Kunst, und entsprechend fehlen für Männer in der Symbolsprache die Worte.

– Dieses Entwicklungsmuster läßt sich für die Kulturen aller Erdteile ähnlich rekonstruieren; ich beschränke mich hier aber auf Beispiele aus (Alt-)Europa: auf einige sprach- und mythengeschichtlichen Materialien, hauptsächlich aber auf archäologische Funde und Forschungsergebnisse. Denn sie vermitteln *authentische Selbst-Porträts, bewußte Selbst-Darstellungen* der Menschen und ihrer Kulturen in vor-schriftlicher Zeit, wie sie der Boden hergab. Im Spiegel dieser Kunst, im gesamten ästhetischen Bereich, erscheinen Frauen als „Nabel der Welt" in einem prinzipiell weiblich ausgestalteten Werte- und Symbolsystem, als Verkörperungen einer weiblichen Kosmologie. Ich deute auch jeweils das weitere historische Schicksal dieser Gestalten und Symbole an, ihre Transformationen und Metamorphosen, mit ihrer erstaunlichen Kontinuität im Wandel; wie sie nach patriarchalen Umwälzungen assimiliert oder auch heimlich weiter in ihrer alten Macht verehrt werden, zum Teil bis heute.

Bei der gegenwärtigen Renaissance ganzheitlicher und organischer Weltbilder finden die alten Göttinnen-Religionen in Teilen der Frauenbewegung und ökologischen Gruppen wieder neues Interesse, auf der Suche nach einer Versöhnung von materiellen und geistigen Bedürfnissen, von Politik und Spiritualität (vgl. dazu das Kap. 4.5.)

Zunächst einige sprach- und mythengeschichtliche Hinweise auf frühe matriarchalische Weltanschauungen.

Die Khasi sagten: „Aus der Frau entsprang der Clan". Minangkabau, Khasi und andere, wie erwähnt, sprechen von der mütterlichen Sippe als „ein Leib", aus dem sie abstammen. Solche Auffassungen scheinen heute exotisch fern und fremd; aber wenn wir uns auf eine Zeitreise rund um die Welt begäben, so fänden wir sie umso einhelliger vertreten, je weiter wir in der Zeit zurückgehen. Solche Auffassungen liegen auch in der Vorgeschichte unserer mittelmeerisch-antiken Vorläufer-Kulturen begraben, – aber nicht so tief, daß sie sich nicht noch rekonstruieren ließen. Linguistisches Beweismaterial für eine ursprüngliche Mutterfolge zeigt z. B. an dem typisch griechischen Clan-Namen, daß er „ . . . auf einem Element 'id' beruht, das im Griechischen weiblich ist. Daraus folgt, daß in ältester Zeit die Frauen, nicht die Männer als Vertreter des Clans angesehen wurden . . . Das Wort 'adelphos' ('Bruder') heißt 'dem gleichen Mutterleib entstammend' . . . Doch wieviele (Schuljungen) sind zu der Frage ermutigt worden, warum denn vom Bruder eigentlich gesagt werden müßte, daß er 'aus demselben Mutterleib stammt!' Es gibt sogar Berufsgelehrte, die nie danach gefragt haben. Der Geist des Fragens ist der Anfang der Weisheit." (zusammengefaßt und zitiert nach Thomson 1974, S. 108/109). Und noch in Homers „Odyssee" findet sich eine Fülle von Hinweisen auf matriarchale Überbleibsel sowie verschiedene Übergangserscheinungen zum patriarchalen System (dazu Hirvonen 1968). Dabei werden durchaus irdische Erscheinungen beschrieben. Aber zu einem Weltbild gehören auch Himmel und Religion, Mythen und Ursprungslegenden. So hat es den Anschein, daß männlichen Weltschöpfungsgeschichten stets ältere weibliche vorausgehen. Das trifft auch im Fall der antiken Griechen zu. Der olympische Schöpfungsmythos – aus patriarchaler Zeit – ist bekannt: Am Anfang aller Dinge tauchte Mutter Erde aus dem Chaos und gebar im Schlafe ihren Sohn Uranos ... Älter sind der homerische und der orphische Schöpfungsmythos, die wiederum den ältesten, den prähellenisch-pelasgischen Schöpfungsmythos in ihrem Sinne abwandelten. Von ihm überlebten „nur beunruhigende Fragmente", die Robert *von Ranke-Graves* wieder zusammengefügt hat; mich als spätpatriarchale Beobachterin „beruhigt" dagegen eher an diesem Mythos, daß sich so viele Elemente in ihm finden, die wir unter den Hauptcodes eines matriarchalen Weltverständnisses wiederfinden werden.

„*Am Anfang* war Eurynome, die Göttin aller Dinge. Nackt erhob sie sich aus dem *Chaos*. Aber sie fand nichts Festes, darauf sie ihre Füße stellen konnte. Sie trennte daher das Meer vom Himmel und tanzte einsam auf seinen Wellen. Sie tanzte gen Süden; und der Wind, der sich hinter ihr erhob, schien etwas Neues und Eigenes zu sein, mit dem sie das Werk der Schöpfung beginnen konnte. Sie wandte sich um und erfaßte diesen Nordwind und rieb ihn zwischen ihren Händen. Und, siehe da! es war Ophion, die große *Schlange*. Eurynome tanzte, um sich zu erwärmen, immer wilder und wilder, bis Ophion, lüstern geworden, sich mit ihr paarte ...

Dann nahm Eurynome die Gestalt einer *Taube* an, ließ sich auf den *Wellen* nieder und legte zu ihrer Zeit das *Weltei*. Auf ihr Geheiß *wand sich Ophion siebenmal um dieses Ei*, bis es ausgebrütet war und aufsprang. Aus ihm fielen all die Dinge, die da sind: *Sonne, Mond, Planeten, Sterne, die Erde mit ihren Bergen und Flüssen, ihren Bäumen, Kräutern und lebenden Wesen.* Eurynome und Ophion schlugen ihr Heim auf dem Berge Olympos auf. Hier rief er ihren Unwillen hervor, weil er behauptete, der Schöpfer der Welt zu sein. In ihrem Zorn trat sie ihm mit der Ferse auf den Kopf, schlug ihm dabei die Zähne aus und verbannte ihn in die dunklen Höhlen unter der Erde.

Die nächste Tat der Göttin war die Erschaffung der sieben Planeten. Über jeden setzte sie eine Titanin und einen Titanen ..." (Nach Ranke-Graves 1960, S. 22; Hervorhebungen C.R.)

Ranke-Graves legt diese Schöpfungsgeschichte so aus:

„In diesem archaischen religiösen Weltbild gab es weder männliche Götter noch Priester, sondern nur die Weltgöttin und ihre Priesterinnen. Frauen waren das herrschende Geschlecht und Männer ihr angsterfülltes Opfer. Vaterschaft wurde nicht gewürdigt und Empfängnis dem Winde, dem Essen von Bohnen oder dem zufälligen Verschlucken eines Insekts zugeschrieben. Die Erbfolge war matrilinear, und Schlangen wurden als Wiedergeburt der Toten betrachtet. Eurynome ('Weites Wandern') war der Name der Großen Göttin, die als Mond am Himmel entlangzog. Ihr sumerischer Name war Iahu ('Erhabene Taube'), ein Titel, der später an Jehova, den Schöpfer, überging."

Im Anfang war das weibliche Prinzip. Oft heißt es Chaos, und es manifestiert sich in weiblichen Wesen: in parthenogenetischen, aus sich selbst gezeugten Göttinen, oder es wird ein Weltenei aus Tauben und Chaos-Gänsen geboren; auf Denkmälern heißt sie „Die Mutter der Morgensonne, die Schöpferin der Abendsonne, welche gewesen ist, als nichts war, und welche geschaffen hat, was nach ihr war." Sie wird auch unter dem Namen Isis in Tempelinschriften ganz eindringlich als „Kultur-Hera" dargestellt, als Begründerin aller damaligen Zivilisation:

„Isis schaffte den Kannibalismus ab, heilte Krankheiten durch Medizin und Magik, gründete die legitime Ehe und zeigte, wie man Getreide zwischen zwei flachen Steinen mahlt und Brot für den Haushalt zubereitet. Sie erfand den Webstuhl mit Hilfe ihrer Schwester Nephtys und war die erste, die Leinen wob und bleichte.

Die Göttin erfand die Schrift und war die erste Historikerin, die, welche zuerst geschrieben hat, welche das Wort Palast zum Ausdruck bringt, welche mit eigenen Fingern die Geschichte des Königs niederschreibt, die, welche die Jahre verlängert, die zuerst den Maßstab ausgespannt hat, die zuerst den Grundstein gelegt hat, die Herrin des Bauens." (nach Schreier 1978, S. 13)

Über den Kannibalismus als rein männliche Angelegenheit hat Evelyn *Reed* (1975, S. 40ff.) anthropologische Belege zusammengetragen. Frauen werden als Erfinderinnen der Schrift genannt; daß sie auch die Erfinderinnen der Sprache seien, wies Richard *Fester* in seinen „Protokollen der Steinzeit" nach: die ersten Ur-Worte drücken eine weiblich empfundene und wahrgenommene Welt in weiblichen Begriffen aus (Fester 1974 und 1979).

Auf die Ursprungsmythen will ich hier nicht weiter eingehen, sie sind in den letzten Jahren für eine zunehmend größere Öffentlichkeit publiziert worden. Ich will vielmehr die alten matriarchalen Weltbilder ikonografisch beschreiben – das heißt, an dem, was die Archäologie zu ihrer Rekonstruktion beiträgt. Denn innerhalb der Matriarchatsdiskussion werden gerade diese eindrucksvollen und höchst plastischen Befunde übersehen und vernachlässigt.

2.2.1. Die Archäologie als „Wissenschaft der Unterwelt" und ihr Beitrag zu einer matriarchalen Ikonografie

a. Die Geschichte der Frauen ist die Vor-Geschichte.

Je weiter wir in der Geschichte Alt-Europas und Vorderasiens zurückgehen, desto stärker treten weibliche Gestalten in den Vordergrund: in schriftlicher und in bildlicher Überlieferung, quantitativ und qualitativ; im Mittelpunkt des soziokulturellen Lebens stehen sie dann in der sogenannten *Vor*-Geschichte. Vor-Geschichte definiert sich aber nicht nur durch ihren Zustand der Schriftlosigkeit, sondern wird auch nach geschlechterpolitischen Kriterien bestimmt. So verhielt es sich beispielsweise bei den antiken Griechen. Sie lassen ihre Geschichte, ihre Zeitrechnung mit dem Jahr 776 v.u.Z. beginnen, dem Jahr der Olympiade. Zu diesem Zeitpunkt schien nämlich die männliche Vorherrschaft nach einer unruhigen Periode geologischer Katastrophen und irdischer Umstürze einigermaßen gesichert. Die Jahrtausende davor, und schon die nur wenig ältere minoische Kultur des 2. Jahrtausends v.u.Z., galten ihnen nun als „graue Vorgeschichte": verdrängt, weil mutterrechtlich. (Vgl. dazu Kap. 3.3.1. über die Korrelation von Patriarchatserrichtung und Kalenderreform mit gravierenden kosmischen und geologischen Umwälzungen.)

b. Die Kontinuität im Wandel.

Auf dem Weg von den Urbildern zu ihrer heutigen Gestalt und Interpretation entfaltet sich keineswegs nur eine wechselvolle Geschichte der Verluste; faszinierend ist mindestens ebenso ihre Kontinuität im Wandel, die Geschichte ihrer Macht und Überlebenskraft. Dabei muß immer wieder der Schleier phallokratischer Umdeutungen von den Funden abgezogen werden; denn viele Archäologen, Paläontologen und Kulturforscher übernahmen in den letzten hundert Jahren nur allzu bereitwillig trivial-freudianische Auffassungen: schlichten Geistes, wähnten sie in jedem auch nur einigermaßen schräg oder hoch aufgerichteten Gegenstand gleich den kostbaren Phallus und seine „Macht" abgebildet. (Zu den „Plünderern der Symbole" vgl. Rentmeister 1979a, S. 225ff.)

Im übrigen glaube ich, daß – aufgrund der aktuellen Überentwicklung der Werkzeugkultur – die Bedeutung der Symbolkultur weit unterschätzt wird. Eher verhält es sich so, wie es einmal einer zur Verteidigung von Johann Jacob *Bachofen* und seiner Symbolkunde des Mutterrechts gesagt hat:

„Alle echte Überlieferung bewegt sich in Symbolen. Die Sitte vor allem ist durch und durch symbolisch: wie wir uns kleiden, wie wir speisen, wie wir uns bewegen und handeln, das alles ist lebendiger, sich erhaltender Ausdruck . . . (Der romantische Geschichtsphilosoph) wird in das hinuntersteigen, was Albrecht Dieterich die *'Unterwelt der Kultur'* genannt hat. Die wissenschaftliche Geschichtsbeschreibung ist ganz auf die Oberwelt der Kulturen eingestellt. Auch wo sie das Volk, die 'Masse' in ihre Forschung einbezieht, bleibt ihre Methode 'oberweltlich', das heißt männlich und kritisch.

Die romantische Philosophie der Geschichte dagegen erfaßt in den Symbolen die Überlieferung das geheime Leben der unterweltlichen Mächte. Das sind *die* Mächte, die das Volk kennt und mit leisem Grauen betrachtet: *das Leben und der Tod* . . . Es denkt konkret-symbolisch, es sieht den Einzelnen immer im Zusammenhang mit seiner Umwelt und seiner Sippe; es kennt keinen Menschen, sondern nur Männer und Weiber." (zit. nach Heinrichs 1975, S. 136ff.)

c. Noch eine Begriffserklärung: was heißt Ikonografie?

In der Kunstgeschichte meint man damit das Gegenteil der formalen, rein stilgeschichtlichen Betrachtungsweise, der sogenannten Faltenkritik. Ikonografie, „Schreiben über Bilder", heißt, die Entstehung eines Bildthemas zurückverfolgen, seinen Wandel, die Aufname neuer Inhalte, und die Zusammenhänge mit anderen kulturellen Bereichen darzustellen. Bei diesem Verfahren, Bilder und Symbole in ihrem Bezugsrahmen zu untersuchen, können wir durchaus alles bloß *Allegorische* ausgrenzen, wir können begründen und entscheiden, ob gewissen weiblichen Gestalten und Symbolen nur scheinheilig auf Podesten und Altären gehuldigt wird (Abb. 1 und 49), oder ob reale Macht in Frauen personifiziert ist.

„Weshalb stellten die Römer dann aber das Recht als Frau dar? . . . Auch die Weisheit wurde sowohl von den Griechen (Sophia) wie von den Römern (Sapientia) als Frau verehrt. Das Bürgertum hat all diese Figuren bis in unsere Tage übernommen . . .

Nirgends tritt die Widersprüchlichkeit des Patriarchats deutlicher in Erscheinung als in diesen Gestalten, die aus dem Mutterrecht übernommen worden sind und dem Vaterrecht als Rechtfertigung für die Unterdrückung der Frau dienen; denn wenn man die Frau als Symbol verehrt, entledigt man sich der Pflicht, ihr auch als lebendes Wesen Ehre zu erweisen; wenn man sie als Gerechtigkeit, als Freiheit, als Weisheit symbolisiert, braucht man ihr in der Realität keine Freiheit, keine Gerechtigkeit zu geben und kann ihre Weisheit getrost mit Füßen treten. Hier deckt das Patriarchat also sein schlechtes Gewissen auf und zeigt gleichzeitig, wie man es durch Aufdeckung besänftigt." (Bornemann 1975, zit. nach Rentmeister 1977a, S. 261 in einem Aufsatz über „Berufsverbot für die Musen", zur Frage „Warum sind so viele Allegorien weiblich?").

Ich betrachte die Symbolkultur durchaus in dem Bewußtsein, daß Menschenrechte und Menschenwirklichkeit, geschriebenes Recht und Rechtswirklichkeit, Religion und Glaubenspraxis, Kunst und Leben innerhalb einer Kultur in einem Spannungsverhältnis stehen können, bis hin zur völligen Abtrennung; oder daß angeblich allgemeingültige Symbole scheinbar ganz unvereinbare Bedeutungen annehmen können: „im Zeichen des Kreuzes" formierte sich „unsere" abendländische Kultur – für die einen bedeutet es noch heute das Symbol der Erlösung, andere halten es für ein Symbol von Glaubenskriegen, von Inquisition, Folter und Sadismus. Der Blick auf matriarchale und/oder vorgeschichtliche Verhältnisse macht dagegen klar, daß nicht immer und überall solche Widersprüche „Kunst" und „Leben", Form und Inhalt zerrissen haben.

2.2.2. Ausgewählte Beispiele für matriarchale Symbole und Gestalten und ihre Metamorphosen

Betrachten wir die Symbolisierungen der frühen Matriarchate, anhand der Kunst-Funde, die der Boden in Europa, dem Nahen Osten und Vorderasien hergegeben hat, und tun einige Seitenblicke auch auf andere Kulturen. Zeitlich bewegen wir uns von der jüngeren Altsteinzeit (Paläolithikum, ca. 40.000 bis 10.000 v.u.Z.) bis hin zur Neusteinzeit (bis etwa ins Jahr 3.000 v.u.Z.) und Kupferzeit; das Mesolithikum lasse ich hier aus dem Spiel, wegen der problematischen und stark differierenden Datierungen dieser Periode. Die jüngere Altsteinzeit ist geologisch identisch mit der letzten Phase der vierten Eiszeit, und gilt ökonomisch als Stufe der „Jäger und Sammlerinnen". Die Wende zur Neusteinzeit wird durch die „neolithische Revolution" markiert: durch die Erfindungen von Ziegelbau, Keramik und Töpferscheibe und durch den Übergang zur produzierenden Wirtschaftsweise, mit Ackerbau und Gartenbau, und damit auch zur Seßhaftwerdung in Dörfern. Die Einführung dieser Neuerungen wird Frauen zugeschrieben, und ihre zentrale Stellung hängt mit der Ausübung der entsprechenden Tätigkeiten zusammen. Historische Machtverschiebungen zuungunsten der Frauen ereignen sich in mehreren Phasen; ein bedeutender, wenn nicht der entscheidende Schub zumindest für die Kulturen des Mittelmeerraumes ist mit dem Beginn der Bronzezeit abzulesen, spätestens um 1.500 v.u.Z.; mit der Eisenzeit schließlich, ab 800 v.u.Z., konsolidieren sich die neuen patriarchalen Verhältnisse; nach der Weltalterlehre der Griechen ist nun das „eiserne Geschlecht" an der Macht, und es kehrt mit eisernem Besen.

Drei Autorinnen möchte ich vorneweg nennen, die das Material zu diesem raumzeitlichen Rahmen grundlegend bearbeitet haben: für das Paläolithikum, „Die Frau im Kult der Eiszeit", Marie E.P. *König;* für Alteuropa in der Zeit von 7.000 bis 3.500 v.u.Z. die unübertroffenen Arbeiten von Marija *Gimbutas,* leider nicht in deutscher Übersetzung erschienen („The Gods and Goddesses of Old Europe", 1974 – mit Alteuropa ist dessen vorindoeuropäische Epoche gemeint); und für den Nahen Osten, die kanaanitische, vorhebräische Zeit im Gelobten Land, als dort noch „Milch und Honig" flossen, und man und frau noch der Ascherah opferten, die Arbeiten von Merlin *Stone* („When God was a Women" 1976). Reiches Material (Abbildungen, Chronologien) vor allem zur paläolithischen Frauendarstellung außerdem bei *Delporte* 1979 („L'image de la femme dans l'art prehistorique"). In Alt- und Neusteinzeit kommen stark überwiegend, teils (fast) ausschließlich weibliche Darstellungen, in Zeichnungen, Ritzungen, Malereien und Plastiken ans Licht – aus Gräbern, Siedlungen, Schreinen, Wohnhäusern, Höhlen, von Abris (Felsüberhängen), und so weiter.

An und um ihren Körper tragen sie Zeichen und Symbole, die mit weiblichen Prinzipien und Wertsystemen in Verbindung gebracht werden können; sie lassen die vorgeschichtlichen Frauen als Herrinnen des Lebens und des Todes erkennen, als Gute und Schreckliche Mutter, als Herrinnen der Pflanzen und Tiere, als „Große Göttin" und Mutter des Himmels und der Erde, in ihren chthonischen, astralen und tellurischen (unterweltlichen, himmlischen und irdischen) Reichen.

Auch wenn ich selbst ja von „Matriarchaten" spreche und auch gelegentlich den Terminus „Große *Mutter*" übernehme, möchte ich an dieser Stelle ausdrücklich hervorheben, daß die Große Göttin zuerst ein Single, eine alleinstehende und selbständige Frau war. Das fällt auch aufmerksamen Archäologen immer wieder auf. *Helck* schreibt:

> „Eindeutig ist ursprünglich die Gestalt der Großen Göttin selbständig; die Verbindung mit einem anderen Gott, so besonders dem Wettergott, ist sekundär und erst in einzelnen Theologien entwickelt worden . . .
> Ebenso unzweifelhaft ist die Tatsache, daß die Große Göttin ursprünglich und auch weitgehend in späteren, geschichtlichen Zeiten keine Muttergöttin gewesen ist in dem Sinn, daß sie als Gebärerin und Schützerin, Ernährerin und Amme eines Kindes auftritt." (Helck 1971, S. 284/285)

Alt dagegen ist das dreifaltige Bild der Göttin, das aber meist drei Aspekte ein und derselben Person darstellt, und der Typus der „Zwillingsgöttinnen", in dem zwei ganz gleiche Frauengestalten auseinander knospen oder miteinander verwachsen erscheinen.

Unbestreitbar lassen die vorgeschichtlichen Funde unseren Interpretationen großen Spielraum, und vieles, auch von dem hier Gesagten, bleibt höchst hypothetisch. Wolfgang *Helck* hat in seinen „Betrachtungen zur Großen Göttin" ein Grundproblem der Archäologie beschrieben, wenn sie es mit der vorschriftlichen Zeit zu tun hat:

> „Der Ausgangspunkt sind die Figürchen, und in der Entwicklung der Figürchen läuft

eigentlich die urtümliche Vorstellung weiter. Jedoch ist diese kaum zu verfolgen, weil sie unterhalb der Schwelle der Literalität (schriftlichen Überlieferung) liegt und nur archäologisch nachzuweisen, aber nicht zu deuten ist. Aus diesem Hauptstrom der Vorstellungen entwickelt die Theologie Göttergestalten, die zwar immer den Wesenskern beibehalten, aber sowohl im Charakter wie äußerer Gestalt der Göttin Veränderungen erleiden. *Es kann dann zu einem Nebeneinander von Volksreligionen und der Theologie kommen,* die sich beide weit voneinander entfernen.

Andererseits bringen besonders Katastrophen oder das Eindringen illiterater Völker in das Kulturgebiet . . . neue Entwicklungen hervor, bei denen aus dem Wesen und der Gestalt des 'Idols' wieder eine neue Göttin entwickelt werden kann . . .

(Wir haben) auch bei den Figürchen mit Sinnveränderungen und Wertschwankungen zu rechnen. Vom Bild einer Gottheit können sie bis zur anuminosen Puppe betrachtet worden sein; wer sie aufstellte, kann in ihr einen gefährlichen Machtträger oder ein zwar von der Tradition gefordertes, aber 'sinnloses' Etwas gesehen haben . . . Ja, hier und da mag sogar das alte heilige Bild zum Kinderspielzeug abgesunken sein . . ." (Helck 1971, S. 284-286, Hervorh. C.R.)

Ganz so finster sieht es aber auch wieder nicht aus; denn die Eingebundenheit der Frauenfigurinen in Fundzusammenhänge und Symbolsysteme erlaubt doch gewisse Schlüsse – zumindest aber Aus-Schlüsse. Zum Beispiel können die zahlreichen, als Grabbeigaben gefundenen Frauenfigürchen eben keine „Konkubinen" darstellen, denn sie finden sich ja ebenso in den Frauengräbern. Und auch, ob es bereits zu einer Spaltung von „Volksreligion" und „Thea-Logie" gekommen ist oder nicht, läßt sich meist recht sicher entscheiden. Denn diese Spaltung drückt sich auch räumlich aus, im Grundriß der Siedlung. Wo, wie im „egalitären" Neolithikum allgemein, der Kultraum noch mit dem Wohnraum identisch ist, scheint es unwahrscheinlich, daß sich da schon ein Volksglaube abgetrennt hätte, der dann irgendwo draußen am Fluß oder in einer Höhle ausgeübt würde. Die Abtrennung (dazu auch Kapitel 2.2.2./VII) ist doch eher ein Merkmal größerer, gesellschaftlich und räumlich stärker stratifizierter Kulturen, und damit eher ein Problem der nach-neolithischen Epochen. An den steinzeitlichen Kulturen finde ich gerade die schier „unmögliche" Mischung faszinierend: daß sie nämlich bei dezentraler Organisation, als Dorfkulturen, dennoch über Jahrtausende und (welt)weite Räume eine so einheitliche Gestalt und Weltanschauung erkennen lassen.

Und noch in einer anderen Hinsicht empfinde ich das Fehlen von Inschriften und Beischriften nicht als Mangel, im Gegenteil. Gegenüber späteren schriftlichen Überlieferungen und Denkmälern scheinen mir die uralten Bilder in sich selbst aufrichtiger. Sie dienten eben nicht Nachwelt und individuellem Nachruhm; wo sie beispielsweise im Totenkult ihren Sinn erfüllten, galten sie dem Seelenheil der Toten, und dem der Hinterbliebenen. Aus meist vergänglichem Material gefertigt, meist alles andere als monumental, ist es fast ein Wunder, daß sie auf uns gekommen sind, und viele leben heute mit uns weiter, weil sie begraben worden waren.

1. Schoß, Vulva und weibliche Dreifaltigkeit: „the universal womb"

Von der Altsteinzeit an findet sich das weibliche Schoß-Dreieck („Vulva", „Yoni", „Matrix") nicht nur an der entsprechenden Körperstelle von Figurinen, sondern auch als abstrahiertes, abgelöstes Symbol, eingeritzt auf Steine und Höhlenwände, und als Motiv auf Gefäßen (Abb. 10, 11, 12, 13 und 20). Über Jahrtausende gilt es nicht als „Scham"-Dreieck, sondern als „universeller Schoß, die unerschöpfliche Quelle des Lebens, zu der der tote Mensch zurückkehrt, um wiedergeboren zu werden" (Gimbutas 1974, S. 159; zu den paläolithischen Vulven vgl. König 1979, S. 117ff.) Daß es sich nicht um Fruchtbarkeitszeichen handelt, darauf deutet auch die auffallende Abwesenheit von Darstellungen eines schwangeren Schoßes. Die Fruchtbarkeitshypothese bietet auch Devereux in seinem eigenartig penetranten Buch von 1981 („Baubo – die mythische Vulva") an. Noch eine Möglichkeit: alle diese Frauen, diese Vulven – waren sie vielleicht für die Lust der Betrachterinnen geschaffen? Devereux zitiert eine Reihe von Untersuchungen, nach denen Frauen durch den Anblick weiblicher Geschlechtsorgane erregt würden. Aber er wäre nicht auch Psychoanalytiker, glaubte er nicht an eine weitere Möglichkeit: daß nämlich die Bilder aus den Sexualneurosen der Jäger entstanden sein könnten, – aus ihrer Angst vor dem verschlingenden Großen Weiblichen. Neben all diesen Deutungen gibt es noch eine esoterische, von der Vulva als zentralem Zeichen matriarchaler Kosmologie, als ein Zeichen für Transformation.

Die sog. „Venus von Laussel" (Frankreich) Altsteinzeit

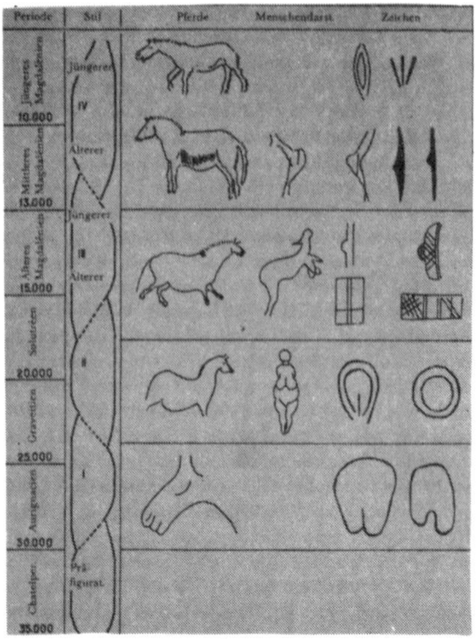

Bildmotive der Altsteinzeit: Tiere, Frauen, Vulven

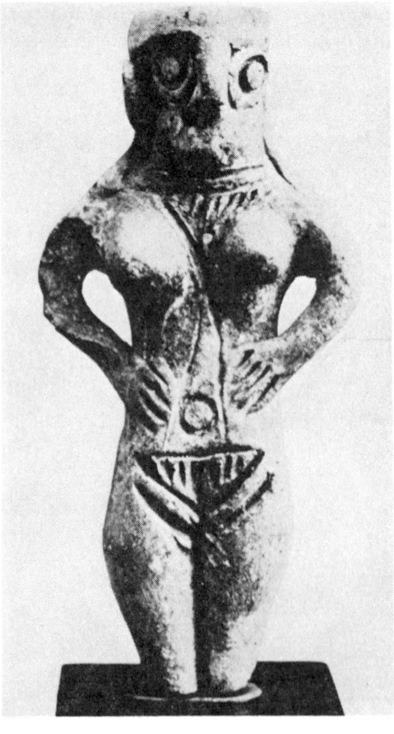

Phönizische „Göttin", etwa 2500 v. u. Z.

Neolithische Göttin (Thrakien). Im Schoßdreieck zwei Spiralen

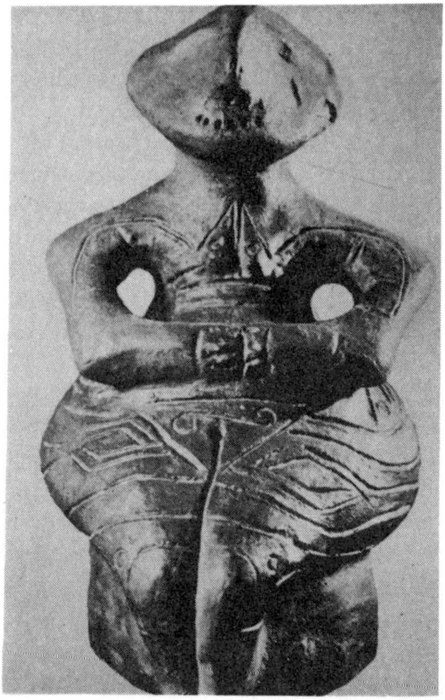

Neolithische Frauenfiguren, 4. und 3. Jahrtausend v.u.Z., aus Kykladen, Sowjetunion, Bulgarien, Peloponnes, Rumänien

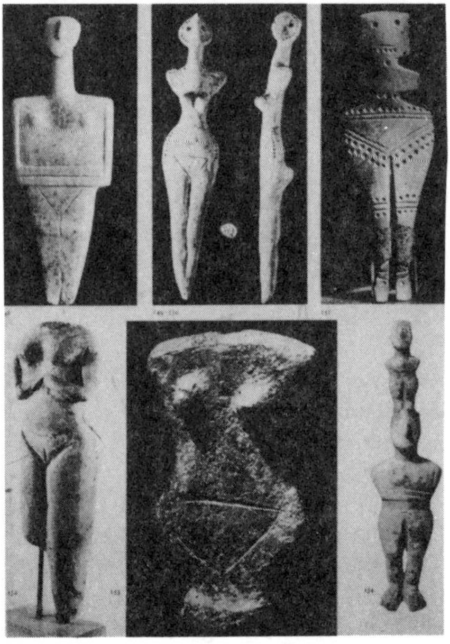

Vom weiblichen (Schoß-)Dreieck führt eine direkte symbolische Verbindungslinie zur weiblichen Trias, zur Dreifaltigkeit. Zahlreiche Assoziationen werden mit einer weiblich-magischen Drei verknüpft: Athene, Aphrodite und Hera, also Mädchen, Nymphe und alte Frau, verkörpern drei Lebens-Stadien und -prinzipien; und werden erst viel später dem Urteil des Paris unterworfen; die drei Phasen des Mondes, bei den Griechen verkörpert in der „dreifaltigen Hekate" – dreifaltig ist sie auch, weil sie nach einer Erzählung von Hesiod „einen Anteil an Erde, Himmel und Meer" erhalten hatte. Bereits erwähnt hatte ich die Vorstellung von den drei Reichen der Göttin im chthonischen, tellurischen und astralen Raum. Die Göttin Nacht, die nach dem Schöpfungsmythos der Orphiker ihr Weltei im Schoße der Dunkelheit legte, zeigte sich in der Trinität von Nacht, Ordnung und Gerechtigkeit. Weibliche Dreiheiten treten bereits im Paläolithikum auf (Abb. in König 1979, S. 151), oft in Verbindung mit anderen Symbolen, mit Stier, Himmelsvögeln, Monden, Planeten.

Eine Erinnerung an die einst so selbständig-mächtigen Dreifaltigkeiten stellen die antiken „Drei Mütter" dar, und die christlich-assimilierten „Drei Marien", mit denen sich jedoch oft ein heimlich-heidnischer Kultus verband. Am bekanntesten blieben wohl bis heute die „drei Marien" der Zigeuner, die dem südfranzösischen Fischerort „Saintes-Maries-de-la-Mer" den Namen und fortlebende Rituale gaben.

2. *Geburt und Wiedergeburt aus dem weiblichen „Nabel der Welt": Kreis, Spirale, Labyrinth*

Weibliche Figuren weisen oft bedeutungsvoll mit der Hand auf ihren Nabel (Abb. 10). Abstrahierter wird er als Kreisform, mit oder ohne Punkt drinnen, oder als mehrere konzentrische Kreise abgebildet (Abb. 12 und 15). Gänzlich abstrahiert schließlich nimmt er die Gestalt der weltweit zu findenden Nabelsteine (Omphaloi) an; am berühmtesten in unseren Breiten der Omphalos von Delphi: er galt als der Nabel der Welt, war der Mutter Erde geweiht und Bestandteil des delphischen Orakels, das erst später, mit dem Umbruch zum Patriarchat, unter die „Schutzherrschaft" Apollons geriet. Der Nabelstein ist verknüpft mit dem Kultus des häuslichen und öffentlichen Herdes, seiner Göttin Hestia, der Weißen Göttin und der Herd-Feuer-Verehrung als zentralem Ort von Transformation. (Ranke-Graves 1960, Bd. 1, S. 63ff., und Ranke-Graves 1981; siehe auch den folgenden Abschnitt über Ahnenkult und die Haus-Frau als Priesterin, und Abb. 27). Nabelstein und Orakel von Delphi sind außerdem beziehungsreich verknüpft mit vielen anderen Symbolen, z. B. der Schlange Python, die über einem Erdspalt hauste, und der Priesterin Pythia.

Kreise und Spiralen finden sich an der Stelle der Brüste, eingezeichnet ins Schoßdreieck und auf dem Gesäß weiblicher Figuren (Abb. 13, 14 und 15). Die Spiralen stehen dabei auch für das lebensspendende Wasser-Element, symbolisieren vielleicht das spiralförmige Pflanzenwachstum und auch kosmische und astrale Bewegungsabläufe (vgl. Rentmeister 1980a zur Ableitung, und

Steinplatte mit reliefierten Spiralen und Nebelkreis, Malta, Tempel von Traxien, 3. Jahrtsd. v.u.Z.

Purce 1975 mit einer Monografie der Spirale); die Spirale bildet auch den symbolischen Kürzel für Schlange und Schlangenenergie. „Yin" heißt sie im östlichen Bereich, als Begriff u. a. für die Erdenergie, die in ihren unterirdischen Wasser- und Kraftlinien des Erdmagnetfeldes durch die Kanäle der Erdkruste gleitet – eine Kraft, der auch die chinesische Kunst der Geomantie große Wirkung beimaß. Als Strömung des weiblichen Erdgeistes läßt sie die Erde ihre prophetischen Dämpfe aus Schluchten und Spalten aushauchen (vgl. Michell 1981, S. 19). Zu geophysikalischen Eigenschaften solcher Heiliger Stätten gibt Cristina *Perincioli* im folgenden 3. Abschnitt einige Hinweise.

Vielfältige Verbindungen bestehen zwischen altem westlichem und östlichem Gedankengut. Tanzte nicht Eurynome, und erzeugte dabei die große Schlange Ophion, mit der sie sich dann paarte? Auch nach östlichem Konzept kann durch Tanz und Musik die Kundalini-shakti, die „schlangengeringelte weibliche Energie" erweckt werden. Sie schläft zusammengerollt im untersten, dem Geschlechts-Chakra (Engergie-Zentrum). Sie ist die weibliche Energie in latenter Form, nicht nur in jedem Menschen, sondern in jedem Atom des Universums existierend. Männer und Frauen können Kundalini auch durch yogische Techniken wecken – die meisten lassen sie aber lieber schlafen (Literatur: Mukerjee 1982).

Spiralen an der Stelle von Brust und Schoß: Weibliche Tonfiguren aus Cirna (Westrumänien), ca. 14. - 12 Jh. v.u.Z.

Nabel, Geburt und Wiedergeburt, Schoß und Spirale verbinden sich in einem weiteren wichtigen Symbol: dem Labyrinth. Seit überhaupt Zeichen in Felsen und Steine geritzt wurden, sind Labyrinthe zahlreich darunter, auf der ganzen Welt verbreitet und erstaunlicherweise in immerselber Form (Abb. 16). Bei den matrilinearen Hopi-Indianer/innen heißt das Labyrinth „Tapuat", „Mutter und Kind". Dies Mutter-Erde-Symbol steht für den Lebensplan des Individuums, und die „doppelte Sicherheit" oder Wiedergeburt ist gewährleistet für diejenigen, die dem Plan folgen.

„Der quadratische Typ stellt die geistige Wiedergeburt von einer Welt zur nachfolgenden dar, wie sie durch den Aufstieg selbst symbolisiert wird. In dieser Zeichnung ist die gerade Linie, die aus dem Eingang herauskommt, nicht mit dem Labyrinth verbunden. Ihre beiden Enden bezeichnen die zwei Stufen des Lebens – das ungeborene Kind im Schoß der Mutter Erde und das Kind, nachdem es geboren ist. Die Linie selbst symbolisiert die Nabelschnur und den Pfad des Aufstiegs. Dreht man die Zeichnung so, daß diese Linie senkrecht steht, das freie Ende nach oben, dann sieht man, daß das untere Ende der Linie von einem u-förmigen Arm des Labyrinths umschlungen wird. Die inneren Linien stellen die Eihäute dar, die das Kind im Mutterschoß umhüllen und die äußeren Linien die Mutterarme, die es später halten." (Waters 1983, S. 39)

Labyrinth (Beispiel: Hopi)

Labyrinthe legte man/frau aber auch als Bauwerke im Freien an. In Europa heißen sie dann „Wurmlagen", „Babilonen" und „Troja-Burgen", und dienten als heidnische Kultstätten für wintersonnenwendliche kosmisch-symbolische Riten. „Jungfrautänze" hießen diese Orte in Finnland, und in Deutschland tanzte man an gewissen Feiertagen durch diese Steinkreise hindurch rituelle „Jekkentänze" und „Wendetänze". (Wirth 1979 (1931–36), Bd. III, S. 202ff. und 253. Bei Wirth auch eine ungeheure Materialfülle in Bild und Text).

3. Orte der Kraft, Plätze der Macht – geophysikalische Besonderheiten „heiliger" Stätten. (Exkurs, von Cristina Perincioli)

Bergspitzen, Quellen, Höhlen, Felsspalten sind Stätten mystischer Erfahrung und spielen in vielen Religionen eine zentrale Rolle. (Zur Erlangung von Visionen ziehen sich die Indianer traditionellerweise auf die ‚Black Hills' zurück, Moses erhielt die Gesetzestafeln auf dem Berg Sinai in einem Gewitter, sechs Berge sind mit dem spirituellen Leben Jesu verbunden etc.)

Ihnen gemeinsam ist der dort vorhandene erhöhte Ionengehalt der Luft (elektrisch geladene Teilchen = freie Elektronen und positiv geladene Moleküle), hervorgerufen durch elektrische Ströme in der Erde. Z. B. fließen 20% aller elektrischen Ströme der Erde auf die Berggipfel zu und so ist dort die Luft entsprechend stärker ionisiert: 4000 Ionen/cm^3, statt 400/cm^3 auf dem flachen Land und nur 10 Ionen/cm^3 in der Stadt.

Elektrische Ströme konzentrieren sich genauso an hohen Bauten, wie Kirchtürmen, Minaretten, Menhiren; dort findet ständig die Entladung zwischen den elektrischen Strömen der Erde und denen des Himmels statt. Bei erhöhter Spannung entladen sich bekanntlich dort die Blitze; wie auch in exponiert stehende Bäume, z.B. Eichen mit ihrem besonders kompakten, gut leitenden Holz.

Auf welche Weise diese elektrischen Ströme, die damit verbundenen Magnetfelder und ihre Impulse auf den menschlichen Körper und die Psyche einwirken, ist erst in Ansätzen erforscht worden.

Heute sind im Handel Ionen-Generatoren erhältlich, die die verpesstete Büro- und Stadtluft mit Ionen anreichern. Sie heben damit nachweislich die Konzentrationsfähigkeit am Arbeitsplatz; wie dies physiologisch zu erklären ist, weiß man noch nicht mit Sicherheit.

Die nichtleitende Brücke in einem Superleiter reagiert sehr sensibel auf Schwankungen des Geomagnetischen Feldes und zwar bis auf 10^{-11} Gauss genau; eine winzige Veränderung in Richtung und Stärke des Geomagnetischen Feldes ruft dabei gewaltige Stromdurchflußveränderungen hervor. Eine solche Superleitfähigkeit vermutet man auch in den Cholesterinmolekülen in den Nervenzellenmembranen. Ein Rutengänger reagiert nachweislich auf noch geringere Spannungsschwankungen von nur 10^{-12} Gauss (Dubrov 1978, S. 146).

M.A. Persinger untersuchte in einem Aufsatz, welche geophysikalischen Phänomene Träger sein könnten für paranormale Informationen wie Telepathie, Visionen, Vorauswissen.

Als eine Möglichkeit u. a. erwähnte er auch das Hochspannungsfeld, das in der Natur in Normalfall 115-140 V/m beträgt, in höheren Lagen aber entsprechend größer wird. Bei geomagnetischen Stürmen kann sich die Spannung auf 10.000 V/m erhöhen.

Solche atmosphärischen Spannungen bewirken Ströme im menschlichen Körper. Laborexperimente von Leduc, der elektrische Ströme im mikroamperebereich durch den Körper fließen ließ – zwischen Stirn und Hinterkopf oder zwischen Stirn und Beinen – bewirkten bei ihm und anderen Probanden traumähnliche Zustände und Erfahrungen ähnlich wie bei Drogen. Später zeigte sich, daß auch Ströme im Milliamperebereich noch effektiv sind.

(Lit.: Aleksander Dubrov, Geomagnetic Field an Life, New York 1978; Michael A. Persinger, „Geophysical Models for parapsychological Experiences“, in: Psychoenergetic Systems, Vol. 1, S. 63-74, 1975; Joan Price, in: Tod unterm kurzen Regenbogen, Hrsg. Stefan Dömpke, Berlin 1982)

4. *Am Anfang war das Ei – Symbol des Werdens und „magische Quelle des Lebens in der Frau und Göttin“*

Im eingangs zitierten pelasgischen Schöpfungsmythos tauchten Elemente auf, die als kosmogonische Ideen bis ins Paläolithikum zurückverfolgt werden können: Wasser, Wasservogel, Frau und Ei. Ich übersetze zusammenfassend einige Passagen aus Gimbutas 1974 (S. 101 ff. und 163 ff.):

„Als Urelement des Universums begriff man das Wasser. Abstrakte Malereien auf Cucuteni-Vasen enthüllen, wie man sich die Bildung der Welt und den Beginn des Lebens aus einem Ei vorstellte, in dem ein Keim lag. Das Ei ist in Wasser gehüllt, das durch parallele Linien symbolisiert wird. Das Symbol der Lebensenergie – die Schlange – windet sich durch oder um das kosmische Ei. Der Beginn des Lebens in einem Ei wird durch das Zusammenringeln von zwei Schlangen oder Rehkälbern verursacht. Diese Tiere befinden sich immer in Opposition, wodurch eine Spannung geschaffen wird. Es scheint, daß ein Kreuz oder ein X in einem Oval dieselbe Idee ausdrückt. Der Keim ist als Punkt oder Linse gezeichnet, manchmal durch Spiralen flankiert . . . Die Idee des Ur-Eis wird auch durch Plastiken ausgedrückt. Alte Mythologien – ägyptische, babylonische, hinduistische, griechische – bewahrten Mythen vom Universum als kosmisches Ei, aus dem die Götter erstehen, und das von einer kosmischen Schlange oder einem kosmischen Vogel geschaffen wurde. Daß ein kosmisches Ur-Ei von einem Wasser-Vogel gelegt wird, ist ein nahezu universeller Mythos zwischen Afrika und der arktischen Zone . . .

(An einer Fülle von Frauenfiguren des Neolithikums finden sich Eiformen an Hüften und Gesäß, plastisch herausgebildet oder aufgemalt, und zwar als *Doppel-Eier*:) Die beiden großen Eier oder Kreisformen an der Rückseite des Körpers der Großen Göttin repräsentieren ihr Potential, ihre Macht. Sie versinnbildlichen die Quelle der nachfolgenden Entfaltung und könnten deshalb *Symbole des Werdens* genannt werden.

Das Ei ist zu beobachten auf Vasen und Gefäßen, die wahrscheinlich mit dem Kult der Großen Göttin verbunden waren. Anthropomorphe – also menschen- bzw. frauenförmige – Gefäße weisen eiförmige Hüften, Schenkel und Gesäße auf. Deckel, Teller, Schalen und Krüge sind mit Ei-Motiven bemalt, oder sie sind dort eingeritzt . . .

Das Doppel-Ei-Symbol auf der Vorder- oder Rückseite von Ost-Balkan und Cucuteni-Figuren ist eines der am häufigsten gebrauchten Motive. Wenn man eine solche Figur durchschneidet, *findet man in ihr tatsächlich ein Doppel-Ei* (Abb. 17). Hier steht es wie-

Doppel-Eier im Bauch von weiblichen Figurinen, auch außen aufgezeichnet (Cucuteni, Sowjetunion, Ende 5. Jahrtausend v.u.Z.)

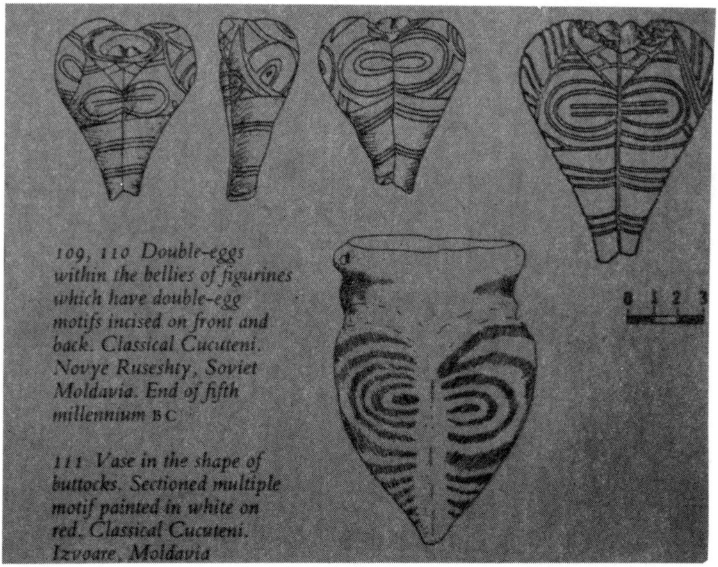

der für die universelle Lebensquelle, nicht für menschliche Foetusse. Zahllose frauenförmige Vasen tragen das Zwillings-Ei-Symbol. Geteilte, halbierte Eier gehören zum festen Motivschatz ornamentaler Vasen-Malerei. Das Zeichen des geteilen Doppel-Eies als ein Ideogramm (Sinnbild) der Großen Göttin erhielt sich bis in minoisch-mykenische Zeiten.

In der neolithischen Periode gab der Mythos von der Genesis aus dem kosmischen Ei Anlaß für die Entstehung wichtiger Serien von sogenannten 'steatopygen' weiblichen Figurinen. 'Steatopygie' bezeichnet einen exzessiven Fettansatz am Gesäß. Archäologen haben, nachdem im 19. Jahrhundert die ersten ethnologischen Berichte über dieses Phänomen bei den Hottentotten bekannt wurden, es fälschlich auf die Kunst und Ideenwelt des steinzeitlichen, Alten Europa übertragen. Die Mischbildung aus Frau und Vogel und kosmischem Ei stattet die neolithischen Figuren dagegen mit einer größeren Würde aus, mit der Würde des Übernatürlichen." (Vgl. auch Abb. 21)

Zwei Frauensilhouetten, in Umarmung. Aus Gönnersdorf bei Koblenz, ca. 11.000 v.u.Z.

Babies wurden in eiförmigen Pithoi beigesetzt (ibid., S. 159), Eier galten noch in der Antike als wichtige Grabbeigaben. Eier standen im Mittelpunkt bacchischer und orphischer Mysterien. Ei-Hüte setzte man bei der Freilassung den Sklaven auf, als Zeichen ihrer Wiedergeburt zu freiem Leben. Das antik-mythische Zwillingspaar der Dioskuren brach aus dem Leda-Nemesis-Ei hervor. Als Leichenspiele für gefallene Helden nahmen die Zirkusspiele ihren Anfang als symbolischer Umlauf der Wagen um das Ei: „In dem eiförmigen Zirkus stehen fünf, sieben oder zehn Holzsäulen, auf ihrer Spitze je ein Ei. Nach jeder Umkreisung der Meta, des Zielsteines, durch die rasenden Gespanne wird ein Ei von einer Säule entfernt. Es ist Anfang und Ende jeden Umlaufs . . ." (Eckstein-Diener o.J., S. 34/35; vgl. auch Rentmeister 1979b, S. 1294/1295; zahlreiche Beispiele für die Verbindung von Matriarchat und Ei-Symbolik bei Bachofen, in „Mutterrecht" und „Gräbersymbolik"; Neumann 1974 auch zur Ei-Symbolik in der Alchemie.) Eier spielen auch im christlichen Wiederauferstehungsritual zu Ostern heute noch eine Rolle, wenn auch in einer alten und tiefen, vor allem weiblichen Bedeutung nicht mehr bewußt. Bachofen schreibt, daß sich bereits in den Plutarchischen Tischgesprächen eine Untersuchung über die Frage findet, was älter sei: das Ei oder die Henne? Ich weiß nicht, was die antiken Männer auf diese taoistisch-verschmitzte Frage geantwortet haben. Ich antworte: beide sind weiblich – nur in verschiedenem Stadium. Also lautet die Lösung: im Anfang war das weibliche Prinzip.

5. *Exkurs: Die Steinzeit – eine Weltanschauung ohne männliche Symbolisationen?*

Um die Antwort gleich vorwegzunehmen: nein, nicht ganz – aber fast.

Schriften und Theorien von Archäologen und Paläontologen enthüllen, wie sich das phalluszentrische Denken immer und überall auf die Suche nach dem „männlichen Anteil" begibt, jenem Anteil an einer Kultur, mit dem sich der Forscher identifizieren kann und möchte. Was entdeckt er da im Paläolithikum? Die zahlreich gefundenen Statuetten sind grundsätzlich Frauen (Abb. 10, 11, 18); nur wenige Figuren können für Männer gehalten werden, und nicht selten zählt man darunter fälschlich Frauen des „gynandrischen Typus", stark schematisierte Figuren, wo auf zwei runden Brüsten ein langer kopfloser Hals sich aufrichtet.

Die eiszeitliche Höhlenmalerei wurde unter anderem von *Leroi-Gourhan* mit einem eigentlich ganz sympathisch-coolen, skeptisch-agnostisch angehauchten Verständnis untersucht (Leroi-Gourhan 1981). Er kritisiert die Phantasien, die auch Paläontologen zur Religion der Vorgeschichte entwickelt hätten. Aber dann begibt er sich selbst auf das Eis des Genus und entdeckt in der eiszeitlichen Höhlenmalerei zwar „keine Paarungsszenen von Tieren oder Menschen", aber doch eine Reihe von Zeichen, die er dem männlichen Geschlecht zuordnet. Demnach fiele alles ins Reich des Männlichen, was wie ein Zweig oder ein Tannenbaum aussieht . . . Grundsätzlich wollen aber Paläontologen den Pfeil

„Göttin" auf Tierthron, Catal Hüyük (Anatolien), ca. 5750 v.u.Z.

dem männlichen Geschlecht zuordnen: wo Männer schon nicht als „ganze Männer“ abgebildet werden, da sucht der Forscher Zuflucht bei ihrer Jagdtätigkeit, die er ganz selbstverständlich für überlebenswichtig und prestigeträchtig hält. Welche Rolle hat aber die Jagd bei der Ernährung der eiszeitlichen Menschen gespielt? Die Eiszeit war ja in den bewohnten Zonen nicht gar so kalt, wie man es sich gemeinhin vorstellt, und deshalb dürfte die pflanzliche Ernährung, je nach geographischer Region, doch eine nicht geringe Rolle gespielt haben (selbst Flechten sind zum Teil recht brauchbare Nahrungsmittel). Die Altsteinzeit gilt zwar ökonomisch als Epoche der „Jäger und Sammlerinnen“. Anthropologische Daten lassen aber die Rolle von Männern in den Gesellschaften gering veranschlagen, falls der Analogieschluß von heute auf damals nicht ganz fehlgeht. Margaret *Mead, Fester, Jonas, Pfeiffer* und andere sprechen sogar von einer erst im Laufe späterer Zeit „künstlich geschaffenen sozialen Rolle des Mannes“ (Fester 1979, Gould-Davis 1977, Jonas 1979, Fromm 1979). Von „sozialer Vaterschaft“, dem Horden- oder gar Kleinfamilien-Ernährer (vgl. Abb. 3) dürfte in der Vor-Geschichte ebensowenig die Rede gewesen sein wie bei den heutigen, sogenannten „primitiven Steinzeitmenschen“. Die Schulbuchweisheit übertreibt die Rolle des Jägers gewaltig; selbst bei Völkern, die nach diesem Beruf benannt werden, trägt die Jagdbeute maximal 20 Prozent der Nahrung bei; die Jäger der Kalahari z. B. verbringen durchschnittlich zwei Tage der Woche mit Jagen, den Rest mit Waffenherstellung, Putzen derselben, Ritualen und – Muße (Jonas 1979, S. 172). 80 Prozent der Nahrung (Proteine) werden durch die Sammeltätigkeit der Frauen der Jäger beigetragen, weshalb ihre Gesellschaften mit größerer Berechtigung „Sammlerinnen-Völker“ genannt werden sollten.

Was ist also mit dem Pfeil? Marie *König* interpretiert ihn als weibliches Todessymbol. Annette *Laming-Emperaire* geht noch weiter, und sieht im Pfeil ein weibliches Sexualsymbol, als eine Abwandlung der Dreiecksform der Vulva. (Im Neolithikum taucht der Pfeil auch als Zeichen für die weibliche Brust auf: vgl. Gimbutas 1974, Abb. 121/S. 139!)

Die Situation männlicher Abwesenheit wendet sich auch im Neolithikum nicht zum Besseren. Obwohl das diesbezügliche Hauptwerk von Marija *Gimbutas „Gods and Goddesses of Old Europe“* heißt, ist der Titel irreführend: von insgesamt 250 Seiten über Göttinnen und Frauen bringt es das Kapitel über den männlichen Typus des „Jahres-Gottes“ auf nichtmal zwanzig Seiten. Für das anatolische Catal Hüyük versucht der Ausgräber James *Mellaart*, aus der Abwesenheit männlicher Figuren das Beste zu machen:

„Aus der Liste der gefundenen Skulpturen geht hervor, daß die Statuen weiblicher Gottheiten bei weitem die Zahl der männlichen überwiegen, die außerdem nach Schicht VI überhaupt nicht mehr auftreten (also in den älteren Schichten, C. R.) . . .

Bei den Stuckreliefs erscheinen Göttinnen in anthropomorpher (menschenähnlicher) Gestalt und für das 'Männliche' stehen Stiere und Widder, *ausdrucksstärkere* Vertreter männlicher Fruchtbarkeit . . .“ (Mellaart 1967, S. 178 und 101, Hervorh. C.R., und Abb. 19).

Eine andere Art, bildhaft abwesende Männer doch ins Spiel zu bringen, ist, sie zu den Herstellern oder Trägern der Frauenbildnisse zu erklären. Zum Beispiel haben *Bosinski/Fischer* in Gönnersdorf hunderte von Ritzzeichnungen und Statuetten gefunden (Abb. 21), die allesamt Frauen wiedergeben. Einerseits geht ihnen aus der Betonung des weiblichen Elements „die große Bedeutung der Frau in der Gesellschaft hervor", und sie überlegen auch, „ob es sich bei der hier zusammenlebenden Gruppe um eine mutterrechtlich organisierte Sippe handelt"; aber die Gravierungen seien von Männerhand, und die Statuetten würden von Männern um den Hals getragen – so der Interpretationsvorschlag:

„Wenn weiter oben *rein gefühlsmäßig angenommen* wurde, *daß die Mädchen- und Frauengravierungen von Männern angefertigt wurden,* so möchte man hier in ganz ähnlicher Weise – wenn auch die Möglichkeit einer konkreten Begründung bislang nicht gegeben ist – *an den persönlichen Besitz einzelner Männer* denken. Dabei scheint es aber nicht so, als sei die Frau als Lustobjekt des Mannes gemeint . . ." (Bosinski/Fischer 1974, alle Zitate von S. 118/119, Hervorh. C.R.; der Ausgrabungsbericht heißt ja auch „Die *Menschen*darstellungen von Gönnersdorf . . .")

Ein letztes Beispiel dafür, wie sich Archäologen als „teilnehmende Beobachter" erweisen. Auch für die Kykladenkultur des 3. Jahrtausends v.u.Z. ergaben sich fast ausschließlich weibliche Figurenfunde (Abb. 20). Auch Gebrauchsgeräte sind mit weiblichen Symbolen geradezu übersät. Colin *Renfrew*, bedeutender Kykladenforscher, äußert sich über die Funde folgendermaßen: er spürt, „in der Kunst der Kykladen liegt etwas Frisches und Fesselndes", er sieht, wie hier die „ersten Schritte zur Schöpfung einer europäischen Kultur getan werden". Er schließt seine Ausführungen mit einem Gedicht Thomas *Carlyles,* das für ihn die „Kraft der Ursprünglichkeit" dieser Kultur ausdrückt, – und wahrscheinlich passieren alle die Frauengestalten dabei vor seinem geistigen Auge Revue, – oder nicht?

„Versetzt euch in die frühe Kindheit der Völker, das erste schöne Morgenlicht Europas, als alles noch in frischem jungem Glanz wie von einem großen Sonnenaufgang lag und als unser Europa erst zu denken, zu sein begann. Staunen, Hoffnung, unendliches Strahlen von Hoffnung und Staunen – wie in den Gedanken eines kleinen Kindes – *in den Herzen dieser starken Männer*!" (Renfrew in Thimme 1976, S. 30, Hervorh. C.R.)

Was bedeutet es, wenn das männliche Geschlecht nicht bildlich dargestellt, nicht symbolisiert wird?

„Die biologisch vorprogrammierten und mit allen Primaten gemeinsamen Bedürfnisse der Menschen, denen *durch die Symbolisation von Erfahrungen* aktueller Bedürfnisbefriedigung kulturell entsprochen wird, beschreibt *Welte* im Zusammenhang mit ethologischen Studien als *physiologischen Bedarf, Sicherheit, Zugehörigkeit, Aktivität und Kompetenz, Beachtung und Achtung.*" (Greverus 1978, S. 69)

Bezogen auf die Statuetten heißt das doch nichts anderes, als daß alle die genannten Bedürfnisse für Männer nicht befriedigt werden; Bedürfnisse, die ja bei den Frauen der Vorzeit offenbar vorhanden sind, und warum nicht auch bei den Männern, so sie nur zugelassen würden – dafür spricht auch der bei späteren, nachweisbaren Patriarchaten sogleich einsetzende und nicht geringe Drang der männlichen Hälfte, sich und ihre Werte zu symbolisieren. „Zurück zur Steinzeit" lautet ein heute oft benutzter Fluch, und damit meint man einen ganz fürchterlichen und erbärmlichen Kulturzustand. Als Frau in der Steinzeit zu leben – gelebt zu haben –, kann nach dem Zeugnis der Kunst jedenfalls so schlecht nicht gewesen sein.

6. *Berge und Wege, Bäume und Pfeiler, Quellen und Brunnen, Grotten und Grüfte der Großen Göttin: Plätze der Macht und Orte der Kraft*

Die grundlegende Aussage zu diesem Thema richtet sich gegen die alles-verschlingende freudianische und trivial-dualistische Auslegung der Symbolkultur: genitale Modi und symbolische Modalitäten stehen mitnichten in einem strukturellen Analogie-Verhältnis, wie es Eriksons Psychologie behauptet (Erikson 1979); demnach wäre jeder Turm ein phallisches, jede Umfriedung ein Gebärmutter-Symbol. Das trifft nicht zu für die vorgeschichtlichen, und auch nicht für lange Phasen der geschichtlichen Kulturen. Von Universalität kann keine Rede sein. Ich fasse nur kurz Argumente zusammen, von denen ich andernorts (Rentmeister 1980a) einige ausführlich begründet habe.

– Natürliche Berge gelten in der Vor- und Frühgeschichte als weiblich, und bei zahlreichen Völkern in ihrer indigenen (eingeborenen) Tradition noch bis heute. Oder sie gelten auch als Sitz von Berg- und Felsgöttinnen (Abb. 22). So sind die Himalaya-Gipfel den Sherpa nicht Gegenstand der Lust und des Ehrgeizes, sie zu „bezwingen" (was ja auch nur ein anderer Ausdruck für „gelungenes Hochklettern" ist); sie sind vielmehr tief verehrte Gottheiten, „göttliche Mütter". Was man zum „Mount Everest" umtaufte, ist bei den Sherpa eigentlich die dritte Schwester, die Mijul Langsangma, die „auf dem Gipfel thronende göttliche Mutter der Menschenplätze"; Gaurisankar oder Tseringma, wie sie die Sherpa nennen, ist ihre ältere Schwester, „die gute Mutter des langen Lebens". (nach Funke 1978, S. 7) Die halbvergessene europäische Tradition der „Frauenberge" hat Hermann *Wirth* (1972) in einer kleinen Schrift wieder aufleben lassen. Von hier führt wieder ein Weg zu den erwähnten drei Matronen, den drei Müttern; auf germanischem Boden wurden sie von römischen Besatzern ebenso verehrt, wie von den Landesbewohnern selbst. Als große Heilerinnen betreuen sie auch das Vieh, das bei Viehseuchen zu ihnen auf den Frauenberg getrieben wird. Ihr Symbol sind drei auf der Schneide stehende „Doppeläxte". Was aber nach dem 3. Jahrhundert u. Z. im Zuge der Christianisierung mit ihnen geschieht, wie aus den mächtigen „drei Müttern" die „drei frommen Fräulein" werden, wie das ehemalige heilige Land, die Gemeinerde um die Frauenberge (unter gewissem Zwang, nicht wahr?) ums „ewige Leben" der Kirche übereignet werden – das gehört in die lange Geschichte der weiblichen Verluste, die sich hinter frommen Ortsnamen wie St. Einbede, Warbede und Wilbede verbirgt . . .
– Säulen, Pfeiler und Menhire sind nicht zwangsläufig Phallus-Symbole. Wir

„Die Göttin auf einem Berg" und ein Mann, salutierend. Kretischer Siegelabdruck, 2. Hälfte 2. Jahrtsd. v.u.Z.

Menhire mit Brüsten: keine Phallussymbole . . . Sardienen (Tamuli-Macomer), 2. Jahrtsd. v.u.Z.

kennen Menhire mit Brüsten (Abb. 23). Die Symbolik vom „Kegel der Grossen Göttin“ und dem „Pfeiler der Großen Göttin“ ist archäologisch ausführlich und monografisch belegt (Ohnefalsch-Richter 1893, und Evans 1901 über die Verwandtschaft zwischen Baumkult und Pfeiler-Kult; dazu auch Rentmeister 1980a). Aus der langen Geschichte der Verbindung zwischen Göttinnen- und Baum/Pfeiler-Kult hat in ideologisch-verdrehter Form der paradiesische Apfelbaum bis heute einen gewissen schlechten Ruf. Bei genauerem Hinsehen zeichnet sich hinter diesem patriarchalen Ensemble von Baum, Frucht und wissend-verführerischer Eva der ältere, matriarchale Umriß ab: der Baum heißt Asherah, und die zugehörige Göttin, begleitet von ihrer Schlange, Ashtoreth. Die Asherah ist ein Feigenbaum, der neben dem Altar der Göttin wächst, und die Feige ein uraltes Symbol fürs weibliche Geschlecht. Der Kult der Asherah auf kanaanitischem Boden, wie auch der Schlange und der Göttin, wurde von den Hebräern aufs Schärfste bekämpft. Und so nebenbei zeigt sich daran, daß der biblische Apfel eigentlich eine Feige war, wie ja auch Adam und Eva, als sie ihre heidnische Nacktheit erkannten, logischerweise und ohne größere Umstände sich ein Feigenblatt vors Geschlecht hängten. (Zur Dechiffrierung des Mythos von Adam und Eva vgl. Stone 1976, S. 198 ff.)
Nur Andeutungen zu den Aspekten, über die viel zu berichten wäre: über Frauenmysterien und die Aufenthaltsorte von Feen und Nymphen an Quellen, in Grotten, Höhlen und Schreinen, in Heiligen Hainen und Wäldern, auf Felsen und unter Steinen – Zuschreibungen, die sich meist nur noch in den Ortsnamen erhielten; zu berichten und zu forschen wäre noch viel über Frauenfeste und Frauenrituale, von denen einige ganz unter Ausschluß von Männern und noch bis in die patriarchale Antike stattfanden – die griechischen Thesmophorien und das (als eigentlich lesbisches Ereignis geschilderte) römische Bona-Dea-Fest; neolithische Rituale hat Marija *Gimbutas* zu rekonstruieren versucht, anhand von rituellen Kostümen, Masken, Schreinen, – gefundenen Modellen und ausgegrabenen Anlagen –, und den damit verbundenen Objekten und Figurinen (Gimbutas 1974, S. 44-88); es gäbe zu berichten über Höhlenbewohner/innen (Troglodyten) und Kult- und Wohnstätten unter künstlich aufgeschichteten Hügeln (Tumuli, und z. B. dem berühmten Hypogäum von Hal Saflieni auf Malta); über Göttinnen der Wege (Helena) und des weiten Wanderns (Eurynome), wie sie meilenweit entfernt sind von unserer Art Straßen zu bauen und uns fortzubewegen (vgl. Abb. 52).

7. *Von Bäumen, Bienenstaat und Drohnenschlachten: die Pflanzen und Tiere der Frauen*

Ein symbiotisches Verhältnis haben seit der frühesten Vorgeschichte Frauen mit Pflanzen. Sie gelten als Erfinderinnen und Betreiberinnen von Garten- und Ackerbau, jenen Wirtschaftsweisen, die die neolithische Revolution mit charakterisieren; sie gelten als die ursprünglich Pflanzenkundigen, und sie machen sich deren magische und transformierende Kräfte zum Heilen und Giftmischen, aber auch zum Verhüten dienstbar (vgl. dazu Kap. 3.2.3.). In der frühen Kunst aller Völker werden Frauen und Göttinnen mit Ähren, Zweigen, Blüten und Früchten dargestellt, mit Apfel, Granatapfel, Feige, Olive, Mohnkapseln, und den zugehörigen Bäumen natürlich. (Vgl. dazu die Versammlung solcher Symbole in „reiner Frauengesellschaft" auf einem kretischen Siegel, Abb. 24). Die Göttin ist identisch mit dem Baum: mit seinen materiellen Produkten (Nest, Krippe, Wiege, Sarg) und mit seinen ideellen Bezügen (Himmelsbaum, Seelenbaum, Schicksalsbaum). An und in ihrem Baum scheiden sich auch „Gut" und „Böse", und sind doch untrennbar miteinander verbunden; es sind

Frauen unter sich, unter einem Bau, mit Hahnkapseln u.a. Pflanzen, im Himmel Doppelaxt und Schildgöttin schwebend: „Baumkult der Göttin" (Siegelabdruck; mykenisch)

„... Lebensbaum, Galgenbaum und Kreuz die doppeldeutigen Formen des mütterlichen Baumes ... Opfer und Leiden sind die Voraussetzungen der von der Baummutter gewährten Wandlung; dies Stirb- und Werde-Gesetz gehört zu den zentralen Weisheiten der Großen Göttin des Lebendigen, der Herrin jedes, auch jedes seelischen, Wachstums.

Die archetypische Symbolik des Baumes reicht ... weit in die mythische Welt des Christentums und des Judentums ... Dasselbe gilt für den im christlichen Mythos mit dem Lebens- und Todesbaum des Kreuzes identifizierten Baum der Erkenntnis. Nach diesem Mythos wurde das Kreuz auf der Stelle errichtet, an welcher der Baum der Erkenntnis gestanden hatte, und Christus als 'mystische Frucht' des Lebensbaumes der Erlösung ist an die Stelle der Frucht des Erkenntnisbaumes getreten, durch den die Sünde in die Welt gekommen war." (Neumann 1974, S. 240; bei Neumann je ein Kapitel über die Herrin der Pflanzen und die Herrin der Tiere).

Die „Sünde“ und das „Böse“, daran sei noch einmal erinnert, war der mutterrechtliche Kultus der Großen Göttin und ihres Asherah-Baumes.

Wo in der gynozentrischen Welt alles dermaßen belebt, be-geistert und animistisch ist, da begegnen wir natürlich auch theriomorphen (tiergestaltigen) Frauen und Göttinnen. Sie erscheinen selbst als Tiere, als Hybridformen, halb Tier, halb Frau, mit Tiermasken und Tierkostüm, mit Flügeln und Federn nicht nur auf dem Hut, und in Begleitung ganzer Tierscharen, zahmer und wilder Arten. Es sind bestimmte und rund um die Welt immer dieselben Tiere: Tauben und Gänse, Löwinnen und Löwen, Ziegen, Wölfinnen und Wölfe, Hunde, Schweine, Schlangen, Fische, Kröten und Schildkröten, Kühe und Stiere, Vögel aller Art und Insekten, vor allem die Bienen. Wo Frauen und Göttinnen von männlichen Tieren begleitet werden, stehen diese in untergeordnetem Verhältnis, oder sie gehören auch unter die prädestinierten Opfertiere, wie der Stier. (Zum Typus der Herrin der Tiere vgl. Kap. 13 bei Neumann 1974.)

Zur Erhaltung der Arten sollen Frauen auch Totem und Tabu eingeführt haben, unter anderem auf das Töten von weiblichen Tieren und auf Fleischnahrung (dazu Reed 1975, S. 34ff.). Einige Tiere ordnet Marija *Gimbutas* unter die „Symbole des Werdens“: unter diesem Aspekt sind Mond-Hörner und Stier-Hörner nicht nur formal verwandt; und aus Bukranien (Nachbildungen von abgetrennten Ochsenschädeln) und rituellen Hörnern steigen dann Schmetterlinge auf, ein oft gebrauchtes Motiv in der minoischen Symbolkultur. In allen Stadien, als Raupe, Puppe und vollendete Imago, taucht auch allgemein in der neolithischen Kunst dieses Symbol der Transformation auf. Wir hatten uns daran gewöhnt, diese Doppelflügel–Formen als Vorläuferinnen der amazonischen Doppelaxt anzusehen (vgl. Abb. 25). Aber *Gimbutas* leitet ihre Form aus der

Insekten-Puppe aus einem Kammergrab in Mykene und Siegelabdruck einer Göttin mit Schmetterlingsflügeln, Zakro (Kreta)

Ikonografie der Schmetterlingsgöttin ab (Gimbutas 1974, S. 186 ff. und S. 197). Damit wäre allen Überlegungen nach dem materiellen Ursprung dieses Symbols, – Instrument zum Holzfällen, Streitaxt, Instrument zum rituellen Töten des Jahreskönigs –, der Wind aus den Segeln genommen. Was nicht eine spätere, patriarchale Ikonotropie (Wandel des Bildinhaltes) ausschlösse, die dann die Doppelaxt als die typisch amazonische Bewaffnung hinstellt.

Der Schlangen werde ich im folgenden siebten Abschnitt über Prophetinnen noch einmal gedenken, und zwar nicht um ihres Symbolwertes willen, sondern wegen ihrer praktischen Funktion im Orakelwesen. In christlichen Zeiten und Kulturen nicht ganz so in Verruf geraten ist die Schildkröte, die, wo immer sie sich über Land und zu Wasser bewegt, zum Symbol des Universums genommen wurde. Eine der großen Selbsterzeugerinnen der Tierwelt, pflanzt sie sich parthenogenetisch durch „innere Befruchtung" fort. Bei *Gimbutas* findet sich eine Übersicht über (die Göttin in den Gestalten von) Kröten und Schildkröten, wobei diese das ganze Spektrum zwischen rein zoomorphen und gynomorphen Darstellungen erfüllen. In der vor-indoeuropäischen Ideenwelt lassen sie sich mit Geburt, Schwangerschaft und Uterus in Verbindung bringen. In der indoeuropäischen, also patriarchalen Vorstellung liegt dann die Betonung eher auf ihr als Todessymbol, auf Kröten vor allem als nächtlichen und geheimnisvollen Kreaturen, die, besonders in den Händen von Hexen, verzaubern und mit Krankheiten schlagen können. Aber auch der Glaube an ihre heilenden und positiven Kräfte hat sich von der Vorgeschichte bis in die Neuzeit erhalten; viele Exemplare, in Terrakotta, Bronze und Elfenbein fanden sich in antiken Gräbern und Heiligtümern; und aus Silber, Eisen und Wachs werden sie bis heute noch als Votivgaben an die Jungfrau Maria dargebracht – in Kirchen in Bayern, Österreich, Ungarn, Jugoslawien ... (Gimbutas 1974, S. 177).

Vom Typus der potnia theron, der Herrin der Tiere, steht die *Bienengöttin* sicher für den ganz realen Bienenstaat – für jenes Gebilde also, in dem man schon immer *die* Parabel auf das soziale und materielle Leben im Matriarchat, unter Frauenägide gesehen hat. Die Zoologie rechnet die Bienen bekanntlich unter die „staatenbildenden Insekten": ein „starres Verhalten" hätten sie, dafür aber die komplexesten Formen tierischer Kommunikation; und immerhin brachten sie es auf über 200 Millionen Jahre ununterbrochener Existenz auf diesem Planeten – verglichen mit den zwei, drei oder vier Millionen Jahren der menschenartigen Lebewesen. Kein Wunder, daß antike Denker den Bienenstock als Beispiel einer idealen Republik studierten. Ranke-Graves vermutet für den mediterranen Raum eine Tradition der Stammes-Anbetung der Bienen-Gottheit, von der auch der Mythos des Goldenen Zeitalters herstammen soll, „wo der Honig von den Bäumen tropfte". Jedoch soll die Grausamkeit ihrer Herrschaft zu Hesiods Zeiten bereits vergessen gewesen sein (Ranke-Graves 1960, Bd. 1, S. 25, 30 und 60). Was für eine Grausamkeit? Es geht wohl um die Rolle der Drohnen: aus einem Weibchen, der Königin und „Gründerbiene", entspringt der Stock, mit bis zu 50.000 weiblichen, unfruchtbaren Arbeiterinnen, und einigen hundert männlichen Drohnen, die im Frühjahr schlüpfen. Eine von ihnen begattet im Herbst die Königin, und wird dann von ihr umgebracht. Die übrigen Drohnen werden im Herbst, in der „Drohnenschlacht", ebenfalls umgebracht und vertrieben. Tatsächlich bieten sich in Mythologie und irdischen Verhältnissen Analogien: zum Beispiel zu der „Heiligen Hochzeit" (hieros gamos), die in spätmatriarchalen Gesellschaften, wie der minoischen, einen männlichen Partner an die Seite der Muttergöttin, beziehungsweise der sie vertretenden Priesterin rücken läßt (vgl. Göttner-Abendroth 1980). In der neolithischen Periode existiert ein solcher Begleiter („Heros") nicht; im mittel- und spätminoischen Kult auf Kreta scheint er mit dem Stier identifiziert worden zu sein (Thomson 1974, S. 206 f.). Die Ähnlichkeit mit dem Drohnenschicksal liegt nun darin, daß dieser Partner im Frühjahr initiiert wird, sich später mit der Priesterin rituell begattet, im Herbst geopfert und im Winter ein neuer Partner auserwählt wird – der ganze Vorgang als Nachvollzug, als magische Analogiehandlung zum Jahreszeitenzyklus; im esoterischen Sinn auch als Beschwörung von Tod und Wiedergeburt, wobei eben einem männlichen Wesen die Rolle des vergänglichen und aus dem Schoß einer Mutter/der Natur wiederkehrenden Lebewesens zufällt. Ob nun solche rituellen Tötungen auch als Grausamkeit empfunden, oder ob sie aufgrund von tiefverankerten Überzeugungen wie eine Art Heldentod akzeptiert wurden, als Sterben für etwas Höheres, weiß ich nicht zu sagen. Andere Maßstäbe müssen in jedem Fall gegolten haben, worauf zum Beispiel

„Herrin der Tiere", Böotische Amphora, 7. Jh. v.u.Z.

der weitgeübte Brauch der ekstatischen Selbst-Entmannung von Priestern hindeutet – so handelten auch die Priester der Kybele, die als Königin-Biene angebeten wurde.

Viele Namen von Orten und Frauen stehen mit Bienen im Zusammenhang, im griechischen Sprachbereich also mit dem Wort „melissa“: melissai hießen die praehellenischen Mysten (Kultanhängerinnen) der Artemis von Ephesos; Persephone hieß melitodes; die Prophetin des delphischen Orakels hieß melissa delphys – delphische Biene (vgl. dazu Pestalozza 1965, S. 36f.). Seelen, in der Gestalt von Bienen, stehen wieder auf aus getöteten Stieren – deshalb auch die zahlreichen Bilder von Schmetterlingen und Bienen im Zusammenhang mit Stierhörnern (Abb. 26). Bienendarstellungen aller Art, als Talisman, Fries, Vasenmalerei, Siegelzeichnung, kennen wir ebenso wie den Honig als Opfergabe und hochgelobtes Heilmittel bei den Alten (Gimbutas 1974, S. 181ff.).

Zum Schluß sei noch eine berühmte vorgeschichtliche „Fraueninsel“ genannt, deren Name sich von „melissa“ ableitet, und das vielleicht mit der größten Berechtigung: Malta, mit ihren Frauen/Göttinnen-Bildern und den exquisiten Bauten eine im dritten Jahrtausend v. u. Z. blühende Kulturstätte.

8. „Die Frau ist Schamanin von Natur“: über Ahnenkult, Haus-Frauen als Priesterinnen, Schamaninnen, Prophetinnen, Heilerinnen und das Verhältnis von Theologien und Volksglauben

Der römische Geschichtsschreiber Tacitus bescheinigte den germanischen Frauen „sanctum aliquid et providum“: „etwas Heiliges und Vorausschauendes“. Der schwedische Sibirienforscher Stadling untersuchte die paläo-asiatischen Völkerschaften der Tundra und meinte: *„Eine Frau ist Schamanin von Natur und bedarf dazu keiner besonderen Vorbereitung.“* (beide Zitate nach Mühlmann 1981, S. 19 und 28) Wie sollen wir das verstehen? Braucht es nicht die komplizierten Lehren des Don Juan, und mindestens tausend und eine Nacht, mit Seth im Gespräch verbracht? Und handelt nicht Eliades berühmtes Werk über „Schamanismus und archaische Ekstasetechnik“ über 500 Seiten von männlichen Schamanen, während ihm deren „weibliche Schutzgeister“ davon gerade zwei Seiten abnötigen?

Die Kulturgeschichte zeigt, daß und wie über Jahrtausende Frauen als prädestinierte Schamaninnen, Priesterinnen, Prophetinnen und Heilerinnen agieren – alles Berufe und Berufungen, deren Tätigkeitsbereiche und Fähigkeiten ineinander übergehen. Wie bei den Khasi beschrieben (vgl. Kap. 2.1.4.), finden wir ursprünglich wohl bei allen Völkern der Welt die Totenrituale und den Ahnenkult, aber auch all-tägliche magische Handlungen im Aufgabenbereich der Frauen. Unter Umständen stehen ihnen männliche Ministranten zur Seite. Es handelt sich um sippengebundene Kulte; die sakralen Funktionen sind erblich und finden ja auch meist auf dem Territorium der Sippe, im Haus oder innerhalb eines Dorfes statt. Darum würde ich auch keineswegs alle ausgegrabenen Frauenfiguren sofort als „Göttinnen“ titulieren, wie auch ihre Verehrer/innen

Priesterin am Altar. Aus Hagia Triada, Kreta ca. 1400 v.u.Z. (Detail von einem Sarkophag)

erst später einen Priester/innen-Status von professionellen Gottesdienstlern, Propheten und Glaubenslehrer/innen abtrennen und installieren. Die „Priesterin“ ist eher mit der Haus-Frau identisch. Für eine – zum Beispiel im Neolithikum – geringe Neigung zur Ausgrenzung von magischen Sphären, wie dem Toten- und Ahnenkult, spricht die verbreitete Sitte, Tote unter dem Fußboden des Hauses beizusetzen. Und auch James *Mellaart*, der Ausgräber des neolithischen Ortes Catal Hüyük in Anatolien, dürfte sich eigentlich gar nicht wundern, daß jedes zweite Haus reich und symbolträchtig ausgestattet ist, als „Schrein“: die gesamte neusteinzeitliche Symbolkultur spricht mir für eine Symbiose von Ritual und Leben, von Kunst, Magie und Alltag. (Es gibt aber auch Gesellschaften, die fast völlig ohne Rituale durchs Leben gehen: so Douglas 1981.) Mittelpunkt einer jeden solchen „Haus-Kapelle“ sind der Herd und das Herd-Feuer, der spätere Altar. Herd (Altar) und Feuer sind Ort und Medium der Transformation (Abb. 27). Noch bei den patriarchalen Griechen wird Hestia, die Göttin des Herdes, hoch verehrt:

„In jedem Haus in jeder Stadt schützt sie die um Obdach Bittenden. Sie erfreut sich allgemeiner Verehrung, nicht nur, weil sie als die mildeste, die gerechteste und wohltätigste aller Olympier gilt, sondern weil sie auch die *Kunst des Hausbauens erfunden* hat. *Ihr Feuer ist heilig* ... Im Zentrum des griechischen Lebens stand der häusliche Herd, der gleichzeitig Opferaltar war. Hestia als Göttin des Herdes bürgte für die persönliche Sicherheit, das persönliche Glück und die heilige Pflicht der Gastfreundschaft.

Das archaische, weiße, ungestalte Bildnis der Großen Göttin, das im ganzen östlichen Mittelmeer bekannt war, scheint das vergöttlichte Abbild der häuslichen Feuerstelle gewesen zu sein: ein Haufen Holzkohle, durch eine Decke weißer Asche glühend gehalten. Die Glut so zu bewahren, war in frühen Zeiten das bequemste und einfachste Mittel der Heizung; es entstanden weder Rauch noch Flamme; hier war das natürliche Zentrum der Familien- und Sippenzusammenkünfte. Bei Verwendung unter freiem Himmel wurde – wie in Delphi – das Feuer in einem Kalksteinofen angelegt. Hieraus entstand der Omphalos oder Nabelstein ... er trägt den Namen der Mutter Erde ...“ (Ranke-Graves 1960, S. 63/64, Hervorh. C.R.)

Mit denselben Ideen verbunden, war noch im antiken Rom das Hüten des Heiligen Feuers wichtigste Aufgabe der vestalischen Priesterinnen, das Hüten „... auf dem 'ewigen öffentlichen Herd', in dem das Wohl des ganzen Volkes und Staates verkörpert war. 'Wie das Haus so ist der Staat ein Heim; in diesem Heim aber ist der Sitz alles Lebens der Herd'. Darum wurde nach Augustins Worten bei den Römern nichts heiliger gehalten als der Tempel der Vesta.“ (Heiler 1976, S. 36; dort ein längerer Abschnitt über die Vestalinnen, S. 32ff.; zur Architektur des Vesta-Heiligtums vgl. auch Rentmeister 1979b.) Aber unter griechischen wie auch römischen Verhältnissen geht die Funktion dieser Herd- und Feuer-Priesterinnen ins Allegorische, weil Haus und Herd nicht mehr auch real ein Ort weiblicher Macht, sondern weiblichen Ausschlusses sind.

Die Hausfrau ist Schamanin „von Haus aus“, durch Vererbung. Daneben und meist auch gleichzeitig existiert die „professionelle Schamanin“, die eine „Berufung“ erfährt. Diese Doppelrolle findet sich bei vielen Völkern – hier das Beispiel von Korea:

„Korea hat eine althergebrachte Tradition, wahrscheinlich bis in prähistorische Zeiten zurückreichend, nach der Frauen in der religiösen Funktion der *mudang*, der Schamanin, dienen. Man findet zwei verschiedene Typen von mudang in Korea. Die erste ist eine Art Familien-Priesterin, deren Amt gewöhnlich ererbt wird. Die zweite könnte man 'professionelle Schamanin' nennen, deren Dienste durch alle in Anspruch genommen werden können, die bereit sind, eine Gebühr zu zahlen. Anders als die Familien-Priesterinnen, übernehmen diese professionellen Schamaninnen ihre Rolle durch die individuelle Erfahrung von Geister-Besessenheit und anschließende Initiations-Riten, die durch qualifizierte professionelle Schamaninnen durchgeführt werden. Die professionellen Schamaninnen können sich in Trance-Zustände begeben, die sie dann benutzen, um für ihre Klienten eine Reihe von Diensten zu leisten. Obwohl einige professionelle Schamanen Männer sind, besteht die überwältigende Mehrheit aus Frauen." (Youngsook Kim Harvey 1980, S. 41/42; Übers. C. R.)

Hier kommt nebenbei zum Ausdruck, daß Frauen doch eine Lehrzeit und Initiation brauchen, was auch auf Schamaninnen anderer Kulturen zutrifft. Aber sie treten ja auch selbst als Lehrerinnen auf, als Initiierende, sowohl in reinen Frauenkulten und Geheimbünden (Mühlmann 1955), wie auch als Geleiterinnen und Zielgestalten männlicher Passagenriten, Himmels- und Höllenfahrten. (Zu den eleusinischen Mysterien vgl. Kerenyi 1962; zu Schamaninnen und Frauen in rituellen und symbolischen Rollen s. a. Hoch-Smith 1978, Falk/Gross 1980 und Heiler 1977, für historisches und zeitgenössisches Material.) Frauen kochen Männer im wahrsten Sinne um, verhelfen ihnen damit zu Wandlung, Reinigung und Erneuerung. Pelops wurde im heiligen Kessel gekocht, und gelangte dann durch die Schicksalsgöttin Klotho oder die Muttergöttin Rhea zur Erneuerung; auch Dionysos wurde erst nach seiner Umkochung in einem magischen Wandlungskessel „ganz und vollständig" (nach Neumann 1974, S. 272/273). Da begegnen wir also wieder dem Feuer, dem Herd, und dem magischen Kessel/Gefäß, zunächst in der Obhut von Priesterinnen und Göttinnen, später dann und bis auf den heutigen Tag als „Hexenkessel" gefürchtet und in Verruf gebracht. Frauen und Göttinnen begleiten aber nicht nur individuelle und symbolische, noch dazu absichtlich und kunstvoll herbeigeführte Passagenerlebnisse; sie symbolisieren oft auch große historische und naturgeschichtliche Kataklysmen und Katastrophen, und drücken das in ihren dualen Aspekten aus: indem sie in sich Schöpferin und Zerstörerin, eine dunkle und lichte, eine weiße und schwarze Gestalt vereinigen. Im Tantrismus ist es Kali, die „Große Mutter" (Abb. 28):

„In ihrem schrecklichen Aspekt ist sie schwarz, nackt, 'nur in Raum gekleidet', mit einem Schädelkranz um den Hals, der als Trophäenkranz überwundener Feinde gedeutet wird. Es gibt aber noch eine esoterische Deutung dieses Kranzes. Danach versinnbildlicht der Kranz mit seinen Schädeln die fünfzig (oder 51) Buchstaben, die als Sprache 'tönen'. Der erste allgemeine Ton ist die heilige Silbe *om*, 'die Welt als Ton', d. h. die Bewegung des kreativen Beginns aller besonderen weiteren Töne als der kommenden Dinge ..." (Mühlmann 1981, S. 125)

Ganz ähnliche Potenzen verkörpern im westlichen Bereich die untereinander identischen Göttinnen Hathor/Hekate/Artemis, Heilerinnen und Zerstörerinnen zugleich, Mond- und Sternengöttinnen, die die Ordnung im All aufrechterhal-

Kali. Zeichnung einer Frau aus Mithila, Nordindien, um 1975

Maria als „rosa mystica" und „apokalyptisches Weib". Sie hat den Mond unter den Füßen, tritt auf die Schlange und trägt eine Krone auf dem langfallenden Haar. Osnabrück, um 1525

König Aigeus vor der Orakelgöttin Themis. Von einer Trinkschale des Kodros-Malers, 440/430 v.u.Z.

Mohngöttin. „Das Idol ist von drei Schlafmohnkapseln gekrönt. Anscheinend wurde Opium in den Riten der Göttin verwendet." (Hawkes)
Gazi/Kreta, 1400-1200 v. u. Z.

ten, aber auch mit schrecklichen Sintfluten die Menschheit bedrohen können. Die christlichen Typen der „Madonna auf der Mondsichel" und der „schwarzen Madonnen" bewahren noch bis heute einen Schimmer der alten astralen und chthonischen, der schwarz-weißen Göttinnen (Abb. 29).

Zwischen den Polen von Tod und Leben üben auch Zauberinnen und Heilerinnen, oft in Personalunion, ihre machtvolle Kunst aus. Entwickelt hatten sie diese im Zusammenhang mit ihren Tätigkeiten als Pflanzenkundige, als Sammlerinnen, Acker- und Gartenbäuerinnen und erste Brauerinnen von berauschenden Getränken (Abb. 30 und 31).

„Die Kräutermagie fällt überall in den Zuständigkeitsbereich der Frauen. In ihrem Forschungsbericht über die Valenge schreibt Fräulein Earthy: 'Nahezu alle Bäume und Pflanzen haben magische Bedeutung. Wenn die Frauen mich botanische Proben sammeln sahen, war ihre Neugierde sogleich erregt, . . . da sie im Geiste immer eine Verbindung zwischen Pflanzen und Rezepten für magische oder medizinische Zwecke herzustellen gewohnt sind' " (Thomson 1974, S. 171, aus dem Kapitel über „Kräutermagie")

„Im alten Griechenland erscheint Medea als Typus der zauber- und pflanzenkundigen Frau. Homer preist Agamede, 'die so viele Heilmittel kannte, als die weite Erde hervorbringt'. Ganz ähnlich heißt es in Gottfrieds Tristan:

Isot, diu künegin von Irlande,
diu erkennet maneger hande
wurze und aller krute kraft
und arzatliche meisterschaft.

In der slavischen Welt verkörpert die russische Dorf-znacharka, das heißt die 'Wissende', den Typus der weisen Zauberin und Heilerin." (Heiler 1977, S. 10)

In antiker Zeit sprachen Ärztinnen und Ärzte vor dem Brauen einer Medizin Gebete an die Große Göttin:

„Heilige Göttin Erde, Gebärerin aller Naturwesen,
die Du alles erzeugst und täglich fortpflanzt,
Du allein gewährst den Völkern Schutz . . .
Die Pflanzen, die Deine Majestät erzeugt,
schenke allen Völkern um ihrer Rettung willen;
überlasse mir diese Deine Medizin.
Sie gelange zu mir mit all Deiner Heilsmacht.
Was auch immer ich daraus herstelle, es möge gut anschlagen . . ."
(nach Zotter 1980, S. 35)

Damals wie heute konnte natürlich auch das Wissen der weißen Magie (und der Magiere in Weiß) in schwarze Magie umschlagen, wie ja auch der Grat zwischen Heilmittel und Gift schmal ist, zwischen Gebrauch und Mißbrauch. Evelyn *Reed* weist darauf hin, daß den Kenntnissen der Medizinfrauen (-und Männer) bis zur Entdeckung der Sulfonamide und Antibiotika nichts hinzugefügt worden ist.

Nach jüngsten Erkenntnissen ist es vom Rauschmittel zum Verhütungsmittel nur ein kleiner Schritt, oder gar keiner: *Marihuana* wirkt nach neuen medizinischen und pharmazeutischen Untersuchungen empfängnisverhindernd. In Tierversuchen an Rhesusaffen stellt man fest, daß es nach Cannabiol-Injektionen nicht mehr zum Freisetzen von Eizellen kommt, daß die Ovulation mithin

Sadebaum oder Stinkwacholder, seit dem Altertum als wirksames Abtreibungsmittel bekannt

vollständig unterbleibt (nach „Frankfurter Rundschau", 28.5.1983; dort wird nicht gesagt, in welchen Mengen das Marihuana eingenommen werden muß, oder mit welcher Regelmäßigkeit; jedenfalls zieht man Cannabiol als neuen Wirkstoff in der unschädlichen Empfängnisverhütung in Betracht.).

Es spricht viel dafür, daß solche Nebenwirkungen von Rauschmitteln bekannt waren und ausgenutzt wurden. Erst heute wird wieder mehr geforscht und bekannt über das umfassende und spezialisierte Verhütungswissen von Frauen; es wird dabei auch deutlich, wie aus bevölkerungspolitischem Kalkül die dazu verwendeten Pflanzen mit Stumpf und Stiel ausgerottet wurden (Abb. 32; vgl. dazu auch Duden 1980, S. 115ff., das Kapitel über „die heimlichen Medikamente"). Von hier stellt sich auch die historische Verbindungslinie zu den Hexen und Hebammen des Mittelalters und ihrer Verfolgung her (zu dem Themenkomplex vgl. Kapitel 3.2.1., 3.2.4. und 3.5.2.). Über die Verhütungskünste wissen wir trotz dieser Verfolgungen jetzt wieder erstaunlich viel. Denn wir müssen zusätzlich bedenken, daß Vorgänge um die Fortpflanzung herum geheimen und religiösen Charakter trugen; sie waren Bestandteil weiblicher Macht, Selbst-Bestimmung und Autorität. Das Wissen wurde „in weiblicher Linie vererbt":

„Anfangs, in der Blüte der matriarchalen Epoche, stand das Kollektivdasein der Gruppe im Vordergrund, und die Individualitäten waren ebensowenig entwickelt wie individuelle Beziehungen zwischen Frauen und Männern. In dieser Zeit war der Inhalt der Frauenmysterien überwiegend das auf die Allgemeinheit bezogene Fruchtbarkeitsritual. Dazu kam später die Tradierung der Urmysterien, der Kulte, die, wie wir wissen, von den Frauen als Geheimnis bewahrt wurden. Zu diesen Geheimnissen der Fraueneinweihungen traten später Lehren über den Geschlechtsverkehr, über die Konzeptionsverhütung und schließlich der Liebeszauber." (Neumann 1974, S. 275)

Folgerichtig werden diese Geheimnisse den Frauen entrissen, wann immer Vaterrechtler nach der Macht greifen (vgl. Kap. 3.5.2.). In den Zauberinnen und Heilerinnen sind Frauen zugleich auch als Urheberinnen des Gesanges und von Instrumentalmusik überliefert: als Hebammen sangen sie im Rhythmus der Wehen, um die Geburt zu erleichtern; als Trauerfrau, bei den Russen „voplenica", „die Schluchzende" genannt, hielten sie mit der Totenklage Unheil von den Lebenden fern und erleichterten die Wiedergeburt der Toten (nach Heiler 1977, S. 11).

An den so außerordentlich zahlreich überlieferten Frauen als Seherinnen, Wissende, Weissagende, Prophetinnen und Sibyllen finde ich interessant, daß sie nicht nur als „Kommentatorinnen" galten, sondern mindestens jene Macht ausübten, die man auch heute, im „Zeitalter der Medienkommunikation", nicht ohne einen Ruch von Magie, eben diesen „Medien" zuschreibt. Denn die Weissagungskraft der Frauen galt „ . . . nicht nur als Vorherankündigung, sondern zugleich als ein Bewirken der Zukunft durch die zauberhafte Macht des Wortes, das die Kraft der Realisierung in sich selber trägt" (Heiler 1977, S. 11; vgl. auch Wolf 1983). An dem magischen Glauben an die Kraft von Wort und Bild hat sich bis heute nichts geändert, und große und kleine Kommunikatoren wenden sie für weiße und schwarze Magie an. – Die Schlangen der Prophetinnen will ich hier noch kurz erwähnen, nicht um ihres Symbolwertes willen, sondern wegen ihrer praktischen Funktion im Orakelwesen. Warum werden Göttinnen, Prophetinnen und Seherinnen so oft in ihrer Gegenwart dargestellt? Schlangen wurden nachweislich in den Tempeln der Göttinnen, an Orakelschreinen und Prophezeihungsinstituten in Käfigen leibhaftig gehalten. Kassandra erhielt die Seherinnen-Gabe angeblich, während sie als Kind am Schrein von Delphi übernachtete, und die heiligen Schlangen dort ihr die Ohren leckten; diese Art der Initiation wird auch von mehreren männlichen Propheten behauptet. Im vorrömischen Britannien glaubte man, durch das Trinken von Schlangensud übernatürliche Kräfte zu erlangen. Bei den Sioux bezeichnete man „Weise" und „Schlange" mit demselben Ausdruck (wakan) – und so weiter. Merlin Stone (1974, S. 211ff.) stellte einige dieser Phänomene zusammen und findet eine Erklärung in den Ergebnissen von modernen naturwissenschaftlichen Experimenten. Dabei hatten sich Forscher, nach einer Immunisierung, also Injektionen von Schlangenserum, beißen lassen; dadurch gerieten sie in einen gefühlsmäßigen und geistigen Zustand, der dem durch halluzinogene Drogen induzierten Zustand vergleichbar war, sie hatten Visionen und Gesichte. Daraus folgerte man, daß die chemische Zusammensetzung mancher Schlangengifte bei einer Person, besonders wenn sie sich in einem erwartungsvoll-bereiten Zustand befindet, ähnliche bewußtseinserweiternde Wirkungen hervorrufen kann wie

Mescalin, Psilocybin oder sonstige aus Pilzen und Pflanzen gewonnene Rauschmittel (Abb. 30 und 31). So wurde also vielleicht auch von den Prophetinnen jener Zustand zwischen Verwirrung und Erleuchtung, Wissen und Wahnsinn durch Schlangengift und Schlangenbisse mit erzeugt.

Wie es auch Nancy Falk und Rita Gross in ihrem Buchtitel ausdrücken, fällt am religiösen Leben der Frauen auf, daß es sich oft in „unspoken worlds" abspielt: in unausgesprochenen und von der Forschung nur wenig ausgeleuchteten Welten. Wie für China beschrieben, hat in vielen Kulturen „die ekstatisch-enthusiastische Begabung der Schamanin sich schöpferisch auf dem Gebiete des Tanzes, der Musik, des Gesanges, der inspirierten Rede und der prophetischen Dichtung" ausgewirkt, und so „ . . . der Geisteskultur verborgene Ströme der Inspiration zugleitet" (Heiler 1977, S. 13). Daß uns diese Einflüsse bis heute verborgen sind, hat viele Gründe. Ethnologen machen nicht selten die Erfahrung, daß Frauen zumindest ihnen als Männern gegenüber bei weitem nicht so mitteilsam sind wie die Männer; die bewußte Geheimhaltung von Wissen und magischen Riten hatte ich erwähnt; und immer wieder läßt sich der Verdrängungsprozeß dieser weiblichen Kulturleistungen nachzeichnen. Erst recht im Untergrund wirkt dann in Europa weibliches Wissen unter der Decke der neuen christlichen Religion. Aus Holden werden Unholde, aus Heilerinnen Hexen. Die Theologie formt eine männlich-mächtige Oberwelt – aber in der Illegalität, in der Unterwelt des sogenannten Volks- und Aberglaubens wirkten die Frauen weiter, und hielten an ihren alten ärztlichen, priesterlichen und seherischen Funktionen fest (ibid., S. 42). Sicher nicht jede/r von uns wird allerdings so weit gehen zu sagen,

„ . . . daß jede Frau, die etwas auf Besprechung, Wahrsagung und andere Geheimkulte hält, eine unbewußte Priesterin untergegangener Religionen ist. Sie ist eine Kämpferin für den uralten unterdrückten Zauberglauben, eine Kämpferin gegen den bestehenden höheren Glauben." (Horneffer, zit. nach ibid., S. 43)

Einen sehr beeindruckenden und wohl paradigmatischen Fall untersucht *Biezais* in einem Artikel über „Religion des Volkes und Religion der Gelehrten" (Biezais 1981, in Duerr 1981). Am Beispiel Lettlands zeigt er, wie seit dem 12. Jahrhundert der Marienkult von dem Kultus einheimischer Göttinnen assimiliert wird: Maria, lettisch Mara, verschmilzt mit der alten Großen Göttin Laima und wird von ihr in wahrsten Sinne untergebuttert. Mara spielt die alte Rolle der Laima weiter, in den Feld-Fruchtbarkeitsriten, sie wird wie Laima ausgestattet mit Melkschemel und Melkeimer, sie schlägt die Butter und arbeitet als Kuhhirtin. Zentrum sakraler Handlungen bleibt die Badestube, die zu einem jeden Haus gehört, und dort finden Opfermahle und Wochenbettriten unter Frauen statt, und verschiedene Arten von Badestubenritualen. Laima/Mara wird angerufen als „schwarze Schlange", „Klettenbusch", und „Weißes Huhn"; sie hilft Bedrückten, aber sie kann sich auch übelwollend erweisen und die Menschen strafen. Sie erscheint als „Milchmutter", sie hat Freier („Gottessöhne"), und eine Reihe von Töchtern.

Lettland stellt einen Idealfall für solche Synkretismus-Forschung dar, weil die kolonisierenden Deutschordensritter vor allem „ . . . klare, wirtschaftlich begründete Ziele“ verfolgen; „Die Letten wurden niemals 'von innen her' kolonisiert“ (Biezais 1981, S. 571). Die Erzfeindschaft zwischen „gelehrten Kirchenmännern“ und älteren einheimischen Frauenkulten und Göttinnenverehrung ist vielfach belegbar. *Biezais* zitiert unter anderem aus den Schriften des Epiphanius, der im 4. Jahrhundert eifernd gegen die sogenannten Kollyridianer/innen anschreibt:

„So haben wir auch noch ein anderes Treiben zu unserer Verwunderung vernommen: daß nämlich andere in Bewertung der gleichen, immerwährenden Jungfrau so unsinnig sind, daß sie an Stelle Gottes diese einzuschmuggeln sich eifrig bemüht haben und noch bemühen, wie in Blödsinn und Wahnsinn befangen. Es wird nämlich berichtet, daß gewisse Frauen dort in Arabien von den Gebieten Thrakiens her diese hohle Lehre mitgebracht haben, so daß sie auf den Namen der immerwährenden Jungfrau eine Kollyris (ein Kuchen, C.R.) zum Opfer bringen, Versammlungen abhalten und auf den Namen der heiligen Jungfrau über das Maß hinaus in ungesetzlicher und gotteslästerlicher Art ein Unternehmen vollführen: nämlich auf ihren Namen durch Frauen ein Opfer darzubringen. Dies ist durchaus gottlos und gegen das Gesetz, fremd der Lehre des Heiligen Geistes, und das Ganze ist daher ein Teufelswerk und Lehre des unreinen Geistes.“

Auch in anderen Lehrschreiben erwähnt Epiphanius dies als „Häresie“, und sagt auch, wie das Opfer vor sich geht:

„Gewisse Frauen nämlich schmücken eine Scheffel oder einen viereckigen Sessel, dekken ein Linnentuch darüber an einem Festtage des Jahres, legen an gewissen Tagen ein Brot darauf und bringen ein Opfer dar auf den Namen Mariens. Sie alle genießen von dem Brote.“ (beide Zitate nach Biezais 1981, S. 568)

Biezais unterscheidet zwischen der Religion der Gelehrten und der Religion des Volkes an zwei Grenzlinien: die der Schriftgelehrten und Kirchenmänner ist eine *gedachte Religion*, während die der 'barbarischen Frauen' eine *gelebte Religion* ist; der Gelehrte bekennt sich zu gewissen (Marien)Dogmen

„ . . . um seines logischen Systems und um der 'Wahrheit' willen. Als weitere Konsequenz kann man sogar sagen, daß damit für den Gelehrten die 'Existenz' in der Struktur eines gewissen religiösen Systems gesichert ist. Man kann sagen, daß sich durch die ganze Kirchengeschichte ein ununterbrochener und ängstlicher Kampf der Gelehrten der Kirche gegen die Ungebildeten zieht. Sie kämpften, möchte ich sagen, gegen die Religion des Volkes, für ihre eigene, 'wahre Religion'. Es ist richtig, daß sie zu dieser Anschauung aufgrund ihrer eigenen Gelehrsamkeit gekommen sind. Aber diese Auffassung ist ihrem Wesen nach falsch, denn ihr Verhältnis zu Gott ist deswegen, weil sie gelehrter sind, nicht echter, tiefer oder wahrhaftiger als das der 'barbarischen' Frauen . . .

Maria wurde in Thrakien und Arabien, Lettland, Brasilien und Afrika (und nicht nur da, C.R.) aufgrund besonderer Lebensverhältnisse zur Göttin erhoben: aufgrund der existentiellen Situation . . .“ (Biezais 1981, S. 590-92)

Das ablehnende Werturteil der Religions-Gelehrten, noch bis in unsere Zeit hinein, vermischt nach *Biezais* fälschlich Religion und Bildung: „Die Gelehrten haben niemals die Religion des Volkes als eine Grundform der Religion anerkannt“ – sie deuten die Lebenssituation im Einklang mit den Denkformen, und nicht umgekehrt, wie die Volksreligionen der Frauen. Unter diesen Umständen ist es nicht verwunderlich, daß die weiblichen Anteile unter dem „homo religiosus" auch heute noch nicht von den Religions-Historikern, sondern eher durch die Materialien der Kulturanthropolog/innen und Feldforscher/innen und Archäolog/innen gesammelt werden. (Diese Ansicht auch bei Falk/Gross 1980, S. XIff.)

Wenn Frauen wie an einem roten Faden die weiblichen Anteile in der christlichen Symbolkultur und Glaubenswelt zurückverfolgen wollen, dann müssen sie ihre Ahninnen unter den Stichworten von Volksreligion, Aber-Glaube, Häresie, Ketzerbewegungen und in den apokryphen Schriften suchen. Immer wieder werden sie der Gestalt der *Sophia* begegnen, der personifizierten „Weisheit". Sie gehörte ursprünglich an die Seite Jahwes wie Shakti zu Shiva; sie war mächtig, aber auch verspielt („ . . . allezeit spielend, und hatte mein Ergötzen an den Menschenkindern", sagt sie von sich); von der spätantiken Bewegung der Gnosis wurden ihre Gestalt und ihre Taten im Zusammenhang mit einer weiblichen Kosmogonie über lange Jahrhunderte überliefert (Literatur: Chamberlain Engelsman 1932, Rudolph 1980, Mühlmann 1981, Neumann 1974 und Merchant 1983). Sophia ist identisch mit der Chokma der jüdischen Weisheitsliteratur, und die Griechen verehrten sie als Pronoia, das heißt „das vollkommene Vorauswissen". Im patriarchalen Umfeld nahmen diese Gestalten allerdings allegorische Züge an. Der indische Shakti, vor allem aber der „Weißen Tara" des Tantrismus wohnt wegen des auf Erfahrung und Lebenspraxis gerichteten Charakters der Lehre wohl mehr reale Wirkung und Verwirklichung inne. Prajna, prakrti, shakti (indisch), pronoia (griechisch), mater, matrix, materia (lateinisch) – sie alle bedeuten, nach übereinstimmender esoterischer Auslegungstradition, „die Weisheit im Schoße", als *meta-physische* Tatsache. Allen diesen Gestalten ist gemeinsam, daß der menschliche Organismus als Mikrokosmos und Abbild des Makrokosmos aufgefaßt wird, und daß *„der Leib der Sitz der Wahrheit ist"* (nach Mühlmann 1981, S. 29) – eine weibliche und im eigentlichen Sinn dialektisch-materialistische Weltauffassung. An Neumanns Interpretation finde ich, wenn wir die Überbetonung der „Mutter" abstreichen, den Hinweis auf die „liebende Güte" der Sophia wichtig:

> „Diese weiblich-mütterliche Weisheit ist eine Weisheit liebender Bezogenheit, kein abstrakt 'interessenloses' Wissen. So wie das Unbewußte reagiert und antwortet, so wie der Körper in lebendigen Reaktionen auf richtige Nahrung ebenso wie auf Gift 'reagiert', ist die Sophia eine lebendig anwesende und nahe, eine liebende und immer gegenwärtige, eine dauernd anrufbare und eingreifbereite Gottheit, keine Gottheit, die in numinoser Ferne und weltentfremdeter Abgetrenntheit sich als dem Menschen unerreichbar erweist . . .
>
> Als Geist-Mutter ist sie nicht wie die Große Mutter der Elementarstufe vorwiegend am Säugling, am Kind und am unreifen Menschen interessiert, die sie deswegen in diesen Stadien festhält, sondern sie will als Gottheit des Ganzen, welche die Wandlung von der Elementar- bis zur Geiststufe beherrscht, Menschen, welche als Ganze den Umfang des Lebendigen vom Elementaren bis zur Geistwandlung durchschreiten." (Neumann 1974, S. 309/310)

Ein geistiger Leib, ein leibhaftiger Geist, der Geist der Materie – nicht der unversöhnliche Gegensatz von Geist und Materie, und auch nicht der von Natur und Kultur – sind die Essenz matriarchalen Weltverständnisses (vgl. dagegen das mechanistische Weltbild, Kap. 4.2.). Und wenn wir Mary *Douglas* darin folgen wollen, daß der Körper „die geeignete Grundlage für ein natürliches Symbolsystem" ist (Douglas 1981, S. 2), dann finden wir dies in den matriarchalen Kulturen umfassend verwirklicht – in ihrem Symbolsystem, von dem in diesem Kapitel die Rede war, ist es der weibliche Körper, der mit Zeichen des Kosmos bedeckt und mit ihm identisch erscheint. –

Die moderne Frauenbewegung trat ihren Kampf gegen die Pornokratie an mit Grundsätzen und Parolen, die bewußt, meist aber wohl unbewußt an die alten Weltanschauungen anknüpften: „Das Persönliche ist politisch", und „Mein Bauch gehört mir". Damit war gerade nicht ein Besitz- und Objekt-Verhältnis gemeint, sondern die Identität von Körper-Bewußtsein und Selbst-Bewußtsein. „Mein Körper bin ich", und auch symbolische Gewalt gegen meinen Körper, in Worten und Bildern, in Werbung und Pornografie, ist Gewalt gegen meine Körper-Geist-Identität in einem weiblichen Körper; was dem Covergirl geschieht, dem Geschöpf einer dürftigen männlichen „Symbol-Kultur", das betrifft auch mich; denn die begehrlichen Blicke der Männer projizieren ihr Bild auf mich, und Blicke sind Berührungen. Wir haben noch nicht wieder erreicht, was die Große Göttin von Sais, stolz in ihr Tempeltor eingemeißelt, proklamierte: *„Ich mir selbst"*.

Patriarchale Körper-Politik und Bemächtigung der weiblichen Körper und Seelen hat in eine der aktuellen globalen Krisen geführt: die Bevölkerungsexplosion. Im folgenden Kapitel will ich dieses Phänomen untersuchen und die These dagegenstellen, daß matriarchale und egalitäre Gesellschaften ihre Größe bewußt steuerten; daß auf dem Hintergrund eines anderen Wertesystems und in einer anderen Verknüpfung von Werkzeug-, Sozial- und Symbolkultur eine „matriarchale Ökologie" für Jahrtausende eine bessere Anpassung an die Umweltbedingungen aufrechterhielt.

3. „Die Junggesellenmaschine“ – Bevölkerungsökologie in matriarchalen und egalitären Gesellschaften, Bevölkerungsexplosion in Patriarchaten

3.1.1. Einleitung: Fortpflanzung – eine Frage von Krieg und Frieden, darin sind sich alle einig, nur mit entgegengesetzten Folgerungen

„Kinderkriegen“ gilt manchen als „die natürlichste Sache der Welt“, aber das war es noch nie; „Fortpflanzung“ gilt manchen als Privatangelegenheit, aber auch das war es noch nie. Verhütungswissen gilt manchen als Errungenschaft erst unseres Jahrhunderts – aber es wurde verhütet, seit Menschen sich geschlechtlich fortpflanzen. Seit es „Kulturmenschen“ gibt, wirken bei Fortpflanzungsentscheidungen Glaubenshaltungen, wirtschaftliche Erwägungen und Umweltbedingungen auf höchst komplexe Weise zusammen. Immer werden Entscheidungen getroffen; in den vorstaatlichen Gesellschaften entsprechend dem selbstgesetzten Wertesystem der relativ kleinen Kollektiv-Einheiten; auch nach der Staatenbildung sind diese Entscheidungen keine „Privatsache“, im Gegenteil. Mit den verschiedensten staatlichen Maßnahmen wurde und wird „Körper-Politik“ betrieben. Vitale Interessen verbinden sich mit Begriffen wie Familienpolitik, Geburtenpolitik, Gesundheitspolitik und Abtreibungsgesetzgebung – *wie* vital, haben Feministinnen erfahren, die sich seit den sechziger Jahren um Veränderungen auf diesen Sektoren bemühen; sie bekamen bestätigt, wie politisch das Private ist. Ging es in den ersten Jahren vorwiegend um das Recht auf soziale, sexuelle und kulturelle Selbstverwirklichung, so rückten für viele ab Mitte der siebziger Jahre ökologische Fragen und die Frage, wie der Krieg zu verhüten sei, in den Vordergrund. Da tauchten dann wieder (von Männern geprägte!) Begriffe auf wie „Kanonenfutter“, „Gebärmaschine“ – und die „Gebärstreik“-Debatte wurde wieder aufgelegt. 1979 hatten schon Frauen in Frankreich und Holland zur „grève de naissance“ gegen das militärische Atomprogramm aufgerufen; 1980 eröffneten deutsche Frauen, Feministinnen und Grüne, eine ähnliche Kampagne und begründeten sie mit dem Zustand von Welt und Umwelt: von der Degeneration der Nahrung bis zur dramatisch gestiegenen Mißbildungsrate bei Kindern (1941 jedes 125., 1976 jedes 20. Kind). In dem Aufruf hieß es:

> „Wir wollen den seit Jahren existierenden indirekten Gebärstreik mit Forderungen und Deklarationen endlich als Machtmittel nutzen. Es ist eines der wenigen Machtmittel von Frauen, durch Gebären über den Fortbestand dieser Gesellschaft zu entscheiden. Die Gesellschaft der Männer ist eine Verschleißgesellschaft. Es gab in diesem Jahrhundert

zwei Weltkriege mit Massen getöteter Menschen (10 Millionen im Ersten, fast 60 Millionen im Zweiten Weltkrieg) . . ." („Courage" 3/1980)

Und schon vor beiden Weltkriegen gab es Anläufe zu einem Gebärstreik, die erfolglos blieben; vor dem Ersten Weltkrieg agitieren im Deutschen Reich Arbeiterführerinnen wie Zetkin dagegen an in der Sorge, daß sonst der Nachschub für die proletarische Bewegung versiege. Vor dem Zweiten Weltkrieg grassieren erneut Gebärstreik-Ideen, und auch Virginia *Woolf* finden wir dem Gedanken durchaus geneigt:

„Natürlich gibt es etwas ganz Wichtiges, das die gebildete Frau liefern kann: Kinder. Und eine Methode, wie sie dazu beitragen kann, den Krieg zu verhüten, ist die Weigerung, Kinder zu gebären. So meint Mrs. Helena Normanton: ‚Das einzige, was die Frauen jedes Landes tun können, um den Krieg zu verhindern, ist, den Nachschub an Kanonenfutter zu unterbinden.' . . . Leserbriefe in den Zeitungen stützen häufig diese Ansicht. ‚Ich kann Mr. Harry Campbell sagen, warum Frauen sich heutzutage weigern, Kinder zu bekommen. Wenn die Männer gelernt haben, das Land so zu regieren, daß von den Kriegen nur jene getroffen werden, die sie anzetteln, anstatt jene niederzumähen, die das nicht tun, dann verspüren die Frauen vielleicht wieder den Wunsch, große Familien zu haben. Warum sollten Frauen Kinder in eine Welt wie die heutige setzen?' (Edith Maturin-Porch im Daily Telegraph, 6. Sept. 1937.)

Die sinkende Geburtenrate in der gebildeten Schicht scheint darauf hinzudeuten, daß die gebildeten Frauen den Rat von Mrs. Normanton befolgen. Der gleiche Rat wurde ihnen unter sehr ähnlichen Umständen vor zweitausend Jahren von Lysistrata gegeben." (Virginia Woolf 1938, zit. nach Ausg. 1980, S. 161/162)

Sie haben ihn aber doch nicht recht befolgt, und wie ihre Vorläuferinnen war auch die Kampagne von 1979/80 eine Totgeburt; zur selben Zeit entfaltete sich der Trend zur „neuen Mütterlichkeit" auch in Kreisen der Frauenbewegung. Das Thema „Fortpflanzungsethik" ist gefühlsmäßig schwer beladen, ob beim konservativen Familienpolitiker, oder beim Linken, der den Armen der Dritten Welt wenigsten ihre Fruchtbarkeit lassen will, oder bei seiner frauenbewegten Freundin, die in alt-neuer Mütterlichkeit sich selbst verwirklichen will. Aus „Bauch-Argumenten" und politischem Kalkül entstehen so die seltsamsten Interessenkoalitionen zugunsten der Gebärfreudigkeit.

Es kann pessimistisch stimmen, wie wenig, in einer ideologisch verblendeten Diskussion, einzelnen Positionen nachgefragt und nachgeforscht wird, oder nur die einfachsten historischen Tatsachen zur Kenntnis genommen werden. Könnte sonst so leicht das deutsche Bundesinnenministerium *„Ängste erzeugen"*, indem sie für das Jahr 2030 (bei sich angeblich erhöhendem Ausländeranteil) einen Rückgang der deutschen Bevölkerung auf *präzis* 38,28 Millionen Einwohner/innen voraussagt? (Laut „Frankfurter Rundschau" vom 31.1.1984) Um 1900 verteilten sich auf der sehr viel ausgedehnteren Fläche des Deutschen Reiches nur 43 Millionen Menschen, und stand es nicht in „voller und mächtiger Blüte"? Es hatte zu dem Zeitpunkt sogar 5 Millionen Bürger/innen in die Neue Welt entlassen, beziehungsweise abgeschoben, die dazu beitrugen, den von den indianischen Ureinwohnern so wenig gepflegten Kontinent auf

Vordermann zu bringen. Erst seit drei Generationen leben wir in Deutschland so übervölkert-dicht wie heute die Inder, mit mehr als 186 Einwohner/innen pro Quadratkilometern. Haben wir uns dieser Situation eigentlich gut oder schlecht angepaßt? (Zur Dichteproblemen vgl. Kapitel 3.6.2.) Was für Interessen könnte es geben, diese (zu) große Dichte aufrechtzuerhalten, und das noch angesichts abnehmender Erwerbsmöglichkeiten? Wer willens und in der Lage war, einmal von nationalem, revolutionärem oder individuellem Egoismus abzusehen, wer immer es zuließ, konnte spätestens seit Anfang der siebziger Jahre hören, lesen und sehen, wieweit die „Sintflut von Leibern" sich schon zum Hauptfaktor der globalen ökologischen und ökonomischen Krise ausgewachsen hatte. Als früher Rufer in der Wüste betätigte sich Konrad *Lorenz.* Er nannte die Menschen „gut genug für die 11-Mann-(!)-Sozietät", und das Bevölkerungswachstum eine der „acht Todsünden der Menschheit". Zu gleicher Zeit betonte die Studie des „Club of Rome" die „Grenzen des Wachstums" gerade auch für die Weltbevölkerung. Unter den feministischen Pionierinnen in dieser Überlebensfrage nenne ich Edith *Holliger* (1972 „Schon in der Steinzeit rollten Pillen") und Francoise *d'Eaubonne* (1975 „Feminismus oder Tod"). Beide dokumentieren den kulturhistorischen und zeitgenössischen Zusammenhang von Patriarchat und Kontrolle der weiblichen Gebärfähigkeit, von der Legitimierung der Zeugungswut im Vater-Recht, von Mutterschaftsidylle und Katastrophen. 1980 erscheint dann die grundlegende Arbeit von *Heinsohn/Knieper/Steiger,* „Menschenproduktion. Allgemeine Bevölkerungslehre der Neuzeit"). Sie weisen detailliert die korrelierende Entwicklung von europäischem Vaterrecht und europäischer Bevölkerungsexplosion nach, von der Antike bis in die Gegenwart.

Ich selber behielt seit der *d'Eaubonne*-Lektüre Mitte der siebziger Jahre diese Fragen im Auge, und im Zusammenhang mit Matriarchatsforschungen schälte sich die Hypothese von der Bevölkerungsexplosion in Patriarchaten gegenüber der Bevölkerungsökologie in matriarchalen und egalitären Gesellschaften heraus. Davon stelle ich in den folgenden Kapiteln einige Gedankengänge vor (der Text folgt Rentmeister 1984 c). Ich hoffe fast nicht mehr und doch immer noch, daß bestimmte Erkenntnisse, wenn der Kopf sie erst einmal zuläßt, auch an den Bauch weitergeleitet werden; und daß das Herz – oder wo sonst Ethik, Moral, Verantwortung, Gewissen und Menschenliebe vor allem gegenüber dem schon geborenen Leben sitzen mögen –, daß das Herz zwischen beiden vermittelt.

3.1.2. „Kuskurza" – Falls Mythen die Wahrheit sprechen, ging schon einmal eine Welt an Überbevölkerung zugrunde

Falls Mythen die Wahrheit sprechen, so ist schon einmal eine Welt an Überbevölkerung zugrunde gegangen: „Kuskurza", die dritte Welt in der Geschichtsmythologie der Hopi-Indianer/innen:

„Ihr Name war Kuskurza, ihre Richtung Osten, ihre Farbe rot. Die Häuptlinge auf ihr waren das Mineral palásiva, Kupfer, die Pflanze piva, Tabak, der Vogel angwusi, die Krähe, und das Tier chöövio, die Antilope.

Wiederum breiteten sich die Menschen auf ihr aus, vermehrten sich und schritten weiter fort auf dem Weg des Lebens. In der Ersten Welt hatte sie einfach mit den Tieren gelebt. In der Zweiten Welt hatten sie die Handfertigkeiten, Häuser und Dörfer entwickelt. In der Dritten Welt vermehrten sie sich nun so stark und machten so schnell Fortschritte, daß sie große Städte, Staaten und eine ganze Kultur schufen. Dies erschwerte es ihnen in Übereinstimmung mit dem Plan des Schöpfers zu bleiben. . . Immer mehr von ihnen wurden ganz von ihren eigenen irdischen Plänen in Anspruch genommen.

Einige bewahrten natürlich die Weisheit, die ihnen bei ihrem Aufstieg geschenkt worden war. Aus dieser Weisheit heraus verstanden sie, daß es umso schwieriger werden würde, je weiter sie auf dem Weg des Lebens vorwärtsschritten und je mehr sie sich entwickelten. . . Sie waren besonders besorgt, weil so viele Menschen ihre Fortpflanzungsfähigkeit auf eine schlimme Weise nutzen. . .

Unter der Führerschaft des Bogenclans begannen sie ihre Zeugungsfähigkeit in einer veränderten, bösen und zerstörerischen Weise zu gebrauchen. Vielleicht wurde dies durch jene böse Frau veranlaßt (die so vielen Männern ihre Gunst erwiesen hatte). Jedenfalls machten einige von ihnen ein pátuwvota, ein Schild aus Fell, und mit Hilfe ihrer Zeugungskraft ließen sie es durch die Luft fliegen. Viele Menschen flogen darauf zu einer großen Stadt, griffen sie an und kehrten so schnell zurück, daß niemand wußte, woher sie gekommen waren.

Bald machten viele Städte und Länder solche pátuwvotas und flogen damit, um sich gegenseitig anzugreifen. So kamen die Verderbnis und der Krieg in die Dritte Welt, genauso, wie sie in die anderen Welten gekommen waren.

Diesmal kam Sotuknang zu Spinnenweib und sagte: ‚Es hat keinen Zweck, jetzt noch zu warten, bis der Lebensfaden ausläuft. Es muß etwas getan werden, bevor auch noch die Menschen mit dem Lied im Herzen verdorben oder getötet werden. . .'“ (nach Waters 1983, S. 33/34)

Enttäuscht ließ der Schöpfer die Wasser der Erde frei, und zerstörte sie mit einer Sintflut. Einige Menschen wurden von Spinnenweib gerettet, hinüber in die jetzige, Vierte Welt. Die letzten von ihnen leben noch im Südwesten der USA. Sie heißen Hopi und sind matrilinear organisiert.

Aus dem Untergang der Dritten Welt haben sie folgende Lehre gezogen:

„Nach unseren Erfahrungen kann ein Mensch kein Mensch mehr sein, wenn die Gemeinde, in der er/sie lebt, mehr als 3000 Menschen umfaßt.“

3.1.3. „Für jeden Menschen nur noch ein Quadratmeter Boden“: Schilderung der aktuellen Lage

Blicken wir uns in der heutigen Welt um – wie steht es dann um unsere Gemeinden?

Nach dem Maßstab der Hopi-Indianer/innen leben die meisten der gegenwärtig 4,6 Milliarden Menschen eben nicht mehr als Menschen: schon über 40% der Weltbevölkerung leben in Städten mit mehr als 20.000 Einwohnern. Bis zum Jahre 2000 wird der Anteil der Städter auf mindestens 51% ansteigen, in hochindustrialisierten Ländern bis auf 80% („Frankfurter Rundschau“, 23.11.1983). Tragisch daran ist: die Weltbevölkerung wächst exponentiell.

Hopi-Mädchen, gekleidet für einen „social dance" (1980)

In der Studie des Club of Rome, „Grenzen des Wachstums", illustrieren die Verfasser das Phänomen folgendermaßen:

„Exponentielles Wachstum ist trügerisch, weil schon bei relativ geringen Wachstumsraten in kurzer Zeit astronomische Zahlen erreicht werden. Wie rasch exponentielles Wachstum gegen endgültige Grenzgrößen stößt, zeigt ein französischer Kinderreim: In einem Gartenteich wächst eine Lilie, die jeden Tag auf die doppelte Größe wächst. (Das heißt, ihre Verdoppelungszeit beträgt einen Tag, C.R.) Innerhalb von dreißig Tagen kann die Lilie den ganzen Teich bedecken und alles andere Leben in dem Wasser ersticken. Aber ehe sie nicht mindestens die Hälfte der Wasseroberfläche einnimmt, erscheint ihr Wachstum nicht beängstigend; es gibt ja noch genügend Platz, und niemand denkt daran, sie zurückzuschneiden, auch nicht am 29. Tag: noch ist ja die Hälfte des Teiches frei. Aber schon am nächsten Tag ist kein Wasser mehr zu sehen." (Meadows 1973, S. 20/21)

Leider läßt sich dies Beispiel auf die Bevölkerungsentwicklung übertragen. Da stellt sich nämlich unter dem Stichwort „Verdoppelungszeit" die Weltgeschichte so dar:

„Über hunderttausende von Jahren brauchten die Menschen, um ihre Anzahl auf eine halbe Milliarde (1650) zu bringen. In knapp zweihundert Jahren wurde diese Zahl verdoppelt (1850). Die nächste Verdopplung fand innerhalb von nur 80 Jahren statt, als im Jahre 1930 die Anzahl der Weltbevölkerung 2 Milliarden erreichte. Die nächste Verdopplung wird, wenn die Weltbevölkerung mit der gegenwärtigen Wachstumsrate weiterhin steigt, um 1980 eintreten, und die Anzahl wird sich weiterhin bis zum Jahre 2000 auf ca. 6 Milliarden erhöhen. Diese Übersicht zeigt, daß die Weltbevölkerung sich über tausende von Jahren relativ langsam entwickelte...

Wenn die Bevölkerung weiterhin so schnell wächst, was wird mit dem Verhältnis

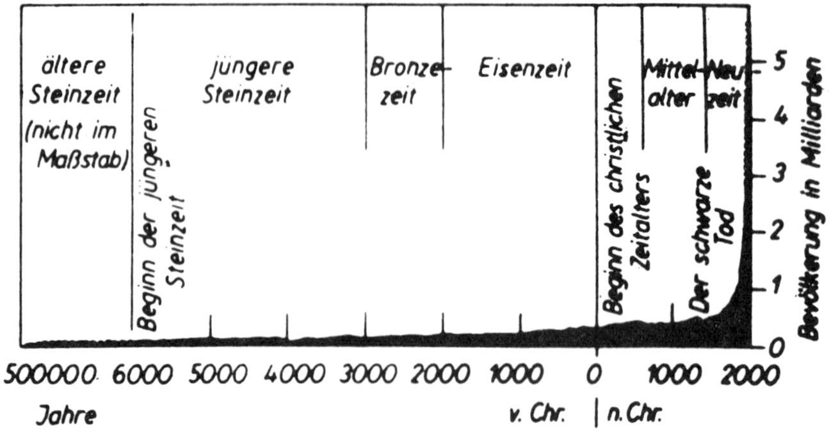

Das Bevölkerungswachstum von der Urzeit bis zur Gegenwart

zwischen Mensch und Bodenfläche? Das Festland unserer Erde ist begrenzt. Es umfaßt etwa 13,5 Milliarden Hektar (ohne die Antarktis). Wenn die Bevölkerung der Welt mit der gegenwärtigen Wachstumsrate weiterhin zunimmt, würde innerhalb von 600 Jahren das gesamte Festland einschließlich Gebirgen, Sümpfen und Wüsten so besiedelt sein, daß auf jeden Menschen nur ein Quadratmeter Boden entfallen würde." (Khalatbari 1968, S. 32; daraus auch Abb. 34. Eindrucksvoll kann sich, wer will, die historischen exponentiellen Wachstumskurven aller Nationen der Welt durch ein einfaches Blättern im „Atlas of World Population History" von McEvedy/Jones vor Augen führen.)

So sagte es 1968 der Bevölkerungsforscher Parviz *Khalatbari* voraus. Doch nichts wird schneller von der Wirklichkeit überholt als die Prophezeihungen von Demografen übers Bevölkerungswachstum. Zu aktualisieren wäre also an dieser Rechnung, daß dann die meisten Menschen auf je einem Quadratmeter Wüste wohnen würden. Woher das Trinkwasser kommen sollte, fragen wir gar nicht erst...

Und nach allerneuesten Schätzungen sollen wir ja in nur 50 Jahren schon die Zehn-Milliarden-Marke erreicht haben. 51 bis 80 % von uns würden dann im Wüstenklima auf dem aufgeheizten Asphalt der Städte leben („Frankfurter Rundschau", 19.11.1983).

Auch jüngste amerikanische Forschungen malen eine „wüste Zukunft" aus, unter der Wirkung des Treibhauseffektes, den die Menschen durch ihren Energieumsatz selbst erzeugen:

„Durch das Verbrennen von Kohle und Holz sowie anderer fossiler Brennstoffe sammelt sich Kohlendioxid in der Erdatmosphäre und produziert durch die sogenannte Glashauswirkung einen zunehmenden Wärmestau. Falls sich *mit zunehmender Bevölkerung* der Kohlendioxidgehalt in der Atmosphäre in den nächsten 50 Jahren verdoppeln sollte, könnten die Temperaturen um drei bis sieben Grad ansteigen – genug, um die Sahara sowie die amerikanischen und afrikanischen Wüsten weiter nach Norden vorrücken und das Schmelzwasser des Polareises weltweit Küsten überfluten zu lassen." (ibid., 23.11.1983)

Eine Forschergruppe des M.I.T. (Massachusetts Institute of Technology) vermeldet jedoch „Tröstliches": das Problem der Überbevölkerung werde sich auf andern Wegen lösen, sagen sie. Denn schon *vor* dem Jahre 2000 träten ganz andere Katastrophen ein – durch Hunger in den Dritte-Welt-Ländern, und Verschmutzung in den Industrieländern würde die Bevölkerung drastisch reduziert.

Soweit eine Auswahl aus den düsteren Prognosen zum „Ende" der Bevölkerungsexplosion. Ganz im Sinne Victor Hugos, der sagte:

„Durch Katastrophen werden die Dinge auf unselige Weise in Ordnung gebracht."

3.1.4. Unsere Zivilisationsphantasien: Gängige „Erklärungen" für das Bevölkerungswachstum verbergen die Ursache hinter den Symptomen.

Fragen Sie nach den Ursachen der Bevölkerungsexplosion, wen Sie wollen, Laien oder Wissenschaftler/innen – Sie werden immer ähnliche Antworten erhalten. Demnach käme das Bevölkerungswachstum zustande

- durch die „natürliche Fruchtbarkeit" und den „triebhaften Vermehrungsdrang" der Menschen in der Dritten Welt;
- durch die Verlängerung der individuellen Lebensdauer durch die westliche Medizin;
- durch verbesserte medizinische Versorgung von Müttern und Säuglingen;
- durch die Steigerung der Nahrungsproduktion;
- durch Industrialisierung . . .

Greifen wir kurz vor und betrachten das Argument von der „gesteigerten Nahrungsproduktion": es läßt sich auch ohne historische Rückblicke leicht widerlegen. Denn gegenwärtig finden sich die größten Wachstumsraten doch ausgerechnet in Gebieten mit Unterernährung und Hunger, *und* mit schlechter medizinischer Versorgung – Stagnation oder Rückgang der Bevölkerung dagegen in den übersatten Industrienationen. Es fehlt auch nicht an ernsthaften naturwissenschaftlichen Erklärungsversuchen. Da erfahren wir zum Beispiel, daß die Kartoffel die Hauptschuldige ist:

> „Das Ansteigen von 140 Millionen Europäern im Jahre 1750 auf 265 Millionen im Jahre 1850 ist wahrscheinlich auch aufgrund der neuen Nahrungsquellen und verbesserten Verteilungssysteme möglich gewesen. Etwa um die Mitte des 18. Jahrhunderts hatte man in Europa begonnen, die Kartoffel in größeren Mengen anzubauen . . . Auch heute noch ist die Kartoffel in vielen Familien das Hauptnahrungsmittel. Langer meint, daß die Kartoffel einer der Hauptfaktoren gewesen sei, der zu dem dramatischen Bevölkerungszuwachs nach 1750 geführt hat . . ." (Avers 1976, S. 277)

Es erklärt der Astrophysiker und Mitbegründer des „Club of Rome", Erich *Jantsch,* in seinem Buch „Die Selbstorganisation des Universums":

„*Die Bevölkerungsexplosion in der Welt ist ein Beispiel für autokatalytische Nichtlinearität, wie sie für dissipative Strukturen kennzeichnend ist.*" (Jantsch 1982, S. 62)

Schlicht und kurz gesagt, vergleicht er hier die Bevölkerungsexplosion mit speziellen chemischen Strukturen. Aber die, mit denen er vergleicht, gelten ausgerechnet darum nicht als lebendig, weil sie keine Zellen bilden und sich nicht vermehren. Und wenn zwischen gewissen chemischen Molekülen das „nichtlineare Davongaloppieren" als Reaktion auftritt, dann muß diese Beschreibung ja noch lange nicht auf die Fortpflanzungsaktionen zwischen Mann und Frau übertragbar sein. An anderer Stelle begründet derselbe Autor die Bevölkerungsexplosion soziobiologisch – mit intensiver Landwirtschaft und der Gleichung: mehr Ertrag gleich mehr Menschen.

Der Wissenschaftsautor Jeremy *Rifkin* überträgt in seinem Buch über das physikalische Gesetz der „Entropie" dieses auf die sozioökonomischen Strukturen der Industriegesellschaften. Er meint:

„Die gewaltige Bevölkerungsexplosion ist eigentlich nur verständlich, wenn man sie unter thermodynamischen Gesichtspunkten betrachtet . . .

Die Bevölkerungsexplosion korrespondiert genau mit dem weltweiten Wechsel von einer landwirtschaftlich orientierten Wirtschaft (basierend auf Sonnenenergie) zu einem industrialisierten System (basierend auf der Ausbeutung des nichterneuerbaren Energievorrats aus dem Kapital der Erde . . .)

In einem gewissen Sinn sind die ganzen 4,5 Milliarden Menschen zusätzlich ein Ergebnis dieser gewaltigen Umwandlung gespeicherter Energie; das heißt, die ungeheure Bevölkerungsschwemme wurde ermöglicht durch die Konversion von in Milliarden Jahren gespeicherter Sonnenenergie . . ." (Rifkin 1982, S. 250/251)

Beide Naturwissenschaftler, *Rifkin* und *Jantsch*, sprechen es nicht aus: aber indirekt erklären sie die Bevölkerungsexplosion zu einem „natürlichen" Vorgang, der nach chemischen beziehungsweise physikalischen Gesetzen verläuft.

Diese selbe Tendenz findet sich bei *Soziobiologen.* Eines der jüngsten Beispiele für mechanistisch-sozialdarwinistisches Denken lieferten Wolfgang *Wickler* und Uta *Seibt* in „männlich weiblich" 1983. Sie stellen zwar fest, daß „der moderne Mensch von einer Bevölkerungsexplosion bedroht ist" (ibid., S. 163). Aber *daß* und warum es so kam, beschreiben sie als Natur-Gesetz der soziobiologischen Evolution; im Vorwort heißt es: „*Die Autoren dekken ein verborgenes Netzwerk* allgemeingültiger Zusammenhänge *auf, das uns hilft zu erkennen, welche Naturgesetze hier am Werk sind.*" Die Autoren hatten sich laut eigner Aussage vorgenommen, nicht nur Einblicke in die Evolutions-„Maschinerie" (sic!) zu geben, sondern auch Ursachen beschreiben, warum es Partnertreue, Rivalenkämpfe, „ . . . warum es diese besonderen Eigenschaften überhaupt an Lebewesen gibt; denn sie haben sich ja im Laufe der Evolution entwickeln, *also als vorteilhaft erweisen müssen*" (ibid., S. 19). Unter diesen Eigenschaften beschwören sie immer wieder den Vermehrungs*erfolg* als eine Grundlage der Evolution der menschlichen Spezies. Aber wie wollen sie ihn angesichts der Bevölkerungsexplosion als „vorteilhaft" deklarieren? Da scheint was mit dem Evolutionsgesetz nicht zu stimmen. Ihr Evolutionsmodell zeichnet sich durch ein paar einmal installierte Gesetze der genetischen Evolution aus; was die heterosexuelle Fortpflanzung angeht, so diente ihre Maschinerie seit deren Erfindung der Vermehrung der Menschen, und diverse Sozialtechniken ebenfalls, mit bis heute unveränderten Mechanismen. Ich hoffe, ich habe mich adäquat maschinistisch ausgedrückt. In der Zeitschrift „bild der wissenschaft" (Heft 10/1983) fassen *Wickler/Seibt* ihre Thesen unter dem Titel „Es mußte so kommen" zusammen; die folgenden Ausschnitte mögen genügen, um ihre Denkweisen zu illustrieren:

„Die Evolution der Lebewesen, an deren vorläufigem Höhepunkt sich der Mensch findet, beruht auf Tod und *Vermehrung*, auf Konkurrenz und Kooperation. Und beides hängt aufs Engste mit der Geschlechterdifferenzierung zusammen ...

Als *Sexualität* mit *Vermehrung gekoppelt* wurde und der *eigene Vermehrungsvorteil* an oberster Stelle der biologischen Prioritätenliste stand, war die Kooperation der Geschlechter und die Ausbildung geschlechtstypischer Besonderheiten geprägt von dem Prinzip , den Geschlechtspartner zum eigenen Vorteil auszunutzen."

Mit dem hier mehrfach genannten „eigenen" Vorteil meinen *Wickler/Seibt* den „männlichen" Vorteil. In einem Kasten fassen sie *„Biologisch begründete Geschlechtsfunktionen"* zusammen; zu einigen ihrer Stichworte Leseproben:

„*Ungleiche Partnertreue.* Für die Anzahl der Nachkommen, die ein Individuum erreichen kann, sind die vom Weibchen bereitgestellten Eizellen der limitierende Faktor. Die Anzahl der Nachkommen eines Weibchens ist abhängig von der Anzahl Eizellen, die es selbst herstellen kann.

Die Anzahl der Nachkommen eines Männchens wächst mit der Zahl der Weibchen, die es befruchten kann. Zu möglichst zahlreicher Nachkommenschaft muß das Männchen mehrere Geschlechtspartner anstreben, das Weibchen dagegen nicht.

Männliche Rivalität. Männchen können ihren Fortpflanzungserfolg steigern, wenn sie andere Männchen an der Fortpflanzung hindern ... Unter Männchen besteht unausweichlich eine starke Konkurrenz um Weibchen, nicht aber umgekehrt. (Männer gibts wie Sand am Meer – C.R.)

Weibchen-Bewachung. Ein Männchen, das nicht partner-exklusiv ist, kann mehr Nachkommen haben als ein partnertreues. Deshalb werden Männchen ihre eigenen Weibchen bewachen ... beim Menschen gehören hierher verschiedene Eifersuchtspraktiken wie beispielsweise Keuschheitsgürtel, besonders strenge Keuschheits-Erziehung der Mädchen oder das Beschneiden der Klitoris ...

Privilegien des Erstgeborenen. ... Eltern, die den Fortpflanzungserfolg ihrer Nachkommen durch gezielte Subventionen erhöhen können, erreichen am meisten, wenn sie ihre Söhne bevorzugen. Unter den Söhnen sollten sie den ältesten bevorzugen, weil er als erster fortpflanzungsfähig wird ..." (ibid., S. 144/145)

Und so weiter. Das ist alles nichts als Rechtfertigung des Bestehenden – und dabei falsch und unhistorisch. Denn das „unerbittliche Gesetz des Vermehrungserfolges" gilt schon im Tierreich nicht, wir kennen „Löwen-Explosionen" in der freien Wildbahn nicht, vielmehr steuern die Weibchen die Dichte der Rudel (vgl. auch Kap. 3.6.2. zu Calhounscher Verhaltenskloake und Zooeffekt). Ebensowenig gilt diese Art von Erfolgszwang seit immer und überall auf der

Welt unter Menschen: ich lege in Kapitel 3.2.3. und 3.2.4. anthropologische und historische Materialien vor, die zeigen, daß und wie nicht Vermehrung und Wachstum, sondern Fortpflanzung zur einfachen Erhaltung als soziokultureller Erfolg gelten – *wenn Frauen in der Lage sind, die Fortpflanzungspolitik zu bestimmen,* als „ghost in the machine“.

Apropos Geister. Noch gelehrte Männer der Antike, Plinius und Vergil, bis hin zum Heiligen Augustinus glaubten, daß Stuten vom Winde befruchtet würden. Offenbar wehten im Laufe der Jahrhunderte zunehmend schärfere Winde?

Nicht, daß zu manchen Zeiten und an manchen Orten nicht auch Richtiges an den oben zitierten Erklärungen sich fände; oder daß sie nicht als Beschreibung von Teilaspekten gelten könnten; oder daß sie nicht, wie im Falle *Wickler/Seibt*, unfreiwillig-komisch die neuzeitliche „Männchen-Logik“ enthüllten. Aber in ihrer jeweiligen Beschränktheit beruhen sie doch, wie nachzuweisen ist, auf mangelnder Geschichtskenntnis, Arroganz weißer Medizinmänner, auf Ethnozentrismus und allgemeiner Fachidiotie. Aber vor allem:

Bei vielen Analysen fällt der gleiche „blinde Fleck“ in der Argumentation auf: die Geburtenrate wird, außer soziobiologisch, zu wenig in den Zusammenhang mit dem Geschlechterverhältnis gebracht – vor allem nicht als Machtfrage zwischen den Geschlechtern gesehen. Höchste Zeit ist es, nach diesen Wurzeln des Problems zu forschen. Dann erhalten wir auch Antwort auf die Frage, warum denn sich die meisten gegenwärtigen Maßnahmen zur Eindämmung der „Sintflut von Leibern“ durch ihren Zwangscharakter sowie durch besondere Wirkungslosigkeit auszeichnen.

3.1.5. Die These

Die untauglichen Rezepte gegen das Bevölkerungswachstum gehen einher mit grundlegend irreführenden Erklärungen des Phänomens. Sie können nur deswegen für richtig ausgegeben werden, weil sie so weitgehend mit unseren Zivilisationsdogmen in Einklang stehen. Es soll das Symptom abgetrieben werden, statt das System und seine Prinzipien zu verändern, die es einmal erzeugt haben.

Denn dies ist die historische und machtpolitische Klammer, die Bevölkerungsprobleme mit Kolonialismus verbindet: als Ziel steht am Anfang und am Ende immer die Kolonialisierung des weiblichen Geschlechts, die Kolonialisierung der weiblichen Gebärfähigkeit. Bevölkerungspolitik ist in erster Linie ein Ausdruck der Geschlechterpolitik – wer verfügt über die Gebärfähigkeit des weiblichen Körpers und wie? Wer verfügt über die weibliche Sexualität und wie?

Die Kulturgeschichte zeigt:

Die Bevölkerungsexplosion ist eine Erscheinung, deren Phasen in Korrelation (Wechselbeziehung) zur Entwicklung und Verbreitung patriarchaler Gesellschaftsformen verlaufen. Die patriarchale Ökonomie trat ihren räuberischen

Siegeszug unter dem Gesetz ihrer Vatergötter an: „Wachset und vermehret Euch!"

Es wird sich zeigen, daß die Anfänge und Wurzeln des gesamten Problems in der Geschichte *unserer* weißen, *patriarchalischen Zivilisation liegen,* tief vergraben, zum Teil auch absichtsvoll verschüttet. In jahrhunderte-, teils jahrtausendelangen Kämpfe zerstörte sie ältere, matriarchale und egalitäre Ökologien, die für relativ ausgeglichene und angepaßte Verhältnisse in ihren Kulturen gesorgt hatten.

Es wird sich zeigen, *daß die heutige Bevölkerungsexplosion in der Dritten Welt eine Folge der Kolonialisierung durch den christlichen Weißen Mann ist.* Eine weitere Hauptrolle spielte die Kolonialisierung durch den Islam.

In den folgenden Kapiteln bringe ich Materialien und Daten aus Archäologie, Kulturgeschichte, Anthropologie, Religions- und Sozialwissenschaften neu miteinander in Verbindung. Daraus ergeben sich provokative Antworten auf viele mit der Bevölkerungsexplosion verbundene Fragen.

3.2. Bevölkerungsökologie in matriarchalischen und egalitären Gesellschaften

3.2.1. Einleitung, und zu einigen methodischen und geschlechterpsychologischen Problemen dieser Hypothese

Mitteilungen über die Geburtenregelung in matriarchalen und egalitären Gesellschaften erhalten wir selten direkt, das heißt als Aussage der „Betroffenen" selbst, zu verhütenden Sexualpraktiken etwa, oder zu ihren Kenntnissen über pflanzliche Verhütungsmittel. Nicht selten waren letztere Bestandteil von Frauengeheimnissen, und wurden aus gutem Grund nicht schriftlich überliefert. (Deshalb diente ja auch die „Hexen"-Folter der europäischen Inquisitoren nicht zuletzt dazu, dieses geheime Wissen aus den Frauen herauszupressen.)

In der Regel müssen also Daten abgeleitet werden, aus den vielen Erscheinungen eines kulturellen Ensembles, die mit der Geburtenpolitik oft ganz fein und komplex verstrickt sind: Siedlungsweisen, sexuelle Praktiken, Ideologien und symbolische Praktiken, Produktionsweisen, Genusregelungen. Ich gebe hier einige Materialien von matriarchalen und egalitären Gesellschaften wieder, die von verschiedenen Stufen der soziokulturellen Evolution und verschiedenen historischen Phasen stammen. Die Handlungs-, Informations- und Zeitebenen überschneiden sich vielfach; trotzdem habe ich sie der Übersicht halber, manchmal etwas künstlich, in Abschnitten nacheinander aufgegliedert, in:

- Probleme der Paläodemografen und Bevölkerungsbiologen mit der Vorgeschichte;
- paläontologische und archäologisch-ikonografische Anhaltspunkte zur Alt-

steinzeit. Nach anthropologischen/historischen Kategorien gilt sie als Phase der „Jäger und Sammlerinnen" und ihrer „Banden";

- anthropologische Daten über Wirkungsfaktoren im Fortpflanzungssektor, bei verschiedenen matriarchalen und egalitären, bei agrarischen und Banden-Gesellschaften (Jäger und Sammlerinnen), nach verschiedenen ethnohistorischen Überlieferungen: Beispiele für geschlechterpolitische Faktoren, die in der Forschung bisher zu wenig berücksichtigt werden;
- archäologische Daten zu den „agrarischen Matriarchaten" am Beginn ihrer Entstehung in der Neusteinzeit, und zu weiter fortwirkenden Phänomenen; dabei geht es vor allem um das Dogma von einem Zusammenhang zwischen Seßhaftigkeit und stark wachsender Bevölkerungsdichte.

Zwei Klärungen stehen noch an: erstens bin ich noch die Definition von Jäger-Sammlerinnen-Gesellschaften als „egalitären Gesellschaften" schuldig; zweitens taucht die Frage auf, in welcher Weise wir denn von modernen Jäger-und Sammlerinnen-„Banden" auf ihre altsteinzeitlichen Vorfahren ähnlicher Lebensweise zurückschließen dürfen? Und in unserem Zusammenhang liegt da speziell der Akzent auf der Frage: haben wir überhaupt glaubwürdige Daten über den *Status von Frauen in diesen Gesellschaften?*

In Beantwortung dieser miteinander verknüpften Fragen schließe ich mich den Argumenten von Eleanor *Leacock* an, aus ihrer Studie über „Der Status von Frauen in egalitären Gesellschaften: Folgerungen für die soziale Evolution" (Leacock 1978). *Leacock* zeigt:

1. Um über den Status etwas aussagen und die Gesellschaften überhaupt als egalitär erkennen zu können, müssen Materialien und Theorien ideologiekritisch durchleuchtet werden – ganz wie im Fall der Matriarchatsdefinitionen (vgl. Kap. 2.1.1.). Da gelangte man ja zu „Beweisen" für die Universalität der Männerherrschaft, indem man nach Matriarchaten willkürlich als Umkehrformel von Patriarchaten suchte – und so nicht finden, und deshalb die Existenz leugnen konnte; oder man preßte die Gesellschaften in die eigene ethnozentrisch-patriarchalische Phraseologie, indem man zum Beispiel die eigene, geschlechterpolitisch bedeutende Dichotomie (Spaltung) zwischen „öffentlichem" und „privatem" Raum übertrug. So ist in Bezug auf die Bandengesellschaften, nach *Leacock*, der Begriff der „Gleichheit" irreführend; was die Entscheidungsvollmachten, Macht über das eigene Leben und Bewegungsmöglichkeiten im „öffentlichen" Raum angeht, verhalten sich Frauen und Männer gleichermaßen *autonom*. Auch ist es irreführend, von „Stämmen" zu sprechen; denn als kulturell und territorial gebundene und politisch integrierte Gruppen sind sie Produkte des Kolonialismus. Aussagen über den Status von Frauen werden davon entscheidend berührt; denn die von modernen Anthropologen studierten Gesellschaften sind heute alle in irgendeiner Weise in ökonomische und politische Weltsysteme involviert, die Frauen unterdrücken.

2. Deshalb kann nur ein ideologiekritisch-*ethnohistorischer* Forschungsansatz die falschen Projektionen abbauen helfen. *Leacock* demonstriert das an verschiedenen Beispielen (Ojibwa, Irokesen, Australische Aborigines/Ureinwohner), vor allem an den Montagnais-Naskapi in Labrador, die sie seit 25 Jahren erforscht. Sie wurden gemeinhin für das Beispiel einer strikt männerdominierten Jäger- und Trapper-Gesellschaft gehalten: also mit einem Führer, einem Namen, einem mehr oder weniger festgelegten Territorium wohlausgestattet. Denn moderne Banden haben einen Häuptling (chief) oder Führer, der die gemeinschaftlichen Interessen in Verhandlungen mit Regierungsbeamten, Geschäftsleuten und Missionaren vertritt; oder individuelle Männer, die von Fremden als Familienvorstand akzeptiert werden, übernehmen diese Rolle. Unausweichlich wird damit eine öffentliche Sphäre geschaffen, die sich dann auch rasch zur ökonomisch und politisch wichtigeren auswächst.
Aber die Mitteilungen der „Jesuit Relations" aus dem 17. Jahrhundert, einem Programm der Jesuiten zur Zivilisierung der Indianer nebst Berichten und Beschwerden über deren unverschämten eingeborenen Zustand, lassen auch von den Montagnais-Naskapi ein älteres und anderes Bild machen. Die Jesuiten berichten: Streit ist selten zwischen Gatten; jedes Geschlecht verrichtet seine Arbeiten, ohne sich in die des anderen zu mischen; niemand wollen sie besondere Ehren erweisen; ihre Sprache hat den faulen Geruch der Gosse; Frauen haben große Macht und Männer zeigen keinerlei Neigung, sich die Frauen untertan zu machen oder zu sexueller Treue zu verpflichten; der Jesuit Le Jeune klärt so einen Indianer auf: „Ich habe ihm dann erklärt, daß er der Herr ist, und daß in Frankreich nicht die Frauen über ihre Männer herrschen."

Leacock stellt auch die Übertreibungen vom „Mann als mächtigem Jäger und Krieger" in den Jäger-Sammlerinnen-Gemeinschaften zur Disposition: diese männlichen Aktivitäten (wobei man statt von Krieg von „sporadischen Überfällen" oder Fehden sprechen muß) waren Bereiche männlicher Ritualisierung, nicht mehr und nicht weniger; Frauen nahmen daran in bestimmten, nicht geringer bewerteten Funktionen teil, und pflegten ansonsten ihre eigenen Ritualisierungen. Sie waren noch im 17. Jahrhundert ebenso Schamanen wie die Männer; Frauen feierten Feste, von denen wir nichts wissen, als daß sie stattfanden und daß Männer ausgeschlossen waren. Speziell bei den Naskapi trugen Frauen sehr viel weniger zum Nahrungsaufkommen bei als bei Jäger-Sammlerinnen-Gesellschaften sonst üblich (vgl. Kap. 2.2.2./5), aber sie stellten die Kleidung für alle bereit. Es wird berichtet, daß sie in historischer Zeit ihre Männer zu Abwehrkämpfen gegen Irokesen anstachelten, die ihnen in die Quere kamen, und sich an Marterungen beteiligten. Grundsätzlich bestanden im 17. Jahrhundert die Naskapi-Banden aus saisonweise gebildeten Koalitionen von kleineren Gruppen, mit denen sie in Kooperativen jagten; diese Gruppen wiederum bestanden aus verschiedenen Wigwam- oder Quartier-Gruppen (lodge groups), die auch die grundlegende sozioökonomische Einheit bildeten. Wenn sie konnten, blieben sie zusammen, trennten sich aber, wenn größere Gebiete für die Jagd erschlossen werden mußten. So waren diese Aggregate höchst flexibel. Erwartungen an die Gegenseitigkeit (zum Beispiel bei der Nahrungsteilung) waren oft wichtiger als verwandtschaftliche Bande. Produktion und Konsumtion bildeten keine getrennten Sphären.

Ethnohistorische und neuere Materialien zeigen an, daß jedesmal bei Einführung des Handels – und das heißt, bei Kontakt mit „weißer" Männerhierarchie, – Frauen an Kontrolle über Nahrungsproduktion und -verteilung, an Autonomie und damit an Status verlieren. Bedrückend finde ich daran, daß in der Regel die Kumpanei unter Männern sich durchsetzt, so daß selbst Männer aus egalitären Gesellschaften offenbar einigen Vorteil darin erkannten, das geschlechterpolitische Wertsystem der sie kolonisierenden Männer zu übernehmen.

Und von letzteren wiederum stammen unsere Kenntnisse über ältere Zustände bei den „Wilden". Unsere Auseinandersetzung mit diesem „Jesuiten-Syndrom" in der Völkerkunde gehört in die „Geschichte der weiblichen Verluste"; aus diesen Überlieferungen Erkenntnisse über den alten Status der Frauen herauszufiltern, ist manchmal so, wie wenn frau Lehren und Lebensweisen der „häretischen Gnostiker" aus den Schmähschriften ihrer katholischen Verfolger oder die Geschichte der französischen Frauenbewegung nach den Karikaturen von Daumier rekonstruieren wollte.

Was das Jesuiten-Syndrom und der Kolonialismus für die historische Völkerkunde und speziell ihre Frauenforschung bedeuten, wurde mir an einem weiteren Hinweis von *Leacock* erstmals klar:

> „Wie im Falle der Irokesen, wurden Gesellschaften rund um die Welt durch das ökonomische System transformiert, das sich in Europa in einer Zeit herausformt, die Wallerstein *das 'lange' sechzehnte Jahrhundert* nennt, die Zeit von 1450 bis 1650." (Leacock 1978, S. 253, Übers. C. R.)

Was *Leacock* nicht dazusagt, mir aber von größter Bedeutung scheint: dies ist in Europa auch das „lange Jahrhundert" geschlechterpolitischer Transformation – die Periode der Durchsetzung des christlichen Männerrechts, der Hexenverfolgungen, der Auslöschung von Verhütungswissen und Durchsetzung der christlichen Sexualmoral *und* damit bahnbrechende Epoche für die zweite und höchste Stufe der europäischen Bevölkerungsexplosion (vgl. Kap. 3.5.2.). *Die Missionare dieser Zeit, im Schlepptau der Eroberer reisend und für die geistige Kolonisierung zuständig,* gehören denselben Generationen an und *sind desselben Geistes Kind wie die Inquisitoren. Neben vielen anderen (Geschlechts-) Krankheiten übertragen sie auch diesen Virus „Zeugungswahn", und mit gewissen zeitlichen Verschiebungen finden wir ihn heute höchst wirksam im globalen „Krankheitsherd Bevölkerungsexplosion".* Ein später Triumph.

Was die Geburtenpolitik der „Bandengesellschaften" angeht, so beschränken sie noch heute in den Regionen, wo sie überlebt haben, ihre Größe auf die „magische Zahl" von 25 Mitgliedern pro lodge-group, die sich in seltenen Fällen bis auf 50 Personen erhöhen kann; ein „Stamm“ dieser Lebensweise umfaßt maximal 500 Personen; manche Gruppen begrenzen übrigens auch die Zahl der Toten, mit denen sie Umgang pflegen. (Angaben nach Pfeiffer 1981, S. 519ff.; ähnliche Daten und zahlreiche Quellen bei Hassan 1981, S. 53ff.)

Jüngst hat sich auch Gunnar *Heinsohn*, ideenreicher Experte für Geschichte und Soziologie der „Menschenproduktion“ in Patriarchaten, zum Thema der Geburtenkontrolle in jenen Gesellschaften kurz geäußert, „deren soziale Struktur eher nach den Interessen von Frauen konzipiert ist“. Er betont, daß das Gebären von Kindern für die *Frauen*

„. . . immer ein risikoreicher, biologisch keineswegs ersehnter Vorgang gewesen ist: Das Austragen eines Kindes ist ein Vorgang, den die Frau mit körperlichem Verschleiß und eingeschränkter Beweglichkeit zu bezahlen hat. Die Geburt selbst verläuft sehr schmerzhaft, stammen doch Becken und Geburtskanal entwicklungsgeschichtlich aus der Vorhomo-sapiens-sapiens-Zeit, während der Mutationsschub zu unserer Gattung hin jenen großen Stirn-Kopf hervorgebracht hat, welcher auch bei bester Hilfe leicht zum Dammriß führen kann und häufig genug eine vaginale Gewebserschlaffung mit sich bringt, welche späteres sexuelles Vergnügen ernsthaft beeinträchtigt . . .

In Gesellschaften, deren soziale Struktur eher nach den Interessen der Frauen konzipiert ist, gilt es denn auch als selbstverständlich, daß die schwere und schmerzvolle Bürde von Schwangerschaft, Geburt und Aufzucht so weit akzeptiert wird, wie es für das Fortdauern des Stammes in optimaler Größe nicht zu umgehen ist. Matrilineare Frauen haben also relativ wenige Kinder, und finden sogar zu einer regelrechten Arbeitsteilung: Frauen, die leicht gebären, haben eine sehr hohe Anzahl an Kindern, von denen die meisten dann von Frauen, die viel Angst vor der Geburt haben müssen, adoptiert werden. (Anmerkung: Bei den matrilinearen und matrifokalen Ifaluk adoptierten nach einer Untersuchung 30%, bei den ebenso organisierten Truk 40% aller Frauen ihre Kinder und gebären selber niemals . . .)

Die geringen Kinderzahlen oder gar Kinderlosigkeit und damit die Möglichkeit, sich sexuell einigermaßen vergnügen und überhaupt leidlich bewegen zu können, gelingt den Frauen dieser Stammesgesellschaften – wie auch bei den Germanen – durch Verhütung, Abtreibung, und – als letzter Sicherung – durch Kindestötung.

An die 210 Wurzeln, Kräuter und Verfahren wurden allein bei nordamerikanischen Indianerinnen erforscht, mit denen sie Unfruchtbarkeit oder Aborteinleitung oder ein sanftes Sterben der Neugeborenen bewirken können. Bisher haben sich davon acht als voll und fast sechzig als partiell klinisch wirksam erwiesen. Es verwundert deshalb nicht, daß die wenigen wirklich aufgezogenen Kinder, als existentiell unbedingt benötigte, auch alle Rücksicht erfahren, die ihr gedeihliches Aufwachsen befördern. Für 'Kinderfreundlichkeit' gibt es auch in diesen Gesellschaften . . . kaum Vokabeln. Die Sorge für die Kinder resultiert aus dem eigennützigen Interesse der Stammesmutter an tüchtigen Nachfolger/innen, ist also selbstverständlich . . .

Daß Fortpflanzung und Aufzucht in Gesellschaften, die nicht nach weiblichen Interessen strukturiert sind, nur durch Gewalt gegen Frauen durchgesetzt werden können, ist nicht verwunderlich, wenn sie sich bereits in ihren eigenen matrilinearen Gesellschaften nur das erforderliche Minimum an Kindern zumuten . . . Die deutlichsten Zeugnisse für das Brechen des weiblichen Widerstandes gegen die Mühsal der Fortpflanzung für ihnen fremde Zwecke findet sich auch in den am Beginn der patriarchalischen Eigentumsgesellschaften geschaffenen strikten Verboten der Kindestötung durch Mütter und Frauen. Sie werden nun selbst getötet, wenn sie mit ihrer traditionellen Praxis für die Kleinhaltung der Kinderzahlen fortfahren. Das Recht der Kindestötung monopolisieren die jungen Patriarchen für sich . . .“ (Heinsohn 1984, S. 10-12)

Solche historischen Erkenntnisse provozieren, – vor allem Ablehnung. Genau diese Erfahrung machte *Heinsohn* mit seiner „UNITAR"-Untersuchung über „Bevölkerungspolitik, Hexenverfolgung, Kinderwelten", aus der die hier zitierte Passage stammt. Im Rahmen dieser Bestandsaufnahme der Vereinten Nationen zur „Gestaltung der Kindheit" in 60 Nationen hatte *Heinsohns* Arbeit, wie er feststellt, „nicht einmal die Chance einer Minderheiten-Position". Denn wer aufzeigt, wie hinter den „Drei K" der Frauenwelt – Kinder, Küche, Kirche – die Schatten der „Drei K der Männerwelt" stehen, – ich nenne sie mal Konkurrenzkampf, Kriege, Kolonialismus; und wer zeigt, daß in den Kinderwelten hinter „K wie Kinder-*Reichtum*" das größte Kinder-*Elend* aller Zeiten steht, und daraus noch politische Schlußfolgerungen zieht, die oder der wird an kaum einem Ort der Erde Gehör oder gar Zustimmung finden. Soziobiolog/innen werden weiter ungerührt vom naturgesetzlichen Streben der Männchen nach Vermehrungs*erfolg* reden (vgl. Kap. 3.1.3.), und konservative Staatsmänner auch der übervölkertsten Nationen (z. B. Bundesrepublik Deutschland) Sexualaufklärung und legale Abtreibungen zu verhindern und Stiftungen für „Mutter und Kind" zu installieren wissen.

Trotzdem – in den folgenden Kapiteln weitere Argumente aus der langen Geschichte *weiblicher* Geburten- und Verhütungspolitik.

3.2.2. „Mutter Natur" oder „Mutter Kultur"? Über Probleme von Paläodemografen mit der Vorgeschichte, und einige Ergebnisse

In der Vorgeschichte gab es keine Volkszählungen, keinen Census, keine Statistiken. Mit der Bevölkerungsentwicklung dieser Jahrtausende befassen sich die Paläodemografie, die Bevölkerungsbiologie und die demografische Archäologie. Aus welchen Quellen können wir Daten über diese Zeit gewinnen?

1. Aus Begräbnissen, Begräbnisstätten und Friedhöfen – laut *Smolla* „die Hauptquelle aller paläodemografischen Aussagen" (in: Bernhard/Kandler 1974, S. 335). Man verfährt so, daß man die Gesamtzahl der Begräbnisse zur Zahl der Jahre ins Verhältnis setzt, die eine Begräbnisstätte benutzt wurde. Ein Problem liegt allerdings mit begraben; es muß nämlich von einem Zustand ohne Fluktuationen ausgegangen werden, also Abwanderungen zum Beispiel.
2. Aus Siedlungen. Verrechnet werden Ausdehnung/Fläche der Siedlung, Schätzungen über Anzahl der Bewohner/innen pro Haus, und die Dauer, während der eine Siedlung wahrscheinlich bewohnt wurde. Für ganze Landstriche untersucht man die Siedlungsdichte.
3. Aus Artefakten – also zum Beispiel all jenen Kulturgegenständen, die mit der Ernährung zu tun hatten. Aus der Anzahl und dem Volumen von Kochtöpfen und Vorratsbehältern schließt man auf die Zahl der zu stopfenden Mäuler.

4. Aus Speiseüberresten – ihrem Nährwert, der in die Nahrungsmittel wahrscheinlich investierten Zeit und Arbeit, und Beschaffungsstrategien.
5. Aus ethnohistorischen Schätzungen über die Populationsgröße. So stimmen beispielsweise Schätzungen nach verschiedenen Quellen darin weitgehend überein, daß die Zahl der nordamerikanischen Indianer/innen zur Zeit des ersten Kontaktes mit Europäern (nur!) etwa 1.200.000 Personen betragen habe.
6. Immer wieder werden auch vergleichende Blicke geworfen, zu den „Naturvölkern" von heute, und auf die unvermeidlichen Primaten und ihr (heutiges!) Fortpflanzungsverhalten.

Je weiter wir in die Vorgeschichte zurückgehen, desto mehr Forschungslükken müssen mit Interpretationen und Hypothesen gefüllt werden; Paläodemografen verweisen auch selbst immer wieder auf diese Unsicherheiten. Aber sie sind sich grundsätzlich einig, daß die Bevölkerungsdichte während der gesamten Vorgeschichte außerordentlich gering war. Während des gesamten Pleistozäns, also bis zum Jahr 10.000 v.u.Z., betrug die Weltbevölkerung 8 bis 9 Millionen Menschen – daß sind so viele, wie heute alle sechs Wochen neu auf die Welt dazukommen! (nach Hassan 1981, S. 208) Einig geht man auch in Aussagen über die Lebensaltererwartungen: sie blieben vom Neolithikum bis ins 17. Jahrhundert u.Z. relativ gleich, mit durchschnittlich 30 bis 35 oder nur wenig mehr Jahren. (vgl. dazu die Tabelle ibid., S. 122.) *Hassan* hat errechnet, daß trotz aller natürlich begrenzenden Faktoren sich die prähistorischen Populationen innerhalb von nur 130 Jahren jeweils hätten verdoppeln können: bei einer niedrig angenommenen Wachstumsrate von nur 0,5% hätte sich ein einzelnes Paar, sagen wir, Adam und Eva, innerhalb von nur 15.000 Jahren auf 3 Milliarden Nachkommen vermehren können – das war etwa die Weltbevölkerung von 1950. Bei einer Wachstumsrate von 1% hätte dieses eine Paar die Erde innerhalb von nur zwei Jahrtausenden bis zum heutigen Stand gefüllt. (Die heutigen Wachstumsraten liegen zum Teil sogar bei 2 bis 3%.)

Man ist sich also einig, daß die vorgeschichtlichen Menschen, obwohl sie dazu durchaus in der Lage gewesen wären, kein nennenswertes Bevölkerungswachstum erzeugt haben. Aber die meisten Paläodemografen sind außerstande, diese Tatsachen zu interpretieren. Da schleichen sich immer wieder Zivilisationsphantasien und Widersprüche in die zugegebenermaßen komplizierte Beweisführung – vor allem scheint mir, weil die Interpreten vom Fortpflanzungs- und sexuellen Verhalten sowie vom Wertesystem moderner patriarchaler Gesellschaften ausgehen. Als Beispiele für die herrschende Verwirrung stelle ich kurz Gedankengänge von G. *Kurth* und W.E. *Mühlmann* vor, aus dem immerhin erst zehn Jahre alten Band „Bevölkerungsbiologie", herausgegeben von *Bernhard/Kandler* (1974).

G. *Kurth* stellt folgende Überlegungen an:

– Die geringe Zuwachsrate der Erdbevölkerung in früheren Jahrtausenden mit noch recht langen Verdopplungszeiten legt nun die Annahme nahe, daß damals in der Regel nur ein Teil der bis ins Fortpflanzungsalter überlebenden Neugeborenen sozial 'ehefähig' wurde, d. h. auch über die erforderlichen wirtschaftlichen Voraussetzungen verfügte . . ." (S. 349/350)

Sehen wir da nicht im Geiste den Ernährer der Familie durch die Savanne streifen, während seine heiratsfähigen Töchter für die Aussteuer nähen?

– Zu den heute weithin akzeptierten Argumenten *Kurths* zählt dagegen die Vermutung, daß der zeitliche Abstand zwischen Menarche (erstem Einsetzen der Menstruation) und der vollen Konzeptions-Fähigkeit der Frauen beträchtlich länger gewesen sei als heute.
– Für die „unerwartet hohen Geburtenabstände in den Individualreihen" (das heißt, die auffallend langen „Gebärpausen" bei jeder einzelnen Frau) finden sich immerhin Vergleiche bei den Schimpansen, und in südniedersächsischen Gemeinden noch in neuerer Zeit – „Es fragt sich daher wiederum, inwieweit hier noch zusätzlich vom Menschen selbst gesetzte Regulationen mitsprechen" (ibid., S. 351)
– Über die Rolle und die Leistungsfähigkeit der 'Urmütter' macht sich der Autor folgende Gedanken:

„Grundsätzlich können wir aber feststellen, daß die dauernde Fähigkeit der menschlichen Frau zu geschlechtlichem Verkehr im Mittel eben nicht zu dichten Geburtenreihen mit kurzen Abständen geführt hat, da sonst die Überlebensrate trotz hoher Kinder- und Jugendsterblichkeit frühzeitig eine Bevölkerungsexplosion ausgelöst haben müßte. Wir dürfen also zumindest für frühere Zeiten vor der Einwirkung der modernen Zivilisation damit rechnen, daß die Geburtenfolge der fruchtbaren Frau hauptsächlich noch durch *physiologisch* wirksame Regulationen auf die *natürliche physische Leistungsfähigkeit des weiblichen Körpers* wie die *intensiveren Betreuungspflichten der Mutter für das Kleinst- und Kleinkind* abgestimmt war." (ibid., S. 351, Hervorh. C. R.)

Da hat wohl die deutsche Kleinfamilie mit ihren „intensiven Betreuungspflichten" Pate gestanden; und was die „natürliche physische Leistungsfähigkeit" von Frauen angeht, so ist sie nachgewiesenermaßen auf nicht wenigen Gebieten derjenigen der Männer nicht unterlegen.

So geht es bei *Kurth* immer hin und her; mal spricht er von paläodemografischen Daten, „die bereits früh ein gewisses Maß an Planung und gesellschaftlich gesteuerten, biologisch effektiven Maßnahmen zur Abstimmung von Nachwuchsrate und Nahrungsdecke wahrscheinlich machen" (ibid., S. 258/359); mal mag er überhaupt nicht an kulturelle Manipulationen der Fruchtbarkeit glauben: „Denn wir haben keine Unterlagen dafür, daß die eheliche Fruchtbarkeit zusätzlich zu den natürlichen Regulationen über einen im Durchschnitt relativ hohen mittleren Geburtenabstand noch bewußt und erfolgreich durch den Menschen mit Breitenwirkung so herabgesetzt wurde, daß der Zuwachsdruck überregional weitgehend aufgehoben war." (ibid., S. 356)

W.E. *Mühlmann* meint im selben Band immerhin, die historische Gesamtschau

„. . . zwingt uns also, *von der These eines 'natürlichen Bevölkerungswachstums' Abschied zu nehmen.* Nehmen wir aber nun noch die demographischen Tatsachen über die sog. 'Naturvölker' oder allgemein: über die zivilisatorisch-technisch schwach bewaffneten

Bevölkerungen der vorindustriellen Epochen hinzu, so werden wir zu der Frage genötigt, ob es *überhaupt* ein Kennzeichen menschlicher Populationen sei, daß sie (in einem wesentlichen Maße) *wachsen.*" (ibid., S. 709, Hervorh. der Autor u. C. R.)

Aber auch für *Mühlmann*, wie die Mehrzahl der Paläodemografen, bleibt letztenendes ein Rätsel, *warum* über Jahrtausende die Weltbevölkerung nicht oder nur minimal wächst. Da greift man, sozialdarwinistische Ideen im geistigen „Rüst"-Zeug ohnehin eingehämmert, eben oft und rasch zu Phantasie-Erklärungen über die Kargheit und Knappheit, über die allgegenwärtig lauernden, vernichtenden Gefahren für Leiber und Leben in der Vorzeit. Man mag diesen frühen Gesellschaften keine bewußte, vernunftmäßige und kulturell, also 'künstlich' gestaltete Bevölkerungs-*Politik* zutrauen – gar gelenkt von der weiblichen Hälfte der Spezies.

Nach meinen Kenntnissen der neueren Forschung hat bisher Fekri *Hassan* die mit Abstand klarste Analyse zur Bevölkerungsentwicklung der Vorgeschichte geliefert; mit archäologischem, anthropologischem und systemtheoretischem Ansatz arbeitete er eine riesige Menge Literatur auf und führt an verschiedenen roten Fäden durch das Labyrinth von Meinungen, Materialien und Daten. Deshalb verweise ich alle diejenigen, die in Detailargumente tiefer einsteigen möchten, auf seine „Demographic Archaeology" von 1981. Er entwickelte Modelle – auch dargestellt in zahlreichen Formeln und Schautafeln – für die „Determinanten menschlicher Fruchtbarkeit" in der Vorgeschichte (u. a. ibid., S. 126 ff.); zwar hält er das Spektrum „natürlicher" Determinanten für primär bestimmend – zum Beispiel die Dauer der adoleszenten Sterilität, die ja nach der Menarche erstmal eintritt, Sterilität während der Stillzeit, „natürliche" Kinder- und Mütter-Sterblichkeit, Dauer der reproduktiven Lebensspanne von Frauen, und so weiter (interessanterweise kommen männliche „natürliche Determinanten" nicht zur Sprache). Die „kulturellen Variablen" und Determinanten hält *Hassan* dagegen für sekundär, widmet doch aber diesen Methoden der Fruchtbarkeitskontrolle einige Aufmerksamkeit. Ich zähle hier nur einige auf (weitere Ausführungen in Kap. 3.2.4.): späte Heirat, sexuelle Praktiken, eingeschlossen die Funktion der männlichen Homosexualität, verlängerte Stillzeiten, operativ herbeigeführte männliche Sterilität, künstlich eingeleiteter Abort; weiterhin die sogenannten „mortality controls", die Kontrollen durch Tötung: von Neugeborenen, aber auch von Erwachsenen, zum Beispiel durch Kriege – letztere rechnet er, anders als eine Reihe anderer Forscher, jedoch nicht unter die „freiwilligen" und bewußten Bevölkerungs-Kontroll-Mechanismen, und außerdem sind „Kriege" als große Tötungsrituale eine 'Errungenschaft' der geschichtlichen Zeit. Ich schließe mich *Hassan* da an (vgl. auch Kap. 3.4.).

Sanfte, zum Beispiel pflanzliche Verhütungsmittel sind allerdings für *Hassan* kein Thema. Und seine eigentlich überzeugend rationalen Modelle muten in jenen Fällen dann doch mechanistisch an, wo unter den kulturellen Determinanten wichtige Bereiche der Geschlechterpolitik und der Geschlechterpsychologie ausgeklammert bleiben. Manchmal verwendet er auch Begriffe statisch und enthistorisierend, zum Beispiel denjenigen vom „sexuellen Trieb" – wer sagt, daß der zu allen Zeiten und an allen Orten gleich stark oder schwach oder gleich gestaltet war? (ibid., S. 156/157)

Für die folgenden Abschnitte (3.2.3. bis 3.2.5.) konzentriere ich mich vor dem Hintergrund von *Hassans* Materialien und Theorien auf die „Dunklen Kontinente", auf die geschlechterpolitischen Komponenten der vorgeschichtlichen, matriarchalen und egalitären Bevölkerungssteuerung, auch wenn ich auf dem begrenzten Raum dieser nicht-spezialisierten Expertise Materialien, Thesen und Forschungsrichtungen nur andeuten kann. Grundsätzlich gilt es, die Wechselwirkung zwischen Bevölkerungssteuerung, Siedlungsweisen und anders in die Lebenszusammenhänge eingebauter Heterosexualität (und Homosexualität) aufzuzeigen.

3.2.3. Das Kinderkriegen in der Kunst der Altsteinzeit

Das Kinderkriegen kommt in der Kunst der Altsteinzeit – also bis 10.000 v.u.Z. – nicht vor: nicht als Schwangerschaft, nicht als Geburtsvorgang, nicht als Mutter-Kind-Idylle. Weil kinderlos, werden die Frauen-Figurinen ja automatisch als „Venusse" benannt und verbucht, und damit zu Emblemen altsteinzeitlichen Sexual- und Schönheitsempfindens erklärt (Abb. 10, 18, 20). Diese Figurinen können sehr schlank sein, ganz stilisiert, oder auch gewaltig ausladend mit großen Brüsten, Hüften und Gesäßen; einen guten Überblick zur Typologie vermittelt *Delporte* 1979. Auch als „schwanger" würde ich die Mehrzahl von ihnen nicht bezeichnen, weil ihre Fettleibigkeit den gesamten Körper betrifft, bis auf die oft spindeldürren Ärmchen, die unter die Brüste gelegt sind oder auf ihnen ruhen: eines der plastischsten Beispiele dafür die berühmte Venus von Willendorf (Abb. 18). Marie *König* interpretiert die sphärischen Rundungen der Frauenfiguren als „umfassende Machtfülle im Zeichen der Kugel", zumal auch schon in der Altsteinzeit die Kugel als einzelnes, abstrahiertes Symbol in Höhlen gefunden wurde, rot bemalt und mit Strichen versehen (König 1979, S. 141 und 154).

Die vorgeschichtlichen Vulven wurden hier bereits in Kapitel 2.2.2. diskutiert, mit den drei Optionen, die zu ihrer Interpretation zur Verfügung stehen: Demnach wären sie Symbole erstens der Fruchtbarkeitssphäre, zweitens der sexuellen Sphäre oder drittens der esoterischen und kosmologischen Sphäre. Wegen der Einbindung in größere Symbolzusammenhänge hatte ich dieser letzten Deutung den Vorzug gegeben, wobei die erotische Komponente sicher nicht auszuschließen ist. Aber daß es Symbole für die von heutigen Interpreten vielbeschworene „Fruchtbarkeit" gewesen sein sollen, dafür sprechen weder archäologische, noch paläontologische, noch naturgeschichtliche Daten.

„So faul der Zauber mit dem Jagdzauber war, der die Höhlenbilder erklären sollte, so faul ist die oberflächliche Deutung von Vulven und ternären Darstellungen oder Tierbildern als 'Fruchtbarkeitssymbolik'. Fruchtbarkeit war für die frühen Menschen bis herunter zum Jungpaläolithiker so wenig ein Begriff wie Vaterschaft, und das aus dem gleichen

Die sog. „Venus“-Figuren von Willensdorf, Menton, und Lespugne (Altsteinzeit)

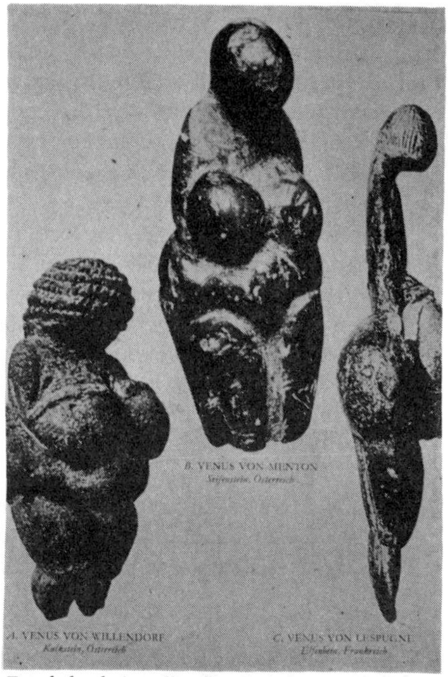

Grunde: es war unwichtig. An welcher Art Fruchtbarkeit sollte der frühe Mensch interessiert gewesen sein? An der eigenen? Das war Sache der Frauen, nur ihre allein. Sie bestimmten die Dichte im Revier der Sippe, wie es Wölfe (in von den Weibchen geführten Rudeln, C. R.) noch heute nicht anders tun. Sollte die Fruchtbarkeit der Beutetiere wichtig sein? Kaum, denn nur 20 Prozent der Nahrung wurden erjagt. Außerdem war der Reichtum an Arten und Beutetieren so groß, daß die Jagd ein recht müheloses Unterfangen war. Kein Grund zur Nachhilfe. Auch die Fruchtbarkeit der Flora war verschwenderisch. Wer wollte schon dafür beten, daß ein Apfel- oder Nußbaum noch mehr Früchte trägt, als er freiwillig bietet? (Fester 1979, S. 246; gegen die „Fruchtbarkeits“-Deutungen auch Helck 1971, S. 62/63.)

Gegen die seit dem 19. Jahrhundert üblichen Übertreibungen der Härten und Fährnisse altsteinzeitlichen Lebens wendet sich auch *Hassan*. Er erwähnt die Auffassung des englischen Bevölkerungsforschers *Malthus,* daß eben diese Mischung aus beständiger Knappheit und Gefahr die „Wilden“ vom Geschlechtsverkehr abgehalten hätte – womit sich *Malthus* deren gleichbleibend geringe Zahl erklärte; aber es steht fest, daß die Mehrzahl der Jäger-Sammlerinnen-Gesellschaften des Pleistozäns in durchaus gemäßigten Zonen gelebt hat, anders als etwa die Eskimos oder Buschleute von heute (Hassan 1981, S. 151 und 191). So gehören solche Geschichtsbilder eher dem Reich männlich-romantischer Survival-Phantasien an. Entsprechend schien ja auch für die „typisch männlichen Beschützer- und Ernährer-Rollen“ in der Kunst und ihren Symbolen (vgl. Kap. 2.2.2.) ebensowenig Platz wie im Leben. Fundplätze und Lagerstätten aus der Altsteinzeit bestätigen, daß diese Gruppen ihre Größe auch damals auf die 'magische Zahl' von 25 Personen beschränkten (vgl. Kapitel 3.2.1.; vgl. auch das Modell einiger Gründe dafür bei Hassan 1981, S. 144ff.). Und selbst die – nach soziobiologischem Denkmuster – „ranghöchsten" und damit für den „Vermehrungserfolg" prädestinierten Männer der „Wilden" haben diesen offenbar nicht in ein rapides Populationswachstum einmünden lassen (können), wie es doch theoretisch-mathematisch möglich gewesen wäre (vgl. die Angaben in Kap. 3.2.2.).

Viele der im gleich folgenden Abschnitt genannten Phänomene und Regulationsfaktoren treten sowohl bei Jäger-Sammlerinnen-Gruppen wie auch bei Gesellschaften agrarisch-seßhafter Lebensweise auf. (Von Hassan werden sie deshalb unter den Sammelbegriff „praehistorisch"/vorgeschichtlich gefaßt.) Sie liefern deshalb weitere Argumente und bestärken die Hypothese, daß die Bevölkerungsdichte in der Altsteinzeit *kulturell gesteuert* wurde, und zwar von den Frauen.

3.2.4. „ . . . als ob sie einer verschiedenen Spezies angehörten" – einige anthropologisch und ethnohistorisch belegte kulturelle Regelungen des Geschlechterverhältnisses, die die Bevölkerungssteuerung beeinflussen

„Menschliche Populationen haben bekanntlich eine Vielzahl von kulturellen Methoden der Bevölkerungskontrolle praktiziert . . . Diese Methoden schließen Fruchtbarkeitskontrollen, Sterblichkeitskontrollen und räumliche Bevölkerungsbewegungen ein." (Hassan 1981, S. 147, Übers. C.R.)

Auch *Hassan* merkt zu diesen drei Kontroll-Mustern an, daß dasjenige der bloßen Umverteilung, Abspaltung und *Emigration* zumindest auf längere historische Sicht keine echte Kontrollmöglichkeit darstellt, sondern nur ein Ventil; irgendwann gibt es – und der Zeitpunkt ist heute erreicht – räumlich nichts mehr zu kolonisieren innerhalb des „geschlossenen Systems Erde".

Was die *Sterblichkeitskontrollen* angeht, so war Kindestötung eine jener Methoden, die angewendet werden, seit homo sapiens sapiens die Erde bevölkern. Die Kindestötung wurde bis in historische Zeit nicht als moralisch verwerflich betrachtet; nur wurde die Kontrolle darüber dem jeweils herrschenden Geschlecht zugesprochen; damit korrelierte auch meist eine Verschiebung der Geschlechterratio nach der Faustregel, daß in Matriarchaten mehr Mädchen und in Patriarchaten mehr Jungen am Leben blieben. Für die Jüngere Altsteinzeigt gibt *Divale* eine zugunsten des männlichen Geschlechts verschobene Geschlechterratio an; allerdings, so wird betont, könne dies an der Schwierigkeit liegen, Geschlecht und Alter der altsteinzeitlichen Fossilien zu bestimmen (Hassan 1981, S. 155). Von neusteinzeitlichen Siedlungen wird öfter ein größerer Frauenanteil berichtet, so zum Beispiel im Falle von Catal Hüyük in Anatolien; der Ausgräber *Mellaart* schreibt:

„In einer frühen neolithischen Gesellschaft wie der von Catal Hüyük könnte man aus biologischen Gründen (? C. R.) einen größeren Frauenanteil erwarten, und diesen Umstand spiegeln tatsächlich die Gräber." (Mellaart 1967, S. 202; vgl. auch Kap. 3.2.4.)

Aber ganz gleich, ob unter matriarchaler, egalitärer oder patriarchaler Ägide – die Kindestötung ist für die Frau ein recht unökonomisches Mittel der Geburtenkontrolle, da sie ja die Mühen von Schwangerschaft und Geburt in vollem Maße austragen muß.

Wenn wir uns nun den *Fruchtbarkeitskontrollen* zuwenden, so möchte ich darunter nicht nur, wie üblich, die pflanzlichen Verhütungskünste und sexuellen Techniken zählen; eine ganze Anzahl von Faktoren der psychischen und sozialen Organisation nichtpatriarchaler Kulturen scheint mir mit darauf abzuzielen oder zumindest beizutragen, eventuell übersteigerten Zeugungsdrang einzudämmen. Ich zähle einige Merkmale auf, die einzeln vorkommen oder zusammenwirken können: solche Gesellschaften

– machen sich keinen Begriff von „Vaterschaft"; das heißt, sie wissen zum Teil nichts von „biologischer Vaterschaft", kennen aber auch oft die „soziale Vaterschaft" nicht; sie kennen die väterliche Kleinfamilie nicht, und keinen „männlichen Ernährer" (zum anderen Begriff von „Vaterschaft" vgl. Kap. 1.1.4. und 1.1.5., zum „Ernährer" vgl. Kap. 1.2.2./7.)
– unbekannt ist die „Heterosexualität des Allzeit-Bereit"; Sexualität wird in Ritualen in den Jahres- und Lebensablauf eingebaut; die männliche Homosexualität (von der weiblichen ist wenig bekannt) hängt in psychologischer und „verhütender" Weise mit dem Fortpflanzungsgeschehen zusammen;
– unbekannt in dem uns geläufigen Ausmaß ist romantische Liebe, aber auch, umgekehrt, der extreme Frauenhaß, wie er sich bei uns in Vergewaltigung, Mißhandlung, in Bildern (von Kunst bis Pornografie) und in der Sprache ausdrückt.
– Väter und Kinder bleiben zum Teil bis auf Jahre nach der Geburt voneinander getrennt; auch zwischen Männern und Frauen gibt es für unsere Begriffe unglaublich lange Zeiten der Trennung; hinzu kommt oft ein ausgesprochener auch räumlicher Separatismus ihrer geschlechtsspezifischen Gruppen;
– „Mutter" ist nicht immer und in erster Linie ein individuell-biologischer, als vielmehr oft ein funktionaler Begriff.

Typisch für die Verhältnisse ist die Klage des Anthropologen *Crawley:*

„ . . . bei Primitiven würden sich Männer und Frauen so wenig kennen, seien so ignorant einander gegenüber, *als ob sie einer verschiedenen Spezies angehörten* . . ." (nach Reed 1975, S. 142)

Zu drei von den ebengenannten *Methoden der Fruchtbarkeitskontrollen* sollen hier Beispiele folgen: zu *sexuellen Kontrollen,* zu *Meidungsregeln* und *Geschlechtertrennung.*

Zuerst zur Sexualität:

Über Frauen als Kräuterkundige, Schamaninnen und Magierinnen hatte ich in Kapitel 2.2.2./7. berichtet, wie sie auch auf sexuellem Gebiet eingreifen. Ganz außerordentlich interessant finde ich, daß von den möglichen Vollzugsarten des Geschlechtsverkehrs diejenige mit größter Wahrscheinlichkeit zu einer Empfängnis führt, die gemeinhin als „Missionarsstellung" bekannt ist: Gesicht zu Gesicht also, der Mann obenauf; am „fruchtbarsten" soll diese Position sein, wenn die Frau nach dem Coitus ihre Stellung noch eine Weile beibehält, und der Mann das Glied nicht zu abrupt aus der Vagina herauszieht (Hassan 1981, S. 151). Unter den Fruchtbarkeitskontrollen ist der Coitus interruptus in vielen vorindustriellen Gesellschaften bekannt, gilt aber heute als wenig sichere Methode (ibid. S. 152); männliche Sterilität wird bei Jäger-Sammlerinnen-Gruppen durch gewisse zeremonielle, chirurgische Praktiken herbeigeführt. Und auch männliche Homosexualität kann Bestandteil von Geburtenminderung sein, wenn sie anstelle von heterosexuellem Geschlechtsverkehr ausgeübt wird:

„*Turnbull* (1971) ist der Meinung, daß Homosexualität eine allgemein verbreitete Methode der Geburtenkontrolle in kleinen Gesellschaften ist. Er führt die Indianerstämme Süd-Amerikas als klarstes Beispiel dafür an, bei denen die Siedlungsgebiete in männliche und weibliche Sektoren eingeteilt sind. Die erwachsenen Männer sind in Untergruppen eingeteilt und haben miteinander homosexuellen Verkehr. Die Untergruppen jagen zusammen und bilden Kriegsparteien, die durch Homosexualität untereinander verbunden sind. Homosexualität wird auch durch lange Stillzeiten gefördert ... (Sie kann auch) eine Funktion von nachgeburtlichen Tabus und Restriktionen sein ... (Hassan 1981, S. 151, Übers. C.R.)

Damit sind wir beim nächsten Themenbereich, über sexuelle Abstinenz als Funktion von Meidungsregeln und Geschlechtertrennung:

Evelyn *Reed* hat in ihrem Buch „Woman's Evolution" eine Fülle von Beispielen zu diesem Themenkomplex beigetragen. Sie sieht die Trennungsmaßnahmen durchaus im Zusammenhang mit niedrigen Geburtenraten:

„Die niedrige Geburtenrate bei primitiven Frauen ist von daher nicht überraschend, wenn wir die verlängerten Perioden der Geschlechtertrennung in Betracht ziehen, jedesmal, wenn ein Kind geboren wurde. Je weiter wir in die Vorgeschichte zurückgehen, desto länger währt diese Periode der Absonderung. In den primitiven Regionen umfaßt sie eine Zeit zwischen zehn und zwölf Jahren; in den weiter fortgeschrittenen Regionen von zwei bis zu drei Jahren ... Die Meidung von Geschlechtsverkehr bezieht sich generell auch auf die Zeit, in der die Kinder noch an der Brust genährt oder entwöhnt werden ..." (Reed 1975, S. 134/135, Übers. C.R.)

W.G. *Sumner* erwähnt von den Plains Indians folgende Sitte:

„Es war sehr lange Zeit der Brauch, daß eine Frau kein zweites Kind haben sollte, bis ihr erstes 10 Jahre alt ist." (ibid., S. 135)

Die Meidung von Geschlechtsverkehr während der ausgedehnten Stillphase mutet, vom Verhütungseffekt her gesehen, und nach neueren (wiedergewonnenen?) medizinischen Erkenntnissen, wie eine „doppelte Sicherung" an; denn während der Stillzeit tritt Amenorrhoe (Ausbleiben der Menstruation) und Sterilität bei der Mutter ein. Durch das Säugen wird jener hohe Prolactin-Spiegel aufrechterhalten, der schon während der Schwangerschaft beständig produziert wurde (zwanzig mal so hoch wie bei nichtstillenden Frauen). Die Prolactin-Produktion ist offenbar stimuliert durch den Saugreiz an der Brustspitze. (Bei solcher Stimulierung sondern sowohl Männer wie auch nicht-stillende und nicht-schwangere Frauen sogleich eine größere Menge Prolactin ab.) Von der Literatur zu diesem Thema nenne ich noch Anderson 1983, wobei ich seine frauenpolitischen Konsequenzen völlig ablehne.

Männern war in vielen Situationen die Annäherung an Frauen verboten: bei Schwangerschaft, bei der Menstruation und natürlich bei der Geburt. Um alle diese Zustände anzuzeigen und zum Zeichen ihrer Unberührbarkeit färbten sich Frauen den Körper (blut-)rot, zum Beispiel in Nigeria mit roter Farbe (ibid., S. 135; wir finden auch viele der eis- und steinzeitlichen Frauenfiguren mit roter Farbe bestrichen, und auch rotbemalte Skelette von Frauen in Begräbnissen; aus der Selbst-Separierung von Frauen in Menstruations- und Geburtsbezirken entstehen unter der Wahrung von Geschlechtsgeheimnissen auch spezielle Frauenkulte und Frauenriten. Die mit Frauenblut in allen menschlichen Gesellschaften verbundenen Tabus drücken ursprünglich deren Heiligkeit und Macht aus; diese Macht muß von Verletzern der Tabus gefürchtet werden. Noch die Römer bezeichneten Frauenblut als „sacer": das heißt übersetzt sowohl „heilig" als auch „verflucht". Erst unter patriarchalen Verhältnissen deutet man solche Meidungsregeln in unfreiwilliges Ausgestoßensein von Frauen um, und erklärt sie durch „Unreinheit".)

Strikt werden Männer auch immer wieder von Frauen mit Kindern ferngehalten. Evelyn *Reed* erklärt dieses Verhalten so: nach der Tötung und Verspeisung von Tier wie Mensch hätten die Männer den Frauen als unrein gegolten; daraus resultierten Reinigungsriten für die Männer und lange Zeiten der Absonderung, der „Quarantäne";

„In Regionen, wo bis heute der *Kannibalismus* sich erhalten hat, und selbst nur in rituellen Formen, ist die Trennung der Männer von den Frauen nach einer Jagd oder einem Kampf lang hinausgezogen, sie erstreckt sich oftmals über ein Jahr oder mehr.

Webster schreibt: 'Die Kwakiutl von Britisch-Kolumbien, bei denen Kannibalismus ein rein zeremonieller Ritus (geworden) war, unterwarfen die Esser von Menschenfleisch vielen Einschränkungen. Sie durften nicht arbeiten, nicht spielen, und sich ihren Frauen für ein Jahr nicht nähern, und vier Monate dieser Zeit hatten sie allein in ihren Schlafräumen zu verbringen." (ibid., S. 90, Übers. und Hervorh. C.R.)

Bei „Primitiven" gibt es zahlreiche Rituale, um die Wöchnerin und ihr Neugeborenes zum Beispiel vor dem 'Bösen Blick' zu schützen. Daher auch die Sitte, daß nach der Geburt die Helferinnen aus dem Geburtshaus eilen und mit Waffen in die Luft schießen; oder, daß um das Geburtshaus eine Barrikade von Feuer gelegt wurde; wie bei den Bogo in Abessinien beispielsweise. *Reed* fragt: Was wurde gefürchtet, – Tiere, Geister oder Männer?

„Eine Bavenda-Mutter blieb abgeschlossen, bis die Nabelschnur des Kindes sich ablöste, etwa vier Monate nach der Geburt. Ihr Gatte wurde von der Geburt informiert und über das Geschlecht des Kindes, aber er durfte es nicht sehen und berühren, bis nicht vier Monate um waren . . .

Die Trennung von 'Vater und Kind' war ursprünglich eine Trennung der Kinder, die sich noch in der Obhut der Mutter befanden, von erwachsenen Männern, die *Jäger* und *Krieger* waren. Das kann nur als ein Überbleibsel aus der Epoche des *Kannibalismus* verstanden werden." (ibid., S. 140, Übers. und Hervorh. C.R.)

Ich erinnere hier noch einmal an die ägyptische Göttin Isis (Kap. 1.2.) – wurde ihr nicht ausdrücklich die Abschaffung des Kannibalismus als zivilisatorische Leistung zugeschrieben?

Reed behauptet auch, daß in der Epoche der Jäger und Sammlerinnen Männer Fleischnahrung zu sich genommen hätten, während Frauen sich an Vegetarisches hielten (S. 137), belegt dies aber nicht hinreichend. Totem und Tabu, sagt sie, seien von Frauen errichtet worden, als Schutzmechanismen im Zusammenhang mit den oben genannten Meidungsregeln und ihren Begründungen. *Totem und Tabu dienten als soziale Kontrolle über Nahrung und Sexualität.* Dabei wurde das Nahrungstabu oft als das Wichtigere betrachtet, daß also Männer und Frauen nicht zusammen essen sollten. (Ich erinnere an die Bedeutung des gemeinsamen Essens der Gatten in der Heiratszeremonie der Minangkabau; von den Trobriandern berichtet *Malinowski* <1979, S. 66 und S. 74>, wie das Einnehmen gemeinsamer Mahlzeiten bei jungen Paaren vor der Ehe unterbleibt, beziehungsweise wie das Einnehmen einer gemeinsamen Mahlzeit durch die beidseitigen Verwandtschaftsgruppen ein Eheversprechen besiegelt. Oft wurde eine Empfängnis dem Verzehr bestimmter Nahrung zugeschrieben. Solche Anschauungen erhielten sich noch bei den Griechen: Attis wurde von seiner Mutter empfangen, weil sie Mandeln gegessen hatte, oder, nach einer anderen Version, Granatapfel; Hera empfing Hephaistos, indem sie eine Blume aß . . .

Von Frauen errichtete Sexualtabus werden besonders wichtig, wenn Frauen und Männer näher zusammenrücken, wenn sie für lange Zeiträume in Gemeinschaften miteinander leben, wenn sie in Siedlungen miteinander seßhaft werden, wie in den frühen und den 'primitiven' Garten- und Ackerbau-Gesellschaften. Oft treten dann strenge *Meidungsregeln* in Kraft, gekoppelt mit Exogamievorschriften. Für die entsprechenden Sexualtabus und Heiratsvorschriften den Begriff „Inzest"-Verbot anzuwenden, ist irreführend (vgl. dazu auch die Ausführungen in Kap. 2.1.1./8.). Denn es bezeichnet die Situation in unserer Gesellschaft, wo es für einen Mann ja nur sehr wenige „verbotene Frauen" gibt – Mutter, Schwester und Tochter nämlich. (Und daß Männer nur zu oft und nach Belieben dieses Verbot übertreten, zeigen für den deutschen Bereich sehr eindrucksvoll *Kavemann/Lohstöter*: im Band 9 dieser Expertisen-Reihe, und in „Väter als Täter" 1984.) Bei den „Wilden" dagegen, in der Steinzeit, bei matriarchalischen und egalitären Gesellschaften, gab es für einen Mann sehr viel mehr „verbotene Frauen". „Kleinste heterosexuelle Einheit" war ja auch nicht die Familie, sondern der mütterlicherseits oder bilateral verwandte Clan, die Sippe. Oft drückt sich auch sprachlich aus, daß alle weiblichen Verwandten als „Mütter" oder „Schwestern" galten, und so Frauen aller Generationen sakrosankt waren:

> „*J. J. Atkinson* legt dar, daß in einigen Sprachen der Ausdruck *Schwester* von einer Wurzel abzuleiten ist, die *Meidung* bedeutet . . . Andrew *Lang* berichtet uns, daß der Ausdruck *Schwester* identisch ist mit *Tabu,* und daß Tabu wiederum *nicht zu berühren* bedeutet (in Lifu zum Beispiel) . . .
>
> Bei den Chagga bestärken sie das Sexual-Tabu zwischen Bruder und Schwester, indem

sie die Schwester der Mutter gleichsetzen. Ihr Ausdruck sagt: *Schwester ist Mutter.* Auch unter den Bangala wird die Schwester *mama* oder *mama moti* genannt, also *kleine Mutter.*" (Nach Reed 1975, S. 4/5)

So meint der Begriff „Mutter" in solchen Gesellschaften eine funktionale und nicht in erster Linie die biologische Beziehung. Meidungsregeln und Exogamie sollen besonders in Gesamtpopulationen von unter 500 Mitgliedern stark die Fruchtbarkeit begrenzen helfen (nach Hassan 1981, S. 150).

Die Einhaltung der Meidungsregeln wurde auch durch *räumliche Trennung der Geschlechter* befördert und gewährleistet; denn dieser Art von sozialer Kontrolle diente die Separierung in Frauen- und Männer-Häusern; spätestens mit Beginn der Pubertät, meist schon im Alter von nur wenigen Jahren, treten Knaben vom Mutterhaushalt in das Männerhaus über, – ich erinnere in diesem Zusammenhang noch einmal an die traditionellen Regeln bei den Minangkabau (Kap. 2.1.5.).

In vielen Regionen und Kulturen zerriß die Kolonisierung das Netz auch dieser bevölkerungspolitisch wirksamen Regelungen.

„Die strikt eingehaltenen Meidungsregeln brachen rapide zusammen, als die Europäer in 'primitive Regionen' eindrangen und ihre eigenen Sitten einführten. Nach Atkinson gehörten sie sogar '. . . zu den ersten Regeln die nach dem Kontakt mit Weißen verschwanden, vor allem nach dem mit Missionaren, weil sie in solch extremem Widerspruch zur Ökonomie der europäischen Familien standen'. Atkinson legt dar (in seiner Schrift von 1903, C.R.), wie in Neukaledonien die Meidungsregeln, die dreißig Jahre zuvor dort noch universell gültig waren, an vielen Orten bereits so unbekannt geworden waren, daß die Jungen sich an sie nichtmal in Form einer Tradition erinnern konnten." (Reed 1975, S. 5, Übers. C.R.)

Welche Rolle unter Umständen Vielmännerei und Vielweiberei (Polyandrie und Polygynie) im bevölkerungspolitischen Kontext spielten, habe ich nicht untersucht, glaube aber aufgrund einiger Hinweise, daß auch hier interessante Zusammenhänge aufzudecken wären.

Eine kurze Zwischenbilanz zu diesem Kapitel: Im Gegensatz zu dem, was man erwarten möchte, beschränken sich Frauen zu Zeiten und an Orten, wo die Erde sehr dünn besiedelt ist, selbst auf eine sehr geringe Kinderzahl. Auf jeden Fall widerlegt wird die kolonialistische Phantasie von der „unbegrenzten Fruchtbarkeit der Naturvölker".

Ethnolog/innen-Berichte aus der Zeit um 1900 spiegeln immer wieder deren Staunen, wenn sie, im Spiegel der 'Unzivilisierten', plötzlich ein anderes Bild von der eigenen Kultur erblicken.

Dazu abschließend noch drei Beispiele, und sie handeln natürlich von den bis heute kaum veränderten Zivilisationsphantasien übers Kinderkriegen. (Alle drei Beispiele nach *Reed* 1975, S. 134, Übers. C.R.)

1. George *Catlin* bereiste in der zweiten Hälfte des vergangenen Jahrhunderts Nord- und Südamerika. Er schreibt:

   „Es ist ein äußerst seltenes Vorkommnis für eine Frau, mit mehr als vier oder fünf Kindern während ihres Lebens *gesegnet* zu sein; und, allgemein gesagt, scheinen sie mit zweien oder dreien zufrieden zu sein; während es in zivilisierten Gemeinschaften nicht unmöglich für eine Frau ist, die Mutter von zehn oder zwölfen zu sein, und manchmal auch Zwillinge oder Drillinge zu haben; wovon ich mich nicht erinnern kann, so etwas jemals während meiner ausgedehnten Reisen durch indianisches Land angetroffen zu haben . . .“

2. Zur Zeit unserer Großmütter, um 1900, bekamen zivilisierte Frauen, Angehörige der großen Kolonial-Nationen, bekanntlich oft zehn Kinder und mehr. Primitive waren schockiert, wenn sie davon erfuhren. Hutton *Webster* berichtet so einen Vorfall:

   „Ich hörte von einem weißen Mann, der auf die Frage von Eingeborenen, wieviele Brüder und Schwestern er hätte, offen antwortete: „Zehn“. „Aber das kann nicht wahr sein!“, war die Entgegnung der Eingeborenen. „Eine einzige Mutter könnte kaum so viele Kinder haben!“
   Als ihnen erzählt wurde, daß diese Kinder in jährlichen Abständen geboren würden, und daß so etwas in Europa üblich sei, waren sie sehr schockiert. Und sie meinten, das würde doch endlich völlig erklären, warum so viele Weiße 'bloße Knirpse' wären.“

3. Die Begrenzung der Kinderzahl kann auch nicht als banales Ergebnis von Fehlgeburten oder hoher Kindersterblichkeit ausgegeben werden. Im Gegenteil; erhöhte Sterblichkeit kam in vielen Gegenden erst auf, als fremde Sitten die alten Bräuche verdarben.
   Katherine *Routledge* erforschte zu Beginn unseres Jahrhunderts die afrikanischen Akikuyus. Sie stellte fest, daß diese im Schnitt weniger als vier Kinder pro Mutter hatten. Noch überraschter war sie über die Sterblichkeitsrate bei den Kindern: in Afrika betrug sie nur 84 Kinder auf 1000; aber zur selben Zeit in ihrer Heimat, im imperialen England, 138 auf 1000 . . .

3.2.5. „small ist beautiful“ – Argumente gegen das Zivilisationsdogma von der Bevölkerungsexplosion als Folge von Ackerbau und Seßhaftigkeit

Wie sieht es nun mit der Bevölkerungssteuerung auf der Evolutionsstufe der agrarischen Matriarchate aus, nach der „neolithischen Revolution“?

Fing denn nicht die Bevölkerung zu wachsen an, als der Ackerbau die Menschen seßhaft machte? Als die Natur endlich dazu gebracht werden konnte Nahrungsmittel im Überschuß zu produzieren? Diese Denkweise ist unter Laien und in den Wissenschaften weit verbreitet.

Als Beispiele dafür hier zwei Sittengemälde, wie entworfen von zwei renommierten Vertretern der paläontologischen und anthropologischen Disziplinen und Wissenschaftspublizisten. Richard E. *Leakey* bildet in „Wie der Mensch zum Menschen wurde“ ein Diagramm zur Zunahme der Erdbevölkerung seit vor etwa 8000 Jahren bis heute ab und kommentiert:

„Vor der neolithischen Revolution verbrachte der Mensch die Zeit des Tages damit, Nahrung zu sammeln. Als er zum Ackerbau überging und in der Lage war, Korn zu lagern und Fleisch zu konservieren, wurden Energien für andere Dinge frei. Man hatte nun mehr Zeit für zwischenmenschliche Beziehungen, errichtete Dörfer, Kleinstädte und Metropolen, *worauf die allmähliche Bevölkerungsexplosion zurückzuführen ist.*“ (Leakey/Lewin 1980, S. 143, Hervorh. C.R.)

John *Pfeiffer* verfolgte in seinen voluminösen Buch „Aufbruch in die Gegenwart" von 1981 die „Frühgeschichte der menschlichen Gesellschaft" entlang dem roten Faden der Bevölkerungsentwicklung – eine ungewohnte Sichtweise auf diesem Terrain, und *Pfeiffer* ist zu Unrecht dafür kritisiert worden. Aber auch bei ihm schlagen unsere Zivilisationsdogmen immer mal wieder voll zu Buche. So konstruiert er folgende Wachstumsspirale:

„Vielleicht hätte die Welt für immer dem Jagen und Sammeln erhalten werden können, wäre der Mensch in der Lage gewesen, seine Fortpflanzungsgewohnheiten zu ändern, hätten die Populationen zu wachsen aufgehört. Der Mensch vermehrt sich aber und verändert während des Prozesses auch die Natur ... Seine Zahl wuchs als Ergebnis des Seßhaftwerdens; eine Veränderung, die sich in besserer Ernährung, in höherem Fettspiegel und in einer gesteigerten Fruchtbarkeit auswirkte." (Pfeiffer 1981, S. 23)

Mit dieser Stufe der soziokulturellen Evolution seien auch Krieg und Geschlechterkrieg in die Welt gekommen, meint *Pfeiffer*; er zeigt sich angetan von der „entspannten und gleichberechtigten Beziehung zwischen Männern und Frauen in den Jäger-Sammler-Banden"; aber durch das Seßhaftwerden wurde das Jagen entwertet, die Männer bekamen Statusprobleme und suchten neues Prestige in Rangkämpfen untereinander. In einem Punkt fanden sie schon damals schnell eine Lösung: laut *Pfeiffer* begannen sie, die Frauen zu unterdrükken. So konnte sich auch noch der Schwächste, Häßlichste und Unbegabteste von ihnen der stärksten, schönsten und klügsten Frau überlegen fühlen. Trotzdem wurde das Grundproblem nicht gelöst. Denn seit der Zeit der Kobaldmakis, vor 60 Millionen Jahren, war angeblich

„der Hauptschub der Evolution auf mehr Zusammenschluß gerichtet. Das bedeutete die Sozialisierung oder *Familiarisierung* des männlichen Partners, damit er zu einem verantwortlichen, vollwertigen Mitglied der Gruppe im Interesse einer besseren Verteidigung und einer *wirkungsvolleren Fortpflanzung* wurde. Dieser Eingewöhnungsprozeß dauert noch an. Er ist noch nicht zur vollständigen Zufriedenheit aller beteiligten Parteien gelöst worden ...

Die Familiarisierung des Männchens bleibt ein Problem. Sie wird durch das unerbittliche Wachstum der Bevölkerung ungemein kompliziert ... Weltweit, auf lange Sicht und ungemein langsam bis in neuere Zeit, stiegen die Populationen ständig an ... Es war eine neue Art von sich hochschraubender und sich beschleunigender Evolution.

Bevölkerungswachstum war eine der Hauptkräfte, die der Lebensweise der Jäger und Sammler ein Ende bereiteten ... Gewalttätigkeit, ein Problem sogar zu Zeiten kleiner Banden, nahm zu ..." (ibid., S. 34/35, Hervorh. C.R.)

Wenn sich das alles tatsächlich so verhalten hätte, ergäben sich für die etwa sieben Jahrtausende nach dem einschneidenden Datum von 10.000 v.u.Z. folgende Merkmale für die mittel- und jungsteinzeitlichen Kulturen: unerbittliches Bevölkerungswachstum, Seßhaftigkeit, wachsende Aggressivität, Entstehung von Krieg, Statusprobleme der Männchen, letztere aber vereint und erfolgreich gelöst durch Unterdrückung des anderen Geschlechts; Entstehung der Freizeit, wahrscheinlich, weil durch Maschineneinsatz die Arbeitsintensität der Landwirtschaft gesenkt wurde; in der Freizeit wurden immer mehr Kinder produziert und ihnen immer größere Metropolen als Wohnstatt erbaut.

An diesem Historiengemälde stimmen wichtige Faktoren nicht, nicht die

Begründungszusammenhänge und schon gar nicht die Chronologie. Genau diese lange Epoche war in dieser Expertise als Kultur des matriarchalen Alt-Europa und Mittelmeerraumes beschrieben worden (vgl. Kap. 2.2 bis 2.2.2.). Und es gibt etliche Daten und Fakten, die zeigen, daß unter matriarchalem Regime eben nicht immer alles gemacht wurde, was technisch und physisch möglich gewesen wäre: zum Beispiel Überschüsse in der Landwirtschaft zu produzieren, zum Beispiel Geburtenüberschüsse zu produzieren. Entsprechend findet sich von Kriegen, gar Vernichtungskriegen, lange keine Spur. Dazu die folgenden Belege.

1. Die meisten jener archäologischen Theorien, die einen kausalen Zusammenhang zwischen Seßhaftigkeit, Landwirtschaft und Bevölkerungswachstum konstruieren, stützen sich auf eine Arbeit von Esther *Boserup* von 1965, „The Conditions of Agricultural Growth". Ihre Thesen machten Furore, die erst in letzter Zeit durch einige Kritik, unter anderem auch von *Hassan*, gedämpft wurde; er sagt, Bevölkerungsdruck als Motor der soziokulturellen Evolution anzusehen, sei „ein schlecht definiertes Konzept" (Hassan 1981, S. 161).

   „Viele Archäologen, beeinflußt durch die Arbeit von *Boserup* über Bevölkerungsdruck und Wechsel zur Landwirtschaft, argumentieren für einen Kausalnexus zwischen Bevölkerungswachstum und einer Reihe von kulturellen Entwicklungen, darunter Landwirtschaft, Bildung politischer Staaten, und städtischen Zentren. Meiner Ansicht nach und nach der vieler anderer Anthropologen decken sich diese Erklärungen nicht mit tatsächlichen Mustern menschlichen Verhaltens, haben kein Gespür für die Komplexität kultureller Kausalitäten, und sind in den meisten Fällen durch empirische Evidenz überhaupt nicht abgestützt." (ibid., S. 175, Übers. C. R.)

2. Wahr ist, daß die Weltbevölkerung in der Neusteinzeit (eingeschlossen das Mesolithikum), also bei der Umstellung auf Landwirtschaft und Seßhaftwerdung, wuchs.
   Die Bevölkerung wuchs von geschätzten 10 Millionen Menschen am Ende des Pleistozäns auf etwa 50 Millionen, die in der Neusteinzeit nicht überschritten wurden. Das bedeutet eine durchschnittliche Wachstumsrate von 0,1% im Jahr.
   Verglichen mit den heutigen Wachstumsraten von 2-3% jährlich bei den expandierenden Bevölkerungen der Welt ist das kaum „Wachstum" zu nennen. Ein so geringes Wachstum ist für einzelne Individuen innerhalb einer Generation gar nicht wahrzunehmen. Ich erinnere auch noch einmal an die Rechnung, die *Hassan* aufgemacht hat, wonach prähistorische Populationen sich innerhalb von nur 130 Jahren hätten verdoppeln können – wenn sie gewollt hätten (ibid., S. 140 und S. 221).

3. Die Tragfähigkeit (carrying capacity) der Nahrungsdecke wurde sowohl von Jäger-Sammlerinnen-Gesellschaften wie auch von den prähistorischen nahrungsproduzierenden Gesellschaften nie mehr ausgenutzt als zwischen 20 und 60% (ibid., S. 175 und S. 161 ff.). *Hassan* nennt deshalb die vorgeschichtli-

chen Bevölkerungspolitiker/innen „Pessimisten"; aber wir sollten sie eher „Realist/innen" nennen, und Paläodemografen sprechen ja auch von ihrer Dichte als „optimum size groups", Gruppen optimaler Größe, die sich selber Luft zum Atmen und zum Leben lassen.

4. Der Faktor „Seßhaftigkeit" erscheint aus zwei Gründen als Begründung für Bevölkerungswachstum nicht einleuchtend: denn die sogenannten Seßhaften sind in ihrem täglichen Bewegungsradius von den Jägern und Sammlerinnen gar nicht unterschieden; nur verlagern letztere zwei- bis dreimal jährlich ihr Camp, und das macht ihre eigentliche Mobilität aus; weiterhin wird kaum die etwas größere Seßhaftigkeit Frauen bewogen haben, mehr Kinder in die Welt zu setzen, denn Kinderaufzucht bedeutet mehr Aufwand als bloße Transportprobleme. (Dazu ibid., S. 222/223.)

5. Für die durchschnittliche Einwohnerzahl in Siedlungen der *frühesten* landwirtschaftlichen Phasen (sog. Mesolithikum) findet sich eine Tabelle bei *Hassan* (ibid., S. 93). Demnach brachten es solche Siedlungen im Niltal und in der nahöstlichen natufischen Kultur auf bis zu 150 Einwohner/innen; und in Mittelamerika zählte man bis um das Jahr 1000 v.u.Z. nie mehr als knapp 300 Einwohner/innen.

6. Ein sicheres Indiz für gleichbleibende Bevölkerungsgröße liegt ja dann vor, wenn eine Siedlung über lange Zeiträume nicht expandiert, und auch nicht eine Anzahl von Ableger-Siedlungen entsteht. Ausgrabungen der frühesten Ortschaften zeigen nun gerade, daß die Bevölkerungsdichte nach der Seßhaftwerdung stagnierte. (Vgl. dazu Smolla in Bernhard/Kandler 1974, S. 335.)

   Als Beispiele nenne ich hier die syrischen Siedlungen Muraibit, Buqras und Ramad; für Griechenland Nea Nikomedea; für Mesopotamien Sawwan; auf die von den Hopi angegebene „magische Zahl" für ein menschenfreundliches Gemeinwesen, nämlich 3000 Bewohner/innen, schätzt man Jericho II, das frühneolitische Khirokitia auf Zypern (Abb. 35) und Catal Hüyük in Anatolien (Abb. 36). Khirokitia blühte auch in derselben Zeit wie Catal Hüyük, nämlich um 7000 v.u.Z. (Literatur: Mellaart 1978 und Rentmeister 1979a.) Ich gehe hier nur kurz auf Catal Hüyük ein.
   Diesen erstaunlichen Ort grub James *Mellaart* in den sechziger Jahren aus und entdeckte damit den Sitz einer für den damaligen Stand der Wissenschaft sensationell frühen und hochentwickelten Ackerbaukultur (Mellaart 1967). *Mellaart* meint: Frauen dominierten. Was er an plastischen Bildwerken ans Licht beförderte, bestätigte ihm, daß Frauen auch die Schöpferinnen der neolithischen Religion waren: Frauengestalten, Göttinnen und ihre Symbole überziehen ausdrucksvoll die Wände der Häuser, und finden sich auch als Rundplastiken.
   In Catal Hüyük liegen die einzelligen Häuser eng aneinander, und über die Dächer und Luken gelangt man mit Leitern hinein. Fast gleichgroß sind alle

Die neolithische Siedlung Khirokitia auf Zypern (Rekonstruktionszeichnung), um 7000 v. u. Z.

Die neolithische Siedlung Catal Hüyük (Anatolien), um 6200 v. u. Z. Wandmalerei: zeigt die Siedlungsgrundrisse aus Vogelperspektive, mit dem Vulkan Hasan Dag im Hintergrund (Rekonstruktionszeichnung)

Räume, kein Palast für etwaige Privilegierte findet sich. Es finden sich auch keine Spuren von Krieg, Gewalt oder Expansionismus.
Die Siedlung brannte in den 800 Jahren von etwa 6500 bis 5700 acht- bis zehnmal ab, wohl durch Ausbrüche des nahen Vulkans bedingt. Jedesmal wurde sie, extrem konservativ, Stein auf Stein nach altem Muster wieder aufgebaut. Daß der Anteil an weiblichen Begräbnissen überwog, hatte ich bereits erwähnt (Kap. 3.2.3.). Töpferei und Weberei, in dieser Zeit schon hoch entwickelt, gelten inzwischen als weibliche Errungenschaften und Angelegenheiten. Über den Einfluß von neolithischen Frauen auf Siedlungsstrukturen und Hausbau können wir nur Vermutungen anstellen, aber es gibt keinen Grund anzunehmen, daß er gering gewesen sei. Bei allen Völkern und seit frühesten Zeiten findet sich über den „weiblichen *Kall*-Laut" eine Identifizierung von „Frau" und „Haus" – vom Tartarenzelt bis zum Bauernhaus, von der Hütte bis zum Tempel (vgl. Fester 1979, S. 99ff.). Und in der neolithischen Kunst finden wir reihenweise Hausmodelle, denen ein überproportionierter Frauenkopf auf den First gesetzt ist. Daß in matrilinearen Gesellschaften und bei matrilokalem Wohnsitz die Siedlungsstrukturen und Hausanlagen die Gesellschaftsorganisation unterstützend widerspiegeln und ihr den räumlichen Ausdruck verleihen, ist selbstverständlich: Geschlechterverhältnisse sind in Häusern mit eingebaut, und Siedlungskomplexe sind steinerne oder ziegelgeschichtete Zeugen auch für die Geburten- und Bevölkerungspolitik einer Kultur.

7. Siedlungsgrößen von maximal 3000 Personen galten ja auch den matrilinearen Hopi als magisch-realistische Begrenzung. Ihre Pueblo-Bauweise wird oft derjenigen von Catal Hüyük verglichen (Abb. 37).

„Als riesige Ruinen stehen diese Anlagen noch überall im Südwesten (der USA, C. R.) herum und gehören zu den berühmtesten Sehenswürdigkeiten Amerikas. Alles von Frauen erfunden und mit eigenen Händen von den Fundamenten auf erbaut.
Bis zur Ankunft der Europäer war es noch keinem Mann eingefallen, sich um die Architektur zu kümmern: als der erste auf Befehl der Padres eine Mauer errichten sollte, stand er beschämt und fehl am Ort, von höhnenden Frauen und Kindern umjohlt. Die spanischen Missionare erzählen mit Stolz von den schönen Kirchen und Klöstern, die ihnen die Eingeborenen errichteten, und zwar ganz allein die Frauen, Mädchen und kleinen Jungen . . ." (Eckstein-Diener o.J., S. 66)

Eine Besonderheit dieser „Frauenarchitektur" sind die *Kivas,* unterirdische, kreisrunde Bauwerke, künstliche Höhlen, von denen jedes Dorf eine bis sechs angelegt hatte. Die Hopi selbst vergleichen sie mit dem Schoß der Mutter Erde; *Eckstein-Diener* beschreibt sie als „unterirdische Rieseneier, halb Tempel, halb Schwitzbad". In dem ganz rituell-spirituell geprägten Leben der Hopi war sie der Ort für die Zeremonien der Frauen- und Männerbünde. Die Kivas entsprechen bei Initiationszeremonien dem Tapuat-Labyrinth (vgl. Kap. 2.2.2./II und Abb. 16); sie bedeuten die Dritte Welt, aus der die Initianden dann den Aufstieg in die Vierte Welt noch einmal sinnfällig vollziehen (Waters 1983, S. 155).

Modell des gegen Ende des 13. Jhs. verlassenen Hopi-Pueblo Aztec (New Mexico, USA)

Die Hopi erzählen sich, daß sie den Aufstieg in die jetzige Vierte Welt nur schafften, weil sie sich an das Prinzip des „small ist beautiful“ hielten. Denn den Rassen der Dritten Welt hatte der Schöpfer Maiskolben verschiedener Größe vorgelegt, um ihre Habgier zu prüfen:

„Sie sollten den Mais auswählen, den sie entsprechend ihrer Weisheit in die nächste Welt als Nahrungsmittel hinüberretten wollten. Die Hopi nahmen den kleinen, kurzen Kolben, weil er wie der ursprüngliche aus der ersten Welt aussah, und weil sie wußten, daß dieser Mais niemals aussterben würde.“ (Waters 1983, S. 145)

Noch heute gilt der Hopi-Mais als „Wunder des Ackerbaus“: er wächst völlig verläßlich auch bei extrem wenig Regen.
Die Hopi gelten als verwandt mit den Städteerbauern der präkolumbianischen „Hochkulturen“. Aber die Geschichte ihrer Welten und ihrer Wanderungen und ihre Ethik des *small ist beautiful* zeigen, daß sie in vollem Bewußtsein an ihrem alten, matriarchalen Wertsystem festhielten und an ihrem Schöpfungsauftrag, auch wenn sie immer wieder harten Prüfungen ausgesetzt waren und sie nicht immer bestanden. Auf ihre Trennung von den Stadtkulturen komme ich im nächsten Kapitel wieder zurück.

8. Alle diese Beispiele habe ich ausgeführt, um darzulegen, daß *vor wie nach* der Seßhaftwerdung und der Nahrungsproduktion kulturelle Geburtenregelung stattgefunden haben muß. Daß sie im Interesse und von den Frauen gestaltet wurde, scheint mir angesichts ihrer im materiellen wie geistigen Leben offenbar so umfassenden Rolle selbstverständlich. Rätselhaft dagegen bleiben mir die Gründe für die Anfänge des Ackerbaus. Für multikausale Erklärungen müssen wir die Fühler sicher auch wieder in Richtung Erdgeschichte und Astronomie ausstrecken; denn die Korrelation zwischen dem Ende der letzten Eiszeit – und wie kam das zustande, woher kam dafür der Impuls? – mit all ihren klimatischen Veränderungen, und der Pflanzenkultivierung aus Not oder erfinderischer Tugend ist auffällig. Und weiter: Warum sind beileibe nicht alle Jäger-Sammlerinnen-Banden zum Pflanzen-Anbau übergegangen, selbst wenn es Boden und Klima erlaubt oder gar nahegelegt hätten? Auch habe ich nicht untersucht, ob und wie möglicherweise große geologische Umwälzungen zur Auslöschung von Menschenpopulationen führten, so daß mit ihnen auch die Kenntnis von älteren „Bevölkerungsexplosionen“ unterging, und unsere Entwicklungskurven falsch und zu bruchlos gezeichnet sind. Von solchen Fegefeuern der „schrecklichen Mutter Natur“ oder erzürnten Gottheiten sprechen auch die alten Überlieferungen fast aller Völker der Welt.
Womit auch immer heutige Zivilisationen stolz sich brüsten mögen – mir scheint die Begrenzung der eigenen Zahl eine der größten geistigen und zivilisatorischen Leistungen, gerade wo uns heute so eindringlich vor Augen steht, daß Vermehrungs*erfolg* wahrhaftig kein Kunststück ist, sondern den Weg in die globale Katastrophe mit Leichen pflastert.

3.3. *Die Megamaschine und die Junggesellenmaschine: historische Umwälzungen und Psychodramen auf dem Weg in die patriarchale Menschenproduktion*

Die „Megamaschine" nennt Lewis *Mumford* die frühesten Staatengebilde der Kulturgeschichte; die „Junggesellenmaschine" nennt Bazon *Brock* jenes Weltverständnis, nach dem die Welt statisch läuft, nach Belieben eines Schöpfer-Gottesmannes konstruiert ist, an- und abgeschaltet werden kann, und in dem auch der furchterregende Prozeß des (Geboren-)Werdens und Vergehens mitsamt der Reproduktion durch mächtige Frauenkörper abgeschafft und überflüssig ist.

Um die „Megamaschine" aufzubauen, braucht man Menschen, viele Menschen. Wo und zu welchem historischen Zeitpunkt war es möglich, sie von den Frauen produzieren zu lassen? Die Ingenieure der „Junggesellenmaschinen" dagegen neiden den Frauen ihre geschlechtlichen Potenzen, und drükken dies, da ihre Techniken damals noch nicht so entwickelt waren wie heute, in Psychodramen und physischen Angriffen aus . . .

3.3.1. Die Megamaschine: historische Szenarios von den Umwälzungen zum Vaterrecht und seiner Fortpflanzungspolitik

1. Naturkatastrophen und Kulturkatastrophen

Große Naturkatastrophen und astronomische Umwälzungen hatte zu Beginn der fünfziger Jahre Immanuel *Velikovsky* sozusagen „beängstigend" nahe an unsere Zeit herandatiert: ins 2. und 1. vorchristliche Jahrtausend. Er glaubte an die historische Wahrheit der Katastrophenberichte zahlreicher alter Kulturvölker, und verband sie mit zeitgenössischen geologischen und astronomischen Befunden (vgl. auch Kap. 4.4. über Katastrophen als Impulsgeber). Haupt-„schuldige" war die Venus: als Protoplanet entsprang sie im 2. Jahrtausend aus dem Jupiter; sie kreuzte die Bahn der Erde und richtete verheerende Katastrophen an, am Ende des Mittleren Reiches in Ägypten, mit einem Zerstörungshorizont, der über alle Kontinente reicht und die gleichzeitigen Kulturen in Schutt und Asche legt. Im 8. Jh. v.u.Z. wirft Venus dann auch noch einmal den Mars aus der Bahn, der seinerseits einhundert Jahre lang die Erde bedroht. Erst im 7.Jahrhundert v.u.Z. kehrt himmlische Ruhe ein; und die Planeten festigen sich auf ihren neuen Bahnen. *Velikovskys* Theorien (deutsch: 1978 und 1980) lösten das große „akademische Zittern" aus; denn aus ihr folgte, daß die gesamten Chronologien der Frühen Hochkulturen umdatiert werden müßten; und er gelangte auch zu astronomischen Feststellungen, die vieles bis dahin Geglaubte in Frage stellten: so sagte man in den fünfziger Jahren, die Venus minus 25 Grad Celsius kalt sei – *Velikovsky* sagte aufgrund seiner

Rekonstruktion ihrer noch so jungen Entstehungsgeschichte, sie sei 500 Grad Celsius heiß, und erntete Schmähungen der Astronomen. Bis 1962 die Sonde Mariner II die Venus passierte und bestätigte, daß sie genau in diesem Grade *heiß* sei ... (vgl. Heinsohn 1979)

Wie im Himmel, so auf Erden: die Naturkatastrophen gingen einher mit gewaltigen *Kulturkatastrophen.* In einer seiner jüngsten Arbeiten hat Gunnar *Heinsohn* aufbauend auf *Velikovskys* Materialien eine „sozialtheoretische Rekonstruktion" zu den irdischen Umwälzungen in der Antike versucht. Er sagt: *In Korrelation zu den astronomischen Umstürzen kommen auch auf Erden die alten matrilinearen Kulturen zu Fall.* (Da es mir hier nur um die „zeugungspolitischen" Faktoren und Folgen dieser Umwälzungen geht, verweise ich alle, die der gesamte Entwurf interessiert, auf Heinsohns faszinierende Arbeit über „Privateigentum, Patriarchat und Geldwirtschaft" von 1984.) Ich versuche, die Grundthesen in ein paar Sätzen zusammenzufassen. Die Umwälzungen von matrilinearen Gesellschaften zu patrilinearen vollzögen sich demnach in zwei Stufen:

a. Im 2. Jahrtausend v.u.Z. finden wir neben (matrilinearen) Stammesgesellschaften auch zentralistisch-feudalistische Abgabenwirtschaften, die weiterhin matrilinear organisiert sind (Beispiele: Altes und Mittleres ägyptisches Reich, chinesisches Reich, nach ibid., S. 81, minoische Kultur.) *Heinsohn* meint, daß diese Abgabenwirtschaften durch nach Katastrophen exilierte Stämme aufgebaut worden sein könnten –

„ ... die nach den großen – zuletzt von Velikovsky (1950) postulierten Katastrophen (etwa den sogenannten ägyptischen Plagen) zu Beginn der ersten Hälfte des 2. Jahrtausends v.u.Z. ... ihre unwirtschaftlich gewordenen nordasiatischen Heimatgebiete verlassen mußten. Auch von den ... 'Sumerern' heißt es ja: 'Sie überlagerten eine Ureinwohnerschaft von Bauern und Handwerkern und entwickelten durch systematische Be- und Entwässerung und Anlage von Städten die Kultur des Landes rasch.' " (ibid., S. 175)

Was solche Überlagerungen angeht, verweist *Heinsohn* an anderer Stelle auch auf die Spartanerinnen als Musterbeispiel für Matriarchinnen, die noch in einer rings schon patriarchalen Umgebung mit ihren Männern zusammen die Heloten ausbeuteten.

Die Korrelationen über Venus-Entstehung im 2. Jahrtausend und irdische Verwerfungen scheinen mir aber noch sehr stark hypothetischen Charakter zu tragen. Auf *Velikovsky* läßt es sich in diesem Zusammenhang kaum stützen, weil er die mythenhistorischen Spiegelungen der Vorgänge zu bunt durcheinanderwürfelt, und die verschieden alten Fassungen der Überlieferungen oft nicht berücksichtigt.

b. Die mit größerer Sicherheit zu rekonstruierenden katastrophalen Ereignisse spielten sich zum Beginn des 1. Jahrtausends v.u.Z. ab. Ich skizziere *Heinsohns* Theorie, teils mit seinen Worten, teils durch mich zusammengefaßt.

„Für den Beginn des ersten Jahrtausends v.u.Z., in welches Romulus, Theseus, der assyrische Gilgamesch, der Beginn des Priesterfeudalismus der Olmecen und La Venta, aber auch der 'Fimbulwinter' der Edda gehören, bezeugen die Geologen und Klimahistoriker Zeichen mächtiger Kataklysmen. Auf etwa 700 v.u.Z. werden riesige Sedimentverwerfungen am Grund von Pazifik und Atlantik datiert . . . und die Meteorologen verzeichnen erst seit etwa 700 v.u.Z. ein Klima, das dem heutigen relativ ähnlich ist, für die Zeit davor aber eine globalen 'Klimasturz' . . .

Wo die Mythen von Kalenderreformen und – in bereits patriarchalischer Rationalisierung von weiblich verschuldeten – Großkätastrophen reden . . ., spricht zusätzlich die nordasiatische Folklore von einem *Sibirien*, welches einmal lieblich gewesen, dann aber das Grab 'gefallener Reiche und verschwundener Völker' geworden sei.

Jenes plötzlich erkaltete Sibirien könnte ehemalige Heimstatt der Indo-Germanen gewesen sein; auch Marija *Gimbutas* spricht von Nord-Sibirien als logischer Heimat der Indoarier.

Etliche Stämme, deren Gebiete ganz in die Permafrostzone gekippt waren, wurden vielleicht gänzlich vernichtet; andere könnten sich unter Beibehaltung der Matrilinearität aus unwirtlich gewordenen Zonen nach Süden gerettet haben. Dabei drängen sie vielleicht altansässige Stämme wiederum weiter nach Süden.

Sich vor der Kälte rettende matrilineare Stämme könnten auch vorgefundene Anwohner/innen ausgerottet oder sie kollektiv unterjocht haben. Das bekannte Beispiel bei den Griechen dafür bieten die Spartaner/innen, die eine intern geldlose Feudalgesellschaft formen; sie erzwingen die Arbeitsleistung und Gefolgschaft der vorgefundenen Landbebauer/innen. *So kommt eine kollektiv-zentralistische Befehlswirtschaft zustande, mit der sich ein ehemals matrilinearer Stamm zu einer Feudalkaste wandelt.*"

(Bis hierher Heinsohn S. 41ff.)

Wie kommt es aber zur Entstehung von männlich-individualisiertem Privateigentum, zu Geldwirtschaft und Patriarchat? *Heinsohn* schlägt verschiedene Variationen vor:

– Mythen berichten immer wieder von „*frauenlosen Kriegerhaufen*". Sie könnten sich gebildet haben, als matrilineare Frauen vermehrt von ihrem Verstoßungsrecht Gebrauch machten, und ihre ja nicht blutsverwandten Gatten „in die Wüste" schickten, um die knapp gewordenen Nahrungsmittel für Verwandte und vor allem für vorhandene Kinder zu reservieren.
– Bei katastrophisch exilierten Stämmen werden die Frauen hingegen durch den Verlust des Bodens unmittelbar ökonomisch herabgestuft, da sie den Männern keine Existenzgrundlage mehr anbieten können. Männer könnten in der neuen Situation der „Fährnisse", des Nomadisierens, entweder sich der Frauen als einer „Last" entledigen; oder sie wandeln sich zu patrilinearen Nomaden (wie z. B. die Germanen), die sich bei späterer Seßhaftwerdung auch patrilokal organisieren. Hierbei kommt es jedoch nicht zur Ausbildung von Privateigentum.
– Naturkatastrophen könnten aber auch Rebellionen in den bereits bestehenden feudalen Befehlswirtschaften begünstigen. Sehr viel Material aus den antiken Sagen spricht dafür, daß ein solches Szenario für die Suche nach den frühesten Patriarchatserrichtern am meisten Erfolg verspricht. So könnte die Erinnerung der frühen patriarchalischen Griechen an die argivischen Tyrannen in Mykene, Tiryns etc. auf die überwundene Vorstufe der matrilinearen Feudalgesellschaften hinweisen.

2. Frühe Patriarchatserrichter, ihre revolutionäre Ökonomie und ihr Kampf um „der Kinder echte Geburt"

Die stammesgeschichtliche Zeit in Griechenland erinnert Thukydides als eine, „da noch kein Handel war und kein gefahrloser Verkehr weder übers Meer noch auf dem Land, da alle ihr Gebiet nutzten, um gerade davon zu leben und *keinen Überschuß* hatten". Von den neuen Privateigentümern sagt Hesiod:

„Erst *einmal* ein Gehöft, eine Frau einen Ochsen zum Pflügen." Und bei Homer heißt es über die Gründung einer Polis (Stadt): „Aber die phäakischen Männer führte von dannen Nausithoos, . . . brachte gen Scheria sie, umringte mit Mauern die Stadt und *teilte* dem Volke die *Äcker*." (Paraphrase u. Zitate nach Heinsohn, ibid., S. 68)

Heinsohn fügt die Mythen und historischen Überlieferungen so zusammen: die ehemaligen Leibeigenen, die Verstoßenen und/oder frauenlosen Kriegerhaufen gründen Rom, unter Romulus, und Athen unter dem Gründungsheros Theseus. Plutarch nennt ihn als Sohn eines ehemaligen Feudalherren, und beschreibt, wie er im 8. Jahrhundert neue Gemeinwesen und Poleis installiert, unter dem Motto: *Freiheit* – als Selbstverantwortung auf dem nun eigenen Stück Land; *Gleichheit* – alle bekommen ein gleich großes Stück Land als individuellen Besitz; *Brüderlichkeit* – sie gestehen sich unter Brüdern nun den je gleichen Besitz einer Frau zu, mit dem individuellen Recht, aus ihr so viele männliche Erben herauszupressen, wie es beliebt:

„Fünf Kinder, d. h. im Idealfall vier Jungen und *eine* Tochter, für deren Überleben sich etwa die römischen Errichter des Patriarchats entscheiden, um wenigstens jeweils dem Erbsohn eine Gattin zu sichern, fordert das älteste römische Gesetz von der Römerin." (ibid., S. 153)

Wie aber konnten matrilineare Frauen dazu gebracht werden, sich solcher Geschlechter- und Fortpflanzungspolitik zu unterwerfen? Gar nicht. Die römischen Patriarchatserrichter haben sie sich geraubt und mit Gewalt untertan gemacht – davon berichtet der Raub der matrilinearen Sabinerinnen in der Sagenüberlieferung ganz getreu. Diese neue Geschlechterpolitik betreibt von nun an *Zinseszinsrechnung mit dem weiblichen „Gebärkapital"*, und sie begründet den einen, den bevölkerungspolitischen, Expansionismus patriarchaler Gesellschaften seit der Antike.

„In diesem andauernden Bevölkerungswachstum wollen nun die nichterbenden Söhne der demütigenden Abhängigkeit vom Vater oder Erbbruder entkommen und können das auch, wenn sie irgendwo eigenes Land zu gewinnen vermögen. Aus dem Interesse daran resultiert der außergewöhnlich expansionistische Drang der patriarchalisch strukturierten Gesellschaften und damit die *Bevölkerungsexplosion der Antike*." (ibid., S. 154)

Brüderlich damit verbunden erscheint nun auch der ökonomische, privatwirtschaftliche, frühkapitalistische Expansionismus. Denn gerade das neue eigene Stück Land, das einem nicht durch „Sippen-Haftung" abgesicherten männlichen Individuum gehört, beschert ihm ein bis dahin ungekanntes individuelles Existenzrisiko. Bei Mißernte, Fehlkalkulationen, Mißwirtschaft steht er immer vor der Gefahr, in Schuldknechtschaft zu geraten, unter Brüdern sozusagen. Dadurch entsteht die Not-Wendigkeit, Überschüsse zu erwirtschaften. Einerseits, um das Existenzrisiko durch Rücklagen zu mildern, andererseits, um Zinsen zahlen zu können, wenn er sich mit Leihen aus Notsituationen zunächst weiterhilft. Dafür wird dann das helfende Geld erfunden: Plutarch berichtet von Theseus, der ja „für die Einführung des demokratisch gleichen Privateigentums gerühmt wird, und dafür, daß er die *Münze schlagen* ließ" (ibid., S. 73). Und damit kommt dann auch der Tempel als erste Bankgesellschaft und Depositenkasse ins Spiel der Geschichte . . . (Die Fortsetzung des Themas „Bevölkerungsexplosion in der Antike“ im Kap. 3.5.1.; zum Problem der Zinseszinsrechnung vgl. Kap. 4.2.)

Mythen- und Geschichtsschreiber der Antike bescheinigen ihren frühen Heroen und Patriarchatserrichtern zahlreiche Mühen, Mißerfolge, Irrungen und Wirrungen. Die Sicherung der neuen Verwandtschaftsverhältnisse und der legitimen Nachkommenschaft bereitet so große Sorgen, daß unter anderem drei berühmte griechische Tragödien aus ihrem Stoff gemacht sind – mit den nötigen patriarchalen Rechtfertigungen und Verdrehungen natürlich, aus denen wir die Essenz herausfiltern müssen. Es handelt sich um die „Orestie“ des Aischylos, des Sophokles' Ödipus-Bearbeitung, und die „Medea“ des Euripides. (Diese drei Tragödien hat Evelyn Reed – 1975 – sehr schön als „Übergangstragödien“ von Matriarchat zu Patriarchat aufgeschlüsselt.) Hier nur einige Bemerkungen zum Medea- und zum Ödipus-Stoff.

Medea also, barbarische Prinzessin und Zauberin aus dem matrilinearen Colchis am Schwarzen Meer, begegnet Iason, dem griechischen Helden. Sie verliebt sich, und verwickelt sich im Laufe der Beziehungen zu ihm in drei Verbrechen gegen die konträren Gesellschafts- und Verwandtschaftssysteme. Gegen die matrilineare Ordnung verstößt sie schwer, indem sie ihren Bruder ermordet, um Iason zum Goldenen Vlies zu verhelfen. Mit Iason geht sie in dessen Heimat, läßt dort seinen Onkel ermorden, der ihm den Thron verwehrt (Onkel mütterlicherseits, nicht Vaterfolge!); sie wird mit Iason daraufhin verbannt und muß erleben, daß er in ihrem Zufluchtsort Korinth die Königstochter heiraten will, – um den beiden Söhnen, die er mit Medea hat, die Zukunft zu sichern und weitere männliche Erben zu zeugen. „Glaubst Du, daß das ein schlechter Plan ist?“ fragt Iason Medea. Natürlich findet sie ihn schlecht. Iason klagt: „Es wäre so viel besser für die Männer gewesen, hätten sie ihre Kinder auf irgendeine andere Weise bekommen können, und hätte es nie Frauen gegeben. Dann wäre das Leben gut gewesen.“ Medea durchkreuzt seinen Plan und tötet ihre beiden Söhne, um Iason da zu treffen, wo junge Patriarchen am empfindlichsten sind: ihm mit den Söhnen *seine* Erben und *seine* Zukunft auszulöschen. Das tut sie gründlich, denn sie tötet auch Iasons korinthische Braut. Iason klagt: „O Frau, Du hast mich zerstört . . . und mich kinderlos gemacht.“ (Zitate nach Reed 1975, S. 452 und 454.) Iason scheitert also. Von Medea dagegen berichten verschiedene Überlieferungen, daß sie sich glücklich wiederverheiratete, oder auch unsterblich wurde und in die eleusinischen Gefilde einging.

Die historische Rolle des *Ödipus* habe ich andernorts ausführlich mit Bild- und Textmaterialien rekonstruiert (Rentmeister 1979a). Hier sei nur folgendes hervorgehoben: er wurde von Freud falscher Untaten bezichtigt. Etwaige Inzest-*Wünsche* konnte er gar nicht entwickeln, weil er, als Baby ausgesetzt, die leibhaftigen Eltern gar nicht kannte. Erst als Erwachsener begegnet er blind, unwissend, dem Vater Laios, den er erschlägt, und der Mutter Iokaste, die er ehelicht. Die Kinder, die er mit ihr zeugte, waren offenbar frei von jeglichem biologischen Inzest-Schaden.

Ödipus ist konfrontiert mit vielen ungelösten Fragen und Rätseln von jener Gattung, die alle jungen Patriarchen bewegen: „Wer bin ich?" Das ist zu jener Zeit die entscheidende Frage – wessen Sohn bin ich? In welchem Verhältnis stehe ich zum Vater, in welchem zur Mutter? Im Zusammenhang mit dieser existentiellen Frage ist in der Sage mindestens ebenso wichtig wie die Unsicherheit der Verhältnisse, die ihn die Mutter heiraten läßt, die Begegnung mit der *Sphinx.* Die alte „Männerwürgerin" hockt auf dem Berge vor Theben und stellt nur an Männer „das Rätsel des Lebens", das berühmte Sphinxrätsel. Sie kann Rätsel stellen, weil sie die Vertreterin alter matriarchaler Weisheit und Lebensweisen ist (vgl. Rentmeister 1979a). Darin sind sich viele Interpreten einig. Ihnen gilt Ödipus als Geistesheros, der das Rätsel der Sphinx löste und dadurch sich den Weg zur Stadt Theben und ihrem Thron öffnete. Dem *Bachofen* gilt die Sphinx als „das weibliche Erdrecht in der finstern Bedeutung des unentrinnbaren Todesgesetzes ... Das ist der Zustand, dem die Menschheit, die nur eine Mutter, noch keinen Vater kennt, angehört. An Ödipus erst knüpft sich der Fortschritt zu einer höhern Stufe des Daseins. Er ist eine jener großen Gestalten, deren Leiden und Qual zu schönerer menschlicher Gesittung führen ... Mit Ödipus beginnt der Kinder echte Geburt ..." (nach Rentmeister 1980a, S. 172). In ganz ähnlichem Tenor wird noch 1978 Ödipus von Horst *Kurnitzki* als „Held der westlichen Welt" gewürdigt:

„Die Ödipusgeschichte artikuliert in mythischer Verdichtung diesen Prozeß der Zivilisation, die durch Opfer fortschreitet, und die Bedrohung, die aus dem Versuch erwächst, diese Grundlage der Zivilisation aufzuheben, d. h. im Mythos wird ein Stück realer Zivilisationsgeschichte dargestellt ...

Löst Ödipus die scheinbar später in den Mythos eingeführten Rätsel der Sphinx, *hat er sich aus dem kruden Kampf ums Dasein bereits erhoben. Mit seinem Wissen wird ein durch Wissenschaft vermitteltes Naturverhältnis artikuliert* ...

Denn als Ödipus das Rätsel der Sphinx löste, war der Bann der Natur gebrochen und der *unaufhaltsame Fortschritt* der Zivilisation in die Wege geleitet. Ziel dieser Wissenschaft ist die vollständige Herrschaft des *Menschen* über die Natur, das ‚Regnum Hominis' ...

Die Gesetze, mit denen man die Natur beherrscht, sind zugleich jene, mit denen auch die Natur des Menschen beherrscht wird und auf denen jeder ökonomische Imperialismus aufbaut, auf ein Verhältnis von Triebunterdrückung und Ausbeutung als Grundlage ökonomischer Reproduktion. *Ödipus ist ein Eroberer*, nicht nur seiner Mutter, auch der Stadt Theben und ihr *Befreier aus dem Chaos ungeordnet waltender Natur.* Er ist ein Begründer der Ökonomie." (Kurnitzki 1978, S. 84/84, Hervorh. C.R.)

Wie falsch und wie wahr zugleich! Auf ähnliche Weise wird das matriarchale gesellschaftliche System, für das die Sphinx steht, in zahlreichen Bildern der Kunst auf den Kopf gestellt: da erscheint sie von der Antike bis ins 19. und 20. Jahrhundert als Todestier, Grabeswächterin, als „Rätsel des Lebens" und „Rätsel Weib" zugleich. Manchmal wird die Geschichte vollends verdreht, wenn ausgerechnet sie als „nächtliche Hure", Symbol für Kapitalismus und Krieg aus-

Ödipus ringt die „kapitalistische" Sphinx nieder. Allegorie auf den 1. Mai, aus „Der Wahre Jacob", 1899

Ödipus erschlägt die Sphinx mit einer Keule. Vasenbild, Ende 6.Jh. v.u.Z.

gemalt wird, die dann der proletarische Ödipus niederringt (Abb. 38). Und am Horizont steigt schon die „neue Eva", der sozialistische Maienmorgen in Gestalt der reinen Jungfrau und Mutter verheißungsvoll auf. Hatten wir nicht eben festgestellt, daß mit Ödipus Krieg, Kapitalismus und Prostitution in die Welt kamen? Angeblich soll sich die Sphinx ja auch selbst vom Felsen gestürzt haben, als Ödipus ihr Rätsel löste. Aber viele Täter versuchen, ihren Mord nachher als Selbstmord erscheinen zu lassen. Wahrscheinlicher verhielt es sich so, wie einige wenige antike Bilder den Tathergang überliefern: Ödipus entledigte sich der Sphinx und damit dessen, was sie repräsentierte, mit *Gewalt* (Abb. 39). Ein anderes Kapitel frühpatriarchaler Gewaltpolitik schildern die Mythen über die 'sagenhaften' Amazonen (dazu ausführlich Rentmeister 1980c).

In patriarchalen Rationalisierungen sieht es oft so aus, als hätten Frauen von ihrem alten (Verhütungs-)Wissen und ihren Weihen den neuen patriarchalischen Ehe-Männern freiwillig Mitteilung gemacht, vorzugsweise als Hochzeitsgabe (vgl. Rentmeister 1979a, S. 248); darum noch eine korrigierende Anmerkung zu einem anderen frühen Familienpolitiker und Helden der westlichen Welt: hatte nicht der Heros Herakles die Aufgaben zu lösen, die „Äpfel der Hesperiden" zu rauben? *Heinsohn* sagt dazu, daß es sich um Pomeranzen handele, aus deren Schalen das Verhütungsmittel Hesperidin gewonnen werden kann; und das verweise vielleicht darauf,

„ . . . daß auch bereits versucht wurde, *Kontrolle über die Empfängnis* zu erlangen, ohne welche das Patriarchat aufgrund von Verhütungsmaßnahmen der unterworfenen Frauen möglicherweise nicht einmal in die zweite Generation gegangen wäre." (Heinsohn 1984, S. 76)

3. *Eine revidierte Chronologie der „Frühen Zivilisationen" und ihre bevölkerungsgeschichtlichen Konsequenzen*

In diesem Abschnitt will ich noch einige Widersprüche verhandeln; es geht um die Frage, seit wann denn nun (und ob überhaupt) die Phänomene von rapidem Bevölkerungswachstum, zentralstaatlicher Geldwirtschaft, Privateigentum und Patriarchat zusammengehören. Bisher hatten Altorientforscher, in Abstimmung mit der Chronologie der Ägyptologen, die sumerische Kultur um das *dritte* Jahrtausend v.u.Z. datiert, als einen staunenswerten frühen Anfang dieser hohen Zivilisationsform. Wie es da zuging, hat Lewis *Mumford* im „Mythos der Maschine" höchst plastisch geschildert: demnach hätte sich zwischen Euphrat und Tigris ein zunehmend autoritäres, zentralistisches Staatskönigtum herausgebildet. Es paarte seine Macht mit der von Priestern, die auch die Sternenkunde geheimwissenschaftlich betrieben, vergleichbar der heutigen Funktion der *NASA*. Der neue Organisationstypus einer „Megamaschine Staat" braucht nun die „Masse Mensch", um die Produktivkräfte der „unsichtbaren Maschine" entfalten zu können: Massen räderwerksartik organisierter Leiber sind es nun, die Pyramiden und Städte erbauen, Schiffe über die Meere treiben, mächtige Bürokratien und Heereskörper formen, Imperien verwalten und erobern. Eine Oligarchie scheint erstmals zu begreifen, daß man die Natur und die Menschen zum eigenen wirtschaftlichen Nutzen ausbeuten kann – wenn man genug Menschen produziert. *Mumford* sagt:

„Die Macht der unsichtbaren Maschine nahm die Maschine selbst vorweg. Die Menschen selbst waren mechanisiert. Die beiden Pole dieser Zivilisation sind mechanisch organisierte Arbeit und mechanisch organisierte Zerstörung und Ausrottung. Ungefähr die gleichen Kräfte und die gleichen Methoden waren in beiden Bereichen anwendbar. Krieg wurde nicht nur ‚die Gesundheit des Staates', wie Nietzsche es nennt; er war zudem *die billigste Form von Scheinkreativität,* denn er konnte in wenigen Tagen sichtbare Resultate hervorbringen, die die Anstrengungen von vielen Generationen zunichte machten." (Mumford 1977, S. 255. Hervorh. C.R.)

So rühmen sich die Herrscher inschriftlich, „an nur einem Tag und für immer" zerstört zu haben, was Generationen in vielen Jahren aufgebaut hatten. Noch ein Charaktermerkmal dieser Megamaschine hebt *Mumford* hervor, – ihren Charakter als *„Junggesellenmaschine":*

„Im Idealfall sollten die Arbeitskräfte der Megamaschine aus Junggesellen bestehen, losgelöst von Familie, Verantwortung, kommunalen Institutionen und normalen menschlichen Bindungen: ein Junggesellenleben, wie wir es heute noch in Armeen, Klöstern und Gefängnissen finden . . ." (ibid., S. 245; s. a. Kap. 4.2.)

Und wir Heutigen können hinzusetzen: in Parlamenten wie dem „Raumschiff Bonn-Bundeshaus", in Chefetagen großer Konzerne und so weiter. Diese so aktuell wirkende Schilderung *Mumfords* trifft wohl für die sumerische Kultur zu – nur stimmt die Datierung ins 3. bzw. 2. Jahrtausend v.u.Z. wahrscheinlich nicht. Schon *Velikovsky* hatte die auf unzuverlässigen Quellen beruhende Chronologie der Ägyptologen um 500 Jahre verkürzt; damit fielen auch in all den anderen Kulturen, die ja stets in relativer Chronologie nach ägyptischen Funden datiert wurden, die berüchtigten „Dunklen Zeitalter" weg. Dadurch erschienen plötzlich der griechische gescheiterte Gesellschaftsreformer Ödipus und der ägyptische gescheiterte Gesellschaftsreformer Echnaton als Zeitgenossen, ja als identisch (Velikovsky 1966); dadurch konnte *Heinsohn* die argivischen Tyrannen und ihren revolutionären Sproß Theseus direkt als Vorläufer beziehungsweise Gründer der griechisch-patriarchalen Privateigentumsgesellschaft identifizieren. Diese Revisionen ziehen aber noch viel weitere Kreise: statt Mehrfachentstehung von Patriarchat, Privateigentum und Geldwirtschaft im 3. und dann wieder im 1. Jahrtausend breiteten sich diese Strukturen nun rasch und mächtig von den antiken Zentren in Griechenland und Rom aus. Denn *Heinsohn* weist meiner Ansicht nach überzeugend nach, wie zum Beispiel die angeblichen Sumerer des 3. Jahrtausend v.u.Z. mit den Chaldäern des 1. Jahrtausends v.u.Z. identisch sind. Über die Stadtstaaten der Chaldäer wurde von den antiken Schriftstellern viel berichtet, über ihre Herrscher und ihre Taten. Nur konnten leider Archäologen niemals diese doch gutbezeugten Städte im entsprechenden Gebiet zwischen Euphrat und Tigris ausgraben. Stattdessen fanden sie dort hundertausende von Keilschrifttafeln, und eben die „sumerischen" Städte. Nach einfachster archäologischer Logik hätten sich aber die Überreste der chaldäischen Nachfolge-Zivilisation auf den Überresten der sumerischen Städte finden lassen müssen: davon jedoch keine Spur.

Zentralistisch-hierarchischer Stadtplan: Ur, Stadtzentrum mit Tempel, Tempelturm, Palast und Verwaltungsgebäuden. Oben und rechts Wohnviertel.

Wenn nun die Sumerer mit den Chaldäern des ersten Jahrtausends identisch sind, lösen sich viele Knoten und verschlungene Widersprüche, in denen sich Altertumskundler verfangen hatten. Für die in dieser Expertise ausgeführte Hypothese von der Bevölkerungsökologie in Matriarchaten und egalitären Gesellschaften ist die revidierte Chronologie natürlich auch von großer Bedeutung. Zum Beispiel hat demnach ja Uruk, eines der Kulturzentren des „alten" Mesopotamien, nicht im dritten Jahrtausend v.u.Z., sondern im 8. Jahrhundert v.u.Z. geblüht (vgl. Abb. 40 für den hierarchisch gegliederten Grundriß Urs; zu Ur und Uruk vgl. Heinsohn S. 168ff.). In jener Zeit nämlich treten in Südmesopotamien gerade alle die zusammenhängenden Erscheinungen auf, die *Heinsohn* verknüpft hat: Privateigentum und Geld (ibid., S. 179f.) – und ein zeitweise rapides, vielleicht auch exponentielles Bevölkerungswachstum auf 40.000 Einwohner im Falle Uruks (nach Hassan 1981, S. 236 und 253ff.). Trotzdem betrug andererseits das Bevölkerungswachstum durchschnittlich pro Jahr nicht mehr als 0,1% – was immer noch nur ein Zehntel bzw. ein Zwanzigstel von heute teilweise vorkommenden Wachstumsraten ausmacht. Für aufschlußreiche vergleichende Blicke nach Mittel- und Südamerika und nach China ist hier leider kein Platz. Wir könnten ähnliche Geschichten vom Aufstieg und Fall der großen Städte rekonstruieren, von Kriegen, Menschenproduktion und Menschenopfern. Den von mir schon vielstrapazierten Hopi wird übrigens Verwandtschaft mit den „großen Städtebauern" Amerikas nachgesagt, mit den Ma-

Krieger- und Frauenfigur. Despenaperros (Spanien) 7./6. Jh. v.u.Z.

yas, Tolteken und Azteken. Ihre Geschichte zeigt, daß nicht immer alle und gleichermaßen dem „Vermehrungssog" und dem expansionistischen, „historischen Sog zur Großstadt" erlegen sind. Die Hopi vollendeten die ihnen aufgegebenen Wanderungen und ließen sich schließlich im Südwesten der USA nieder. Frank *Waters,* dem Autor des „Buches der Hopi",

„ . . . erscheint folgendes seltsam: daß sie jetzt, nachdem alle Clane an dem vorbestimmten Ort ihrer immerwährenden Heimat angekommen waren, diese Heimstatt nicht nach dem Vorbild der früheren, großen Städte errichteten. Statt dessen sieht man von Anbeginn viele kleine Dörfer erwachsen, die über drei weit voneinander getrennte Mesas, also Hochebenen, verstreut liegen, und die von verschiedenen Clans gegründet wurden.

Warum haben sich die Hopi nicht in einem großen kulturellen Zentrum konzentriert?. . .

Das seltsame geschichtliche Verhalten bezeugt, daß das Wesen dieser Menschen selbst der Einheit und Zentralisation widerstrebte.

Sie waren ein zutiefst religiösen Volk, ein Volk von tief eingewurzelter Friedensliebe, mit einem angeborenen Widerwillen gegen weltliche Herrschaft jedweder Art. Der Schlüssel zu diesem überkommenen, wertbestimmten Widerstreben gegen Vereinheitlichung, Organisation und Expansion ist der *Clan.*" (Waters 1983, S. 129/130, paraphrasiert.)

Ich setze noch einmal ausdrücklich hinzu: ein matrilinearer Clan.

Und noch eine Anmerkung zu den antiken Griechen: merkwürdig pessimistisch und selbstkritisch, erklären sie ausgerechnet ihr fünftes, patriarchales

Zeitalter, während es doch noch jung und unverbraucht vor ihnen liegt, zum tiefsten Abstieg der Menschheit:

„Die fünfte Rasse ist die Eisenrasse unserer Tage, wertlose Abkömmlinge der vierten Rasse. Sie ist entartet, grausam, ungerecht, böswillig, unzüchtig, ohne Achtung vor den Eltern und verräterisch". (Hesiod, nach Ranke-Graves 1960, Bd. 1, S. 29)

Mehr über die Eiserne Rasse und die von ihr erzeugten Bevölkerungsexplosionen in Kapitel 3.5. Ein spanisches Exemplar dieses Geblüts und (s)eine Frau, aus Despenaperros, datiert auf die Wende vom 7. zum 6. Jahrhundert v.u.Z., gestaltet „nach orientalischem Vorbild", stelle ich abschließend noch vor Augen (Abb. 41).

3.3.2. Die Junggesellenmaschine: Psychodramen und Manifestationen männlichen Geschlechtsneides

„Ein Hahn kann keine Eier legen", sagen die Minangkabau. Abgesehen davon, daß doch immer mal einer eines legt, wie jüngst von Nord-China gemeldet, und noch dazu ein außergewöhnlich großes und schweres Ei – so errichtet selbst in diesem weiblichen Reich des Gebärens das Genus keine unumstößlichen Schranken. Im Bereich der Travestien und des bloßen Kleidertauschs drückt sich das Bestreben nach Aufhebung strikter Genusschranken öfter mal auch auf weiblicher Seite aus (vgl. Baumann 1955); aber im Reich der direkt biologischen, der sexuellen und reproduktiven „Arbeitsteilung", finden wir *nur Männer* eifrig bestrebt, die Geschlechtergrenzen kulturell immer wieder zu überschreiten: das drücken sie in Mythen, in Ritualen und einer Fülle von „einschneidenen Handlungen" und Selbstverstümmelungen aus. Unter die gebär- und sexualneidischen Handlungen rechne ich das Männerkindbett, die Kopfgeburten, Schenkel- und Glied-Geburten, die Päderastie und die Vulvaimitationen; dazu zähle ich auch physische Angriffe gegen das „autonome" Lustorgan der Frauen, die Klitoris. Einige Beispiele für die psychischen und physischen Manifestationen und die Dramen, die sich hierbei abspielen.

Kopfgeburten, Schenkelgeburten, Gliedgeburten:

„Wie bei den Griechen, finden wir auch bei den Ägyptern die Vorstellung, daß der Gott aus seiner Lende gebiert: ‚Heil dir, oh du Herr des Rechts und der Wahrheit, der Eine, der Herr der Ewigkeit und Schöpfer des Immerdauernden. Ich bin in dich eingegangen, O Ra. Möge Osiris Ani, der triumphierende, aus deinen Schenkeln geboren werden . . . möge er ein glorreiches Wesen werden im schönen Amenta . . .'

Aber viel häufiger finden wir in Ägypten die Identifizierung des Gottes mit der Göttin in einer anderen Weise ausgedrückt: der Gott masturbiert in seinen eigenen Mund, um sodann das Götterpaar Schu und Tefnut ‚auszuwerfen und auszugießen'.

Auch durch Selbstkastration glaubt der Mann, gebärfähig zu werden:

In einer Hymne rühmt sich der Gott:

Indem ich Gründer ward nach meinem Herzen, ich selbst, Ward viel des Gewordenen/ Als Urheber von Kindern,/Als Urheber von deren Kindern.

Ich bin es, der ich mein Gatte sei mit meiner Faust,/So sprach ich mit meinem Munde,/

Zeus gebiert Dionysos aus dem Schenkel.

Ich selbst./Der Auswurf ward mir zum Gott Schu/Und der Erguß zur Göttin Tefnut.'

Ra: Ihr aus dem Phallus hervorgegangenen Götter, reicht mir eure Hände. Ich bin es, der geworden ist, was ihr seid. Was bedeutet das? Das Blut, welches aus dem Phallus des Ra herausfloß, als er sich beeilte sich selbst zu verstümmeln.

Das sind die Blutströme, welche aus dem Phallus des Ra während seiner Wanderung herausflossen, indem er sich selbst verstümmelte. Siehe! sie verwandeln sich in Götter vor dem Ra.“ (nach Wex 1977, S. 227/228)

Bei den antiken Griechen äußerte sich der Wandel von der Allmacht der Großen Göttinnen (zu denen auch Athena gehörte) zu den männlichen Schöpfergöttern auch in den Geschehnissen auf dem Olymp: Zeus gebiert Dionysos aus dem Schenkel (Abb. 42), Athene läßt er seinem Kopf entspringen – dies ist allerdings eine Wiedergeburt, eine „Kopfwäsche“ für die einst matriarchale Göttin, die nun seine gehorsame Tochter und die eifrige Beschützerin der jungen patriarchalen Heroen wird.

Eine Beschreibung von Bazon *Brock* enthält den Begriff der *Junggesellenmaschinen,* der programmatisch für psychische Triebkräfte von Sexualität und Menschenproduktion in Patriarchaten stehen kann.

„Ein Mann ist eben nicht gebärfähig . . . Interessant ist, wie die Griechen, die ja keinen Schöpfergott kannten, die Analogie von Jungfrauenzeugung und männlicher Schöpfung entwickelten. Im homerisch-hesiodischen Mythos vollzieht sich unter den übermenschlichen Lebewesen ein sozialevolutionärer Prozeß, indem die Söhne jeweils gegen ihre Väter rebellieren und diese Väter umbringen.

Aus Angst vor einem solchen Vaterschicksal in der dritten Generation der Evolution verschlingt, freudianisch gesprochen, Zeus seinen eigenen Samen.

Evolution und göttliche Absicht bringen ein überraschendes Resultat hervor: Zeus bekommt unerträgliche Kopfschmerzen, woraufhin ihm Hephaistos mit seinem Schmiedgerät den Kopf aufmeißelt. Aus der Öffnung des Schädels gebiert Zeus Pallas Athene in voller Rüstung, das heißt als Erwachsene, als fertiges Produkt. *Das ist bedeutsam, denn Maschinenprodukte werden ja auch nicht erst in einer noch des Wachstums bedürftigen Gestalt hervorgebracht, wie das bei den Gezeugten (bzw. Geborenen C.R.) Lebewesen der Fall ist.*

Pallas Athene (Parthenos) ist das Produkt einer der ersten *Junggesellenmaschinen,* von denen der mediterran-europäische Mythos berichtet." (Brock 1975, S. 78, Hervorh. C. R.)

Brock führt auch sehr eindringlich aus, wie diese männlich-psychischen Junggesellenmaschinen in Kunst und Leben in ein mechanistisches Weltbild einmünden können, in dem ja möglichst alles „Weibliche", also Chaotische, Vergängliche, Unberechenbare, alles nicht als periodisch und in mathematischen Kurven Darstellbare und damit Kontrollierbare eliminiert werden soll (vgl. auch das Kap. 4.4.); und wo das dann auch tatsächlich technisch-real versucht, „unternommen" wird. *Brock* sagt, daß die Junggesellenmaschinen im mediterran-europäischen Mythos das Pendant für Vorstellungen von der Jungfrauengeburt sind, nur mit anderer Funktion; ich würde im folgenden Zitat allerdings jeweils das „falsche Wir" aufheben, und also „menschlich" durch „männlich" ersetzen wollen:

„Diese Funktion kurz zum umreißen, heißt sagen, daß die Herausbildung des autonomen Individuums als Vergöttlichung des Menschen (Mannes) gerechtfertigt wird, bis hin zu dem Punkt, an dem solche Individuen als *homo creator*, als Unternehmer/Künstler an die Stelle der Götter bzw. Gottes treten.

Der Zustand der Welt wird nicht mehr verstanden als ein evolutionär gewordener, sondern als ein gemachter und gebauter, ganz so, als habe man es mit einer Maschine zu tun. *Maschinen wachsen nicht . . . Die Maschinen und ihre Produkte sind definitiv abgeschlossen, sobald sie hergestellt sind.* Einen ersten Höhepunkt erreichte diese Auffassung mit den Konstruktionen Lionardos und gewissen königlichen Maschinendiensten andererseits . . .

(Darin spiegelt sich das entschiedene menschliche Bedürfnis,) nach Belieben aus langfristigen, evolutionären Prozessen aussteigen zu können . . . Darin äußert sich *Bedürfnis nach Dauer; Bedürfnis nach einer statischen unveränderbaren Welt,* in der logischerweise auch *leiblich-natürliche Reproduktion nicht mehr notwendig ist.* Die Welt als Junggesellenmaschine zu betrachten, heißt, den Ewigkeitsanspruch göttlicher Existenz endlich auf die des Menschen zu übertragen, heißt den Tod abzuschaffen bzw. *wenigstens nach eigenem Willen die Weltmaschinen an- und abschalten zu können.*" (Ibid., S. 81, Hervorh. zum Teil C. R.)

Von hier ziehen sich viele Assoziationsketten zu anderen Themenbereichen dieser Expertise: zu den Manifestationen jener patriarchalen Logik, die gewaltsame Bemächtigung des weiblichen Geschlechts, Bemächtigung der Gebärmutter und Bemächtigung der Reproduktion überhaupt verknüpft – zu jenem System, wo angestrebt wird, daß mit *Brocks* Worten „auch leiblich-natürliche Reproduktion nicht mehr notwendig ist". Zur Zeit spielt sich in Berlin ein Drama ab, das diese Elemente zu logischen Handlungsmustern verknüpft. Ort: die Universitätsfrauenklinik in der Pulsstraße, und das Gericht in Moabit. Vor Gericht stehen zur Zeit ein Privatdozent und ein Oberarzt, die während einer Nachtwache eine Kollegin (Gynäkologin) brutal gemeinschaftlich vergewaltigt haben sollen. Während der Prozeß läuft, wird in der Klinik das erste Berliner Retortenbaby geboren. Der durch den in der Öffentlichkeit viel Aufsehen erregenden Prozeß geschädigte Ruf der Klinik soll durch dies Ereignis aufpoliert werden. Eine Berliner Boulevardzeitung bringt Großfotos und den Aufmacher:

„*Da bin ich!* Meine Mutter heißt Marion, mein Vater heißt Benson – und ich heiße Charmaine. Ich bin kerngesund, wiege 3330 Gramm – und ich habe schwarzes Haar. Mein Vater und mein Onkel waren bei der Geburt dabei. *Mein Leben verdanke ich den Ärzten der Universitätsfrauenklinik in der Pulsstraße.* Meine Mutter wünscht sich noch zwei Retorten-Babys." („BZ"-Titel, 20.6.1984)

Die Junggesellenmaschine in action. – Weitere Assoziationen gehen zu Cristina *Perinciolis* Ausführungen über neuerdings doch wieder „katastrophisch" denkende Geologen und Evolutionstheoretiker, wobei sie dennoch für die Katastrophen gerne eine *regelmäßige* Wiederkehr errechnen würden (Kap. 4.4.); zu *Mumfords* Beschreibung der „unsichtbaren Maschine", die im Idealfall von möglichst arbeitsteilig-zerstückelbaren, emotional ungebundenen und damit berechen- und kontrollierbaren, gut funktionierenden Junggesellen betrieben werden sollte: ich bin ja nur ein kleines Rädchen im Getriebe, ohne eigene Verantwortung, sagen der Beamte, der Offizier, sagt noch der Leitende Angestellte, sagt noch der Chef, der sich der Verfassung oder irgendwie „dem Wohle des Ganzen" verpflichtet fühlt (Kap. 4.1.). Assoziationen gehen natürlich hin zum mechanistischen und uniformen Weltbild, zu den Motiven ihrer naturwissenschaftlichen Begründer, zur gewaltigen Macht ihrer Industrien und Maschinen, mit der sie die Erde überrollten (Kap. 4.2.); und sie führen zu Krieg und gar Holocaust: wenn die Fehler im System zur unlösbaren Krise kulminieren, dann bleibt da seit einer Generation die Möglichkeit „wenigstens nach eigenem Willen die Weltmaschine abschalten zu können".

Die Couvade, das „Männerkindbett":

Das Männerkindbett ist ein Drama, das wohl bis vor unterschiedlich langer Zeit bei den meisten Völkern der Welt die Männer aufführten, wenn ihre Frauen niederkamen. Es gibt darüber viele und leicht aufzufindende Literatur, deshalb hier nur eine Skizze des Phänomens:

„Wie weit die Couvade getrieben werden kann, demonstrieren am besten die Jivaros von Ecuador. Dort hat die Frau alle Beschwernisse und Schmerzen des Gebärens, sozusagen den Elementen ungeschützt ausgesetzt, außerhalb des Hauses hinter sich zu bringen, während es sich der Gatte drinnen bequem macht, sich einige Tage lang selber füttert und verhätschelt, bis er sich von dem Schock in seinem Nervensystem und von der neuen Vaterschaft erholt hat ...

Herodot bezeugt es für afrikanische Stämme, Nymphodor für die Skythen am Schwarzen Meer, Diodor für Korsika. Strabo für die Keltiberer Spaniens; ihre direkten Nachkommen, die Basken in den Pyrenäen, üben ihn noch heute ..." (d. h., in den 20er Jahren, C.R.; nach Eckstein-Diener o.J., S. 80ff.)

Es gibt vorgeburtliche, geburtliche und nachgeburtliche Couvade; bei der vorgeburtlichen Couvade muß sich z. B. der Mann in China vor heftigen Bewegungen hüten, sonst ist durch die Erschütterung auch der Fötus im Mutterleib bedroht; auf Borneo darf der Mann nichts verkorken, sonst bekommt das Kind Verstopfung . . .

Auch in unseren Breiten kam in Volksbräuchen noch lange eine geschwächte Form der Couvade vor: wenn in Thüringen ein Manneshemd vor das Fenster der Wochenstube gehängt wurde; wenn im Schweizer Aargau die Frau beim ersten Ausgang nach der Entbindung die Hose des Mannes anzog . . .

Vielen männlichen Einführungskulten liegt Geschlechts- und Sexualneid zugrunde; er motiviert unter anderem auch oft die Päderastie.

Über solche Bräuche und ihre Motive berichtet Elizabeth *Gould-Davis:*

„In früheren Zeiten und heute noch in primitiven Gesellschaften, wo sich die instinktive Furcht und Scheu noch nicht in Haß aus Furcht verwandelt haben, versuchten die Männer, das gefürchtete Objekt nachzuahmen.

‚Das Hauptmotiv der männlichen Einführungskulte unter primitiven Stämmen', schreibt Margaret Mead, ‚besteht darin, daß der Mann vielleicht unnötig ist.'

So ‚hat der Mann einen Weg gefunden, seine grundlegende Minderwertigkeit dadurch auszugleichen', daß er die Aufgaben der Frau nachahmt." (Gould-Davis 1977, S. 158)

Die Päderastie:

Ähnlich drückt auch die Päderastie (Knabenliebe, sexueller Verkehr mit Knaben) bei ‚Naturvölkern' Minderwertigkeitskomplexe aus über den geringen Anteil der Männer am Nachwuchs. Bei den Papua in Neu-Guinea, aber auch vor der Kolonialzeit in Ozeanien, Melanesien, Australien und Neu-Kaledonien gab es homosexuelle Initiationsriten (mit Analverkehr) für Knaben.

Eine große Zahl der Volksgruppen, die diesen Brauch ausübten oder ausüben, kennen den Zusammenhang zwischen Geschlechtsverkehr, Zeugung und Geburt nicht. Oder sie interpretieren den Ritus so, daß der Anteil des Mannes an der Zeugung so gering sei, daß man über die Sperma-Übertragung eine Art „Balance" zwischen mütterlichem und väterlichem Anteil am (männlichen) Kind herstellen müsse. *Bis zum Abschluß der Initiation gilt der Knabe denn auch als weiblich* (nach Bleibtreu-Ehrenberg 1979, S. 128; rein assoziativ mag man sich hier erinnern an das Ergebnis des Barr-Chromosomen-Tests von 1957, wodurch wir erfahren haben, daß alle Embryonen in den ersten Wochen weiblich sind: die weibliche Entwicklung ist autonom, nur der männliche Embryo muß eine differenzierende Ummodelung der sexuellen Anatomie durchmachen.)

Die „Knabenliebe" im antiken Griechenland, wie auch in der antiken römischen Gesellschaft, entsprang den gleichen Vorstellungen. Aus der Personalunion von Erzieher und Geschlechtspartner ergab sich in diesen frühen Patriarchaten der gewünschte umfassende männliche Einfluß auf die Knaben – ein geradezu allumfassender Einfluß, und oft unterschätzt:

„Nun sind aber die beiden einzigartigen Charakteristika Griechenlands einmal sein Geist, zum anderen die Rolle, die die ‚Homosexualität' nicht nur im Privatleben, sondern auch in der griechischen Gesellschaft, im Militärwesen (! C.R.), in der Literatur (die paidika waren sogar ein literarisches Genre), der Philosophie und Ethik (Platon) spielte.

Der griechische Geist wurde natürlich über 2300 Jahre erschöpfend untersucht, während das wissenschaftliche Interesse an griechischer ‚Homosexualität' minimal war und noch ist . . .

Glaubt man jedoch, . . . daß eine Kultur kein zufälliges Konglomerat ist, sondern ein komplexes und in hohem Maße integriertes System, dessen Komponenten sich gegenseitig erklären, so zwingt sich die Arbeitshypothese, daß es irgendeine (unspezifizierte) Verbindung zwischen dem griechischen Geist und der Homosexualität geben muß, praktisch auf . . ." (Devereux 1976, S. 133)

Hier dienten die allumfassenden Männerbanden dazu, den Zusammenhalt des gesamten, gerade erst einigermaßen etablierten patriarchalen Staatswesens Hellas zu stärken.

Machtstreben – aber auch Angst und Neid: diese Motive müssen wir untersuchen, wenn wir bestimmte männliche Denk- und Handlungsweisen verstehen wollen – zum Beispiel wichtige Grundmuster der Frauenunterdrückung und so brutale Verstümmelungen, wie die Klitorisabschneidung.

Zunächst einmal erscheint der „Penisneid", der Frauen so oft unterstellt wird, geradezu als eine Umkehrung der tatsächlichen Verhältnisse: anthropologische, ethnologische und auch physiologische Daten lenken den Blick auf recht bezeichnende Gebräuche. Georges *Devereux* berichtet ausführlich über männliche Wünsche nach einer Vagina. In seiner Funktion als Psychoanalytiker findet er diese Wünsche bei vielen europäischen männlichen Analysanden meist ausgedrückt als Phantasien. Als Anthropologe berichtet und interpretiert er verschiedenenorts, wie z. B. australische eingeborene Männer diese Wünsche auch physisch ausleben: sie verstümmeln ihren Penis, um ihn der Vulva anzugleichen:

„In Zentralaustralien behandelt der beschnittene Erwachsene seine offene, gespaltene Harnröhre, als ob sie eine Vagina wäre. Bei bestimmten Riten bringt er sie zum Bluten und imitiert so die Menstruation der Frau. Manchmal bittet er sogar einen nicht beschnittenen Heranwachsenden, die Eichel seines Penis an seiner gespaltenen Harnröhre zu reiben, so wie man sie an der Vulva reibt." (Devereux 1981, S. 148)

Es gibt bei Frauen keine vergleichbaren Vorgänge, indem sie z. B. männliche geschlechtliche Funktionen nachahmen würden:

„In der Geschichte oder Sage kennen wir keinen vergleichbaren Beweis für den Penisneid, keine heiligen Rituale, die auf der Nachahmung männlicher Aufgaben durch die Frauen beruhen, keinen Fall, in dem Frauen versuchten, ihre Genitalien zu verstümmeln, um sie denen des Mannes anzugleichen, und keine spielerische Darstellung, bei der die Frauen vorgaben, Samenfluß zu erzeugen, was mit der nachgeahmten Blutung zu vergleichen wäre.

Der Geschlechtsneid ist eine ausschließlich männliche Erscheinung." (Gould-Davis 1977, S. 158)

Verstümmelungen von Frauen:

Die Variationen körperlicher Verstümmelungen, die an Frauen vorgenommen werden, hat Mary *Daly* in „Gyn/Ökologie" unter den Begriff des *„Sado-Rituals"* gefaßt: je kultur- und epochenspezifische Unterwerfungsrituale, die ihre Macht entfalten, indem sie wieder und immer wieder vollzogen werden. *Daly* beschreibt also „Sati", die Witwenverbrennungen in Indien, das Füßeeinbinden in China zu dem Fetisch des „Lotoshakens", Genitalverstümmelungen in Afrika, Hexenverbrennungen in Europa, Gynäkologie in Amerika und die Folter-Methoden der Nazi-Medizin (Daly 1981).

Ich möchte hier nur einige Anmerkungen zur Klitorisabschneidung (Klitorektomie) machen. Für diese grausame Sitte werden unter vielen anderen Begründungen und Rechtfertigungen auch bevölkerungspolitische Argumente ins Feld geführt, weil man glaubte,

„... der Orgasmus der Frau verhindere eine Empfängnis, da die Hitze der Leidenschaft den Samen zerstöre. ‚Sie verbrennt den empfangenen Samen und trocknet ihn sozusagen auf', schreibt Davenport, ‚und wenn zufällig noch ein Kind empfangen wird, so ist es mißgebildet und bleibt keine neun Monate im Mutterleib.' " (Gould-Davis 1977, S. 160)

Eine andere Begründung führt ins Feld, daß bei Frauen Ägyptens, Arabiens, Abessiniens, aber auch z. T. Asiens die Klitoris so groß werde, daß sie den Geschlechtsverkehr behindere, oder aber zu lesbischen Beziehungen verführe (ibid., S. 160/161). Mit der Klitorisabschneidung werden Frauen der Orgasmusfähigkeit und Lust beraubt, oft schwer verletzt, leiden oft lebenslang unter Schmerzen durch Entzündungen und Narben, und leben mit einem Trauma (Abb. 43). Medizinisch-physiologisch gesehen, werden Frauen bei der Klitorektomie jenes Organs beraubt, das dem „Bulbus Penis" entspricht; es ist nicht die Klitoris ein „verkümmerter Penis", wie das landläufig behauptet wird, sondern umgekehrt: „Der Penis ist eine Wucherung der Klitoris, der Hodensack entsteht durch Verlängerung und Verwachsung der großen Schamlippen" (Knussmann 1982, daraus auch Abb. 44). Beziehen wir nun noch in die Überlegungen ein, daß den Frauen in der westlichen naturwissenschaftlichen Forschung die „größere Potenz" zugeschrieben wird (Knussmann 1982, Sherfey 1974, aber auch schon vom antiken Seher Teiresias) – dann wird vollends klar, daß es mit dieser, wie auch den anderen Arten sexueller Verstümmelungen um beständige Unterwerfung, Traumatisierung, letztlich um *Kontrolle* von Körper und Geist der Frauen geht. Was gefürchtet wird, ist die potentielle *Autonomie der weiblichen Lust;* Frauen sollen Lust und Sexualität nur gerichtet auf männliche Gelüste wahrnehmen können.

Dieses ungemeine Kontrollbedürfnis korrespondiert mit der Hilflosigkeit, das eigene männliche Organ zu beherrschen:

„Der Penis ist der einzige Muskel, den der Mann nicht beugen, und auch die einzige Extremität, die er nicht kontrollieren kann ... (Diese Hilflosigkeit) erzürnt ihn so sehr, daß er das Geschlecht bestrafen will, das solche Macht über ‚sein Eigentum' ausübt.

Die Frau besitzt kein solch herausforderndes Anhängsel. Ihre Klitoris, die so oft mit einem verkümmerten Penis verglichen wird, ist ein geheimnisvolles Ding, das sie offensichtlich nur zu ihrem eigenen Vergnügen besitzt.

Im Gegensatz zum Penis uriniert es weder, noch zeugt es ... Der Mann ist darüber verstimmt, daß die Frau von ihrem ‚Penis', der nur einem Zweck dienenden Klitoris, unabhängig, er aber von seinem mehreren Zwecken dienenden Penis abhängig ist. Es scheint ihm, die Natur habe sich, als sie ihn erschuf, aus wirtschaftlichen Gründen sehr knauserig verhalten, ganz im Gegenteil zur verschwenderischen Großzügigkeit bei der Erschaffung der Frau.

In zivilisierten Gesellschaften nimmt heute dieser Klitoris- oder Gebärneid subtile Formen an. Des Mannes ständiges Bedürfnis, die Frau zu verunglimpfen, sie zu erniedrigen,

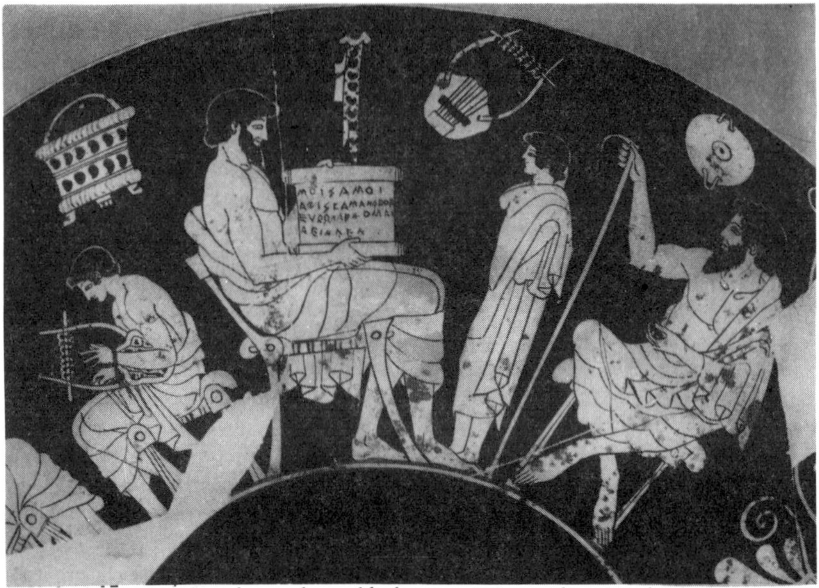

Personalunion von Erzieher und Geschlechtspartner im antiken Griechenland: Lehrer und Schüler (Trinkschale vom Duris-Maler, um 480 v.u.Z., mit der Widmung an einen Liebling: „Hippodamas kalos“)

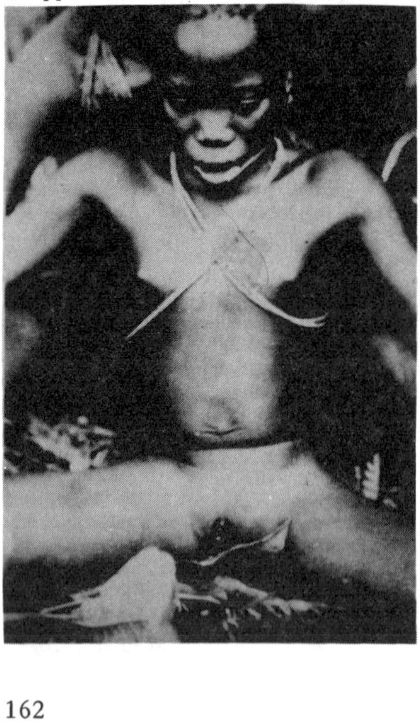

Klitorisabschneidung

„Der Penis ist eine Wucherung der Klitoris . . .“

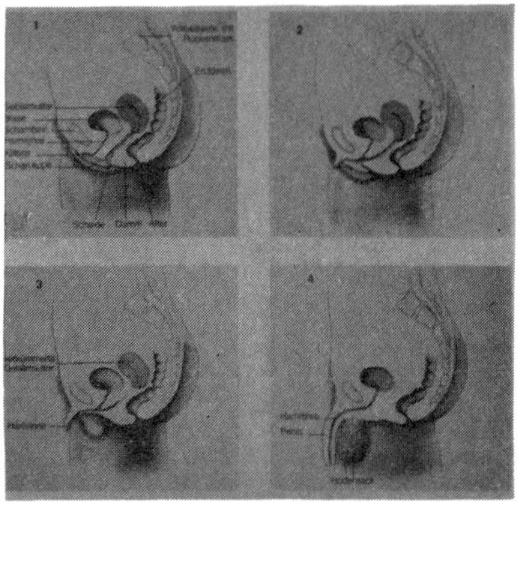

ihr gleiche Rechte zu verweigern und ihre Leistungen zu schmälern, all das ist Ausdruck seiner angeborenen Mißgunst und Furcht." (Gould-Davis 1977, S. 157/58)

Wo in patriarchalischen Gesellschaften das phalluszentrierte Denken eigentlich alle spezifischen kulturellen Werte metaphorisch mit dem Phallus in Verbindung sieht – vom ökonomischen Wachstum bis zur Hochhausarchitektur, von Waffen bis zu Fahrzeugen –, da läßt sich der sogenannte Penisneid der Frauen, wenn überhaupt, nur soziologisch begründen: als „Neid" auf die gesellschaftliche Macht, die dieses Organ im wahrsten Sinne ver*körpert* – als eine eigentlich männliche Projektion, wie wir gesehen haben, und wohl als ein Versuch, auf dem Umweg über gesellschaftliche Macht auch das „unkontrollierbare Organ" selbst aufzuwerten.

Diese Vorgänge bewußt zu machen und weiter zu erforschen, stellt eine wichtige Aufgabe bei der Rekonstruktion der „Sozialgeschichte des weiblichen Körpers" dar.

Wer jedoch wüßte, freiwillig oder unfreiwillig, die eigenen Motivationen für die Unterwerfungsrituale klarer und deutlicher auszusprechen, als die „betroffenen" Männer selbst? Drei Zitate zum Abschluß dieses Kapitels.

Die eigentlich progressiven Kulturhistoriker *Fuchs* und *Kind* meinten wahrscheinlich den Frauen zu schmeicheln, als sie 1930 sagten:

„Der stärkere Geist der Männer wird nur von der *genitalen Macht* der Weiber bezwungen." (Fuchs/Kind 1930, S. 388)

Eduard *von Hartmann* sagt in den „Modernen Problemen" von 1886:

> „Solange man diese auf dem Geschlechtsgegensatz beruhende *geheime Übermacht* des weiblichen Geschlechts nicht brechen kann, muß als nothwendiges Gegengewicht gegen dieselbe eine rechtliche Vorherrschaft des männlichen Geschlechts aufrechterhalten werden, um das Gleichgewicht nur einigermaßen wieder herzustellen." (Hartmann 1886, S. 98)

Der römische Politiker *Cato* kommentierte im 2. Jahrhundert die „lex Oppia" (ein Gesetz):

> „Erinnert Euch an das Gesetz, nach welchem unsere Väter die Freiheit der Frauen beschränkten, nach welchem sie sie unter die Macht der Männer gebeugt haben.
> Sobald sie unseresgleichen sind, werden sie uns überlegen."

3.4. *„Der Krieg ist der Vater aller Dinge" – vom Phyrrhussieg der „harten Werte" in der Kultur*

Der Apostel Paulus schreibt an die Korinther:

> „Der Mann aber soll das Haupt nicht bedecken, sintemal er ist Gottes Bild und Ehre; das Weib aber ist des Mannes Ehre.
> Denn der Mann ist nicht vom Weibe, sondern das Weib ist vom Manne. Und der Mann ist nicht geschaffen um des Weibes willen, sondern das Weib um des Mannes willen." (1. Korinther 11, 7-9)

Unversöhnlicher Antagonismus der Geschlechter wird seit Anbeginn des Patriarchats gepredigt; in seinem dualistischen Weltbild erscheinen nun „Männlichkeit“ und „Weiblichkeit“ als feindliche Prinzipien, die aber mitnichten zur Versöhnung gebracht oder in einem wenn auch labilen Gleichgewicht gehalten werden sollen – nein, *Kultur* wird beschrieben als einseitige Durchsetzung der sogenannten „männlichen Werte“. *Frau* und *Natur* werden in gleicher Weise in den Objekt-Status gezwungen und gelten als beliebig brutal ausbeutbare Rohstofflieferantinnen für „männliche Kultur- und Veredelungsleistungen“. Nur strikte Abgrenzung und permanente Kontrolle garantieren die Herrschaft in der Kultur. (Entsprechend gelten alle Angleichungstendenzen, vor allem die Verweiblichung von Männern, als Verfallserscheinungen.) Der maschinenverliebte *Mann als Erfinder* eröffnete die Wege in die Technikexplosion. In seiner zweiten historischen Hauptrolle, der vom *Mann als Züchter*, steuerte er die Menschenproduktion in die Bevölkerungsexplosionen.

Er errichtete die Herrschaft der „harten Werte“, in der Sexualität, in der Vater-Liebe, in der Rechtskultur und der Organisation des Vater-Staates. In diesen Bindungen drohen bei Mißerfolg immer tödliche Konsequenzen: Die Liebe zum Vaterland wird mit der Gefolgschaft bis in den Tod eingefordert und bewiesen; die private „romantische Liebe“ gipfelt im gemeinsamen Liebestod, im einsamen Selbstmord, aber auch im Mord aus Eifersucht. Wobei der Tod einer Frau noch hier und heute stets sehr viel weniger (Strafe) wert ist als der eines Mannes. Im sadomasochistischen Szenario verbirgt die Liebe Besitzgier und doppelmoralische Privilegien für die Männer; Heterosexualität wird zu einer Funktion des permanenten Unterwerfungsrituals und unterstellt die Lust am Schmerz, Lust an der Vergewaltigung, Wünsche auf Inzest. Es formt sich eine pornokratische Sozialkultur „im Zeichen der Rute“ – durchaus doppelsinnig gemeint –, wo Unzucht und Zucht brüderlich-symbiotisch alles durchdringen: im alten Rom war das Rutenbündel gleichermaßen phallisch-sexuelles Symbol, Instrument zur Kindererziehung und Frauenzüchtigung, und Sinnbild und Instrument polizeilicher Staatsgewalt, als Liktorenbündel. Bis heute besteht diese Gleichsetzung von männlichen Sexual- und Gewalt-Organen. In Vater-Liebe und staatlicher Rechtskultur werden seit der Antike Liebe, Großmut, Versöhnungsgeist, Teilnahme- und Empfindungsfähigkeit als *weibischer Pazifismus* denunziert; eingebleut werden die Sekundärtugenden: Gehorsam, Fleiß, Leistung, Pünktlichkeit, – mit denen man, wie jüngst ein deutscher Politiker sagte, „ein Konzentrationslager betreiben kann“ (Oskar Lafontaine); darauf sagte jüngst ein anderer deutscher Politiker, „der Pazifismus der dreißiger Jahre hat Auschwitz erst möglich gemacht“ (Heiner Geissler) – und nicht etwa die inländische Kombination aus männlich-hartem Auftreten der Stiefel und einer weitverbreiteten Neigung, dieselben unterwürfig zu lecken (um wieder in der sexuellen Metaphorik zu bleiben). Wo mann sich schon, im Gegensatz zur Antike und infolge christlicher Kolonialisierung, streng verbietet, ein „warmer Bruder“ zu sein, da kann mann sich ersatzweise als umso „kälterer Krieger“ ausleben („Lieber ein Kalter Krieger als ein Warmer Bruder“).

Lew *Kopelew* zitierte in seiner Rede anläßlich der Verleihung des Friedenspreises des deutschen Buchhandels die Lehrmeister der europäischen Zivilisation:

„Heraklit lehrte: ‚Der Krieg ist der Vater aller Dinge', und Nietzsches Zarathustra verkündete: ‚Ihr sollt den Frieden lieben als Mittel zum neuen Krieg . . . Der Krieg und der Mut haben mehr große Dinge getan als die Nächstenliebe.'

‚Wer Frieden will, bereite den Krieg', sagten die wehrtüchtigen Römer; ‚Krieg ist die Fortsetzung der Politik mit anderen Mitteln' behauptete Clausewitz; Hegel und Marx haben ihm zugestimmt." (zit. nach „Frankfurter Rundschau" vom 19.10.1981)

Ethnologische Daten bestätigen: je „primitiver" eine Gesellschaft, desto friedlicher; je „höher entwickelt" eine Kultur, vor allem zur Neuzeit hin, desto häufiger, umfassender und grausamer ihre Kriege (vgl. dazu die Zahlen und Daten bei Fromm 1977, S. 242). Auch erfordert die moderne elektronische Kriegsführung wohl kaum noch irgendwelchen „Mannesmut", und es werden auch seit dem Koreakrieg zunehmend stets prozentual mehr Zivilist/innen getötet als männliche Soldaten, inzwischen bis zu 83% der Zivilbevölkerung. So lautet der ironische Geheimtip unter Feministinnen: Frauen rein ins Militär – wenn ihr überhaupt eine Chance haben wollt, als Geschlecht zu überleben. So hat sich in einem komplexen Wechselspiel der Faktoren das doch so harmlos klingende „agonale Moment" entfaltet: jene männliche Wettbewerbsorientierung, die nach *Huizingas* bekannter Kulturentstehungstheorie schon immer und von Anfang an den *homo ludens*, den spielenden Mann, um- und antrieb zu seinen großen Kulturleistungen – oder imponiert er nicht doch nur, nach *Mumfords* Diktum, mit der „Scheinkreativität des Krieges"?

Dieses war eine polemische, kriegerische Einleitung zu jenem Kapitel, das eigentlich ganz sachlich von den Gründen und Folgen des Bruderphänomens handeln wird: von der „Scheinkreativität einer expandierenden Menschenproduktion".

3.5. Bevölkerungsexplosion in Patriarchaten – Ursachen, Entwicklungsstufen und Folgen

3.5.1. Die antike Bevölkerungsexplosion

Zugleich mit der Formierung von Patriarchaten, Privateigentum und Geldwirtschaft setzt in Europa jenes rapide Wachstum der Bevölkerungen ein, das man wohl erstmals in der Kulturengeschichte als „explosiv" bezeichnen kann. Für diese Zeit stehen auch gesicherte Daten zur Verfügung, denn Volkszählungsergebnisse und Ansichten zur Geburtenpolitik sind schriftlich überliefert. Diese in der Antike einsetzende, keineswegs bruchlose Entwicklung der europäischen Bevölkerungsexplosion bis hin zur Menschenproduktion der Neuzeit, haben Gunnar *Heinsohn,* Rolf *Knieper* und Otto *Steiger* rekonstruiert; in mehreren Arbeiten breiten sie eine Fülle von Material aus (Heinsohn et al. 1979; Heinsohn/Steiger 1982; Heinsohn 1984); auf sie stützen sich auch hauptsächlich meine folgenden Ausführungen. Die halte ich knapp, weil die ausführlichen Dokumentationen empfehlenswert und leicht zugänglich sind. –

Die matrilinearen Sippen in Europa sind also zerstört. Die Gründung der patriarchalen Familieneinheiten dient nicht zuletzt dem Zweck, die Frauen aus jeder gleichgeschlechtlichen Gemeinschaft, aus der Solidarität der Frauensippen und -gruppen herauszuisolieren und sie der unumschränkten Zeugungsgewalt eines einzelnen Mannes, des Ehemannes, zu unterstellen.

Von dieser Zeit an gilt der Satz:

„Das Gezeugte wird geschützt, das Geborene wird ausgenützt."

Das Geborene kann nach antikem griechischem und römischem Recht straflos vom Mann getötet werden; der römische Patriarch besaß die *„potestas vitae nescisque"*, die Macht über Leben und Tod. So konnte er auch seine Ehefrau töten, wenn sie ihre Hauptaufgabe: legitime Kinder zu gebären, nicht erfüllte; das heißt also, bei Sterilität und Untreue.

„Die Pioniere des Vaterrechts verfolgten eine gut durchschaubare Menschenpolitik. Sie sorgten für körperlich vollwertigen männlichen Nachwuchs, sie installierten einen regelrechten Knabenkult. Machtvoll mußten die männlichen Minderheiten majorisiert werden. Und deshalb genoß alles Gezeugte höchsten Schutz. Die Entstehung des hippokratischen Eides – ein halbes Jahrtausend vor Christi Geburt – ist in diesem Zusammenhang als religionspolitisches Instrument deutbar." (Holliger 1972, S. 201)

Durch die ungewohnt vielen Menschen entstanden jedoch zahlreiche unübergehbare Schwierigkeiten. So wurde in den jungen Patriarchaten zunächst der Kindesmord das probateste Mittel zur Bevölkerungssteuerung – genauer gesagt: der *Mädchenmord.* Die geübten Methoden bestanden in Erdrosseln, Erstechen, Zerschmettern, Ertränken oder Aussetzen. Noch einmal Edith *Holliger:*

„Auch in Griechenland dachte man bekanntlich über das Lebensrecht Neugeborener absolut barbarisch. Das Volk und seine großen Männer standen freimütig zu ihrer Meinung; diese wurde ja von keiner Seite angefochten. Aristoteles befürwortete den Kindermord als wirksamstes Mittel, der Übervölkerung Herr zu werden. Nach Plato gehörten mißgestaltete Säuglinge, sowie die Kinder der Elenden überhaupt nicht in diese Welt; Plutarch, Sokrates, Euripides, Lukian und Homer, alle waren sie überzeugt, daß die Eltern und daß der Staat über Leben und Tod der Säuglinge zu befinden hätten.

Die Aussetzung war ebenso verbreitet wie der Kindermord. Wollte man den Tod eines Aussetzlings, so brachte man ihn an einen abgelegenen Ort; wünschte man seine Erhaltung, so legte man ihn an einen stark besuchten Platz. Im Portikus des Gymnasiums Cynosarges in Athen wurde im Winter für die Armen geheizt, daher wurden dort viele ausgesetzte Kinder aufgefunden. Die Eltern gaben ihnen öfters ein Erkennungszeichen mit, einen Ring oder ein Halsband, um sie später, wenn die Götter sie leben ließen, daran wieder zu erkennen.

Über die Aussetzung der kleinen Mädchen liegt ein Fragment Meneanders vor:

‚Die Mädchen sind eine Last für die Väter, selbst wenn sie reich sind, daher ist es ganz natürlich, daß die Armen nur die Söhne aufziehen und die Mädchen aussetzen.' " (ibid., S. 207/208)

So kommt es, daß die Bevölkerungsexplosion der Antike eigentlich eine *Männerexplosion* ist:

„Mehr als eine Tochter wurde praktisch niemals aufgezogen. Womit die Feststellung des Poseidippos bestätigt wird, daß ‚selbst ein reicher Mann immer eine Tochter aussetzt'.

Von 600 Familien der delphischen Inschriften, zweites Jahrhundert vor unserer Zeit, zog ungefähr gerade *ein Prozent* zwei Töchter auf; die Zeugnisse aus Milet stimmen damit überein, und in den vielen Inschriften, die uns vorliegen, sind überall Schwestern fast mit Fingern zu zählen.

Im Athen des vierten Jahrhunderts v.u.Z. wird ein Verhältnis von 87 Söhnen und 44 Töchtern aus 61 Familien genannt und dazu bemerkt, daß das Mißverhältnis ständig zunahm.

Das Ideal war die Familie mit ein oder zwei Söhnen (falls einer im Krieg fiel). Gelegentlich verschob sich das Geschlechterverhältnis in Griechenland so weit, daß auf 7 Männer nur eine Frau kam." (Janssen-Jurreit 1976, S. 566; vgl. auch Heinsohn 1979, S. 19.)

Seit damals währt auch der Streit, ab wann Neugeborene als Menschen zu gelten hätten: den Römern fiel Aussetzung und Kindesmord deshalb leicht, weil sie einfach erst Neugeborene als Menschen gelten ließen, wenn sie die erste Nahrung genossen hatten. Und von damals bis heute werden auch diese Definitionen je nach männerstaatlicher Interessenlage zurechtbogen.

Der männliche Bevölkerungsdruck begünstigt aber auch und macht es möglich, daß riesige Heere aufgestellt werden und die Herrschaft auf Kolonien ausgedehnt werden kann.

Die Zahlen zur antiken Bevölkerungsexplosion: im Jahre 400 v.u.Z. zählt man in Europa 23 Millionen, im Jahre 200 u.Z. dagegen schon 67 Millionen Menschen. Als aus komplexen Gründen, vor allem aber wegen der Sklavenwirtschaft, dennoch Menschenmangel entsteht, wird im Jahre 313 Kindestötung verboten und bald darauf das geburtenfreudige Christentum zur Staatsreligion erhoben.

3.5.2. „Laß nur tot tragen" – europäische Menschenproduktion im Zeichen von Kreuz und Kapital

Nach christlicher Lehre ist ja das post-paradiesische Kinderkriegen mit einem Fluch belegt: „Unter Schmerzen zu gebären" wurde den Frauen als Strafe für Evas Fehlverhalten auferlegt. Immer wieder begründen Kirchenväter die Aufgaben- und Herrschaftsverteilung zwischen Mann und Frau:

„Einem Weib aber gestatte ich nicht, daß sie lehre, auch nicht, daß sie des Mannes Herr sei, sondern still sei; denn Adam ist zuerst gemacht, hernach Eva; und Adam ward nicht verführt, das Weib aber ward verführt und hat die Übertretung eingeführt. Sie aber wird selig werden durch Kinderzeugen, so sie bleibt im Glauben, und in der Liebe, und in der Heiligung samt der Zucht." (Timotheus 2. Kap. 12)

Bereits in frühesten christlichen Dokumenten „klingt die Todesmelodie der späteren Hexenverfolgungen an" (Heinsohn et al. 1979, S. 30):

„Du sollst nicht töten, du sollst nicht ehebrechen, du sollst nicht Knaben schänden, du sollst nicht stehlen, du sollst nicht Zauberei treiben, du sollst nicht Gift mischen, du sollst nicht das Kind durch Abtreibung umbringen und das Neugeborene nicht töten."

Im christlichen Mittelalter hatten nach Durchsetzung des Kindestötungsverbotes insbesondere die Hebammen eine hochentwickelte Gynäkologie und Verhütungswissen geschaffen; dank der Hebammenkunst, die auch „Hexenkunst" hieß, blieb in Europa die Bevölkerungszahl von 1000 bis etwa 1400 konstant: sie stieg nur von 42 Millionen auf 45 Millionen Menschen.

Ab dem 15. Jahrhundert steigen dann die Geburtenraten kontinuierlich, die *Hexenverfolgung* bahnt den Weg in die zweite Bevölkerungsexplosion.

„Als das ungeheuerlichste Ereignis der Neuzeit vor Auschwitz muß das Foltern und Töten von Millionen Frauen zwischen dem 15. und 18. Jahrhundert gelten – im christlichen Weltbild als Hexenverfolgung legitimiert . . .

Wir betrachten deshalb die Hexenverfolgung nicht als Zerstörung ‚naturhafter Weiblichkeit' durch den ‚wissenschaftlichen Geist der Neuzeit', nicht als den Triumph männlicher Rationalität über weibliche Irrationalität – wie es in heute gängigen Thesen unterstellt wird –, sondern umgekehrt als die Austreibung zweckrationalen Verhaltens aus der Fortpflanzung, als die weitgehende Verschüttung jenes biologisch und physikalisch-chemischen Wissens, welches Schwangerschaften zu verhüten, Föten abzutreiben und Neugeborene einem sanften Tode anheimzugeben erlaubte. Über diese hochentwickelten Kenntnisse, welche auch die Geburtsheilkunde einschließen und – nachgewiesen – 103 verschiedene chemische und physikalische Praktiken umfaßten, verfügten die Frauen, insbesondere die Hebammen." (ibid., S. 15 und 54)

Erste Hexenverfolgungen hatten bereits im 14. Jahrhundert eingesetzt, nachdem die Pest den weltlichen und klerikalen (!) Grundherren die Arbeitskräfte hinwegraffte; im Jahre 1484 wird „ . . . mit der *Bulla Summis Desiderantes* – der sog. Hexenbulle – die Unterdrückung der Geburtenkontrolle für das gesamte katholische Europa koordiniert" (Heinsohn 1984, S. 31). 1487 erscheint dann das berühmte Handbuch für Inquisitoren und Hexenjäger, der *Malleus malleficarum.* Dort wird die „siebenfache Hexerei" definiert – darunter genau jene Tätigkeiten, zu denen mittelalterliche Hebammen Spezialwissen entwickelt hatten.

„Die sieben Delikte der Hexerei umfassen:

1. Unzucht und Ehebruch (als ‚Lernfelder' einer schwangerschaftsverhütenden Sexualbefriedigung);
2. Männer zur Begattung unfähig machen;
3. Kastration und Sterilisation;
4. Verkehr mit Tieren und Homosexualität (als wiederum nicht zur Fortpflanzung führende Formen der Sexualbefriedigung);
5. Empfängnisverhütung;
6. Abtreibung;
7. Kindestötung, auch in der verschleierten Form der Kindesopferung." (ibid., S. 32, vgl. Abb. 45)

Heinsohn beschreibt, wie in dieser Phase auch Intoleranz gegenüber der Homosexualität bevölkerungs- und staatspolitisch begründet wird, und zitiert eine Schrift aus dem 18. Jahrhundert:

„Wenn man bedenkt, wie fürchterlich Knabenschande dem Staat ist, und wie sehr sich dieses abscheuliche Laster insgeheim auszubreiten pflegt, so wird man, nach den Regeln der Politik, die Todesstrafe nicht zu hart finden. Ist dieses Laster einmal eingerissen, (. . .) dann kann nichts anders, als die größeste, alle Gegenmittel unkräftig machende Entvölkerung und Schwäche des Staates daraus entstehen . . ." (ibid., S. 39)

Ein gerader Weg führt von damals zu den jüngsten „Richtlinien für Sexualaufklärung", herausgegeben vom Vatikan 1984: dort werden Petting, Masturbation und Homosexualität als „schwere moralische Unordnung" eingestuft, Verhütungsmittel sind Sünde . . . Haben vielleicht der Reformator *Luther,* dessen

Hexen und Dämonen fressen ein Kind (Stich von Jan Ziarnko, Paris 1613)

1983 so ehrenvoll gedacht wurde, und seine protestantischen Anhänger auch deshalb Ruhm auf sich geladen, weil sie seinerzeit der katholischen Frauenfeindschaft sich widersetzten? Mitnichten. *Luther* sagte, die Frau sei „ein halbes Kind", „ein Toll Thier", und „die größte Ehre, die es hat, ist, daß wir allzumal durch die Weiber geboren werden". *Luther* sagt: „Gib das Kind her und tue dazu mit aller Macht; stirbest du darüber, so fahre hin, wohl dir, denn du stirbst eigentlich im edlen Werk und Gehorsam Gottes." Er sagt: „Ob sie sich aber auch müde und zuletzt todt tragen, das schadet nichts, laß sie nur todt tragen, sie sind darum da." (Die Zitate nach Deschner 1982, S. 215 und S. 247/28; überhaupt ist Deschners „Sexualgeschichte des Christentums" eine Fundgrube zu diesem Thema.)

In ganz Europa, schätzt *Heinsohn*, mögen zwischen 1500 und 1700 an die 500.000 Frauen als „Hexen, also als Geburtsverhinderinnen hingerichtet worden sein." (Heinsohn 1984, S. 34). Und er hebt hervor, daß sich die Interessen von katholischen wie von protestantischen *Grundherren* in der Hexenverfolgung deckten.

Seit dem 18. Jahrhundert werden dann die Eheverbote gegen Besitzlose gelockert (zuvor war etwa nur die Hälfte der Bevölkerung verheiratet); dies unter dem gleichzeitigen Zwang, die christliche, zeugende Sexualmoral praktizieren zu müssen: so werden die zum Aufbau der Industriegesellschaften benötigten Proletarier und Proletarierinnen erzeugt. Das lateinische Wort „proles" bedeutet „kinderreich". Aus ihrer Arbeitskraft werden die neuzeitlichen Zivilisationen der „sichtbaren Maschinen" errichtet.

Die Bevölkerung steigt in Europa von

1700 bis 1800: von 115 auf 187 Millionen,
1800 bis 1900: von 187 auf 423 Millionen (!),

und in den folgenden nur 50 Jahren schon auf 600 Millionen – trotz zunehmender Menschenopfer in immer mehr Kriegen.

„Trotz einer Kindersterblichkeit mit Spitzen von über 40%, trotz Fortdauerns der um 1600 beginnenden ‚kleinen Eiszeit' bis 1850, *verdreifacht sich die Bevölkerung im heutigen Gebiet der BRD und DDR zwischen 1750 und 1900 von knapp 15 auf gut 43 Millionen Menschen.*" *(ibid., S. 52, Hervorh. C. R.)*

Mit diesem neuen *Kinderreichtum* kommt das größte *Kinderelend* aller Zeiten in die Welt(Geschichte). Für die Ungewollten werden Findelhäuser, Waisenhäuser, Zucht- und Arbeitshäuser geschaffen.

„Die Ursache des qualitativen Problems der Menschenproduktion liegt nämlich nicht nur in der Fabrikarbeit als solcher, sondern in der perspektivlosen Existenz des Lohnarbeiters, der seine Kinder für keine konkrete Lebensaussicht zu erziehen imstande und willens ist.

So gelten *im Jahre 1851 von den 4.908.696 Kindern Englands* zwischen 3 und 15 Jahren *3.015.405 als mehr oder weniger streunend.*" (Heinsohn et al. 1979, S. 137)

Und wie steht es heute mit Kindersegen und Kinderelend? Von den in der BRD in den siebziger Jahren geborenen Kindern waren 75% keine Wunschkinder, nicht geplant (Heinsohn 1984, S. 5 und S. 63). Sie kommen mit einer schweren Hypothek zur Welt. *Heinsohn* blickt auf die erschreckend zahlreichen Fälle von Kindesmißhandlungen und Kindesvernachlässigungen und fragt: wäre nicht dem Kinderschutz am besten gedient, wenn nur noch die zur Zeit jährlich 150.000 „Wunschkinder" geboren würden? Für sie bestünde vielleicht berechtigte Hoffnung auf Versorgung und „Zukunft"?

All jene, die sich jetzt fragen, warum trotz moderner Verhütungsmittel und Aufklärung, trotz der „Pille" dreiviertel der gegenwärtigen Kinder infolge einer ungewollten Schwangerschaft das Licht der Welt erblicken, finden Auf- und Erklärungen in einer 1983 erschienenen Arbeit: „Bauchlandungen – Abtreibung, Sexualität, Kinderwunsch" (Häussler/Helfferich/Walterspiel/Wetterer 1983). Die darin zusammengefaßten Untersuchungen zur Entstehung des „Wunschkind"-Begriffs, Aspekte der „Neuen Mütterlichkeit" und eben die Beweggründe des Verhütungsunwillens der modernen Bundesrepublikanerinnen zeigen einmal mehr: Kinderkriegen ist nicht die natürlichste, sondern die kultürlichste Sache der Welt. Über den Verhütungsunwillen auch der modernen Männer sprechen wir ja gar nicht erst.

3.6. Anregungen zum Nach-Forschen: zum Beispiel über den Ledigenstand, Dichteprobleme, Dritte Welt und uns

Beim Stichwort Bevölkerungsexplosion assoziieren wir Europäer/innen gewöhnlich sofort „Dritte Welt". Ohne Kenntnis der kulturhistorischen Zusammenhänge, aber auch angesichts des eigenen stagnierenden Bevölkerungswachstums glauben nicht wenige Angehörige vor allem der Alten Welt, daß die Menscheninflation nicht direkt ihr eigenes Problem sei. Zur Zeit 400 Millionen Arbeitslose in der Dritten Welt, und im Jahre 2000 dann etwa eine Milliarde? Zwischen 1980 und dem Jahre 2000 sollen voraussichtlich 158 Millionen Menschen in der Dritten Welt an Hunger und Seuchen sterben? Das sind gut belegte Schätzungen, und wie immer wahrscheinlich zu niedrig angesetzt (nach Heinsohn 1984, S. 64 und 66). Die Zahlen sind so unvorstellbar hoch, die betroffenen Länder scheinbar so weit weg, – da fällt es hierzulande schwer, sich die Wirklichkeit dahinter vorzustellen. Doch, auch in den USA, einer Industrienation, die sich noch eines Bevölkerungszuwachses erfreut, sprachen sich in einer Studie der Cornell-University 84% der Befragten für eine Begrenzung der Familiengröße aus. Aber von denselben Befragten äußerten 65% den Wunsch nach drei oder mehr Kindern, und nur 6% der Männer befürworteten eine freiwillige Vasektomie für den Fall, daß die Familie groß genug geworden ist (was immer das heißen mag; zitiert nach Avers 1976, S. 282).

Aber:
Die letzte und höchste Stufe der Bevölkerungsexplosion in Europa, im eigenen Land, liegt erst vier, fünf Generationen zurück! Ein kurzes Brainstorming zur Geschichte der eigenen Familie . . . Haben wir *hier* die ungeheuer schnell gezeugte Dichte verkraftet? Ich hatte schon erwähnt (Kap. 3.1.1.), daß wir in diesem Lande mit mehr als 189 Personen pro Quadratkilometer statistisch genauso dicht wie die heutigen Inder/innen leben.

Haben wir die Dichte biologisch-physisch verkraftet, haben wir sie in der sozialen Ordnung verkraftet? Damit sei nicht einmal auf den historisch-notorischen Zusammenhang zwischen Bevölkerungsdichte und Kriegen angespielt, auf „Volk ohne Raum" und, die moderne Version, „Volk ohne Energie" oder „Volk ohne Rohstoffe" –
wir müssen untersuchen, inwieweit nicht zu den Folgen und Symptomen der Dichte Stress, sexuelle Hyperaktivität, Betäubungsmittelmißbrauch, sozialdarwinistische Ellenbogenmentalität, übersteigerter Individualismus und Narzißmus bei gleichzeitigen tiefsten Wertlosigkeitsgefühlen zählen, im Gefüge der sozial-ökonomischen Strukturen natürlich, in denen wir leben.

Zu einigen dieser Fragen will ich gleich noch Hinweise geben, wo ich denke, daß wir dringend sie und uns erforschen müssen. Und noch auf einen weiteren Zu-Stand möchte ich die Aufmerksamkeit lenken, den man heute als „Single-Trend" beobachtet, und der als Stand der Ledigen und oft auch Kinderlosen im Negativen von staatlicher Familienpriorität und Familienpolitik betroffen ist (vgl. auch Expertise II, Kap. 7.2.2. über alleinwohnende Frauen).

3.6.1. Vor der falschen Alternative „Hausfrau oder Kurtisane" – autonome Frauenbewegungen und die Geschichte des Ledigenstandes

Durch die Geschichte patriarchaler Gesellschaften mit ihrer Familien- und Ehe-Ideologie zieht sich parallel, weniger beachtet und unter den verschiedensten Vorzeichen ein scheinbar widersprüchlicher Strang: die Geschichte der ledigen Frauen. Viel mehr Frauen als man gemeinhin annimmt, blieben (und bleiben) freiwillig oder unfreiwillig ledig, mit oder ohne Kinder, und es zählen zu ihnen auch die Witwen und Geschiedenen, sofern sie sich gegen eine Wiederverheiratung entschieden – eine schillernde Geschichte, zu deren Bearbeitung ich mit einigen Bemerkungen hier nur anregen will, angesichts des aktuellen Single-Trends auf der einen und zunehmender Familiarisierungsförderung auf der anderen Seite.

– In frühpatriarchalen Gesellschaften begegnen wir kaum ledigen Frauen (außer den berühmten Sapphos, Diotimas, den erwähnten Vestalinnen und so weiter, – aber der unverheiratete Zustand orientiert sich doch meist sehr zwischen den patriarchalischen Interessenpolen von Hetärentum/Prostitution und eifersüchtigst bewachter „kultischer" Jungfräulichkeit); wie erwähnt wurde ja durch Mädchenmord nur eine bestimmte Anzahl künftiger Gattinnen überhaupt am Leben gelassen – und so fallen historisch die „frauenlosen Kriegerhaufen“ und ihre kolonialistischen Umtriebe mehr ins Auge.

– Offenbar war Heiraten oft ebenso wenig selbstverständlich wie reicher Kindersegen. Weshalb gäbe es sonst jene Vielzahl von Sanktionen gegen Junggesell/innen im sozialen und auch im religiösen Bereich, mit speziellen Mahnungen zu Lebzeiten? „Wer unverehelicht bleibt, verdient nicht den Namen Mensch“ (jüdische Glaubenslehre); „Ich habe die Heirat ausgeübt, und wer nicht meinem Beispiel folgt, der ist nicht von den Meinen“ (Mohammed; zitiert nach Holliger 1972, S. 14; dort weiteres Material).

– Paradox verläuft die Geschichte der Ledigen im Christentum. Das hat viele Gründe. Einer davon ist das zwiespältige Verhältnis zur Sexualität. Der Apostel Paulus schreibt:

> „Es ist dem Menschen gut, daß er kein Weib berühre ... Ich sage zwar den Ledigen und Witwen: es ist ihnen gut, wenn sie auch bleiben wie ich. So sie aber sich nicht mögen enthalten, so laß sie freien; es ist besser freien, denn Brunst leiden ... Demnach, welcher verheiratet, der tut wohl; welcher aber nicht verheiratet, der tut besser.“ (1. Korinther 7)

Das Christentum fördert seit je die organisierte Askese und schafft die klösterliche Ehelosigkeit – nicht nur aus religiösem (Heiligkeit) oder ökonomischem und machtpolitischem Kalkül (weil ordensgeregelte Mönche und Nonnen als kontrollierbare und zuverlässige Verwalter/innen bzw. Bearbeiter/innen des wachsenden kirchlichen Grundeigentums gelten können); sondern auch, weil nach Abschaffung heidnischer Kindestötung die Ehelosigkeit ein Mittel zur Begrenzung allzu rapiden Bevölkerungswachstums darstellte. Klöster und zum Beispiel die großen mittelalterlichen Beginen-Gemeinschaften sind natürlich als Refugien für selbstbewußte und nach Selbständigkeit strebende Frauen nicht zu unterschätzen – auch wenn von vielen anderen Geschlechtsgenossinnen berichtet wird, daß sie wider ihren Willen dorthin gesteckt wurden. Die Ironie der Geschichte läßt es zu, daß die modernen katholischen, ehe- und kinderlosen, wohlversorgten Geistlichen in aller Welt die Heiligkeit der Ehe und die Sündhaftigkeit der Verhütung predigen.

– „no land, no marriage!“ – über die ökonomischen Beweggründe des mittelalterlichen Zwangszölibats (für Mägde und Knechte, für die Besitzlosen) findet sich viel Material bei *Heinsohn* 1984, und *Heinsohn* et al. 1979; ebendort auch über die Aufhebung dieser Eheverbote wegen agrarkapitalistischen und industriekapitalistischen Arbeitskräftebedarfs, wonach nun den Besitz- und Hoffnungslosen die Kinder als „Reichtum“ und „Hoffnung“ hingestellt werden.

– Seit es Lohnarbeit gibt, verbindet sich mit der Ledigenfrage für Frauen diejenige außerhäuslicher Erwerbstätigkeit. Offiziell wird ja das bürgerliche Ideal von der unentlohnten „Hausarbeit aus Liebe“ installiert (Bock/Duden 1977); massive Familien- und Ehepropaganda soll darüber hinwegtäuschen, daß es in der harten Wirklichkeit ganz anders zugeht.

Pierre-Joseph *Proudhon,* sozialistischer Philosoph und einer der extremen Antifeministen des 19. Jahrhunderts, bringt in seinem Buch „Pornokratie oder die Frauen in den modernen Zeiten" die Geschlechter*ideologie* des Industriezeitalters auf eine benso kurze wie treffende Formel:

„Ohne eine radikale Ungleichheit der Eigenschaften gibt es weder Familie noch Ehe. Ohne Haushalt und Familie keine Gerechtigkeit, keine Gesellschaft . . ."

Die Frau habe, sagt er, nur eine Wahl: „Hausfrau oder Kurtisane" (zit. nach Rentmeister 1974, S. 70ff.)

Die Wirklichkeit der industriekapitalistischen Entwicklung mit ihrem Bedarf an weiblicher Lohnarbeit hatte schon zu seiner Zeit *Proudhons* Alternative längst überholt und ließ sie als reine Ideologie erkennen; am 28.1.1849 entgegnete ihm die Frauenrechtlerin und Gewerkschaftsgründerin Jeanne *Deroin* in der „Opinion des femmes":

„ . . . Arme Frauen, die vielleicht vor der Schande (der Prostitution) bewahrt worden wären, wenn man für sie etwas in der Mitte zwischen der Notwendigkeit von Hausfrauen oder Kurtisane gefunden hätte, und die dem Recht auf Heirat das Recht auf Arbeit vorgezogen hätten." (Rentmeister 1974, S. 70)

Seit ihren Anfängen im 18. Jahrhundert ist es Kampfziel der nicht nur in Europa und den USA, sondern auch allen anderen Kontinenten entstehenden autonomen Frauenbewegungen, Frauen eine ökonomisch und geistig selbständige Existenz zu ermöglichen auf der Basis der Menschenrechte, die sie seit damals auch für sich in Anspruch nehmen; und seit damals bedeutet das Kampf um das Recht auf Erwerb, auf Erziehung und Bildung, auf Selbstorganisation lohnabhängiger Frauen, um die Erringung der politischen und zivilen Gleichberechtigung, um das Recht auf Scheidung, Verhütung und Abtreibung.

Im vergangenen Jahrhundert wurde der ideologische Streit um die Erwerbstätigkeit der Frauen bis auf die Gelände der Weltausstellung getragen und in den dort errichteten „Frauenpalästen" weltoffiziell zur Schau gestellt, was man für angemessene weibliche Tätigkeiten ansehen könne (vgl. Rentmeister 1977a); auch die Künstler trugen das ihre dazu bei, die Frauen nicht als arbeitende Wesen, sondern als „Hure oder Heilige" darzustellen, von wenigen Ausnahmen wie Jan Toorop abgesehen, der 1898 das Plakat zur Ausstellung „Arbeit für die Frau" gestaltete (Abb. 46).

Was Familienideologen sich wahrzunehmen weigerten, war die Tatsache, daß sich auch in der Ökonomie des 19. Jahrhunderts Frauen nie aus dem Erwerbsleben hatten verdrängen lassen – daß sie sogar zunehmend zu außerhäuslich Erwerbstätigen geworden waren, wenn auch meist aus großer Not. Gegenüber 60% männlichen Erwerbstätigen erhöhte sich der Anteil der Erwerbstätigen unter der weiblichen Bevölkerung im Laufe des Jahrhunderts auf 30%. Aus einer Statistik über die Erwerbstätigkeit von Männern und Frauen entnehmen wir der „Berufs- und Gewerbezählung" für das Deutsche Reich von 1895: auf 9 Millionen Arbeiter kommen knapp 3 Millionen Arbeiterinnen; dazu auf

Plakat zur Ausstellung „Arbeit für die Frau", Den Haag 1898, von Jan Toorop

Frauenseite mehr als eine Million „mittätige Familienangehörige", über eine Million „Selbständige", und rund 1.300.000 „Häusliche Dienstbotinnen".

Wegen der geringen weiblichen Löhne verbindet sich Erwerbstätigkeit allerdings oft mit Prostitution, um den minimalen Lebensunterhalt der – an heutigen Zahlen gemessen – *hohen Zahl der Ledigen* zu sichern: nach der Berufs- und Gewerbezählung von 1895 für das Deutsche Reich waren von 18.295.406 ehemündigen Frauen (ab 16 Jahren) nur 9.794.955 Frauen verheiratet, – das sind 53,5 Prozent; bei der Gewerbezählung von 1907 waren schon nur noch 50% der Frauen verheiratet. (Angaben nach „Mann und Weib", 1910, Bd. 2, S. 229, und Schirmacher 1909, S. 79.)

Dieser hohen Ledigenzahl steht eine massive Familien- und Ehepropaganda auf allen gesellchaftlichen Flügeln gegenüber, und wir finden sie auch bei *Marx, Constant* und Eduard *Fuchs.* Der meinte, die Ehe habe endlich die Frau vom bloßen Lusttier des Mannes zu seinem Genossen erhoben:

„Die Erfüllung des Geschlechtstriebes sollte also nicht bloß Lusthandlung bedeuten, sondern geheiligt und zum Zweckgedanken durch den Wunsch, Kinder zu zeugen. Das Kind wird zum Zweck der Ehe ... Durch diese Wichtigkeit der Ehe für den Staat wird sie zum sittlichen Institut, oder vielmehr die einzige Form, die den beidseitigen Geschlechtsverkehr legalisiert ... Die Ehe ist deshalb auch eine Würde, die die Verheirateten über die Unverheirateten erhebt." (Fuchs, zit. nach Hofstätter 1973, S. 68/69)

Bis heute „würdigt" der Staat den Verheirateten-Status, belegt und „bestraft" die Ledigen mit höheren Steuern, und verteilt es direkt und indirekt auf die Haushalte der Verheirateten:

„In der Bundesrepublik wurde allein im Jahre 1979 die Verheiratung und Fortpflanzung mit etwa 60 Milliarden DM für Steuerermäßigungen, Kindergeld, Krippen, Kindergärten etc. vom Staat angereizt." (Heinsohn 1984, S. 74)

Die parallelen aktuellen Trends (Arbeitsplatzvernichtung und Erwerbslosigkeit besonders bei Frauen, Erschwerung von Scheidung und Abtreibung, Restriktionen in der Sexualkunde, Behinderung von frauenspezifischer Forschung und Lehre) sprechen dafür, daß eine Art Kulturkampf gegen ökonomisch und geistig selbständige Frauen im Gange ist. Die heillos unordentliche und von Krisen geschüttelte Welt der Männer und Väter soll (und das ist sehr männlich-logisch gedacht) an den Fundamenten repariert werden, auf denen schon einst das gesamte System „Patriarchat" errichtet wurde: und das ist die Vater-Familie. Solche Rekonstruktionsversuche hat es in diesem Jahrhundert und hierzulande schon öfter gegeben.

„Ich hasse die lauten Weiber, die sich in alles und jedes einmischen, ohne etwas davon zu verstehen. Sie verlernen dann ihre eigentliche Aufgabe: Kinder zu erziehen. Wenn modern gleichbedeutend ist mit Unnatur, Entsittlichung, angefaulter Moral und planmäßiger Zersetzung, dann bin ich mit Bewußtsein reaktionär."

Manch ein Heutiger würde diese Sätze voll unterschreiben – wenn sie nur nicht von Joseph *Goebbels* stammten. (Aus: Michael – Ein deutsches Schicksal in Tagebüchern, München 1934.) Manch ein Heutiger sehnt sich nach so klaren Geschlechterverhältnissen, wie sie in der Kunst von 1940 der „Genius des Sieges" und die empfängliche „Stehende" ausdrücken (Abb. 47).

Und erst vor 70 Jahren, vor dem ersten Weltkrieg, empfahl man als Radikalkur gegen aufsässige Frauen und ver-rückte Geschlechterbeziehungen ein unfehlbares Mittel; wieviele dachten wohl wie Oskar *Schmitz,* der 1912 in der Zeitschrift „Zukunft" (Nr. 44, Hinweis v. Eva Rieger) den „Kulturwerth des Krieges" preist:

„Mir scheint, daß nur ein Krieg den Kurs der Männlichkeit wieder steigern kann ... ein Krieg wird mit einem Schlag alle die faulen Kulturtümpel auslaufen lassen und die Männer, die ein verwirrtes Heim verlassen haben (heute sind fast alle Heime durch die Ansprü-

Klare Geschlechterverhältnisse in der Nazi-Kunst: „Genius des Sieges" (1940, von A. Wamper) und „Stehende" (1940, von J. Thorak)

che der Frauen und Töchter verwirrt) werden vom Schlachtfeld ihren weiblichen Verwandten eine überzeugende Antwort mitbringen auf alle die Fragen, die sie augenblicklich in Versammlungen und Büchern stellen.

Die praktische Noth wird dann an die Frauen wieder so viele ihrer Natur entsprechenden Forderungen stellen, daß das öffentliche Schwatzen, Tintenklecksen und Pinseln ein Ende nehmen wird."

3.6.2. Menschendichte als soziales und psychisches Problem

Von Zeit zu Zeit werden Rechnungen aufgemacht, daß die Erde durchaus noch sehr viel mehr Menschen als heute, vielleicht 10, vielleicht 20 Milliarden *ernähren* könne. So hatten 1978 Joseph *Collins* und Frances *Moore-Lappè* mit dem „Mythos des Hungerns" aufgeräumt und dargelegt, daß bei der gegenwärtigen Bevölkerungsdichte niemand hungern müßte, wenn die Nahrungsmittel als solche und nicht als Profitquelle dienten, wenn sie anders verteilt und generell anders (lokal, und nicht monokulturell) erzeugt würden. Aber die Menschen leben nicht vom Brot allein. Wir brauchen alle Wasser, Luft, Erziehung, Erwerb, und Sinn. Und es geht auch um die Frage, eine wie große Dichte unsere Nervensysteme, unsere Seele und unsere Sozialkulturen überhaupt verkraften können.

Darum möchte ich die folgenden Überlegungen gar nicht auf die Dritte Welt, sondern hier auf uns beziehen – weil, wie erwähnt, wir die Bevölkerungsexplosion zuerst hier erfunden und erzeugt und danach erst exportiert haben. Zum Dichteproblem finden sich einige grundlegende Aussagen bei David A. *Jonas,* der sich in einer „Biopsychologischen Übersicht" mit der Evolution des Verhältnisses von sozialer Interaktion und „Bedarf an Umfeld" auseinandersetzte; und bei Doris F. *Jonas* in einer „Biologischen Übersicht" zum „Aufstieg und Niedergang weiblicher Macht" (beide Arbeiten in Fester 1979). Aus diesen Aufsätzen gebe ich hier zwei Geschichten aus dem Tierreich wieder, die auch insofern unserer westlichen Situation ähneln, als die behandelten Tiere reichlich ernährt sind. Vergleiche von menschlichem und tierischem Verhalten schätze ich sonst nicht, aber vielleicht können wir diese hier verstehen, wie auch die Zeitgenossen *La Fontaines* seine Tierparabeln als Moral und Spiegel der eigenen Geschichte verstanden haben.

1. Die Calhounsche „Verhaltenskloake"

„Folgende Situation stellte J.B. *Calhoun* 1950 in seinem bekannten Laborversuch künstlich her. Er setzte eine Gruppe von Ratten in eine abgegrenzte Umgebung, in der alle Bedürfnisse der Tiere reichlich befriedigt wurden, in der er aber ansonsten den Dingen ihren natürlichen Lauf ließ. Unter natürlichen Gegebenheiten wäre diese Rattenpopulation durch Nahrungsaufkommen und natürliche Feinde in gewissen Grenzen gehalten worden. Im Labor, in einer Umwelt ohne Feinde und mit reichlichem Futter versehen, vermehrte sich ihre Zahl jedoch explosionsartig. In dem Maße, wie der verfügbare Raum je Ratte abnahm, stellten sich erhebliche Änderungen der intersozialen Aktion ein. Angeborene Verhaltensmuster, die normalerweise das Gruppenleben steuern, machten einem chaotischen Stand der Dinge Platz und steigerten sich bis zum Zusammenbruch der Rattenmoral.

Anstelle des normalen, starr konventionellen Rattenverhaltens, bei dem die Weibchen sich nur nahe ihrem Nest bewegen, ihre Jungen versorgen, und die Männchen sie beschützen und ‚respektieren', und ganz allgemein eine strikte soziale Ordnung eingehalten wird, ereignete sich in der überbevölkerten künstlichen Umgebung eine tiefgreifende Störung der Beziehungen zwischen Männchen und Weibchen. ‚Irregeleitete' Banden von Männchen tobten ungebunden umher, griffen andere Männchen und Weibchen unterschiedslos an, ‚vergewaltigten' die Weibchen, zerstörten die Nester und fraßen die Jungen. Die Weibchen verließen ihre Jungen, abortierten ungeborene, ließen die Nester im Stich und suchten Stimulation für weitere Aufregung im sozialen Zentrum der Population, einem Platz, den man dann zu deutsch etwa als ‚Verhaltenskloake' bezeichnet."

2. Der „Zooeffekt"

„Wir haben die Menschen als Hypersexuelle Lebewesen beschrieben; dazu berechtigt ihre Bereitschaft zu sexueller Aktion zu jeder Stunde während aller Tage des Jahres. Bei der restlichen Tierwelt schwankt sexuelle Aktivität zwischen einmaliger (einmal im Leben), saisonbedingter, einmal jährlicher und periodischer, *was von den Phasen des weiblichen Oestrus gesteuert* wird.

Normalerweise befindet sich nur der Mensch nach Erreichen seiner Geschlechtsreife in ständiger sexueller Aktionsbereitschaft. Der Satz zeigt mit dem Wort ‚normalerweise' einen gewissen Vorbehalt an, weil man seit einiger Zeit bei Affen, die in zoologischen Gärten leben, in dieser Hinsicht interessante Beobachtungen gemacht hat.

Während bei wild lebenden Affen eine periodische Sexualität herrscht, *bestimmt von den Perioden weiblicher Empfängnisfähigkeit*, ähnelt das Sexualmuster der Zoo-Affen dem menschlichen ...

Die künstlichen Lebensbedingungen in Gefangenschaft führen also einmal zum *„Zoo-Effekt"* – mit der Tendenz zu *exzessivem Sexualverhalten* nicht wegen gebotener Fortpflanzung, sondern zur Lösung innerer Spannungen;

zum anderen Führen sie zur Neigung zu *gesteigerten Rangkämpfen*. Der Zoo-Effekt macht es für Tiere in Gefangenschaft unmöglich, sich von der Szene des Rangkampfes als Unterlegene zu entfernen. Das zwangsläufige Verbleiben in der Gruppe straft aber das Eingestehen der Niederlage Lüge, die dominanten Tiere sehen daher ihren Rang nicht bestätigt, sie verharren feindselig und verletzen schließlich den Rivalen, was in freier Wildbahn nicht vorkommt.

Der schwere Streß fürs vegetative Nervensystem führt zu zahlreichen Erkrankungen: Arteriosklerose, Magengeschwüren ..."

Nun wurden ja die Tiere dieser beiden Parabeln von Menschen künstlich in ihre unglückliche Lage gebracht (Abb. 48).

Bei den Menschen dagegen hat, wie die Kulturgeschichte zeigt, nicht eine „unsichtbare Hand" die Verhaltenskloaken und die Zooeffekte, die Gewalt gegen Frauen und die Bevölkerungsexplosion erzeugt; sondern, sagen wir es einmal polemisch: ein bestimmtes Geschlecht, das sich zu den Herren der Welt erklärte, begabt (oder bestraft) mit dem berühmten „Freien Willen" und der „Freien Wahl", die Verhältnisse als Spiegel seines Geistes selbst gestalten zu können.

Die Macht der Männer ist die Geduld der Frauen – aber auch ihre Leidensfähigkeit, und ihr Opportunismus, mit dem sie ihr Überleben zu sichern suchen.

Zooeffekt und Verhaltenskloake: „Geraubt", Plastik von E. Frémiet, 1887/88

3.6.3. Noch mehr Themen zum Nachdenken und Nachforschen

Aus der speziellen Sichtweise meiner historischen und geschlechterpolitischen Abhandlung der Geburtenpolitik waren wichtige Themen ausgegrenzt. Aber die hier ausgeführten Gedanken und Materialien könnten ein neues Licht auf diese anderen Gebiete und Fragen werfen; sie könnten sie illustrieren und neu bedenken lassen: in die jüngere Vergangenheit zurück, mit der wir noch lange nicht „fertig" sein werden; und in die Gegenwart und nahe Zukunft hinein, die uns bevorstehen. An die Vorgeschichten könnte sich also ein Nachdenken anschließen – über die Doppelmoral, wie sie sich in rassistischen Unterscheidungen zwischen „höherwertigen" und „minderwertigen" Rassen und Gruppen von Bevölkerungen ausdrückt. Zum Beispiel stand ja im Nationalsozialismus der Förderung und Züchtung von arischem Nachwuchs die Sterilisations- und Ausrottungspolitik an sogenannten „minderwertigen" deutschen und ausländischen Volksgruppen gegenüber (Bock 1980 und Bock 1984).

Eigentlich müßte man von einer „patriarchalischen Vielfachmoral" sprechen – sie bewirkt, daß heutige Sterilisationskampagnen ethisch so ungeheuer schwer zu beurteilen sind. Da werden in den USA Frauen der Hopi ohne deren Einverständnis sterilisiert: eine rassistische Politik der Ausschaltung „staatsfremder" Minderheiten.

Da führen Pharmakonzerne der westlichen Industrienationen Sterilisationskampagnen durch, um die Qualität der Dritte-Welt-Länder als Rohstofflieferanten nicht in den Menschenmassen der Armen ersticken zu lassen. Sie finden unter den verschiedensten Bedingungen statt, und dienen den verschiedensten Interessen. Auch bilden sich eigenartige Interessenkoalitionen. Dazu nur ein Hinweis auf das Beispiel Brasilien. Dort wuchs die Bevölkerung von 1951 bis heute fast auf das Dreifache an: von 52 auf 127 Millionen. Ich fasse einen Bericht der „Frankfurter Allgemeinen Zeitung" von 1983 zusammen:

„In den Zeiten des Wirtschaftswunders dachten die Politiker und Generale in Brasilia über das Thema Bevölkerungsexplosion nicht lange nach. Jetzt droht aus dem ‚aufsteigenden Schwellenland Brasilien' wieder ein typisches Entwicklungsland zu werden. Präsident Figuereido drängte jetzt zu einer offenen Diskusion über die Familienplanung, weil die Stabilität des Landes durch das immer schnellere Bevölkerungswachstum immer stärker bedroht werde. Sogleich mahnte Kardinal Brandao die Obrigkeit, den Eltern nicht das Recht auf ihre Kinder zu nehmen, sondern ihnen mit sozialen Programmen zu helfen.

Die wichtigsten ‚Verbündeten' der Kirche sind noch immer linke Ideologen und rechte Nationalisten. Für einen Marxisten ist Familienplanung nur vertretbar, wenn sie in Kuba oder China praktiziert wird. Dort, wo ‚Kapitalisten' an der Macht sind, nutzt man dagegen die Empörung der Menschenmassen für den Sturz des ‚überlebten Systems'.

Der ehemalige Planungsminister Roberto Campos meint ja auch, daß durch die menschliche Springflut die für den Fortschritt erforderliche Ausbildung und Akkumulation des Kapitals unmöglich würden.

Der verbissenste Vaterlandsverteidiger ist General Serpa, der hinter jeder Art der Familienplanung die heimtückischen imperialistischen Yankees sieht, die eine zweite Großmacht auf dem amerikanischen Kontinent nicht duldeten. Brasilien brauche mindestens 200 Millionen Menschen, sonst drohe die Besiedlung des menschenleeren Amazonasbeckens durch die ‚asiatischen Ameisen'.

Und General Venturini, einer der einflußreichsten Berater des Präsidenten, behauptet, die Macht einer Nation hänge von der Zahl ihrer Menschen ab." (FAZ, 3.10.1983)

Brasilien ist fern – aber ist hier in Europa das Spiel der vielfältigen männermachtpolitischen Interessen mit den Gebär-Müttern ausgespielt? Einige Zeitungsüberschriften, von vielen möglichen, von Ende 1983:

- „Paris will mehr Geburten. Der sozialistische Sozialminister Beregovoy erklärte die Rückkehr zu einer Geburtenrate von 2, 1 Kindern pro Frau zu einer ‚nationalen Forderung' "
- „Bonn plant Kampagne gegen ‚Mißbrauch' des Paragraphen 218"
- „Grenze von Abtreibung zu Mord: Bundesgerichtshof präzisiert, ab wann ungeborenes Kind ein Mensch ist"
- „Minusbilanz der Liebe – Sowjetunion hat Bevölkerungsprobleme"

Weitere Aufschlüsse über solche Interessenverknüpfungen erhält, wer die zur Zeit laufenden Debatten verfolgt,

- über den Zusammenhang zwischen dem Wunsch nach körperlichem Fortleben „im eigenen Fleisch und Blut", und einem abnehmenden Glauben an die Unsterblichkeit der eigenen Seele.
- über „Neue Mütterlichkeit" in Krisenzeiten, über den „Kinderwunsch", der zu „individueller Erfüllung" zu führen verspricht, als persönliche und politische Entscheidung zwischen den Polen „Ruf der Natur" und „Ruf der Kul-

tur", zwischen staatlichen und persönlichen Interessen.

- über „Die Moral der Neuen Moralisten" und zu befürchtende neue Allianzen zwischen klerikalem und rechtsradikalem Gedankengut (vgl. v.Paczensky 1984).
- über Kosten und Nutzen von Samenbänken und Retortenbabies, und welche psychischen Strukturen und machtpolitischen und finanziellen Interessen die Entwicklung dieser modernsten Junggesellenmaschinen und Homonculi betreiben.

4. Alte Weisheiten und moderne Naturwissenschaften: über die gegenwärtig konkurrierenden Weltbilder, und ihre Spiegelungen des Geschlechterverhältnisses

Man kann wohl sagen, daß um 1900 das mechanistisch-uniforme Weltbild seinen Siegeszug um die Welt vollendet hatte: begründet worden war es dreihundert Jahre zuvor, durch die „exakten Naturwissenschaften" des Westens, und entwickelte sich zusammen mit dem Beginn des Kapitalismus in England: der zugehörigen Wirtschaftsform also. Machtvoll überlagerte es ältere Weltanschauungen und die Kulturen aller Kontinente mit der Kraft seiner Maschinen und Waffen, und den Verheißungen vom unbegrenzten Wachstum und Fortschritt. Diese Prinzipien herrschen noch heute global; aber es gibt zunehmend Kritiker/innen, welche die Grundlagen, auf denen das System basiert, längst ausgehöhlt sehen, durch neue Theorien in den Naturwissenschaften selbst, in Physik, Geologie, Astronomie und Biochemie, durch Gehirn- und Bewußtseinsforschung; und sie weisen auf die globalen Krisensymptome in Ökologie, Ökonomie und Gesellschaftspolitik, und warnen vor einem plötzlichen, bösen Erwachen: wir leben längst in der Vorwarnzeit! Mancher Insider des Systems, mancher Saulus hat sich in den letzten Jahrzehnten zum Paulus gewandelt: bekannt ist der Fall des Physikers Robert *Oppenheimer*, der die Atombombe mit schuf; Joseph *Weizenbaum*, einer der führenden Computer-Experten der Welt, verflucht heute die technologischen Geister, die er rief; der einstige Behaviorist und „Magellan der Gehirnforschung", Karl *Pribram*, sucht heute nach einem holografischen Modell zum Verständnis der neutralen Vorgänge; und bevor Marcel *Vogel* seine Entdeckungen über die „Gefühle von Pflanzen" machte, war er erfolgreicher Ingenieur-Erfinder auf den Gebieten von Lumineszenz und Flüssigkeitskristallen . . .

Frauen waren schon auf besondere Weise Fremde im mechanistischen Weltmodell – kein Wunder: einige Untersuchungen aus den vergangenen Jahren (vor allem Merchant 1983) rekonstruieren, daß das newtonisch-cartesianische Paradigma (die Theorie, das Weltbild) gerade auf der Bekämpfung der „weiblichen Prinzipien" in Natur und Kultur aufbaute. Und erst recht blieben den meisten von ihnen, trotz Marie *Curies* und Mileva *Einsteins* „Mittäterinnenschaft", die Erkenntnisse z. B. aus dem Reich der quantenrelativistischen Physik fremd. Wie auch die meisten männlichen Zeitgenossen des „Atomzeitalters" nahmen sie nur dessen machtpolitische Verwertungen wahr: in Atomkraftwerken, in Atombomben. Die sind ja höchst real. Aber daneben werden in den letzten Jahren auch hier Stimmen vernehmlicher – und sie drücken sich zunehmend allgemeinverständlicher aus –, die mit der neuen „Atomphysik" (seit etwa 1900) auch das Ende des mechanistischen Denkens begründet sehen. Sie interpretieren die Welt nicht mehr nur durch Zerstückelung, aus ihren isolierten Einzelteilen, sondern im Sinne eines großen, zusammenhängenden, eigentlich untrennbar vernetzten Systems; entsprechend sehen sie auch alte Weisheiten und moderne Wissenschaften, Geist und Materie, Ost und West, und vor allem „weibliche" und „männliche" Prinzipien nicht mehr als unversöhnliche Gegner; die globale Krise sei gerade durch die einseitige Dominanz der männlichen Werte hervorgerufen und könne nur durch Ausgleich und Versöhnung abgewendet werden. Frauen, Feminismus, und weibliche Prinzipien werden manchmal geradezu als „Retterinnen" auf den Plan gerufen und beschworen, von Männern (wie Fritjof Capra z. B.). Alles in allem viele und wichtige Gründe, daß Frauen sich zu wachen Zeitgenossinnen machen, sich informieren und kritisch in die Diskussionen einschalten, wie das auch schon vielfach geschieht, als ein wichtiger Akt kulturpolitischer Bildung und Praxis. Denn es gilt, sich zurechtzufinden in einem Dschungel, einem warenhausmäßigen Angebot von Weltanschauungen; und da existieren ja Heidnisches, Katholisches und Naturwissenschaftliches, Aufgeklärtes und Magisches, Heiliges und Profanes munter mit- und nebeneinander, oft im selben Individuum. *Ich habe nichts gegen diese Mischungen an sich, unser Eklektizismus ist unausweichlich und die Vielfalt spannend, aber es kann nur guttun, die Bestandteile der eigenen Weltbilder kritisch-historisch zu sortieren, manches Alte vielleicht wieder schätzen zu lernen, und anderes dafür vielleicht doch auf den Müllhaufen der Geschichte und der eigenen Entwicklung abzulegen, um dadurch nicht ständig die eigene Intelligenz und Weisheit zu beleidigen.*

Ich skizziere diese Themenbereiche nur, weil ich mich im letzten Jahr in zwei Aufsätzen dazu ausführlich geäußert habe: in „Neue Visionen der Wirklichkeit" und „(W)affendämmerung? Evolutionsszenarios aus Naturwissenschaften, Kulturwissenschaften und Esoterik" (Rentmeister 1983 und 1984b).

4.1. „Mutter-Erde" und das Fortleben animistischer Weltbilder im christianisierten Europa

Auch nach der Christianisierung starben in Europa heidnische, organische und animistische Weltanschauungen nie ganz aus. Für identifikationsträchtige Vorstellungen von einer „weiblichen Erde" als gütiger Nährmutter (Abb. 49) brauchen wir uns nicht unbedingt an die Fersen der Indianer/innen zu heften,

„Nutrix Eius Terra Est" – Die Erde ist die Ernäherin aller. (M. Merian d.Ä., 1618)

sondern können Spuren in unseren eigenen Traditionen wiederentdecken: bei den bereits erwähnten Gnostiker/innen, in der Alchemie, unter den Hexen und Mystiker/innen, bei den esoterischen Gruppierungen aller Zeiten, bis hin zu Theosophie und Anthroposophie. Als Beispiel hier nur die neoplatonische Naturphilosophie der Renaissance, die sich auf den „Codex Hermeticum" des ägyptischen Religionsstifters Hermes Trismegistos berief, einem angeblichen Zeitgenossen Moses:

„Bei allem, was in der Welt ist, findet eine Bewegung entweder durch Wachstum oder durch Abnahme statt. Was sich bewegt, lebt eben deshalb; und da sich Alles bewegt, auch die Erde, hauptsächlich in einer erzeugenden und wechselnden Bewegung, so lebt auch sie ... Die Welt lebt also und besitzt eine Seele und Gefühl ... Wer, der einen Begriff vom Leben hat, wollte wohl leugnen, daß die Erde und das Wasser leben?" (Bredekamp 1981, S. 9)

Auch glaubte man, daß die Erde einen Uterus enthalte, sie galt als unaufhörliche Produzentin. In Albertus Magnus' „Buch der Steine" ist „die Erde die Mutter des Metalls, die sie in ihrem Schoß trägt". Und der „Picatrix" zufolge entstehen Metalle, „wenn die Uteri die verschiedenen Arten des Samens reifen lassen, bis sie die Endstufen erreichen." Noch im 17. Jahrhundert glaubte man, daß man Bergwerke von Zeit zu Zeit in Ruhe lassen müsse, weil die Erze nach dem Abbau nachwüchsen:

„Diejenigen befinden sich in einem schweren Irrtum, die meinen, die Metalle seien am Anfang der Welt erschaffen worden: Die Metalle wachsen in den Bergwerken." (ibid., S. 15)

Dazu findet sich in der „Frankfurter Rundschau" vom 24.8.1983 eine erstaunliche Bestätigung der „alten Weisheit": dort heißt es, „die Goldvorkommen wandern und wachsen nach", und neueste Forschungen hätten damit wieder für wahr befunden, was man in den letzten hundert Jahren für Goldgräbermärchen hielt. Es stellte sich auch heraus, daß die entsprechenden Wachstumsprozesse zehntausendmal schneller verlaufen als angenommen.

Noch bis ins 17. Jahrhundert mahnten alchemische, traditionelle und okkulte Texte, man solle pfleglich mit dieser leibhaftigen, lebendigen und weiblichen Erde umgehen:

„Durch Bergbau, so nahm man an, stößt der Mensch in die Eingeweide des Organismus Erde bis zum alle Werte schaffenden, geheimnisvollen Kern natürlicher Produktivkraft vor; ein Akt also, der nicht behutsam genug durchzuführen war. Sinnlos riesige Gänge in die Erde zu treiben, sei ‚nicht viel anders, als wenn man zu den menschlichen Hertzen wollte räumen und man finge an der Pulßader an, an der Hand und metzelte durch den gantzen Leib hindurch, da würde man ein fein Blut-Bad anrichten'." (ibid., S. 17)

Die wohl ausführlichste Monografie zu dieser europäischen Tradition, die Natur als weiblich und die Welt als Organismus anzusehen, sowie deren Rolle für die mittelalterliche Ökologie, stammt von Carolyn *Merchant* und liegt meines Wissens bisher leider nur auf Englisch vor: „The Death of Nature – Women, Ecology, and the Scientific Revolution" (1983). Wie der Untertitel schon andeutet, beschreibt sie auch das folgende, unter mechanistischem Regnum stehende Zeitalter, in Kapiteln wie „Natur als Unterordnung: Frauen und Hexen", „Herrschaft über die Natur", „das Management der Natur" und „Frauen über die Natur: Anne *Conway* und andere philosophische Feministinnen."

4.2. „Man muß die Natur auf die Folter spannen": mechanistisches Weltbild seit dem 17. Jahrhundert

Im 17. Jahrhundert hatte man weitgehend mit dem mystischen, irrationalen und hexerischen Mittelalter aufgeräumt; organische, „magische" und animistische Auffassungen werden in die Unterwelt des Geistes und des Bewußtseins abgedrängt (vgl. auch Duerr 1979). Die neuen Ideen entfalten ihre Macht: lineares Wachstum, Meßbarkeit, Machbarkeit; die „rationale" Herrschaft entledigt sich aller sanften und verwirrenden Gefühle und läßt sich die Natur, die Erde (und die Frauen) als beliebig grausam, ja sadistisch ausbeutbare Rohstofflieferantin dienen – das sprechen die Gründerväter des mechanistischen Weltbildes mit Nachdruck immer wieder aus. Francis *Bacon* sagt, die Wissenschaft sei dazu da, die Natur zu beherrschen – Wissen ist Macht! *Galilei* fordert, die Natur nach Maßgabe des Begriffs zuzurichten: „Alles zu messen, was meßbar ist, und meßbar machen, was nicht meßbar ist." Descartes hat zu diesem Modell die absolute Spaltung zwischen Materie und Geist beigetragen, die Spaltung in Objekt und Subjekt; der Naturforscher durfte nun annehmen, sozusagen von Außen, als ‚objektiver Beobachter', Dinge und Menschen beobachten und erklären zu können.

„Wissenschaft": Allegorie von B. Löffler, 1899

In einem derart zweigeteilten Weltbild ist übrigens auch mehr oder weniger offen der Geschlechterkonflikt mit abgebildet, wird er abgehandelt und bearbeitet: die rätselhafte „Mutter Natur" verkörpert dabei das weibliche und irrationale Prinzip. Sie ist das begehrte Objekt, das es zu beherrschen und dienstbar zu machen gilt. Ihr tritt das ‚rationale' männliche Prinzip gegenüber, im Naturwissenschaftler, im ‚objektiven Beobachter', als Züchter von Tieren und Menschen, als Erfinder von Maschinen, organisiert im „Vater Staat": in jeder dieser Rollen als ein Herrscher über die sogenannten weiblichen Prinzipien (Abb. 50). „Der Protestantismus unterwarf Ehefrau und Kinder dem Vater, während der Staat nun die Subordination der Subjekte hervorhob. James I. versicherte, ‚Könige sind den Familienvätern vergleichbar: den ein König ist wahrhaft parens patriae, der politische Vater seines Volkes.' " (Merchant 1983, S. 173). Und noch einmal zu Francis *Bacon,* dem Mitbegründer der empirischen Forschungsmethode: als Generalstaatsanwalt war er auch in Hexenprozessen engagiert. Nahtlos gingen bei ihm diese beiden Erfahrungsbereiche ineinander über, wenn er sagte, man solle „die Natur auf die Folter spannen, bis sie ihre Geheimnisse preisgibt", man solle sie sich „gefügig und zur Skavin machen". Hatte nicht die Folter der Hexen/Hebammen dazu gedient, ihr Verhütungswissen zu erpressen? „In den Bullae der Päpste tauchten die Mittel umgehend auf, nachdem sie in der Folter preisgegeben wurden, um sie dann allgemein verfolgen und auslöschen zu können". (Heinsohn 1984, S. 35); wie

Der erste Hörsaal für Anatomie an der Universität Padua

durch den Uterus auf einen Foetus blickt man von dieser Zeit an in den Hörsälen der Anatomie von den Rängen auf den Seziertisch hinab (Abb. 51, Anatomiesaal der ersten Universität von Padua).

„*Durch die Kunst und die Hand des Menschen* kann dann die Natur *aus ihrem natürlichen Zustand herausgezwungen werden, kann gefügig gemacht und geformt werden*, sagt Bacon. Hier, in der deutlichen sexuellen Bildhaftigkeit der Sprache, wird auch *der* Wesenszug der modernen experimentellen Methode mit ausgedrückt: Nötigung der Natur im Laboratorium, Sezieren durch die Hand und den Geist, und die Durchdringung verborgener Geheimnisse; eine Sprache, die noch heute gebraucht wird, um die *harten Fakten,* den *durchdringenden (penetrating) Verstand* oder die *Stoßkraft des Argumentes* eines Wissenschaftlers zu preisen . . .

Die naturwissenschaftliche Methode würde nach Bacon ein „neues Organon" erschaffen, ein neues System der Untersuchungen, das Kenntisse mit materieller Gewalt verband. Die technologischen Entdeckungen des Druckes, des Schießpulvers und des Magneten für die Gebiete des Lernens, des Krieges und der Seefahrt *helfen uns über die Geheimnisse nachzudenken, die die Natur noch in ihrem Busen verschlossen hält. Sie üben nicht nur eine sanfte Führung über den Lauf der Natur aus; sie haben die Macht, sie zu erobern und zu unterwerfen, und ihre Grundfesten zu erschüttern,* sagt Bacon.

Das Hexenverhör als Symbol für das Verhör der Natur, der Gerichtsraum als Modell für ihre Inquisition, und Folter mit mechanischen Hilfmitteln zur Unterwerfung der Unordnung legten die Grundlagen für die Macht der naturwissenschaftlichen Methoden. Im Falle Bacons wie im Falle Harveys hat sexuelle Politik geholfen, die Natur der empirischen Methode zu strukturieren, die dann eine neue Form des Wissens und eine neue Ideologie von Objektivität hervorbringen konnte, scheinbar frei von kulturellen und politischen Voreingenommenheiten." (Merchant 1983, S. 172, Übers. C. R.)

Das neue, ausbeuterische Natur-„Verständnis": Flüsse werden umgeleitet, Bäume gefällt für die Bergbau-Industrie. Aus „De Re Metallica" von Georg Agricola, 1556

Das Sado-Ritual gegen die Erde: „Die Straße", 1934

„Vergewaltigung" nennt Fritjof *Capra* denn auch die zentrale Metapher für dieses neue Natur-„Verständnis". Mary *Daly* nennt es, wie schon erwähnt, das „Sado-Ritual-Syndrom" (Abb. 52 und 53).

Newton schließlich betrachtet das Universum als aus Grundbausteinen gemacht, aus den Atomen, die per definitionem unzerstörbar sein sollten. Im dreidimensionalen Raum, angetrieben durch lineare Ketten von Wirkungen und Ursachen, funktioniert es wie eine gigantische Supermaschine. Wie im Himmel, so auf Erden: das mechanistische Modell des Universums erwies sich als extrem machtvolles Werkzeug. Es wurde die treibende und legitimierende Kraft hinter der wissenschaftlichen und industriellen Revolution. Von nun an blickte das Denken, mit den Worten des Religionsphilosophen Georg *Picht*, „nicht mehr in den Horizont der Wahrheit; es blickte in das Feld der unbegrenzten Möglichkeiten." Und im Vorstoß der Unternehmer von Wissenschaft und Technik in dieses Feld emanzipierte sich die Wissenschaft von der Vernunft, ja sie geriet sogar in Gegensatz zu ihr. *Picht* sagt:

„Niemand hat je darüber nachgedacht, welcher Gesamtzustand denn eigentlich das Resultat der ungezählten ‚Triumphe' der Technik bilden sollte ... Die wissenschaftlich-technische Zivilisation ist das Resultat eines überdimensionalen Versuchs, eine unaufgeklärte Utopie zu realisieren. Daraus ergeben sich ihre Probleme, ihre Antagonismen und ihre unausweichliche Krise." (zit. nach „Frankfurter Rundschau", 21.8.1982)

Gott hatte noch einen Schöpfungsplan – aber die Schöpfer-Ingenieure und ihre Junggesellenmaschinen spielen unkontrolliert und ohne strategischen Plan mit Allmachtswünschen und Möglichkeiten. Negativ beschrieben, müssen wir also über das mechanistische Weltmodell sagen: es lieferte die machtpolitischen Begründungen und die kriegerischen Werkzeuge, mit denen der Weiße Mann schließlich seine Zivilisation und seine Werte dem gesamten Erdball aufzwingen konnte. Gewisse Krisen sind einprogrammiert. Ich hatte ja die Bevölkerungsexplosion „Zinseszinsrechnung mit dem weiblichen Gebärkapital" genannt; aber auch im Falle des ökonomischen Profits gerät dessen mathematisches Gesetz, ausgedrückt in den uns so selbstverständlichen Zinseszinsen, in Konflikt mit der physikalischen Beschaffenheit des Besitzes – denn der unterliegt den Gesetzen der Thermodynamik. *Im Gegensatz zu Besitz verrotten Schulden nicht mit zunehmendem Alter.* Im Gegenteil, sie wachsen um etliche Prozent pro Jahr entsprechend der Zinseszinsrechnung. Wirklicher materieller Reichtum kann aber nicht mit derselben Geschwindigkeit weiterwachsen, da er aufgrund seiner physischen Beschaffenheit der zerstörerischen Kraft der Entropie unterliegt. „Das positive Feedback der Zinseszinsen muß durch Gegenkräfte, die zur Nichtanerkennung der Schulden führen, ausgeglichen werden, wie zum Beispiel durch Inflation, Bankrott oder eine räuberische Besteuerung . . ." (Rifkin 1982, S. 150) – oder durch Ausbeutung der Dritten Welt, bei deren gegenwärtigen Schuldenproblemen auch die Ursache im kapitalistischen Zinssystem selbst mit gesucht werden darf. Letzte Gegenkraft zur „Lösung" der eingebauten Widersprüche ist bisher der Krieg gewesen, der mit seiner Scheinkreativität immer wieder den Boden für neue Anfänge und Wirtschaftswunder legte – bisher. So kann sich bis heute immer wieder das mechanistische Modell als zwar grausam, aber erfolgreich und machtvoll präsentieren. Es wurde ja auch Ideal allen anderen wissenschaftlichen Denkens: auch die Geisteswissenschaftler waren schon früh bestrebt, ihre Disziplinen nach den Methoden der „exakten" Naturwissenschaften zu formen. Von grundlegender Bedeutung war dabei die Vorstellung von einem gleichmäßigen, linearen Fortschritt; „die Natur macht keine Sprünge", hieß der Glaubenssatz, nachdem der Darwinismus sich durchgesetzt hatte, – und vom menschlichen Geist und von der Evolution nahm man dasselbe an. Nicht ohne Ironie skizzierte der Psychiater und LSD-Forscher Stanislav *Grof* dieses Modell:

„Die kosmischen Prozesse wurden gelenkt durch blinde mechanische Kräfte; Leben entstand im Ur-Ozean zufällig durch nebensächliche chemische Reaktionen; ähnlich geschehen die zelluläre Organisation von organischen Stoffen und die darwinistische Evolution zu höheren Lebensformen ganz mechanisch, ohne die Beteiligung eines intelligenten Prinzips, sondern durch genetische Mutationen und natürliche Zuchtwahl, die das Überleben des Tüchtigsten garantierten.

Dann trat irgendwo ganz oben im evolutionären Prozeß das Bewußtsein auf, als ein Produkt hochorganisierter und entwickelter Materie: . . . es wurde sich plötzlich der Stoff, bis dahin blind und träge, seiner selbst bewußt . . .

Diese Wahrscheinlichkeit, daß sich menschliche Intelligenz aus dem Ur-Ozean erhob, wurde einmal passenderweise einem Hurrikan verglichen, der über einen gigantischen

Schrottplatz jagt und dabei ‚rein zufällig' einen 747er Jumbo Jet zusammensammelt ...

Die heutige globale Krise ist die soziopolitische Folge der mechanistischen Wissenschaft: zeichnete sie doch ein negatives Bild vom menschlichen Wesen, als von biologischen Maschinen, getrieben von Instinkten von bestialischer Natur. Dieses Bild schließt auch die Konkurrenz ein, und bezeichnet das Prinzip vom Überleben des Tüchtigsten als natürliche und gesunde Tendenz ...

Cartesianisch-newtonsche Wissenschaft war unfähig, den Wert und die vitale Bedeutung von Kooperation, Zusammenwirken und ökologischen Belangen zu würdigen." (zit. und übersetzt nach einem Vortragsmitschnitt von C.R., von der 7. Transpersonalen Konferenz, Bombay, Februar 1982)

Denn so war es ja gelaufen: man hatte das mechanistische Modell auf die Wissenschaftsgeschichte übertragen und sich dem Glauben hingegeben, daß sie eine schrittweise, stets zunehmende Annäherung an eine exakte Beschreibung dessen darstelle, was „objektive Realität" ausmacht; man hatte mechanistische Ideen auf die Gesellschaft übertragen, durch Sozialphysik und Sozialdarwinismus im 19. Jahrhundert, mit dem Behaviorismus und Soziobiologie im 20. Jahrhundert. Das Fatale daran war und ist, daß damit tendenziell die Mechanismen und Auswirkungen (patriarchaler) kultureller Selektion zu Naturgesetzen erhoben werden konnten.

An kurzen Ausschnitten möchte ich zwei aktuelle Wissenschaftstrends kontrastieren: die *Soziobiologie* als Prototyp mechanistischer Menschenkunde, und *neue geologische Ergebnisse* als Beispiel für jene Ablösungsprozesse vom uniformen Denken, wie sie sich auch in anderen Natur- und Geisteswissenschaften abzeichnen.

4.3. Mechanistische Soziobiologie: „Biologie als Schicksal", vor allem für Frauen

Warum befand sich wohl die Soziobiologie seit dem Augenblick ihrer „Erschaffung" im Aufwind gesellschaftlichen Interesses? Es ist auffällig, mit welcher (affenartigen) Geschwindigkeit, nämlich innerhalb der nur wenigen Jahre seit 1975, ihre ‚Ergebnisse' unter anderem in die Lehrpläne von Colleges und Universitäten in den USA aufgenommen wurden. Edward O. *Wilson*, ‚Vater' der Soziobiologie, definierte sie in seinem Standardwerk „Biologie als Schicksal – die soziobiologischen Grundlagen menschlichen Verhaltens":

„Die Soziobiologie ist eine wissenschaftliche Disziplin, definiert als die systematische Erforschung der biologischen Grundlage jeglicher Formen des Sozialverhaltens bei allen Arten von sozialen Organismen einschließlich des Menschen.

Sie analysiert die biologischen Vorgänge, auf denen die Organisationen solcher Einheiten wie der Verband der Eltern und ihren Nachkommen, Termitenkolonien, Vogelscharen, Pavianhorden und Jäger- und Sammlerbanden beruht." (Wilson 1980, S. 8)

In Wilsons Werk finden wir *erstens* alle jenen patriarchalischen Mythen bis zum Überdruß wiederholt, die ich in dieser Expertise versucht habe, als solche zu kennzeichnen – dazu nur wenige Stichworte:

Mehr Nahrung ermöglicht Steigerung der Bevölkerungsdichte, zu der ein ‚natürlicher Wunsch' besteht, und diese Nahrung wiederum besteht seit der Zeit der Jäger- und Sammler-Banden aus *Fleisch,* das man(n) vegetarischer Ernährung vorzieht. „*Als die Landwirtschaft eine Steigerung der Bevölkerungsdichte ermöglichte,* gab es nicht mehr genügend Wild für eine ausreichende Vorsorgung mit Frischfleisch und die entstehenden Zivilisationen verlegten sich entweder auf Haustiere oder entschieden sich für herabgesetzte Rationen. In beiden Fällen erhielt sich jedoch ein elementarer Drang zum Fleischessen . . . (ibid., S. 92; das soziobiologische Verhältnis zur Bevölkerungsexplosion als „Vermehrungserfolg" siehe Kap. 3.1.3.)

Männliche Vorherrschaft hält *Wilson* für dermaßen selbstverständlich und universell, daß er feststellen kann: „Es bedarf also nur einer einzigen Generation, um in einer Kultur das bekannte Muster der geschlechtlichen Dominanz durchzusetzen"; und er führt dafür das Beispiel der !Kung an, ohne deren Patriarchalisierung in den kolonialistischen Kontext zu stellen, oder gar widersprechende Daten aus anderen Kulturen zur Kenntnis zu nehmen (ibid., S. 90).

Zweitens findet sich bei *Wilson* eines der perfektesten Szenarios männlich-mechanistischer Weltanschauung. „Das Bewußtsein", sagt Wilson, „besteht aus einer Unzahl von gleichzeitigen und koordinierten symbolischen Repräsentationen durch die beteiligten Neuronen der Großhirnrinde. Das Bewußtsein in dieser Weise als Wirkung einer organischen Maschinerie einzustufen, heißt jedoch keineswegs, seine Potenz zu unterschätzen." (ibid., S. 74) Keineswegs, aber diese Potenz besteht nach *Wilsons* Auffassung hauptsächlich in mechanistischen Operationen: zum Beispiel in dem Traum, die Genkomplexe durch molekulare Eingriffe zu verändern, in allen Spielarten des genetic engineering – dazu gleich noch. In seiner Bewußtsein-als-Maschine-Metapher stützt sich *Wilson* auf den erwähnten Gehirnforscher *Pribram,* der aber inzwischen von seinen behavioristischen Modellen selbst Abschied genommen hat. Geradezu kindisch – um einen freundlichen Ausdruck zu gebrauchen – mutet *Wilsons* Verwechslung von Quantität mit Qualität, von Information mit Wissen an, – eines der typischen Merkmale mechanistischen Denkens:

„Die Erkenntnis ist das Schicksal des Menschen, und sei es auch nur, weil Gesellschaften, die über Erkenntnisse verfügen, kulturell über andere dominieren. Maschinenstürmer und Antiintellektuelle beherrschen nicht die Differentialgleichungen der Thermodynamik oder die biochemische Bekämpfung von Krankheiten. Sie bleiben in ihren Strohhütten und sterben früh. Kulturen mit einheitlichen Zielvorstellungen werden rascher lernen als andere, denen solche Vorstellungen fehlen, und es wird zu einem autokatalytischen Wachstum des Lernens kommen, weil der wissenschaftliche Materialismus die einzige Mythologie ist, die aus dem stetigen Streben nach reiner Erkenntnis große Ziele zu entwickeln vermag.

Eine bemerkenswerte Folge wird, wie ich glaube, die immer präzisere Geschichtsdarstellung sein. Es war einer der Wunschträume der Gesellschaftstheoretiker – Vico, Marx, Spengler, Teggart und Toynbee sind unter den ideenreichsten zu nennen –, historische Gesetze zu formulieren, aus denen sich die Zukunft der Menschheit vorhersagen läßt. Ihre Entwürfe blieben unzulänglich, weil ihr Verständnis der menschlichen Natur nicht wissenschaftlich untermauert war; es war, um einen in der Wissenschaftssprache beliebten Ausdruck zu verwenden, um einige Größenordnungen zu ungenau." (ibid., S. 194/95)

„Unser Wissen über die menschliche Natur wächst", so glaubt *Wilson*, und wir bewegen uns deshalb auf ein Wertesystem zu, das eine „objektivere Grundlage besitzt . . ." (ibid., S. 195)

Da haben wir wieder die Falschmeldung von der immer objektiver werdenden Realität, dem immer objektiver werdenden Geschichtsbild (als ob nicht jede Generation, jedes Individuum es neu für sich erarbeiten müßte), und die wundervolle Hoffnung auf eine präzis vorhersagbare Zukunft: den statischen Zustand eines Endpunktes männlicher Allwissenheit, kurz: den Tod. Denn da weicht nichts mehr ab, bewegt sich nichts mehr unberechenbar und unordentlich. Und falls dann irgendwelche Voraussagen doch nicht eintreffen, falls vielleicht Frauen „aus dem bekannten Muster der geschlechtlichen Dominanz" auszubrechen versuchen, oder sonst Widerspenstige und Maschinenstürmer in ihren Strohhütten bleiben und lieber früh sterben, als ihre Krankheiten mit biochemischen Mitteln bekämpfen lassen möchten – dann kann mann mithilfe des Cloning und der Humangenetik hoffentlich bald „eine rasche Auslese betreiben":

„Die Humangenetik ist heute wie alle übrigen Wissenschaftszweige in raschem Wachstum begriffen. Mit der Zeit wird man beträchtliche Kenntnisse über die genetische Grundlage des Verhaltens sammeln, und vielleicht wird man Verfahren entwickeln, um Genkomplexe durch molekulare Eingriffe zu verändern und mit Hilfe des Cloning eine rasche Auslese zu betreiben.

Zumindest wird auf dem Wege der konventionellen Eugenik ein allmählicher evolutionärer Wandel machbar sein. Die menschliche Spezies kann ihre eigene Natur verändern. Wofür wird sie sich entscheiden?" (ibid., S. 195; Abb. 54)

Das fragt *Wilson* mit gespielt-genüßlichem Schaudern. Sitzt der Geist in den Genen? Ein Kritiker der Soziobiologie, Jaques *Ruffié*, bemerkt, es gäbe ohnehin nur eine „genetische Disposition", und die individuelle Variabilität der Gene liege bei 85% – also blieben nur maximal 15% als fester Bestandteil von Geschlecht, Rasse oder Klasse (nach „Emma", 6/1981, S. 32).

Wilson hat seine Zielvorstellung deutlich ausgesprochen: „Die Erkenntnis ist das Schicksal des Menschen, weil er damit kulturell über andere dominieren kann" (siehe Zitat vorne).. Es ist das alte Inquisitorensyndrom, was ihn umtreibt wie seinerzeit den *Bacon*; eine Einstellung, die eher für den Chefposten in einem Bundeskriminalamt qualifizieren würde, mit ihrer Macht-Information-Kontrolle-Orientierung; ähnlich wie die interplanetarische Eroberung von Zeit und Raum erweist sich solche Anhäufung von Daten in Wirklichkeit

„ . . . als ein Mittel zur Zügelung des menschlichen Geistes und lenkt ihn von jenen Bereichen ab, die am dringendsten intensive Betreuung benötigen – von der menschlichen Persönlichkeit selbst, die heute durch ihre eigenen technischen Triumphe verhöhnt und herabgesetzt wird . . ." (Mumford 1977, S. 689)

Wir sind ja selbst teilnehmende Beobachter/innen des Orientierungskampfes und werden erleben, ob die andere Orientierung, die von Wissen-Vielfalt-Entfaltung, eine historische Chance hat und wahrnehmen kann.

Mechanistische Wissenschaft – Erzeuger und Produkte der Junggesellenmaschine: Dr. John Gurdon (Oxford) mit von ihm geklonten Krallenfröschen

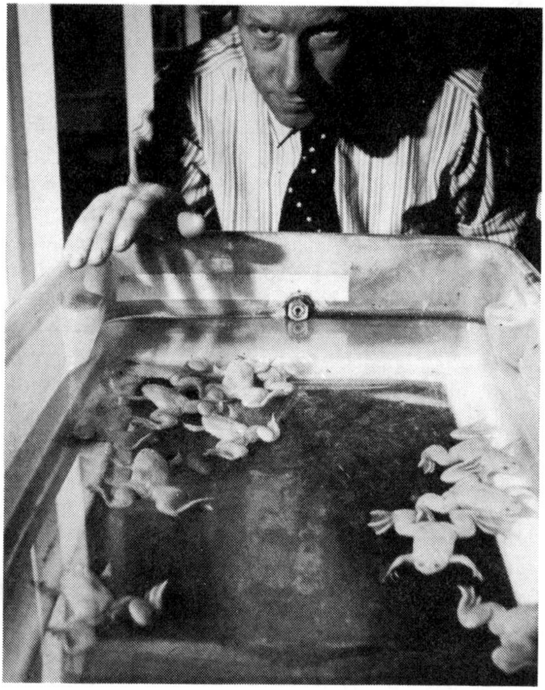

4.4. *Katastrophen als Impulsgeber der Evolution? Aktuelle Tendenzen in der Geologie (Mitteilung von Cristina Perincioli)*

Geologische Zeitalter gehen nicht allmählich ineinander über, meist ändern sich Tier- und Pflanzenwelt, Erdoberfläche und Klima so plötzlich, daß dies schon eher einer Katastrophe entspricht. Plötzliches, massenhaftes Aussterben vieler Tierarten kennzeichnet viele dieser Übergänge.

Als *Darwin* die Abstammungslehre entwickelte, stellte er diese Katastrophen in den geologischen Schichten ebenfalls fest, doch sie paßten nicht in seine Theorie von einer allmählichen Veränderung der Arten über Anpassung und Auslese. Und so hielten es auch alle folgenden Wissenschaftler in den 100 Jahren danach: sie verbanntendie Katastrophen aus dem wissenschaftlichen Gebäude und schließlich verschwanden diese auch aus dem Weltbild unserer Gesellschaft. Sintfluterzählungen tun wir heute ab als pädagogische Übertreibung.

In den letzten Jahren nun hat sich dies geändert; die Beschäftigung mit geologischen Katastrophen nimmt immer breiteren Raum ein in den wissenschaftlichen Zeitschriften und unter Geologen und Astrophysikern. Spuren der Katastrophen werden untersucht und Modelle aufgestellt, die erklären sollten, wie sie abgelaufen sind und was sie ausgelöst haben mochte.

In der Schicht zwischen Tertiär und Kreide fand man Iridium, welches in so hoher Konzentration nur von einem Aufprall eines Kometen oder Asteroiden auf die Erde stammen kann.

Kaum daß diese These von der wissenschaftlichen Gemeinde akzeptiert worden war, fand man eine solche Iridiumspur auch in der Übergangszeit zwischen zwei anderen Zeitaltern. Nun wurden alle Spuren himmlischer Begegnungen, – Tektitenfelder und Einschlagskrater – nach ihrem Alter statistisch erfaßt. Man hoffte, wiederkehrende Perioden besonderer Häufigkeit zu entdecken, und damit einen Hinweis zu erhalten auf den dahinter steckenden Mechanismus. Man fand u. a. ein Intervall von 28,5 Mio Jahren, in dem der Beschuß aus dem All besonders heftig wurde.

Man vermutet, daß unserer Sonnensystem etwa alle 28,5 Mio Jahre einmal die Ebene unserer Galaxie durchläuft; dort wäre die Erde viel größerer Strahlung und Materiedichte ausgesetzt – katastrophale Zusammenstöße mit anderen Himmelskörpern wären in dieser Zeit recht wahrscheinlich.

Diese These wurde von der amerikanischen „National Aeronautics and Space Administration" ausgearbeitet – sie ist eine von vielen, denn es vergeht kaum ein Monat, daß nicht neue Entdeckungen und Überlegungen zum Thema „mass extinctions" veröffentlicht würden.

Dieses Zulassen und Untersuchen vergangener Katastrophen ist Ausdruck eines geistigen Wandels, einer Abkehr von dem bisher herrschenden unbedingten Fortschrittglauben – wobei unter Fortschritt zunehmende Kontrolle und Ausbeutung der Natur verstanden wurde. Dieser Ewigkeits- und Allmachtsanspruch zerbröckelte in den letzten Jahren angesichts der eben dadurch ausgelösten uns weltweit bedrohenden ökologischen Katastrophe, er wird fragwürdig und schließlich hinfällig.

Untersucht man vergangene Katastrophen in der Geologie, stellt man fest, daß die Erde sie immer überlebte, allerdings in jeweils stark veränderter Form. Wenn man die lange Kette von „Weltuntergängen" betrachtet und die danach jeweils neu entstandenen Tier- und Pflanzenarten, kann man sogar zu dem Schluß kommen, daß sie die Impulsgeber der Evolution sind. Selbst die Sprünge in der Entwicklung des Menschen fallen in die Zeiten mit geologischen Katastrophen.

Dieser Zusammenhang ist den alten Völkern bekannt; in ihren Mythen beschreiben sie diese weltweiten Katastrophen und die jeweils daraus entstehenden neuen „Welten" mit neuen Menschen. Hesiod schrieb von vier Welten und vier Menschengeschlechtern, die durch den Zorn der Planetengötter vernichtet wurden. Auch das Bhagavata Purana, ein heiliges Buch der Inder, berichtet von vier Kataklysmen, bei denen jedesmal die Menschheit beinahe vernichtet wurde. Das fünfte Weltalter ist das gegenwärtige. Auch die Hopi Indianer sind dieser Meinung und beschreiben, daß solche Fluten und Brände durch Polwanderungen ausgelöst worden waren. Auch andere Indianer erinnern sich an Polwanderungen und befürchten solche auch für die Zukunft. Die Perser erinnern sich sogar an sieben Weltalter; in der isländischen Edda werden neun erwähnt, und die Chinesen kennen zehn solche Untergänge von „Anbeginn der Welt" bis zu Konfuzius.

Laut einer alten chinesischen Enzyklopädie wiederholen sich diese Erschütterungen regelmäßig; dieser Himmelsmechanismus läuft ab wie die Jahreszeiten und „in einer allgemeinen Erschütterung der Natur wird das Meer aus den Ufern getragen, Berge brechen aus dem Boden hervor, Flüsse ändern ihren Lauf, Menschenwesen und überhaupt alles wird zerstört und die Spuren der Vergangenheit werden ausgelöscht."

Es gibt kaum ein Volk auf der Erde, das nicht von diesen weltweiten Kataklysmen durch seine Mythen Kenntnis und daraus auch das Bewußtsein von der Endlichkeit dieser Welt hätte. Nur die moderne westliche Gesellschaft hat sie vergessen – oder verdrängt – und staunt nun ob der neusten Erkenntnisse ihrer Wissenschaftler.

Tatsächlich ist dieses Negieren vergangener Kataklysmen aber auch bei uns nicht älter als Hundert Jahre; damals wurde lange und erbittert debattiert, ob die Katastrophentheorie von *Cuvier* oder die Abstammungslehre von *Darwin* recht haben sollten. Wie wir wissen, siegte die letztere. Heute erscheint diese Debatte recht überflüssig, zumal beide Mechanismen zur Evolution beigetragen haben. Doch damals ging es den Streitenden hauptsächlich um die Emanzipation von der Kirche und ihrer Schöpfungslehre.

Das mechanistische Konzept von Zufall und Auslese ersetzte den „Großen Geist", den alle Völker über sich akzeptieren, – nur der heutige weiße Mann duldet nichts über sich. Das Ergebnis ist bekannt.

Wissenschaftler, die heute Modelle der ökologischen Entwicklung erstellen, z. B. zu den Folgen von Ozonzerstörung, CO_2Überschuß, oder Atomkrieg, verwenden dazu Daten und Beobachtungen aus den geologischen Katastrophen; nur daß die damaligen CO_2Überschüsse, Ozonzerstörungen und Staubwolken nicht vom Menschen verursacht worden waren.

(Quellen: Alvarez, L. W. et al. (1980), „Extraterrestrial cause for Cretaceous-Tertiary Extinction", in: Science, 208, S. 1095-1108; John F. Simpson (1966), „Evolutionary Pulsation and Geomagnetic Polarity", in: Geological Society of America Bulletin, Vol. 77, S. 197-204; Michael Pampino/Richard B. Stothers (1984), „Terrestrial mass extinctions, cometary impacts and the sun's motion perpendicular to the galactic plane", in: Nature, Vol. 308, S. 709-712; Immanuel Velikovsky (1950), Welten im Zusammenstoß, Frankfurt.)

4.5. *„Erleuchtung – Klinisch getestet“ – Vom Paradigmenwechsel in den Naturwissenschaften und dem neuen holistischen Weltbild*

Um 1900, als mechanistisches Weltbild und uniforme Evolution sich gerade zur „Volksweisheit“ gefestigt und verallgemeinert hatten, bereitete sich jedoch der nächste Umbruch vor, und wieder spielte die Physik eine tragende Rolle. Bertrand *Russell* wirkte an diesem Paradigmenwechsel mit, und er bezeugt:

„Es ist wirklich eigenartig, daß gerade zu dem Zeitpunkt, als der Mann auf der Straße total an die Wissenschaft zu glauben begann, der Mann im Labor sein Vertrauen verlor . . .“ (Zit. nach Rifkin 1982, S. 254)

Der Mann im Labor verlor sein Vertrauen durch den Sprung von der Newtonschen Mechanik zur quantenrelativistischen Physik *Einsteins, Heisenbergs, Paulis* und vieler anderer mehr. Sie unterminierten die mechanistische Wissenschaft sozusagen von innen her, und durchaus mit deren eigenen Instrumenten und technischen Möglichkeiten, die in bisher ungekannte Bereiche des Mikro- und Makrokosmos eindringen ließen.

Raum und Zeit erscheinen in diesen subatomaren Welten nun als *veränderliche* Größen – die Lichtgeschwindigkeit dagegen als Konstante; Paradoxe mußten nun anerkannt werden, als zum Beispiel Doppelspaltversuch und photoelektrischer Effekt ergaben, daß Licht sowohl Welle als auch Partikel ist. Die sogenannte Heisenbergsche Unschäferelation besagt nun, daß man nur entweder die Lage oder die Geschwindigkeit eines Teilchens bestimmen kann; die Quantenmechanik besagt, daß Phänomene im subatomaren Bereich nicht mit Sicherheit vorausgesagt werden können: wir können nur ihre Wahrscheinlichkeit bestimmen.

John *Wheeler*, Physiker in Princeton, beschreibt eine der Hauptaussagen der Quantenmechanik:

„ . . . *Entscheidend ist der Akt der Teilnahme.* Teilnehmer ist der unbestreitbar neue Begriff, der sich aus der Quantenmechanik ergibt. *Der klassische Begriff des Beobachters,* der sicher hinter einer dicken Glasscheibe steht und beobachtet, was vor sich geht, ohne daran teilzunehmen, *ist ungültig geworden.*“ (zit. nach Zukav 1981, S. 45)

Oder, mit *Heisenbergs* Worten:

„Was wir (in der Atomphysik) beobachten, ist nicht die Natur selbst, sondern Natur, die unserer Art der Fragestellung ausgesetzt ist.“ (zit. nach Capra 1980, S. 141)

So enthüllten Natur und Hexen dem Staatsanwalt Francis *Bacon* nur jene Geheimnisse und jene Seiten ihres Wesens, die den Versuchsanordnungen der Folter entsprachen; so geben Tiere unter der Tortur der Tierversuchslabors ihrem Inquisitor ebenfalls von Stresshormonen, Angst und Leid verzerrte Antworten. Wer also jemals an den „objektiven Beobachter“ glaubte, ist vielleicht auch wissenschaftsgläubig genug, um mithilfe der Quantenphysik sich von dieser Illusion wieder zu verabschieden. Sie besagt: wir können die Realität nicht beobachten, ohne sie zu verändern, wir sind Teil der Natur, die sich mit uns und in uns selbst studiert.

Die quantenrelativistische Physik z. B. gelangte zu Konzepten der Wirklichkeit, deren Verwandtschaft mit östlichen Weltanschauungen (Buddhismus, Hinduismus, Taoismus) schon den Pionieren wie Werner *Heisenberg* auffiel. In den siebziger Jahren hat dann der Physiker Fritjof *Capra* diese Verbindungen in alle Richtungen ausgelotet, in „Der Kosmische Reigen", entsprechend dem Wort Laotses: Weit gehen heißt zurückkehren.

„Physiker und Mystiker stimmen überein, daß das, was wir Objekte nennen, tatsächlich Muster sind in einem unabtrennbaren kosmischen Prozeß; und sie stimmen auch überein, daß diese Muster eigentlich dynamisch sind. In der subatomaren Physik ist „Masse" nicht mehr länger mit irgendeiner materiellen Substanz verbunden, sondern als eine Form der Energie erkannt.

Ähnlich haben indische Mystiker den Sanskrit-Ausdruck ‚Samskara' gebraucht, um das zu beschreiben, was wir ‚Dinge' nennen: ein Ausdruck, der zuallererst ein Ereignis bedeutet, oder ein Geschehen, und nur in zweiter Linie ein existierendes Ding . . .

Wenn wir Atome beobachten, sehen wir niemals irgendeine Substanz; was wir beobachten, sind dynamische Muster, ständig ineinander übergehend: ein beständiger Tanz von Energie . . . Für den modernen Physiker ist „Shivas Tanz" der Tanz der subatomaren Materie – und wie in der Hindu-Mythologie ist es ein beständiger Tanz von Schöpfung und Zerstörung, der den ganzen Kosmos einschließt, – die Basis aller Existenz und aller Naturerscheinungen." (Zit. und übersetzt nach einem Vortragsmitschnitt von C.R., Bombay 1982)

Andererseits ist jedoch allzu offensichtlich, daß „der Mann im Labor" auf längere historische Sicht keineswegs das Vertrauen verloren hatte: zeigt nicht die moderne Technokratie, daß er sehr wohl von den philosophischen Implikationen seiner Naturerkenntnisse absehen konnte? Ihnen zum Trotz dienen weiterhin Instrumente und Wissen hauptsächlich der Kontrolle: von anderen Menschen, von einer Erde und einem Kosmos, die er als „draußen", als abgetrennt von ihm selbst definiert; er kann vernachlässigen, daß Mikroskop und Fernrohr „Objekte machen" (vgl. ein Interview mit Karl Pribram, in: Psychologie Heute, Nr. 10/1979); zwar hat westliche Naturwissenschaft das „Fenster zur Welt" mithilfe von Instrumenten erweitert: denken wir nur an das elektromagnetische Spektrum (Abb. 55) und die Vielzahl der technischen Prothesen, die uns die Welt aus Wellen sichtbar, hörbar und spürbar machen; aber auch hier dient die Verwertung hauptsächlich der Kontrolle und der Machterweiterung, notfalls der Zerstörung „widersprechender Informationen", um so etwas wie Ruhe, Ordnung und Einheit zu erreichen – zum Beispiel im politischen Sektor der größte aller Träume, von Weltherrschaft oder Weltrevolution, statt Koexistenz und Aushalten der Widersprüche.

Wie Rufe in der Wüste klingen dagegen zur Zeit noch die Stimmen derjenigen, die aus den Erkenntnissen derselben westlichen Naturwissenschaften ein ganzheitliches (holistisches), ökologisches und spirituelles Weltbild ableiten und begründen: das „Systembild des Lebens und der Evolution". Seine geistigen Väter: *Prigogine, Eigen, Waddington, Bateson, Jantsch, Capra* – Chemiker, Biologe, Anthropologe, Systemtheoretiker und Physiker. Der Großvater: Teil-

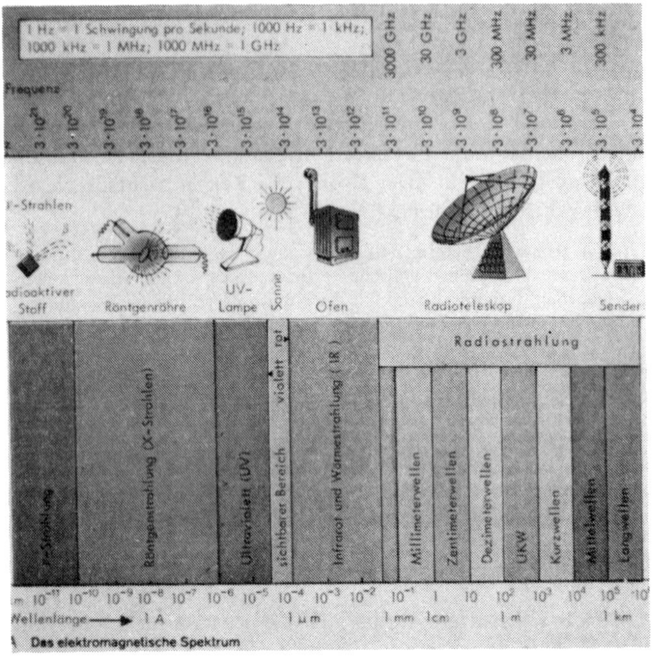

Das instrumentell erweiterte „Fenster zur Welt"-Wahrnehmung: Das elektromagnetische Spektrum

hard de *Chardin,* katholischer Theologe und Paläontologe. Nächste Verwandte: *Pribram, Grof, Ferguson* – Gehirnforscher, LSD-Therapeut, Safte Verschwörerin und Schriftstellerin. Sie werben für „die amerikanische Matrix der Transformation", die holistische Weltanschauung, die im New Age, dem kommenden Zeitalter des Wassermanns, zu versöhnteren Menschen und einer heileren Welt beitragen soll. Kriege und ökologische Krise beweisen ihnen hinreichend, wohin das dualistische Wertsystem des Westens geführt hat, mit seiner ebenso klaren wie falschen Trennung zwischen drinnen und draußen, ich und du, gut und böse, reich und arm. Man erinnert sich wieder an alte Weisheiten des Westens und des Ostens, an jene Weltanschauungen, die die zyklischen Prozesse des Werdens und Vergehens betonten und die da besagten: alles fließt. Man findet die alten Weisheiten, die weniger mit Hilfe von Instrumenten, als durch Intuition, mystische Versenkung, Übung in yogischen Techniken oder auch unter bewußtseinserweiternden Drogen erfahren wurden, in westlichen Naturwissenschaften und klinischer Bewußtseinsforschung bestätigt (Grof 1978 und 1980, Capra 1980 und 1983, Ferguson 1982, und Hampden-Turner 1982). Umfassende Synthese und Versöhnung der Gegensätze, Selbst-Transformation und Selbst-Transzendenz, Selbsterlösung statt Fremderlösung (die von außerhalb erwartet oder missionarisch aufgedrängt wird), autonome und zugleich vernetzte Selbstorganisation statt zentralistischer Verwaltung – so würde ich einige

Grundprinzipien der holistischen Weltanschauung beschreiben; und sie sollen sowohl im politischen wie im spirituellen Bereich gelten, die ja nicht grundsätzlich getrennt gesehen werden – ebenso, wie in der Mystik „Wissen" nicht von einer bestimmten Lebensweise getrennt werden kann, sondern diese zu seiner lebendigen Äußerung wird. „Mystisches Wissen zu erwerben heißt, sich einer Wandlung zu unterziehen" (Capra); und das trifft für jede Art von Wissen zu, auch für „wissenschaftliches Wissen", das nicht mehr als Besitz gehortet, sondern in Erfahrungen geprüft und geteilt werden will.

Zum neuen holistischen Paradigma habe ich mich andernorts ausführlicher geäußert (Rentmeister 1983 und 1984b), mit einigen kritischen Überlegungen zu der Suche nach der Weltformel, dem Trend zur spirituellen Einheitspartei und einem auftauchende Widersprüche möglichst rasch verschlingenden Harmoniestreben.

Noch ein paar Anmerkungen zu der Frage, deretwegen wir uns ja hier auf die Betrachtung der neuzeitlichen Weltbilder und ihre Rolle in unserer Kultur eingelassen hatten: wie ist in ihnen das Geschlechterverhältnis eingebaut? Wie sieht nun die neue, „quantenrelativistische Frau" aus, wie der neue Mann? (Ich weiß, die Frage ist falsch gestellt, also:) Wie sieht die neue holistische Frau aus, wie der neue Mann? Ich hatte es bereits gesagt: an den natur- und geisteswissenschaftlichen Begründungen des neuen Paradigmas haben Frauen so gut wie keinen Anteil. In der darauf basierenden Bewegung, den Gruppen des „New Age", ist der Frauenanteil jedoch auffallend hoch, und sie finden sich auch in prominenten Positionen. Was spricht sie an?

„Yin" und „Yang", die alten östlichen Symbole für Weibliches und Männliches in der Welt, ineinandergeschlungen, einen Nucleolus des Entgegengesetzten je in sich enthaltend, von einem Kreis umfaßt, gilt sicher den meisten holistischen Adepten als schönster Ausdruck des idealen Geschlechterverhältnisses. Diese Symbolik findet sich auch beim Protagonisten Fritjof *Capra,* der schon im „Kosmischen Reigen" und dann wieder auf der großen holistischen, der 7. Internationalen Transpersonalen Konferenz in Bombay 1982 für die überragende Bedeutung der „weiblichen Prinzipien", ja des Feminismus in der „Wendezeit" einstand. Er stellte die einseitige Vorherrschaft der Yang-Werte im patriarchalen, newtonisch-cartesianischen Paradigma als *die* Ursache der geistigen und materiellen Krise hin; er forderte ein Ende des Sado-Rituals mit der ewigen Unterwerfung der Yin-Werte in Natur und Kultur. Die Berufung auf Alte Weisheiten, zum Beispiel den „real existierenden Hinduismus", konnte da natürlich weder die Ansprüche anwesender gesellschaftskritischer Inderinnen, noch diejenigen westlicher Frauen befriedigen. *Capra* verwies auf die Kraft und die Visionen einer „ . . . feministischen Spiritualität, die durch die Frauenbewegung vertreten wird, und die auf der uralten Identifikation von Frau und Natur basiert. Feministische Spiritualität beruht auf dem Bewußtsein des Einsseins aller lebenden Formen und ihrer zyklischen Rhythmen von Geburt und Tod; sie spiegelt so eine Haltung zum Leben, die zutiefst ökologisch ist . . ." (Vortrag in Bombay). Dreierlei Einwände hat er dagegen von Feministinnen zu erwarten:

zu der nahtlosen Gleichsetzung von „Frau" und „Natur", als hätten Frauen nicht gerade *Kultur*-Geschichte gemacht, und wären überdies nicht vielfach inkulturierte Wesen; zweitens zu der Frage, was wohl „feministische Spiritualität" sei, denn darüber besteht unter Feministinnen, zum Beispiel im westdeutschen Bereich, kein Konsens: beharrlich und demagogisch werden hierzulande Spiritismus und Spiritualität gleichgesetzt, damit sich manche „Realfeministin" leichter von dieser ganzen „Irrationalität" absetzen kann – während sie jedoch jede christlich-feministische Theologin in ihren Reihen auf das Wärmste begrüßt, und die Schriften von *Mary Daly* goutiert. Wie frau das auch bewerten mag – Nordamerikaner/innen der feministischen und holistischen Kreise wurden, gebettet in ihre schmelztiegelhafte, locker-eklektische „amerikanische Matrix der Transformation", seit je weniger von Dogmatismus umgetrieben. So kommt es wohl auch, daß (drittens) deutsche Einwände gegen eine Wiederbelebung von heidnischen Göttinnen-Kulten und -Ritualen in den USA auf wenig Verständnis treffen. Die geringeren US-amerikanischen Berührungsängste spiegelt auch das holistisch-feministische Kompendium von Charlene *Spretnak* über „The Politics of Women's Spirituality", mit „Essays über den Aufstieg spiritueller Macht in der feministischen Bewegung" (1982). Schwesterlich vereint teilen dort Realfeministinnen (wie Phyllis Chesler), lesbische Feministinnen (Robin Morgan), Theologinnen (Mary Daly), Künstlerinnen (Judy Chicago), Publizistinnen (Gloria Steinem), Mystikerinnen (Starhawk, Anne Kent Rush), Hexen (Zse Budapest), und viele andere ihre durchaus verschiedenen Ansichten mit – und auch Marija *Gimbutas*, die Archäologin und Kennerin des „Alten Europa", schreibt ohne Abgrenzungsdruck über „Frauen und Kultur im göttinnen-orientierten Alten Europa". Im selben Kompendium ist auch Raum für kontroverse Matriarchatsdiskussion und die Frage, ob feministische Spiritualität und Hierarchie (denn gewisse Gruppierungen scharen sich um eine „Hohepriesterin" mit Geheimwissen) nicht ein Widerspruch in sich sind.

Eine Art „Führer durchs holistische Weltbild" hat Marilyn *Ferguson* vorgelegt, „Die sanfte Verschwörung – Persönliche und Gesellschaftliche Transformation im Zeitalter des Wassermanns" (1982). Auf drei Seiten definiert sie auch die „Macht der Frauen":

> „Die Macht der Frauen ist das Pulverfass unserer Zeit. Indem die Frauen ihren Einfluß auf Politik und Regierung vergrößern, wird ihre yin-Perspektive die Begrenzungen des alten yang-Paradigmas hinwegfegen. Frauen sind neurologisch gesehen flexibler als Männer, und die Kultur gestattet es ihnen, mehr Intuition, Sensibilität und Gefühl zu entwickeln. Ihr natürliches Milieu wurde von Komplexität, Veränderung, Fürsorge, Zuneigung und einem beweglicheren Zeitsinn bestimmt . . .
>
> Lou Harris meint, daß Frauen den Männern beim Durchsetzen der grundlegenden menschlichen Qualitäten weit voraus sind; sie setzen sich nachdrücklicher für den Frieden und gegen den Krieg ein, sie sind besorgter über Kindesmißhandlungen und tief bewegt von dem, was er als ‚Mantel der Gewalt' bezeichnet . . .
>
> Überall, wo die Verschwörung im Zeichen des Wassermanns tätig ist und ganzheitliche Gesundheit, kreative Wissenschaft oder transpersonale Psychologie verbreitet, sind die Frauen weitaus stärker vertreten als im Establishment . . .
>
> Den Männern in solchen Organisationen ist es nicht nur recht, daß Frauen Führungsrol-

len übernehmen, sondern sie übernehmen freudig yin-Qualitäten wie Integration, Einfühlungsvermögen und Versöhnung. Sie sehen bei den Frauen eine größere Sensibilität für Zeit und Jahreszeiten, Intuition über die einzuschlagende Richtung und eine Fähigkeit zu Geduld.“ (Ferguson 1982, S. 264-267)

Dazu mein realfeministischer Kommentar: daß Männer beginnen, ihre „Yin“-Seiten *freudig zu entwickeln* (klingt das nicht wie die Bekenntnisse auf realsozialistischen Spruchbändern?), hören wir wohl mit Vergnügen, allein es fehlt der Glaube. Aber für die Annahme, daß Frauen innerhalb des ‚Mantels der Gewalt‘ eine irgendwie entschlossenere und selbstverständlichere Grundhaltung gegen Krieg, Not und Gefahr einnehmen, kennen wir eindrucksvolle Beispiele. Ich meine damit die vielen Beispiele für das *„Gender Gap“*, die Geschlechterkluft, die sich bei Wahlen, in Statistiken und konkretem Verhalten immer wieder ablesen läßt: weniger Frauen als Männer hatten die Schutzherrschaft des „männlichen“ Präsidenten *Reagan* gewählt; 1983 hätten ihn laut Umfrage nur 37% der Frauen, aber 53% der Männer wiedergewählt („F. R.“ vom 2.6.1984). Das „Harrisburg-Syndrom“ zeigte, wie im Falle einer akuten Gefahr, als der Unfall im Atomkraftwerk von Three Mile Island bekannt wurde, Männer resignierten – das heißt, sie stießen wilde Drohungen aus, ohne zu handeln, oder sie alkoholisierten sich passiv in „Abschied-vom-Leben-Parties“; während ihre Frauen derweil sich und die Kinder energisch evakuierten; ein Gender Gap, das im Nachspiel zur Reaktor-Katastrophe auch einige Ehepartner für immer schied (vgl. Perincioli 1980). Und die geringe Neugier und Euphorie von Frauen für Computer (das schreibe ich als Musik-Computer-Fan) weist ja nicht hauptsächlich auf defizitäre und irrationale Technikängste; zwar begünstigt diese Zurückhaltung von Frauen die Bildung neuer, technokratischer, männlicher Eliten – aber die Verweigerung geschieht in dem Wissen, daß Mikroelektronik und Computerisierung weibliche Erwerbsfelder zerstören; daß bei aller „magischen Potenz“ der Geräte die übliche Bildschirmarbeit kaum die Entfaltung der „allseitigen weiblichen Persönlichkeit“ fordert; und, eigenartig aber vielleicht wahr – es wird vermutet, daß Frauen die mechanistisch-binäre Logik zuwider ist, nach der ein Computer „denkt“: da gibt es nur entweder 0 oder 1, entweder Strom oder kein Strom. (Vgl. dazu „taz“, 10.8.1984; Siemens AG und Infratest fanden 1980 noch bei 54% aller Frauen eine positive Einstellung zur Technik, 1984 nur noch 36%, laut „FR“, 2.6.1984.)

Freiwillig oder unfreiwillig deutet Marilyn *Ferguson* im obengenannten Zitat an, auf welchen Gebieten sich Frauenmacht im Zeichen des Wassermanns bisher hauptsächlich entfaltet hat: im üblichen sozialen Sektor, in Gesundheit, Psychologie, und einigen Geisteswissenschaften. Auch *Ferguson* verwickelt sich in Widersprüchliches, wenn es um die Alternative „Instandbesetzung des Patriarchats“ oder „Kulturrevolution“ geht: denn einerseits lobt sie die „bevorstehende Invasion der Frauen in Führungspositionen“, und beobachtet, daß „die Frauen ihren Einfluß auf Politik und Regierung vergrößern“; andererseits wirft sie gerade dem „militanten Feminismus“ vor, er würde bloß vom Appetit auf größere Stücke am Männer-Macht-Kuchen angetrieben, und meint:

Frauenfest-Plakat, Berlin, Februar 1976

„Der Sache der Menschheit ist mit der Einverleibung von immer mehr Frauen in eine im wahrsten Sinne des Wortes von den Männern erschaffene Welt nicht gedient. Es ist eher so, daß Frauen und Männer zusammen eine neue Zukunft schaffen können."

Dem ersten Satz haben sich militante Feministinnen schon immer verpflichtet gefühlt. Dem zweiten halten sie ihren Begriff von Autonomie und Separatismus entgegen: das aus eigener Erfahrung von Isolierung und historischem Wissen gewachsene Bedürfnis nach Gemeinschaft mit und unter Frauen, nach eigenen Räumen und Zeiten, zu denen Männer keinen Zutritt und auf die sie keinen Anspruch erheben können (Abb. 56); das Bedürnis nach Schwesterlichkeit und die Erfahrung, daß Frauen unter Frauen andere Gesichter, Gesten und Fähigkeiten zeigen und entfalten; daß damit so etwas wie „Macht der Frauen" zusammenhängt, lehrt die Geschichte, und lehrt das mit dem Patriarchat einsetzende Interesse an der Zerstörung solcher „Frauenzentren". Das lehren heute wieder die angstvoll-beleidigten, aggressiven Reaktionen von Männern auf „separatistische Ereignisse": Angriffe gegen Anti-Raketen-Camps von Frauen (wie in Reckershausen/Hunsrück), Einschleichversuche oder Angriffe gegen Frauen-Feste, oder auch das aus Institutionen bekannte Verfahren, Frauenseminare nur zu fördern, wenn männliche Beobachter oder Teilnehmer oder Gastreferenten zugelassen werden.

Frauen müssen sich vorsehen, daß sie im versöhnlichen New-Age-Szenario nicht ganz rasch *von Schwestern wieder zu Krankenschwestern des Systems* (und seiner einzelnen, und sei es noch so softigen Vertreter) hochgelobt und „in die Pflicht genommen" werden; *Ferguson* sagt Sätze wie:

„Die Vorstellung, daß Frauen eine im Scheitern begriffene Gesellschaft retten können, ist nicht neu ...
Die Werte, die als weiblich bezeichnet wurden – Mitgefühl, Kooperation, Geduld, – werden dringend bei der Geburt und Pflege einer neuen Ära in der menschlichen Geschichte benötigt ...
Die integrierende Macht berücksichtigt, daß die Männer ebenso wie die Frauen die Opfer der Geschichte und eng definierter Rollen gewesen sind ..."

Da kann ich nur mit Otto *Weininger* antworten, wie Männer (zu Recht, was die gesellschaftliche Macht angeht) ihre „Opfer"-Rolle in der Geschichte betrachten:

„Der tiefststehende Mann steht ... noch unendlich hoch über dem höchststehenden Weibe". (in: Geschlecht und Charakter, 1906)

Ist damit auch die Antwort auf jene Fragen gegeben, die mich immer wieder beschäftigen, – was denn Männer aus matriarchalen Gesellschaften immer wieder dazu bewogen hat, sich mit ihren patriarchalen Kolonisatoren zu verbrüdern? Weil sie damit ihren Opferstatus unter Männer kompensieren und jenen einen Herren-Status erlangen können, den das Patriarchat an jeden Mann zu vergeben hat? Seit dreitausend Jahren spielen Frauen die Krankenschwestern des Systems; sicher, sie haben manchen Tyrannen an ihrer Brust genährt und erzogen – aber in einem Klima von Gewalt gegen Unbotmäßige und nach Regeln, die nicht von ihnen stammen. Die Geschichte des weiblichen Widerstandes ist auch dreitausend Jahre alt und ununterbrochen; und es ist nicht Schuld der Frauen, wenn „die Familiarisierung und Sozialisierung des Mannes bis heute ein Problem ist", wie Anthropologen und Historiker beklagen (Pfeiffer 1981, S. 67ff. und 94ff.).

Nun gibt es da jenen mir sehr einleuchtenden, eigentlich aus Beobachtungen im subatomaren Bereich gewonnenen Satz der Quantenphysik vom „teilnehmenden Beobachter".

Welche Rolle kann eine teilnehmende Beobachterin im alltäglichen und dreidimensional wahrgenommenen Patriarchat spielen, wo die Freiheit des Geistes mit den Gesetzen der Schwerkraft, der eigenen Trägheit, den Sklaven der Sachzwänge, der Gewalt von Waffen und der Gier nach Geld und Status täglich ringt?

Virginia *Woolf* hat vier Pfade benannt, die sich eine Frau, eine Frau der westlichen Welt, eine teilnehmenden Beobachterin, durch den Dschungel dieser Zivilisation bahnen sollte. Mit Virginia *Woolfs* Worten hatte ich einleitend (Kap. 1.3.1.) die Frauen als Fremde in der Männerwelt beschrieben, und mit ihrem guten Rat will ich schließen.

4.6. *Die vier Pfade durch das Patriarchat: Armut, Keuschheit, Lächerlichkeit, Freiheit von unwirklichen Verpflichtungen*

Vielleicht ist es angebracht, den durch häufige Verwendung etwas abgenutzten Begriff „Patriarchat" noch einmal ebenso knapp wie aktuell und global zu „füllen", entsprechend jener Zusammenfassung, wie sie auf der *UNO*-Frauenkonferenz 1980 in Kopenhagen gegeben wurde:

„Die Frauen, obgleich sie die Hälfte der Weltbevölkerung bilden, ein Drittel der Gesamtarbeitskraft stellen und zwei Drittel aller Arbeitsstunden leisten, erhalten nur ein Zehntel des Welteinkommens und besitzen gar weniger als ein Prozent des Welteigentums." (Neue Züricher Zeitung, 15.7.80)

Virginia *Woolf* weist vier Pfade durch diese Welt. Und es geht dabei um die Verhinderung von (noch mehr) Kriegen, um die Moral von der (Kultur-) Geschichte, und damit auch um den Sinn einer kulturpolitischen Bildung, mit der Frauen im eigenen Interesse und an sich selbst arbeiten.

„Wenn wir also der Biografie die Frage stellen – *wie können wir ins Berufsleben treten und trotzdem zivilisierte Menschen bleiben, die den Krieg nicht begünstigen* – (. . .) so ist die Antwort des Orakels, . . . unter der Bedingung, daß Sie und Ihre Schwestern allen hinreichend qualifizierten Menschen, gleichgültig welchen Geschlechts, welcher Klasse oder Hautfarbe, helfen werden, *in ihre Berufe einzutreten.* Und außerdem unter der Bedingung, daß ihr euch *in eurer Berufspraxis Lächerlichkeit, Armut, Keuschheit, und die Freiheit von unwirklichen Verpflichtungen nicht nehmen laßt.*

Mit *Armut* meinen wir, genügend Geld, um davon leben zu können. Daß heißt, ihr müßt soviel Geld verdienen, daß ihr nicht von irgendeinem anderen Menschen abhängig seid und müßt euch jenes Mindestmaß an Gesundheit, Vergnügen, Wissen usw. schaffen können, das zur vollen Entfalfung von Körper und Geist notwendig ist. Aber nicht mehr. Keinen Pfennig mehr.

Mit *Keuschheit* ist gemeint, daß ihr, wenn ihr in eurem Beruf genügend Geld verdient, euch weigern müßt, euren Geist um des Geldes willen zu verkaufen. Daß heißt, ihr müßt entweder aufhören, euren Beruf auszuüben; oder ihr müßt ihn um der Forschung oder der Experimente willen ausüben; oder, wenn ihr eine Künstlerin seid, um der Kunst willen; oder ihr gebt das beruflich erworbene Wissen umsonst an jene weiter, die es brauchen können. Haltet ein, sobald ihr merkt, daß ihr um den Maulbeerbaum tanzt. *Schüttelt den Baum mit Gelächter.*

Lächerlichkeit . . . bedeutet, daß ihr alle Möglichkeiten ablehnt, euch mit Verdiensten zu brüsten und stattdessen daran festhalten, daß anonym zu bleiben, verhöhnt und getadelt zu werden, dem Ruhm und der Ehre aus psychologischen Gründen vorzuziehen sind. Sobald euch Ehrenabzeichen, Orden oder Titel angeboten werden, werft sie dem Spender an den Kopf.

Mit *Freiheit von unwirklichen Verpflichtungen* ist gemeint, daß ihr euch zuerst vom Nationalstolz befreien müßt; außerdem vom Glaubensstolz, Collegestolz, Schulstolz, Familienstolz, Geschlechtsstolz und von den unwirklichen Verpflichtungen, die sich aus ihnen ergeben. Sobald die Verführer mit ihren Bestechungsversuchen kommen und euch zur Knechtschaft verführen wollen, zerreißt das Pergament; weigert euch, die Formulare auszufüllen."

Virginia Woolf, Drei Guineen, 1938

4.7. *Forderungen*

Da die Abschaffung des Patriarchats und die von Virginia Woolf aufgestellten Forderungen in der laufenden Legislaturperiode noch nicht mehrheitsfähig sind, fordere ich, daß endlich in schulischer, außerschulischer und Erwachsenenbildung jenes Wissen gelehrt wird, das dem wirklichen Stand unserer Kenntnisse entspricht und nicht eine Beleidigung unserer Würde, Intelligenz und Weisheit darstellt, wie bisher nur zu oft.

Alle Forschung, die diese Kenntnisse vertieft, die sich im Interesse von Frauen mit Wurzeln und Auswirkungen von männlicher Vorherrschaft beschäftigt, muß bevorzugt gefördert werden, auch unter dem Aspekt, daß sie Grundlage jeder Friedensforschung ist.

Teil II

5. Einleitung: ein männlicher Frauenbeauftragter und die weibliche Schwäche

Wenn Frauen allgemein als das „schöne" und zugleich das „schwache" Geschlecht gelten, was macht dann eine ganze Bevölkerungshälfte schön, aber schwach? Vielleicht Gutachten und die dahinter stehenden Interessen?

Das folgende erschien nicht etwa 1892, sondern 1982:

„*Düsseldorf*, 28. April 1982. Weil der ‚Arbeitsschutz vor allen emanzipatorischen Ansprüchen' rangiert, erwägt die nordrhein-westfälische Landesregierung ‚Arbeitsbeschränkungen' für Frauen in solchen Berufen, in denen die Beschäftigten *regelmäßig mehr als zehn Kilogramm tragen* müssen. Als besonders unzumutbar gelten dabei solche Tätigkeiten für Frauen, die weniger als 2,75 Liter Sauerstoff pro Minute aufnehmen können.

Diese Zahlen stehen in einem vom nordrhein-westfälischen Arbeitsminister (und Frauenbeauftragten, C.R.) Friedhelm Farthmann (SPD) bestellten Gutachten des Dortmunder Arbeitsmediziners Joseph Rutenfranz über die Zumutbarkeit von Arbeit auf dem Bau für Frauen . . .

Der nordrhein-westfälische Sozialminister räumte ein, daß auch Krankenschwestern, die öfter am Tag Patienten umbetten, Frauen in den Kaufhäusern, in den Zeitungsstellen der Post und an vielen anderen Arbeitsplätzen mehr als diese ‚zumutbaren' zehn Kilogramm tragen und heben müssen."

(„Frankfurter Rundschau", 29.4.1982; siehe auch vorn, Kap. 6.4., wo andere Forschungsergebnisse über physische Leistungsfähigkeit von Frauen vorgestellt werden. Siehe auch Abb. 57).

Immerhin eröffnet ein solches wissenschaftliches Gutachten die erfreuliche Perspektive, daß der Mehrheit der Frauen sicher bald auch die Arbeit im Haushalt verboten werden muß. Fragen müssen wir uns allerdings auch, wie laut einer erwähnten UNO-Studie (Expertise I, Kap. 4.6.) die weibliche und schwache Hälfte der Weltbevölkerung dazu in der Lage ist, *zwei Drittel aller Welt-Arbeitsstunden* zu leisten? Die Betrachtung der Sittengeschichte der weiblichen Körper führt nicht zu definitiven oder dogmatischen Aussagen, sondern schärft das Kritikvermögen gegenüber immer wiederkehrenden Tendenzen, Frauen auf angeblich „naturgewollte" oder „ewigweibliche" Plätze zu verweisen (schlechte Plätze in Patriarchaten). Diese Betrachtungsweise der Kulturgeschichte der

Eva-Maria schaffte, woran neun Männer scheiterten

Keine Angst vor der harten Arbeit beim Bau hat Eva-Maria Vopp, 22, aus Weißenhorn bei Ulm. Was neun ihrer männlichen Kollegen nicht schafften, erreichte sie: den Maurermeisterbrief. Ihren Beruf lernte Eva-Maria im elterlichen Betrieb. Obwohl den Frauen laut Gesetz kör-

Frau, Steine, Erden: aus der BILD-Zeitung vom 14.5.1982

Frauen kann einiges lehren über das Verhältnis von Anatomie und Kultur, über Urteile und Vor-Urteile, und über die beträchtliche Wandlungsfähigkeit und die Potenzen unserer Physis.

Die Fragen an die Geschichte lauten: wer oder was macht Frauen schön aber schwach? Was ist der Maßstab für Stärke, wie wirken die Faktoren Muskel-Kraft und Willens-Kraft zusammen, wie werden sie bewertet? „Amazonen" nennt man noch heute eingedenk ihrer Schwestern von gestern solche Frauen, die sich auf männliche Art durch männliche Territorien bewegen, oder auf andere Art. Warum bewerteten die Griechen ihren Sieg über die Amazonen sogar höher als die Siege über die Perser? Der griechische Geschichtsschreiber Himerios gibt die Antwort: Thraker, Perser und andere Feinde habe man nur aus dem Lande, „die Amazonen aber aus der menschlichen Natur vertrieben" – aus der weiblichen Natur, will er sagen (Abb. 58).

Das hat Jahrtausende gedauert (und ist bis heute nicht gelungen); in der Vorgeschichte werden wir „koketten Weibchen" nicht begegnen: die Artefakte zeigen uns schlanke, dicke, knabenhafte oder matronenhafte Frauen, Mütter, Schwestern, Vulven, vielbrüstige Göttinnen, Priesterinnen mit Wespentaille – aber lange Jahrtausende keine Sexualsklavinnen in Anbietposen, oder Szenen von Gewalt gegen Frauen (vgl. auch Text und Bilder in Expertise I, Kap. 2.2.2.).

Amazone gegen Griechen, griech. Vasenmalerei, 6./5. Jh. v.u.Z.

Archäologen drücken immer wieder ihre Verwunderung aus, daß in der Steinzeit-Kunst sich keine Darstellungen von sexuellen Handlungen finden – im Falle Catal Hüyüks erklärt sich der Ausgräber James *Mellaart* das Phänomen:

„Betonung auf Sexualität in der Kunst ist unveränderlich mit männlichen Impulsen und Begierden verbunden. Wenn die neolithische Frau Schöpferin der neolithischen Religion war, ist die Abwesenheit von Sex leicht zu erklären und ein anderer Symbolkreis wurde geschaffen, in dem Brust, Nabel und Geburt fürs weibliche Prinzip stehen, Hörner und gehörnte Tiere fürs männliche ... (Das mindert aber nicht die Ausstrahlungskraft der Männer, denn:) ... als Symbol *männlicher Fruchtbarkeit* war ein Auerochsenbulle oder ein großer Widder eindrucksvoller als der Mann selbst ...“ (Mellaart 1967, S. 181, Hervorh. C. R.)

Wir wissen, daß heute „männliche Impulse und Begierden“ sich in Kunst und Leben eindrucksvollen Ausdruck verschaffen. Die historische Entwicklung darzustellen, ist hier kein Platz; ich muß auf Lehrmaterialien (Bild und Text) verweisen, in denen ich einen solchen Überblick gebe (Rentmeister 1980b und 1980c). Die folgenden Szenarios aus der „Sittengeschichte der weiblichen Körper“ lasse ich erst mit dem bürgerlichen Zeitalter beginnen, mit dem „Kampf um die Hosen“. In der Praxis kulturpolitischer Bildung stellen sie Ausgangspunkte dar, für Erkundungen in Frauenwelten und Männerwelten, zur Identität von Frauen in Körpern und Raum.

6. Körper, Kleider und Geschlechterkampf – eine Übersicht

Zur Sittengeschichte des weiblichen Körpers gehört unablösbar die seiner Bekleidung: denn Kleider machen nicht nur Mode, oder Leute, sondern vor allem Männer zu Männern und Frauen zu Frauen.

Je nach historischer Phase dienen die stofflichen Hüllen mal der Abgrenzung der Geschlechter, ein andermal bringen sie die Unterschiede fast zum Verschwinden.

Und zusammen mit den Kleidern formt man auch die Körper, die sich darunter verbergen oder mehr oder weniger raffiniert enthüllen; man bestimmt den Grad ihrer Einengung und Verkrüppelung, oder den ihrer Bewegungsfreiheit. Die Generation unserer Großmütter kann noch aus eigener Erfahrung berichten, was Korsett und Schnürbrust in dieser Hinsicht bewirken.

In Bildern und Texten belegt die geschichtliche Überlieferung, wie deutlich sich in Körpern und Kleidern auch das jeweilige Geschlechterverhältnis ausdrückt: relative Gleichberechtigung oder einseitige Vorherrschaft eines Geschlechts. So läßt sich feststellen, wie das herrschende Geschlecht dem anderen seine Kleider verweigert, weil darin die Magie seiner Macht zu sitzen scheint, weil in ihnen diese ihre praktische und symbolische Form angenommen hat. Als entsprechend verächtlich gilt es, die Kleider des beherrschenden Geschlechts freiwillig abzulegen, was z. B. Transvestiten zu spüren bekommen.

(Die folgenden Ausführungen beziehen sich auf westliche Zivilisationen.)

Umwandlungen und Revolutionen im Verhältnis zwischen Männern und Frauen brachten und bringen stets auch gewandelte Körper, Kleider und Gesten hervor. In Zeiten des verstärkten Geschlechterkampfes geht es immer zugleich darum, dem herrschenden Geschlecht auch ein Stück der Kleiderprivilegien abzuringen, wie wir sehen werden. Hier sei nur als Beispiel vorweggenommen, wie der griechische Gott Apoll, der für den Übergang von Matriarchat zu Patriarchat kämpfte, listig in Frauenkleider schlüpfte, um so „getarnt" und umso unauffälliger als Anführer der Musen akzeptiert zu werden – weiblicher Göttinnen und Prophetinnen, die für sich und ihre Anhängerinnen bis dahin keinen „männlichen Vorgesetzten" kannten.

Oder, im umgekehrten Fall, bedienten sich privilegierte Frauen im 19. Jahrhundert, die in männliche Berufe und Studien zu streben wagten (und es waren alle qualifizierten Tätigkeiten als männlich definiert –), desselben Tricks. Sie legten die Korsetts ab und Männerkleider an, um umso unauffälliger in den männlichen Tempeln der Wissenschaft Vorlesungen hören oder Parlamentssitzungen beiwohnen zu können; um wie Rosa Bonheur in den Schlachthäusern von Paris unangefochten und außerdem zweckmäßiger bekleidet Tierstudien zeichnen zu können; oder sie legten sich, wie George Sand, nicht nur Männerkleider zu, sondern auch ein männliches Pseudonym, was dieselbe Funktion erfüllte: sich zu tarnen, vor der verächtlichen Beurteilung ihrer künstlerischen Leistungen nur nach dem eigenen Geschlecht abzulenken. Hier handelt es sich, wie gesagt, um „Privilegien", um Travestien mit polizeilicher Genehmigung.

Nur in Ausnahmefällen finden wir die Männerkleidung im 19. Jahrhundert auch bei den ärmsten der proletarischen Frauen: wenn zum Beispiel belgische Minenarbeiterinnen bei ihrer Schwerstarbeit auch Hosen trugen, so geschah das aus Zweckmäßigkeit und Not zugleich.

Seit dem 17. Jahrhundert etwa, als die Hose *das* männliche Kleidungsstück schlechthin wurde, heißen denn auch Geschlechterkrieg und Kampf um Frauenrechte der *„Kampf um die Hosen"* – sinnbildlich und wirklich zugleich.

Und so wurde mit der Erlaubnis zum Hosentragen dem männlichen Geschlecht erst in unserem Jahrhundert auch im übertragenen Sinne mehr Bewegungsfreiheit abgerungen – entsprechend den neuen gesellschaftlichen, sozialen und wirtschaftlichen Räumen, die Frauen sich, im Wechselspiel mit den Erfordernissen der Wirtschaft, erschlossen. Im Rahmen weiblicher Emanzipationsbestrebungen wurden auch seit dem 19. Jahrhundert Schönheitsideale bekämpft, die weibliche Schönheit mit „graziler" Schwäche, dekorativer Zerbrechlichkeit und Passivität verbanden; und männliche Schönheit, mit denselben machtpolitischen Hintergedanken, mit Muskeln, Stärke, Aktivität und Aggressivität: zwei konträre Körper- und Schönheitsbegriffe, die festlegten, wer hier Schöpfer und wer Geschöpf sein sollte.

6.1. Der „Kampf um die Hosen" als Kampf um mehr Bewegungsfreiheit: 1800 – 1850

Mit dem offiziellen Machtantritt der neuen Klasse, der Vertreter von Industrie- und Geldbürgertum nach 1789 kommt auch die neue Mode der bürgerlichen Männer an die Macht, die sehr genau ihre Werte widerspiegelt: das Arbeitethos zum Beispiel, das diese Männer mit großgemacht hatte. So ist die Kleidung schwarz oder braun, dunkel, ja finster und fast freudlos (Abb. 59). Sie ist relativ praktisch und ermöglicht Bewegungsfreiheit und Zeitersparnis im Ankleiden für den hektischen Business-Man; sie uniformiert die Männer wohl mehr als je zuvor, und es drücken sich in dieser Uniformierung auch die Ideale ihrer Revolution für Freiheit, Gleichheit und Brüderlichkeit aus – Standesunterschiede

Die Kleidung des männlichen Bürgers: geprägt vom Arbeitsethos. Fotos von August Sander (1876 - 1964)

werden nun nicht mehr wie in den feudalen „Kleiderordnungen" deutlich abgegrenzt, sondern subtiler zum Ausdruck gebracht und über breite Schichten hin verwischt. Auch die Soldaten erhalten nun erst eine Uniform, die diesen Namen verdient. Im „Feldgrau" des ersten Weltkrieges werden schließlich hunderttausende von Individuen in der Militärmaschine zu einem einheitlichen „Heereskörper" ausstaffiert. Nicht zufällig hatten ja auch die bürgerlichen Männer ihren Aufstieg als „Sansculotten" begonnen: als Hosenlose, weil sie das adlige Beinkleid der Bundhosen ablehnten und stattdessen die langen Beinkleider (Pantalons) anlegten. Sie schafften übrigens auch Perücken samt deren Pudern ab, letzteres als „Raub an der Volksnahrung", denn das Puder bestand aus Mehl, und der ‚entfremdete Gebrauch' war gewaltig hoch.

Nur bestimmte Modemänner, „Dandies" oder „Beaus", bewahrten farbig-exzentrische Kleidung fürs männliche Geschlecht. Und Frauen? Für siebzehn kurze Jahre befreite die Revolution von 1789 sie vom Korsett und vom Reifrock, für kurze Zeit setzt sich die schlanke Linie des Empire durch (Abb. 60). Dies ist auch die Zeit, in der Frauen innerhalb der bürgerlichen Revolutionsbewegung eigene Forderungen zu stellen beginnen, begründet auf das Naturrecht.

Mit der Restauration in den zwanziger Jahren des vergangenen Jahrhunderts kehrten z. B. in Frankreich die Männer keineswegs zu feudalem Prunk oder farbigem Äußeren zurück; die Frauen aber werden zurückgesteckt in die unbequemen Kleider der feudalen Zeit, in Krinoline und enges Mieder, das den Atem

Und wieder zuürck ins Korsett: Anprobe einer Krinoline, Foto, ca. 1860/1870

Befreit vom Mieder: Revolutionäre Hallen-(Markt-)Frauen, Paris 1792

abpreßt (Abb. 61 und 62) – geradeso, als wären sie allesamt Luxusweibchen und hätten nicht in diesen Folterkleidern auch körperliche Schwerstarbeit zu leisten – als Näherin, Dienstbotin, in Bergbau und Fabriken . . . Die bürgerliche Ideologie der frühindustriellen Länder nimmt die vielfältig *arbeitende* Frau nicht zur Kenntnis: Hausarbeit und Kinderaufzucht definiert sie nicht als Arbeit, und die außerhäusliche Erwerbstätigkeit negiert sie (vgl. Expertise I, Kap. 3.6.1. über die falsche Alternative zwischen „Hausfrau und Kurtisane"). Schnürung und Krinoline sind für Frauen aller Schichten Gebot, in der Stadt wie auf dem Lande.

Von Seiten der Frauenrechtlerinnen wurde der Zusammenhang zwischen Einschränkungen der geistigen und der körperlichen Bewegungsfreiheit, auch der Rolle der Kleidung darin, schon früh gesehen. Seit der Mitte des 19. Jahrhunderts gab es organisierte, breitangelegte Kampagnen für eine Kleiderreform, die sogar mit der Männerhose liebäugelte. Die Amerikanerin Amelia *Bloomer* versuchte, eine gemäßigte Hosenmode zu schaffen: über unten zugeschnürten, langen Hosen wird ein Halbrock getragen – eine Kombination, wie sie heute z. B. noch von Türkinnen getragen wird. Amerikanische, deutsche und englische Frauenrechtlerinnen wagten sich in diesem Aufzug in die Öffentlichkeit

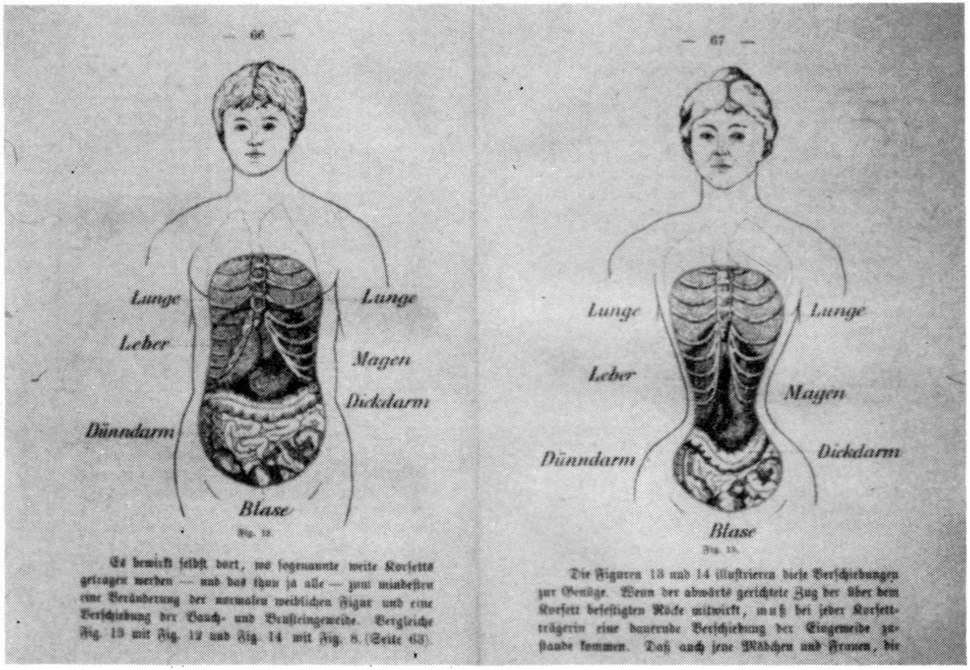

Verkrüppelung durchs Korsett (aus: Lahmann, Die Reform der Kleidung, 1903)

und erlebten nichts als Spott, – der Leute, der Zeitungen, der Karikaturisten.

Auch die prominente amerikanische Feministin Elizabeth Cady *Stanton* machte sich zeitweilig zur Vorkämpferin für das reformierte Gewand. Als ihr Sohn ihr aus der Internatsschule schrieb, sie möge doch bitte am Besuchstag nicht im Bloomerkostüm aufkreuzen, antwortete sie:

„Du willst also nicht, daß ich Dich in einem kurzen Kleid besuche. Nun, mein liebes Kind, ich habe kein anderes. Stell Dir vor, Du und ich, wir beide wandern querfeldein, ich in drei langen Unterröcken. Plötzlich stellt uns ein Bulle nach.

Während Du mit freien Armen und Beinen, wie eine Kugel aus dem Rohr, davonschießen kannst, muß ich, dank meiner anmutig fließenden Drapierung, dem wüthenden Tier zum Opfer fallen. Meine Unterröcke bleiben in den Stoppeln und Dornen hängen. Dann würdest Du in Deiner Qual, beim Anblick des sich auf mich stürzenden Bullen, rufen: ‚Oh, könnte doch meine Mutter die Beine brauchen wie ich!'

Also, warum willst Du, daß ich Unbequemes, Unpassendes und Gefährliches trage? Ich will Dir sagen, warum. Du willst mich haben wie andere Leute. Du willst nicht, daß man mich auslacht. Du mußt lernen, Dich nicht darum zu kümmern, was dumme Leute reden."

Mrs. *Stanton* hatte auch gesehen, daß es bei der Kleidung nicht nur um Bewegungsfreiheit, sondern um eine der wichtigsten Lebensfunktionen ging, die aber durch das Korsett geradezu abgewürgt wurde: das *Atmen.* (Die beträchtlichen Beeinträchtigungen und Schädigungen auch der Lungen führten zu den berüchtigten ‚Ohnmachtsanfällen' der Damen des vergangenen Jahrhunderts, hatten hier ihre reale und gar nicht kapriziöse Ursache . . .)

Von diesem Wissen spricht auch ihre Anleitung, wie frau aus modischen Kleidern vernünftige mache:

„Liebe Damen, löst die Haften eurer Kleider vor dem Kaminfeuer, laßt sie lose hängen, atmet tief ein und dehnt euch aus, so weit ihr könnt. Dann richtet das Gewandt, schneidet die Schleppen ab bis zu den Knien, zieht ein Paar lose Hosen an und knöpft sie an den Knöcheln zu.

Wir wollen unsere Kleider ändern, bis sie uns passen. Die Frau soll sich frei entwickeln und bewegen können."

Aber die Bloomerei währte nur kurz. Amelia *Bloomer* selbst kapitulierte schon 1855 vor den zusätzlichen Belastungen, die ihr das ungewöhnliche Kleid in ihrer ohnehin schwierigen politischen Arbeit brachte:

„Mit der Zeit fand ich, mein Einfluß sei größer in Kleidern, wie sie die anderen trugen, als in meinem Kostüm."

(Diese Darstellung und Zitate nach *Neilson Gattey* 1968.)

6.2. „Der Kampf um die Hosen", 1850 bis zum ersten Weltkrieg

So kehrten alsbald selbst die Modereformerinnen zur strengen, unbequemen, prüden Verhüllung zurück. Die extreme Prüderie der viktorianischen Moral mußte zu ebenso heftigen wie verklemmten Phantasien über die *Ent*-Kleidung, über die nackte Frau (wie über den nackten Mann) führen. In der zweiten Jahrhunderthälfte, von der Gründerzeit bis zum Jugendstil, werden diese Phantasien

z. B. unter dem schützenden Deckmantel von Kunst und Literatur ausgelebt, die bis zu einem gewissen Grad Sexualneurosen abbilden und aussprechen dürfen.

Auf den großen Pariser Kunstsalons tummeln sich Nuditäten, zum Teil nur mit dem Schleier eines allegorischen Titels oder antiker Würden notdürftig bedeckt: heidnische Göttinnen, Nymphen, die „Morgenröte", „Frau Luna", „Mailüfterl", und wie sie alle heißen. Gegen Ende des Jahrhunderts nehmen dann auch die Darstellungen von Frauen als sexuell überlegene, männerfressende Judiths, Salomés, und Kleopatras zu, als „femmes fatales".

Ausgeprägt und häufig begegnen – bei den in der Regel männlichen Künstlern – Phantasien über die Hilflosigkeit einer möglichst nackten Frau, die von einem schwer gerüsteten Ritter „gerettet" wird – vor einem Untier, oder vor einem anderen Mann. Die Szenen heißen „Ruggiero befreit Angelika", „Perseus befreit Andromeda", „Raub der Sabinerinnen" oder „Frauenraub", oder „Geschichte der O." (Abb. 63). Hinter allen verbergen sich Vergewaltigungsphantasien.

Nackt sind die Frauen hilflos (oder werden so dargestellt), und angezogen sollen sie es ebenfalls sein. Die Kleidung trägt mit dazu bei, sie hilflos zu machen. Das Korsett wird *von hinten* geschnürt, das Kleid *von hinten* geschlossen, und lange Jahrzehnte, bis in unsere Tage, sitzt der Reißverschluß des Kleides *am Rücken* – immer ist damit die Trägerin auf Hilfe angewiesen, eines Dienstmädchens, oder des Gatten . . . Man muß sich dabei auch klarmachen, daß alle Annäherungen von hinten für den menschlichen Instinkt eine sehr bedrohliche, weil unkontrollierbare Situation darstellen, wie es auch unsere Umgangssprache mitteilt: hinterrücks, hinterhältig . . . So gehört diese Technik der Frauenkleidung mit zu den alltäglichen Unterwerfungsriten und Kontrolltechniken gegenüber Frauen.

In der Kunst und Literatur kommt auch die Kehrseite der Sexualneurosen, oder ihre Begründung, zum Ausdruck: Angst vor Frauen und Frauenhaß; aus der weiblichen Sexualität scheint gar der Tod zu kommen – Rémy de *Gourmont* ruft angesichts der „Aphrodite"-Statue von Pierre Louys 1896 aus:

> „Alle diese Frauen, all dieses Fleisch, diese Schreie, diese ganze so eitle und grausame tierische Lust! Die Weibchen knabbern Hirn und essen Hirn; der Gedanke flieht, ejakuliert; die Seele der Frauen schwärt, wie aus einer Wunde; und aus all diesen Vermischungen geht doch nur der Ekel, das Nichts und der Tod hervor." (Jullian 1971, S. 116; Ursachen und kulturelle Erscheinungsformen dieser ‚bedrohlichen' Entwicklung habe ich in der „Geschichte des Ö.", Rentmeister 1979, angesprochen, Kap. „Die Sphinx im Korsett")

Diese kulturellen, künstlerisch vermittelten Erscheinungsformen spiegeln auch die ökonomischen Zusammenhänge: Die Grundlagen der bürgerlich-patriarchalischen Gesellschaft und Produktionsformen bilden die Beherrschung der Natur und die Beherrschung der (weiblichen) Sexualität – Natur wird auf dem Weg der Arbeit beider Geschlechter unter Kontrolle und zur Produktion gebracht, und die weibliche Sexualität in die Menschenproduktion und deren Reproduktion umgeleitet.

„*Ruggiero und Angelika*", *von Arnold Böcklin, 1879*

Wo eine solche ‚Sachidentität', eine solche Abhängigkeit zwischen weiblicher (beherrschter) Sexualität und dem Funktionieren der Gesellschaftsordnung hergestellt wird, da folgert, daß ökonomische und politische Sachverhalte in jeder Weise, also auch bildlich, Frauen „auf den Leib geschrieben" werden können.

So bestätigt sich gründerzeitlicher und restaurativer Fortschrittsoptimismus im Bild der (auch sexuell) dienstbaren Allegorien; aber ebensogut werden die Nacht- und Angstseiten des Maschinenzeitalters aufs Weibliche projiziert: Produktionsverhältnisse und selbst Produktionsmittel werden in Weibs-Bildern sexualisiert, die Frauen als männerverschlingende Maschinen zeigen (Abb. 64). Gefürchtet, und in der „Wirklichkeit", in Schriften und Bildern beobachtet und evoziert wird der Aufstand der Beherrschten, die Rückkehr des Verdrängten an die Macht.

Selbstverständlich blieben die Gewaltphantasien, wie sie in der Kunst ausgedrückt erscheinen, nicht ohne ihren realistischen, alltäglichen Gegenpart, ausgedrückt in Belästigungen, Mißhandlungen und Vergewaltigungen, kurz, in allen Facetten der Lust- und Frust-Objekt-Rolle der Frauen.

Eine weitere Verbindung zwischen Kleidung und Gewalt gegen Frauenkörper: bei der erwähnten großen häuslichen Arbeitsbelastung und der bedeutenden außerhäuslichen Erwerbstätigkeit der Frauen trug die (städtische) Durch-

„Allegorien auf die Maschine, die die Männer verschlingen", von Jean Veber, um 1900

schnittsfrau vier- bis achtmal so viel Stoff am Leib wie ein Mann – den Zeitaufwand, ganz anachronistisch in einer immer schnellebigeren Zeit und angesichts der Mehrfachbelastung von Frauen einmal gar nicht gerechnet.

Ein fortschrittlicher Arzt rechnete 1913 vor:

„Das Volumen eines Frauenkleides beträgt oft 80 bis 100 Liter. Der schwere Stoff muß getragen und gehoben werden, beim Laufen und Treppensteigen, und durch das Anheben der Rockschöße mit einer Hand entsteht eine ungleichmäßige Belastung des Körpers.

Wichtigster Punkt: der Luftwiderstand. Frauen haben schon bei einem Wind von drei Sekunden pro Meter, den man noch kaum fühlt, in ihrem unteren Drittel einen Widerstand zu überwinden, der das fünf- bis neunfache beträgt der Hemmung des Mannes. Bei mäßigem Wind beträgt der Druck schon anderthalb bis fast drei Kilogramm, und bei Sturm 14 bis 25 Kilogramm gegenüber 3,7 Kilogramm beim Manne."

Er beklagte auch die Gefährlichkeit der Kleidung:

„Zahllose Frauen und Mädchen besonders der arbeitenden Klasse sind schon von den Maschinen an ihren Kleidern erfaßt und dann verstümmelt; und zahllose Frauen und Mädchen jeden Alters sind schon durch ihre Kleider ein Raub der Flammen geworden . . ." (Diese und die folgenden Zitate bis Kap. 3.3.7. nach Rentmeister 1980b.)

Diese Zustände wurden in der zweiten Jahrhunderthälfte zunehmend kritisiert, und zwar aus den Reihen der sog. „Alten" oder „Ersten Frauenbewegung", aus Kreisen fortschrittlicher Ärzte, und praktisch unterstützt wurden Reformbestrebungen auch von Künstlern und durch das ökonomische Interesse der

Englische Suffragetten lehren Jiu-Jitsu, 1913

wachsenden Sport- und Freizeit-Industrie. (Ganz autonomen Zwecken dient es allerdings, wenn Suffragetten Jiu-Jitsu lernen, Abb. 65 – wenn auch nicht in einer den Sport fördernden Kleidung. Sie hatten gute Gründe, denn sie waren bis zum ersten Weltkrieg immer wieder Polizeiübergriffen ausgesetzt; Verhaftungen, Gefängnisaufenthalte, Hungerstreiks und Zwangsernährung waren an der Tagesordnung. Vgl. den Bildband von Mackenzie 1975.)

Schon vor dem ersten Weltkrieg wurde der Zusammenhang zwischen verkrüppelnder Mode, Bewegungs- und Lebensuntüchtigkeit von Frauen und ihrer rechtlosen Stellung gegenüber hohen Anforderungen an ihre Leistungen und gesellschaftlichen Beitrag gesehen und debattiert.

So forderten bereits seit der Jahrhundertmitte Frauen die turnerische und sogar leistungssportliche Betätigung für ihre Geschlecht – eine Debatte, die bis heute anhält. Die dahinterliegenden Motive spielen auf einer Bandbreite von ‚Erhöhung der Gebärfähigkeit', Verbesserung des Arbeiterinnenloses in der proletarischen Sportbewegung bis zu radikalfeministischem Emanzipationsstreben. Die Fülle der Äußerungen zu diesen Themen ist überraschend und erst neuerdings wieder publiziert worden (Pfister 1980). Hier nur zwei Stimmen, die aber typisch sind für die Verknüpfung von Mode mit Unfreiheit, und Sport mit Freiheit für Frauen.

Else *Spiegel*, 1900:

„Alle unsere Modetorheiten haben einen mächtigen Feind: den *Sport*. Jung und gesund tritt er ihnen entgegen, stark und kräftig den Wehrlosen . . . Wer sich aufs Rad schwingt, Gletscher erklettern, rudern oder segeln will, wer sich mit Racket bewaffnen, Schlittschuhe oder die fashionableren Ski anschnallen möchte, der kann nicht geschnürt in ein enges, langes festes Kleid mit einem großen, schweren, geschmückten Hut angetan sich daran machen . . .

Kurz geschürzt, in einer bequemen Hemdbluse und einem glatten Hut oder einer Kappe kann die junge Dame reiten, radeln, rudern, bergsteigen, fechten, turnen, laufen, springen; *alles* kann sie damit. Sie kann sich *bewegen,* und Bewegung ist alles, Fortschritt, Leben, Besiegung aller Hemmnisse . . ."

Else *Wirminghaus,* 1911:

„Bisher hatte die Mode durch Umbildung des Frauenkörpers die Differenzierung der Geschlechter mehr und mehr verschärft, so daß uns schließlich die Vorstellung vom natürlichen Frauenkörper verlorengegangen war. Es wird auch noch geraume Zeit dauern, bis wir diese zurückgewonnen haben . . .

Wie eine Ironisierung der für scharfe körperliche Differenzierung der Geschlechter eintretenden Auffassungen berühren die in jüngster Zeit vielfach ausgesprochenen Befürchtungen, daß die Frau durch übertriebene Sportausübung männliche Körperformen annehmen müsse.

Und zwar soll sich diese Umwandlung des weiblichen Körpers schon in wenigen Jahren in ganz überraschender Weise vollzogen haben.

Wenn dies möglich war, so hat die Wissenschaft allen Grund, ihr Urteil über die körperliche Differenzierung der Geschlechter gründlich nachzuprüfen, inwieweit sie in der Betätigung der Frau und in unserer gesamten Kulturentwicklung begründet und inwieweit sie auf natürliche Anlagen zurückzuführen ist!" (Beide Zitate nach Pfister 1980)

6.3. „Der Kampf um die Hosen": Die Zeit zwischen den Welt-Kriegen – „Das Mädchen sieht aus wie ein Mann der wie ein Mädchen aussieht"

Hatte Oskar *Schmitz* (vgl. das Zitat in Expertise I, Kap. 3.6.1.) 1912 über den „Kulturwerth des Krieges" geurteilt, daß der „den Kurs der Männlichkeit wieder steigern kann", so bedachte er doch einige Aspekte nicht:

Wie schon in anderen historischen Epochen bestätigt sich im ersten Weltkrieg einmal mehr, daß gerade zu solchen Zeiten Frauen Freiheiten bzw. Pflichten erlangen, die ihnen vorher als „unweiblich" oder aus Konkurrenzgründen verweigert wurden: sie füllen alle die zuvor Männern reservierten Tätigkeiten aus, alle Arbeitsplätze, die diese auf dem Weg ins Feld verlassen haben. Hinzu kommt die Arbeit in der auf Hochtouren laufenden Rüstungsindustrie.

Auf einem amerikanischen Kriegsplakat von 1918 hält die Frau in der rechten Hand ein Kriegsflugzeug, in ihrer Linken eine Bombe (Abb. 66). Und siehe da, sie trägt stolz und unangefochten die Kleidung eines männlichen Arbeiters: seine Ballonmütze, eine kurze Hemdbluse, eine lockere Latzhose und fast flache Schuhe . . .

„Für jeden Kämpfer eine weibliche Arbeitskraft" – und dann darf sie auch seine Hosen tragen. Plakat, USA 1918

Mit Emanzipation hat das natürlich nur begrenzt zu tun – sie ist ein eher unerwünschter Nebeneffekt der Verhältnisse; zumal die Frauen bekanntlich nach allen Kriegen alsbald wieder den heimkehrenden Männern Platz machen und ins Heim zurückkehren müssen.

Der „Kulturwerth" des ersten Weltkrieges hatte jedoch nicht zu einer Auflösung der Emanzipationsbewegung geführt. In fast allen Industrienationen erlangten die Frauen nun endgültig das Wahlrecht; in Deutschland bildeten sich Frauenorganisationen der verschiedensten Richtungen mit hunderttausenden von eingeschriebenen Mitgliedern. Wohl nicht zufällig erlebt auf dem Gebiet der historischen Wissenschaften die Matriarchatsforschung eine Blüte und hat starke Resonanz auch in der Frauenbewegung. Im Erwerbsleben sind die Frauen weiter in großer steigender Zahl tätig (Entwicklung der Büro- und Kaufhausberufe u. a. m.).

Kleidung und Körperhaltung von Frauen in den zwanziger Jahren drücken einen Umsturz aller Werte und Sitten aus, verglichen mit der Vorkriegszeit – jedoch in zwei konträren Richtungen, von Befreiung einerseits und noch stärkerer Unterwerfung andererseits.

Entscheidende Änderungen im Äußeren: der Rock rutscht bis übers Knie hoch, frau kann wählen zwischen erotischer Lockenfülle und dem Bubikopf, und statt Rock kann sich ein Teil der Frauen zumindest auch das Hosentragen leisten (Abb. 67).

„Lotte am Scheideweg", Karikatur von Karl Arnold 1925

Rock oder Hose – das ist auch eine politische Frage. In einem Modebericht von 1929 heißt es:

„Kurz oder lang? Das ist so etwas wie ein Schlachtruf geworden. Viele Frauen legen den langen Rock ab und kleiden sich kurz aus politischen Gründen. Der kurze Rock ist für sie das Symbol der Freiheit, das Zeichen der Gleichberechtigung."

Auch der deutsche Frauensport dieser Jahre steht im Zeichen von Freiheit und Gleichberechtigung. Dazu zwei Stimmen:

Annemarie *Kopp*, 1927:

„Die Frauengeneration, die der Sport erzieht, besteht nicht aus Weibchen und niedlichen Dingern; Persönlichkeit wird die Frau. Das sind Frauen, die ernst genommen werden wollen, die sich selber ganz ausfüllen. Sie sind nicht mehr ‚die Kapsel über einer Leere, die der Mann erst kommen muß zu füllen' (Laura Marholm)."

Carla *Verständig*, 1930:

„Es ist so bezeichnend, daß der Mann die Anmut fordert. Er will also, daß die Frau für ihn Sport treibe, damit er ein angenehmes Schauspiel habe . . .

Gerade in der heutigen Zeit hat die Frau eine derartig schwere Stellung, ja, sie steht doch während ihres ganzen Lebens im Kampf um ihre Freiheit, daß es natürlich für den Mann angenehm ist, wenn sie sich nicht im harten Training beim Sport auch allgemein kräftigt. Es wäre ja möglich, daß dadurch der Mann von seiner Sicherheitsstellung gestürzt werden könnte und in den Kampf mit einbezogen würde. Seine ganze Furcht, ihm wohl unbewußt, rafft sich noch zu einer Drohung auf: wenn sich die Frau durch den Sport kräftigt, so daß sie sich nicht mehr anschmiegend fügt, so wollen wir nichts mehr von ihr wissen!

Aber er übersieht, daß wir ja gar nicht mehr den Mann wollen, dem wir uns, schutzbedürftig, ganz in die Hand geben, der uns ‚versorgt'. Wir brauchen den Mitkämpfer der auch an sich als Mensch arbeitet . . .

Wir werden uns weiter durchkämpfen, vielleicht auf Kosten der ‚Anmut'. Aber Kampf und Ästhetentum waren von jeher unvereinbar. Und wir müssen in heutiger Zeit den Kampf vorziehen, selbst wenn wir anders wollten.

So sehen wir denn im Sport ein Mittel, um der Frau zu sich selbst zu helfen, um sie sich unabhängig vom Mann zu denken, um an sich arbeiten zu können; aber auch, um die tiefe Freude, das volle Erleben eines an Geist, Seele und Leib gesunden Vollmenschen zu empfinden." (nach Pfister 1980)

Nicht wenige männliche Beobachter deuten die Zeichen der Zeit – vorschnell – als Sieg des Emanzipationsgedankens, wie z. B. der Kulturhistoriker Alfred *Kind* um 1931 in seinem Buch „Die Weiberherrschaft von heute":

„Nach der nunmehr fast überall siegreich verlaufenden Frauenemanzipationsbewegung hat sich das erotische Schönheitsideal des weiblichen Körpers zum Ideal der schlanken Linie abgewandelt.

Wie der frühere üppige Frauenkörper der sozialen Stellung des unterdrückten Weibes entsprach, so korrespondiert die moderne Gertenschlankheit der Frau ihrer gegenwärtigen Machtlage genau.

Das der Passivität entflohene, aktiv im Daseinskampfe stehende gleichberechtigte Weib von heute, das Schulter an Schulter mit dem Manne, teilweise bereits im Kampfe gegen ihn, die Gegenwartsaufgaben zu lösen versucht, hat nicht nur ihr Gehirn, ihr Gemüt, sie hat auch ihren Körper verändert.

Die intellektuelle, kühl-sachliche Frau von heute, das vom mollig-passiven Geschlechtswesen zum verantwortungsbewußt-aktiven Kameraden emporgestiegene Weib, sie ist nach einem ehernen soziologischen Gesetze schlank."

Propagiert wurde dieser neue Frauentyp, schlank nach ehernem soziologischen Gesetz, nicht zuletzt durch das neue Massenmedium Film: ihn verkörperten die *Garbo* und vor allem Marlene *Dietrich*.

Aber die Männerwelt sah sich nicht nur durch „vermännlichte Frauen" bedroht, sondern auch durch Geschlechtsgenossen, durch „verweiblichte Männer". Lesbische Frauen, homosexuelle Männer gehörten mit zum Erscheinungsbild der Großstädte, sie bildeten Subkulturen, lebten aber auch bei Tageslicht und in allen Bereichen der Gesellschaft – Kunst, Politik, Militär – ihre Neigungen teils recht offen aus; ja, sie begannen, Homosexualität als Politikum zu betrachten, kämpften gegen diskriminierende Strafgesetze (die Männer) und führten anthropologische Debatten über „das dritte Geschlecht". (Literatur: Katalog „Eldorado Berlin", Berlin 1984, und Meyer 1980.) Der Einbruch der Sexualmoral wird in breiten gesellschaftlichen Kreisen jedoch mit höchster Mißbilligung beobachtet. Rudolf *Valentino* gilt als Prototpy des homosexuell-verweiblichten Mannes; und einen Monat vor seinem Tod 1926 wettert die „Chicago Tribune" im Namen der moralischen Mehrheit gegen den Filmstar:

Rosa Puderpuffs

„Vor einigen Tagen ist im Norden der Stadt ein neuer Tanzsaal eröffnet worden, ein wirklich schön eingerichtetes Lokal, und allem Anschein nach gut geführt. Der angenehme Eindruck bleibt bestehen, bis man die Männertoilette betritt und dort an der Wand einen Mechanismus aus Glasröhrchen und Hebeln mit einem Münzeinwurf findet. Die Glasröhren enthalten eine weiche rosa Substanz, und darunter liest man eine überraschende Inschrift etwa folgenden Wortlauts:

„Münze einwerfen. Puderquaste unter das Rohr halten. Dann Hebel drücken."

„Eine Verkaufsmaschine für Gesichtspuder! Auf der Männertoilette! *Homo Americanus!* Warum hat nicht irgendjemand schon vor Jahren Rudolph Guglielmo, genannt Valentino, still und heimlich da ersäuft, wo das Meer am tiefsten ist?

Die Zeit des Matriarchats ist gekommen, wenn die männlichen Mitglieder der Gattung derartiges zulassen.

Lieber von männlichen Frauen regiert werden als von weibischen Männern. Der Abstieg des Mannes begann unserer Überzeugung nach, als er das Rasiermesser zugunsten des Sicherheitsrasierers aufgab. Wir werden nicht überrascht sein, wenn eines Tages ein Enthaarungsmittel den Rasierapparat verdrängt.

Was ich mich frage, ist, wer oder was die Schuld daran trägt. *Ist diese Degeneration zum Feminismus eine dem Pazifismus verwandte Reaktion auf die Männlichkeit und Wirklichkeit des Krieges?* Gibt es einen Zusammenhang zwischen rosa Puder und Salonroten?

Mögen Frauen den Typ von „Mann", der sich in einer öffentlichen Toilette rosa pudert und seine Frisur in einem öffentlichen Fahrstuhl richtet?

Was ist aus dem alten Neandertaler geworden?"

Die Zeit des Matriarchats kam nicht, wie wir wissen, – stattdessen *die Männlichkeit und Wirklichkeit des* zweiten Welt-*Krieges.* Der mußte aber durch Geschlechterkrieg mit vorbereitet werden. In Deutschland werden die ver-rückten Normen von Weiblichkeit und Männlichkeit mit Macht wieder aufgerichtet (zu Körperbildern und Körperpolitik des Faschismus vgl. Theweleit 1977 und Hinz 1974). Dennoch hat ja der Faschismus die Ideale von stahl- und muskelgepanzertem Mann und der hingebungsvoll dienenden Frau und Mutter nur restauriert und zu spezifischer, extremer „Blüte" gebracht. Es sind allgemeinpatriarchale Werte, und so finden sie sich zu der Zeit auch in nicht-faschistischen Nationen, und auch „unter Genossen" (vgl. Rohrwasser 1975, „Saubere Mädel – Starke Genossen"). Aber vor allem: sie finden sich, eigentlich ununterbrochen, bis heute mit der prägenden Kraft sozialer und erzieherischer Normen. Dazu Beispiele im folgenden Kapitel.

6.4. *Zur Kontinuität der Ideologie vom Schwachen Geschlecht im Sport*

Genus-Ideale, die zur Schwächung von Mädchen und Frauen innerhalb des gesamten soziokulturellen Umfeldes beitragen, hilft auch die sportliche Erziehung anzutrainieren. Mit den folgenden Beispielen will ich nicht für den Leistungssport plädieren. Es geht vielmehr darum, jene Dogmen von „der besonderen Artung des Mädchens und der Frau" zu durchleuchten, mit denen (vielleicht tatsächlich andere) Fähigkeiten, und ein anderes Entwicklungsmuster von Mädchen abgewertet werden: gemessen an einer anderen, beschränkten Leistungselle von Männern. Zum Vergleich zunächst ein sehr typisches Beispiel für den nazistischen Genus-Begriff im Sport: Kommentar zu den Fotos je eines Läufers und einer Läuferin (vgl. dazu Abb. 68 u. 69). Zum Läufer heißt es:

„ ‚Freudig, wie der Held zum Siegen!' Besser als mit diesem Schillerwort kann ein Athlet im Lauf nicht gezeichnet werden. So sicher ist dieser Läufer seines Könnens, daß sein Gesicht trotz der gewaltigen Fahrt nicht die geringste Verkrampfung zeigt. Man sieht mit einem Blick die vollkommene Zweckmäßigkeit der Bewegung, den helfenden Schwung der Arme, die stemmende Kraft des auf der Erde ruhenden Beines und die feinfühlige Bemessung des Schrittes an dem geschwungenen, dessen Spitze schon in der Luft nach dem genau berechneten Punkt des nächsten Abstoßes tastet."

Und zur Läuferin:

„Auch diese Läuferin fliegt dahin; aber es ist weniger ein durch Siegeswillen als durch Lebensfreude beflügelter Lauf.

Auch dazu muß die Fähigkeit erst durch Übung erworben sein; aber dieser Lauf zeigt eine andere Gefühlsbetonung als die des Sports: eine freiere, die mehr nach der besonderen Artung der Frau hinweist.

Ein Mann, und sei er noch so gut gebaut, würde in dieser Haltung längst nicht so gut aussehen: Er untersteht strengerem Gesetz." (Fischer 1935, S. 16/17)

Ein Zitat aus dem Hamburger Richtlinien für den Schulsport (5. und 6. Schuljahr) in den Lehrplänen für 1974 und 1976:

„Neben der unterschiedlichen physiologischen Leistungsfähigkeit der Jungen und Mädchen dieser Altersstufe werden Tendenzen in geschlechtsspezifischen motorischen Verhaltensweisen auffällig. Während bei den Jungen *nach wie vor* das Leistungswollen vorherrscht, neigen die Mädchen als Folge weiterentwickelter sensomotorischer Leistungsfähigkeit eher dazu, Erlerntes auszuformen und zu gestalten.

So zeichnen sich auch schon anlagebedingte Neigungen und dauerhafte leistungsorientierte Motivationen ab, denen in einem entsprechend differenzierten Unterricht entsprochen werden muß . . .

Die wachsende Fähigkeit, Bewegungen zu formen und zu gestalten, erschließt vorwiegend Mädchen den Zugang zur Gymnastik." (nach Dagmar Schultz 1978, S. 321)

„In keiner anderen Diskussion über Koedukation treffen unterschiedliche Standpunkte über psychische und physische Fähigkeiten und Defizite so hart aufeinander", sagt Dagmar *Schultz* (ibid., S. 318). Sie zitiert Sabine *Körner* („Sport und Geschlecht"), die fordert, daß im Schulsport wegen des ange-

„Freudig, wie der Held zum Sieg": Läufer (1935)

„Auch diese Läuferin fliegt dahin ..." (1935)

nommenen Entwicklungsvorsprunges von Mädchen den Schülerinnen gerade *mehr* im Hinblick auf Kraft und Ausdauer zugemutet werden müsse:

„... Der innerhalb des Phasenmodells angenommene Vorsprung der weiblichen Heranwachsenden wirkt sich nicht auf Lernforderungen aus. Statt den Vorsprung zu nutzen, wird er zum Defizit deformiert, die Stagnation quantitativer Leistungen systematisch vorbereitet zu Gunsten einer Leistungsentwicklung qualitativer Art, die als die angemessenere gilt. Ob diese hiermit verbundenen Lernangebote tatsächlich als von den Betroffenen ‚angemessen' erlebt werden, darf angesichts der zwischen 11 und 15 auftretenden ‚allgemeinen Bewegungsunlust' der Mädchen bezweifelt werden.

Vielmehr ist anzunehmen, daß die den Mädchen im gesamten sekundären Sozialisationsprozeß vorenthaltenen Lernanreize zur irreparablen Bewegungsunlust kumulieren. Das sog. ‚biologisch bedingte Schonungsbedürfnis' ... gerät zur Leitlinie und Rechtfertigung eines unterfordernden Mädchensportunterrichts, häufig vom 1. Schuljahr an." (Körner 1976, nach Schultz 1978, S. 320/21)

Insgesamt sind die Vorgänge, durch die die *Erziehung* zur Weiblichkeit durch Schul- und Freizeitsport betrieben wird, in einigen Schriften gut dokumentiert (Dagmar Schultz 1978, Sabine Körner 1976, Ingeborg Bausenwein 1976, Gertrud Pfister 1980, Pierre Samuel 1979). Bei diesen Autor/innen kommen auch immer wieder Gegenmodelle zur Sprache: Analysen, Forderungen und Aktivitäten von Frauen, die die Schwäche des „Schwachen Geschlechts" einerseits für ein Produkt von Erziehung, für ein „Zuchtwahl-Ergebnis" halten, dem das Interesse an weiblicher Wehrlosigkeit, Zerbrechlichkeit, Trägheit und Bewegungsunfähigkeit zugrunde liegt; die andererseits mittlerweile auf eine Reihe von Daten verweisen können, die *trotz* der systematischen Behinderung von Entfaltung der Stärke und Beweglichkeit sogar auf überlegene Fähigkeiten von Frauen verweisen können: nämlich z. B. in Bezug auf Ausdauer und Durchhaltevermögen (Bausenwein 1976).

Dafür noch zwei Beispiele, die in der genannten Literatur noch nicht erwähnt sein können, weil sie erst später bekannt wurden:

Marianne *Quoirin* berichtet am 27.9.1980 in der „Frankfurter Rundschau" ausführlich über Frauen im Männersport: „Das Durchhaltevermögen von Frauen ist eindeutig größer – Mädchen im Männersport: Die Leistungen amerikanischer Sportlerinnen widerlegen den Mythos vom schwachen Geschlecht". Sie berichtet von den Ergebnissen aus vielfältigen Forschungsprogrammen in den USA, die parallel zu der als „explosiv" bezeichneten Entwicklung des Frauensports in den Arenen und Turnhallen Antworten auf grundsätzliche Fragen suchten und fanden – Antworten, die das eingangs zu dieser Expertise zitierte arbeitsmedizinische Gutachten von *Ruthenfranz* und die beabsichtigten arbeitspolitischen Maßnahmen des Sozialministers *Fahrtmann* unter die Rubrik „Geschlechterkampf" einordnen lassen.

Hier Auszüge aus *Quoirins* Bericht:

„Wie gut sind die weiblichen Athleten? Sind sie hart genug für aggressive Spiele oder zu leicht verwundbar? Und natürlich auch dies: Können sie sich mit Männern messen?

Die neuen Untersuchungen über die körperliche Leistungskraft widerlegen alte Ammenmärchen sowie die modernen Mythen vom sogenannten schwachen Geschlecht, mit denen vorgeblich die Gesundheit geschützt werden soll.

Manche Ergebnisse scheinen gar nach einer neuen Definition zu verlangen, was typisch weiblich ist und was typisch männlich.

‚Es gibt keine Sportart speziell für Männer oder für Frauen, jeder Sport ist für alle gleich gut', sagt Dr. Dorothy Harris, Direktorin des Forschungszentrums ‚Women in Sport' an der Pennsylvania State University, *‚in vieler Hinsicht sind Frauen sogar robuster als Männer*, doch entscheidender als die Frage des Geschlechts ist die Qualität und Intensität des Trainings.'

Vom Zureiten wilder Pferde abgesehen hat die Medizinerin keine sportliche Betätigung entdeckt, die der Gesundheit der Frau schaden könnte. Im Gegenteil: Wichtige weibliche Organe wie Eierstöcke, die in einer flüssigen Pufferzone im Inneren des Körpers liegen, sind zum Beispiel von der Natur viel besser geschützt als die Hoden des Mannes. Der Verdacht, daß starke Quetschungen Brustkrebs hervorrufen könnten, hat sich ebensowenig bestätigt wie die Behauptung, daß Frauen an bestimmten Tagen des Monats nicht voll leistungsfähig seien.

‚Für Sportlerinnen trifft eine solche Einschränkung nicht zu', sagt Dorothy Harris, die nachweisen kann, daß Frauen zu allen Phasen ihres monatlichen Zyklusses Weltrekorde gebrochen haben und zu individuellen Höchstleistungen fähig sind . . .

Bis zur Pubertät sind Mädchen und Jungen für alle sportlichen Aktivitäten gleich gut begabt. Unterschiede in den Leistungen beruhen, das haben eine Reihe Untersuchungen ergeben, allein auf der Intensität des Trainings. Nach zwei zeitlich differierenden Wachstumsschüben und unterschiedlich verlaufenden Pubertätsphasen ergeben sich freilich andere Perspektiven.

Männer sind im Durchschnitt zehn Prozent größer, haben breitere Schultern, die die entscheidende Grundlage für die Stärke ihres Oberkörpers bieten, und sie haben neben dem die Muskelmasse fördernden Testosteronhormon mehr Muskelgewebe als Frauen, die wiederum über mehr Fettgewebe verfügen (25 Prozent des Körpergewichts besteht bei normalgewichtigen Frauen aus Fett, bei Männern sind es nur 14).

Die augenfälligen Vorteile der Männer konkurrieren mit den weniger sichtbaren der Frauen und können im Höchstleistungssport Ursache für entscheidende Sekunden und Millimeter sein. Das Fett zum Beispiel trägt Frauen besser im Wasser und macht sie unempfindlicher gegen die Kälte – zwei wichtige Faktoren bei Langstreckenschwimmen.

Wissenschaftlich nicht ganz geklärt sind die Ursachen eines anderen Phänomens, das Frauen geradezu für Langstreckenläufe prädestiniert, von denen sie bei den Olympischen Spielen immer noch ausgeschlossen sind:

Die einzigartige Fähigkeit der Frauen, nach Bedarf Energiereserven abzurufen.

Nach Marathonläufen sind Frauen zwar auch müde, aber längst nicht so schlagkaputt wie die Männer, die das letzte Milligramm an Blutzucker noch über die Ziellinie treibt. *‚Das Durchhaltevermögen von Frauen'*, so Dorothy Harris, *‚ist eindeutig größer.'*

Ebenso unbestritten ist die Fähigkeit von Frauen, Hitze besser ertragen zu können als Männer. Ihre Körpertemperaturen können zwei bis drei Grad höher sein als die von Männern, bevor sie zu schwitzen beginnen. ‚Die Männer schwitzen eher', sagt Dr. Harris, ‚die Frauen aber effektiver, was bedeutet, daß sie für ein intensives und hartes Training im Grunde genommen besser ausgerüstet sind als Männer.' "

Schon an diesen Auszügen sehen wir, daß die physische Leistungsfähigkeit eines Geschlechts *multifaktoriell* bestimmt werden muß, und daß also die Willkür des Gutachters *Ruthenfranz* in der Beschränkung auf die zwei Kriterien „Sauerstoff pro Minute" und „Muskelkraft" liegt – wenn die Leistungsfähigkeit der deutschen Bauwirtschaft tatsächlich allein von diesen beiden Qualifikationen der männlichen Bauarbeiter abhinge, dann müssen wir uns allerdings fragen, woher denn wohl die Wohnungsmisere kommt?

Statt einer Schlußbemerkung:

Die Skiläuferin Christine Nadig fuhr 1979 einen Geschwindigkeitsrekord von über 100 km/Stunde. In der Sportpresse meldete man das mit Unbehagen, – schließlich war die Geschwindigkeits-Höchstgrenze für Frauen auf 85 km/Stunde festgelegt.

6.5. Zur Körper-Kultur der Nachkriegszeit: zwischen Reaktion und Rebellion

Die Zeit nach dem zweiten Weltkrieg konfrontiert uns mit einer großen, oft auch widersprüchlichen Vielfalt von Körper- und Schönheitsvorstellungen, und von Begriffen von Männlichkeit und Weiblichkeit. Bis zum heutigen Tage sehen wir, daß es keine geradlinige, sondern wellenförmige Entwicklungen gibt, ein Nebeneinander von „Reaktion" und „Revolution" auf allen entsprechenden Gebieten.

Statt „Hausfrau oder Kurtisane" lautet die moderne Alternative in den westlichen Industrieländern nun „Dame oder Pin Up" (Literatur zum Pin Up: Gabor 1972); und obwohl die Idee vom „Jungbrunnen" sicher ein sehr alter Menschheitstraum ist, betritt mit den fünfziger Jahren doch ein historisch neuer Typ von „ewiger Jugend" die Bühne: der Teenager beiden Geschlechts, – und der Twen zählt sicher auch noch dazu. Die Akzente in der Kleidung verschieben sich, sie liegen nun auf Lässigkeit – der Lässigkeit der *Freizeit*, – die durch ihre Definition und ihr Zunehmen eine wichtige Variante von Verhalten, oder auch von Ideologie bestimmt. (Aus den Statistiken: 1950 = 48-Stunden-Woche mit Samstags-Arbeit und vierzehn Tagen gesetzlichem Urlaub; 1977 = 40-Stunden-Woche und 25 Tage gesetzlichem Urlaub.) Ideologie wird der Freizeit-Begriff nämlich dort gegenüber Frauen, wo sie diese schönsten Stunden des Tages zur Erfüllung des zweiten Teils ihrer Doppelrolle – der Hausarbeit – nutzen müssen.

Der „Kampf um die Hosen" ist keineswegs gewonnen. An der „ideologischen Front" wird versucht, den männlichen Muskel-Mann, und entsprechend die weiblich-kokette Frau wieder aufzubauen; und das ironischerweise umso mehr, als die tatsächliche Muskel-Beanspruchung durch automatisierte, roboterisierte, und büromäßig „verweichlichte" Arbeit rapide abnimmt, gerade auch in zahlreichen „männlichen" Berufen. Bodybuilding spielt deshalb sicher zur Zeit eine so große Rolle (Abb. 70), wobei auch das Interesse von Frauen daran zunimmt und trotz gewisser geschlechtsspezifischer Trainingsziele, Körperideale und Posen ihnen zu erhöhtem Gefühl von Kraft und Selbstbewußtsein verhilft (Literatur: Hoffmann 1984). Ebenfalls nicht nur „rein sportlicher" Ziele wegen trainieren seit den siebziger Jahren zunehmend Frauen fernöstliche und neuentwickelte Selbst-Verteidigungs-Techniken: sondern im Zusammenhang

Body-Building-Paar, aus „Young Mister America“ von 1965

mit Frauenbewegung, zunehmender Männergewalt ringsum und für die Entwicklung des Körper- und Selbst-Gefühles.

Die Werbung spielt eine immer bedeutendere und unheilvollere Rolle bei der Massen-Verbreitung von ‚neuen' Frauenbildern; schon früh, um die Jahrhundertwende, wurde ja in der Werbung der weibliche Körper, der „Sex“, als Werbeträger und nahezu beliebig füllbare Hülle für Waren eingesetzt; wurde damals noch die Nacktheit durch das Posieren als antikisch-heidnische Göttinnen kaschiert, so setzte man später und bis heute den Sex immer unverhüllter, profaner und pornografischer ein (vgl. Schmerl/Fleischmann 1980, sowie Nimmergut 1966).

Die Frauenfeindlichkeit, so könnte man fast sagen, hatte hier eine riesige Projektionsfläche zur Veröffentlichung ihrer Phantasien – und Wirklichkeiten – gefunden. Auffällig ist in diesem Zusammenhang auch, daß nackte Männerkörper so gut wie nie (von vorne vor allem!) gezeigt werden – weder als Witz, noch in der Werbung, und sehr selten auch in der Kunst. Das mag angesichts einer phallokratischen Kultur verwundern – aber nur auf den ersten Blick. Dann wird klar, daß die symbolisch-metaphorische Übergröße und Heroisierung des Phallus nur möglich ist, wenn der Vergleichsmaßstab zum realen Organ fehlt; und daß er auch nicht als Objekt dargeboten werden darf, weil er dann auf seine alltäglichen Dimensionen schrumpfen – und *unkontrollierbar benutzbar* würde. (Zum „Nackten Mann“ in der Kunst vgl. Walters 1979)

Valerie *Solanas* hat einmal ganz radikal ihren Verdacht ausgesprochen, daß hinter dem Drang der Männer, wieder und wieder *ihre Männlichkeit zu beweisen,* die Angst vor der eigenen Passivität stecke; sie schreibt über den westlichen Mann:

„Man behauptet, die Männer würden die Frauen benutzen. Benutzen wofür? Gewiß nicht zum Vergnügen.

Obwohl er von Schuld- und Schamgefühlen, Angst und Unsicherheit aufgefressen wird – . . . eine Frau, die er verachtet, wird er trotzdem vögeln, irgendeine zahnlose alte Hexe, und darüberhinaus für diesen Glücksfall auch noch bezahlen. Warum? Um die physische Spannung loszuwerden? – das ist keine Antwort, denn dafür genügt die Onanie. Auch zur Stärkung des eigenen Ich dient es nicht – das würde nicht erklären, warum er Leichen und Säuglinge fickt.

(Dennoch ist der Mann psychisch passiv:) Er haßt seine Passivität, darum projiziert er sie auf die Frauen, definiert Männlichkeit als Aktivität und versucht dann, dies sich selbst zu beweisen (‚beweisen, daß er ein Mann ist') . . . Da er versucht, einen Irrtum zu beweisen, muß er diesen Beweis immer und immer wieder antreten . . ." (Solanas, 1969, S. 27/28)

Männer stellen ihren Geschlechtsgenossen und nicht zuletzt den Frauen lieber das vor Augen, woüber sie Macht haben, was sie kontrollieren wollen, was sie kaufen können und womit sie verkaufen können: den weiblichen Körper, die weibliche Sexualität – aufblasbare Gummipuppen und Peep-Shows sind Indikatoren für den Stand der heterosexuellen Sexual-Kultur, die den Junggesellen und seine Sex-Maschine im wahrsten Sinne völlig unberührt läßt (vgl. Elisabeth B., 1983).

Gewalt gegen Frauen und Verbreitung von Pornografie nehmen zu (Schröder 1982); die „sexuelle Befreiung" durch chemische Verhütungsmittel verstärkte den Zwang zur „Heterosexualität-des-Allzeit-Bereit"; sie ersetzte die Furcht vor ungewollter Schwangerschaft durch die berechtigte Sorge vor Nebenwirkungen der Verhütungsmittel, und durch die Furcht, „Nein" zu sagen – denn eine aufgeklärte, verhütende Frau kann sich nicht mehr gut auf die Ausreden der Großmütter berufen.

Der „Kampf um die Hosen" wurde zwar Ende der sechziger Jahre (erst!) im wörtlichen Sinne weitgehend gewonnen; und tatsächlich haben sich Bewegungsfreiheiten von Frauen im geistigen wie im physischen Sinne vergrößert – aber jedes Stück dieses schmalen Terrains mußte erkämpft werden. In der Neuen Frauenbewegung, die Mitte der sechziger Jahre in den USA sich rasch verbreitete, wurden von Anfang an gerade auch Körper und auch die Kleidung als wichtige Bestandteile von Geschlechterpolitik begriffen; gerade, weil „Weiblichkeit" und weibliche Rollen hauptsächlich über den Körper definiert und die Frauenfeindlichkeit so sehr über ihn ausgeübt wurden, dienten seine Befindlichkeit, die Reflexion und die Erlangung des Selbstbestimmungsrechts über den Körper der feministischen Bewußtwerdung (vgl. Rentmeister 1981; nach außen hin machte z. B. die US-amerikanische Frauenbewegung zuerst mit spektakulären Büstenhalter-Verbrennungen auf sich aufmerksam.)

Andererseits verrät z. B. die Analyse der weiblichen Körpersprache, wie sie von Marianne *Wex* geleistet wurde (Wex 1979), daß trotz Hosen und angeblicher neuer Bewegungsfreiheiten die realen Machtverhältnisse sich im breiten Maßstab kaum geändert haben: Männer nehmen, wie gehabt, mehr Raum ein, stehen „mit beiden Beinen" fest auf dem Boden ihrer Welt (und der von ihnen geschaffenen Tatsachen), schöpfen kriegerische und herrschaftliche Gesten aus einem breiten Droh- und Dominanz-Repertoire; und noch immer gilt der Satz, daß ein Mann nicht immer schön sein muß. Was ihm viel Geld, Zeit und Mühen erspart.

Ein neues Geschlechterverhältnis, das auch neue Körper und eine gewandelte Körpersprache bei beiden Geschlechtern hervorbringen muß und soll, wird zwar angestrebt, ist aber von einer allgemeinen Verwirklichung noch Lichtjahre entfernt.

Auch in den achtziger Jahren wird die Bewegungsfreiheit der Frauen – in ihren Körpern, in ihren Kleidern, – ein wichtiger Maßstab für ihre allgemeine und geistige Freiheit sein.

7. Frauen, Körper, Raum: zum Thema

„Ohne Zweifel beginnt die Aneignung des Raumes mit der Aneignung des individuellen Körpers. Kann derjenige, der nicht Herr seines Körpers ist, sich jemals im Raum wohlfühlen und eine Vertrautheit im Umgang mit Raum gewinnen?" (Chombart de Lauwe 1977)

Wenn dies schon für den „Herren seines Körpers" gilt, um wieviel besorgter und berechtigter müssen wir dann für die Bewohnerinnen von Frauenkörpern fragen: „Kann diejenige, die nicht Frau ihres Körpers ist, sich jemals im Raum wohlfühlen und eine Vertrautheit im Umgang mit Raum gewinnen?"

Der nun folgende Schwerpunkt über Frauen und Mädchen und ihre Identität im Raum dehnt die vorangegangene Fragestellung der „Sittengeschichte des weiblichen Körpers" sozusagen ‚organisch' aus; es fällt schwer, bereits ohne den Unterton von Resignation darauf hinzuweisen, daß wir dieselben Machtverhältnisse, Interessen und Strukturen wiedererkennen werden, die schon in Bezug auf den Körper weibliche Identität behindern – um wieviel mehr erst in diesem größeren Maßstab des „privaten" und des „öffentlichen" Raumes, der in ganz besonderer und je spezifischer Weise das Leben von Mädchen und Frauen verbaut.

7.1. *„Das verbaute Leben" – was bewirkt Architektur für die Entfaltungs- und Bewegungsfreiheit von Frauen?*

Die folgenden Ausführungen konzentrieren sich auf die deutsche Situation, – leider können jedoch die meisten strukturellen Merkmale auch auf die anderen, westlichen und z. T. auch auf die östlichen Industrieländer übertragen werden.

„Unsere Städte und unsere Wohnungen sind Produkte der Phantasie wie der Phantasielosigkeit, der Großzügigkeit wie des engen Eigensinns. Da sie aber aus harter Materie bestehen, wirken sie auch wie Prägestöcke; wir müssen uns ihnen anpassen. Und das ändert zum Teil unser Verhalten, unser Wesen. Es geht um einen im Wortsinn fatalen, einen schicksalsbildenden Zirkel: Menschen schaffen sich in den Städten eigenen Lebensraum ... doch rückläufig schafft diese Stadtgestalt am sozialen Charakter der Bewohner mit." (Mitscherlich 1965, S. 9)

Die deutschen Städte und Wohnungen, die *Mitscherlich* hier „Prägestöcke" nennt, waren 1945 zu einem großen Teil zerstört (Abb. 72); waren mit ihnen auch die sozialen Strukturen zu Bruch gegangen, die ihnen im Wortsinn „inne wohnten"? Oder gar die Bilder, die sich Frauen von Männern (nach deren Regieanweisung) aufgebaut hatten, und Männer von Frauen? *Mitscherlich:*

„1945: Ruinen, wohin man blickte, wohin man kam, Endergebnis, nachdem man ausgezogen war, die ganze Welt das Fürchten zu lehren. *Hinter dieser prahlerischen Demonstration der Potenz war ein tiefer Zweifel am Selbstwert, an der Männlichkeit verborgen* – nach untergegangener Reichsglorie, bei großer Arbeitslosigkeit.

Unter Männern hatten die Deutschen versagt, durch Unbesonnenheit, durch mangelnden Mut in eigener Sache, das heißt also durch mangelnde Zivilcourage. Ihre Führer waren einer nach dem anderen kläglich in der Versenkung verschwunden: der Kaiser, Ludendorff, Hindenburg, der Führer mit Marschällen und Brillantenträgern.

Ruinen waren ringsum: aber die Erde trug sie weiter, diese zahllosen Jubler, die sich von der Beutegier hatten verführen lassen, die da bereit gewesen waren, *den anderen ihren Platz wegzunehmen.* Die Welle der Vernichtung war zu ihnen zurückgekehrt und über ihnen zusammengeschlagen. Ihre Häuser waren zerstört, nun krallten sie sich am Boden fester, Regression auf eine mutterähnliche Sicherheit, nachdem die Kumpanei mit dem falschen Propheten so mißglückt war.

Die Stupidität, die es unmöglich machte, daß auch nur eine einzige Stadt sich großzügig wiederherstellte, ist motiviert durch ein *panisches Regressionsbedürfnis vom Vater (dem nun alle Schuld zugeschoben wird) weg zur ‚Mutter Erde',* die, hat man ein Stück von ihr, einen nicht verkommen läßt. Wahrhaftig nicht: die Bodenpreise stiegen – und steigen weiter.

Auch die Provinzialität, die dann aus den Ruinen blühte, wurzelt in gleicher Motivation. ‚Keine Experimente', ‚Sicher ist sicher', das kann man verstehen, nach diesen Versuchen der Erneuerung; nach Parteitaggelände und Ordensburgen ...

Man gab schließlich die Anstrengung, zu einer verbindlichen Gesinnung zu gelangen, überhaupt auf. Am nacktesten zeigt sich diese *rohe Interessenlosigkeit* im sozialen Wohnungsbau, wo am ärmsten gebaut wird, aber beileibe nicht am trostlosesten gebaut werden müßte, gäbe es so etwas wie die *Suche nach einer Sozialgestalt.*" (Mitscherlich 1965, S. 62/63, Hervorh. C.R.)

Die „Sozialgestalt", die sich da, in all ihrer Angeschlagenheit doch unendlich zäh, aus den Ruinen erhob, war der alte patriarchalische Staats-Körper, mit der alten Aufteilung von Macht und Besitz, von Produktion und Reproduktion – nicht zuletzt zwischen den Geschlechtern. So kann in dieser Hinsicht von „Interessenlosigkeit" sicher nicht gesprochen werden.

Mitscherlich begründet den zweiten Weltkrieg hier eigentlich geschlechterpolitisch: als „prahlerische Demonstration der Potenz" deutscher Männer, die nach untergegangener Reichsglorie und bei großer Arbeitslosigkeit von tiefen Zweifeln am Selbstwert und ihrer Männlichkeit getrieben wurden. (Falls sich diese psychische Struktur nicht geändert hat – und es gibt keine Anzeichen dafür –, so lassen sich gegenwärtig beängstigende Parallelen erkennen: Ende der Wirtschaftswunder-Glorie, rapide steigende Arbeitslosigkeit, eine Frauenbewegung, die gleichzeitig den Männlichkeitswahn bloßlegt und dagegen angeht ...)

Und hatten nun, 1945, „unter Männern" nicht die Deutschen ein zweites Mal versagt, Grund für eine wirkliche Wende?

Aber es geschah nicht nur das „Wirtschaftswunder", sondern auch das „Patriarchen-Wunder". Die Regression weg vom Vater fand im Großen und Ganzen nicht statt, auch wenn ihn nicht wenige Frauen sicher verachten und ihre eigenen Überlebenskraft zu schätzen gelernt hatten; die Besitzverhältnisse an „Mutter Erde" – die generell Männern gehört – änderten sich nicht, und auch nicht die zwischen den Geschlechtern.

Betrachtet man Ausgangslage und Entwicklung des Wiederaufbaus, so verschlimmerte sich die räumliche Situation für Frauen noch – „Prägestöcke" ihres Verhaltens und ihres Wesens. Hier die wichtigsten, zum Teil eben neuen, Wesenszüge, die in den folgenden Kapiteln noch genauer beschrieben werden:

1. *Funktionsentmischung.* Die Städte werden in Konsumzentren, Produktionszentren und die sogenannten „Schlafstädte" aufgegliedert; bezeichnend ist die männliche Bestimmung des letzten Terminus, – die Annahme, daß ‚der erwerbstätige Mann' dort seine schwerverdiente Nachtruhe findet, während die diversen Tätigkeiten der fiktiven „Nur-Hausfrauen" nicht zum Ausdruck kommen.

2. *Freifinanzierter und vor allem sozialer Wohnungsbau.* Er betoniert mit der Kraft und der Präzision deutscher Industrienormen die Verhältnisse zwischen Vater, Mutter und Kind ein. Über den Zusammenhang zwischen Frauenfeindlichkeit und den vier Wänden vgl. Kap. 7.2.1.

3. *Individualverkehr,* Kraftzeuge machen Männer mobiler. Ein Teufelskreis: ihr ausschließliches oder höheres Einkommen versetzt sie in die Lage, ein Kraftfahrzeug zu erwerben und zu unterhalten. Die Ehefrau fungiert als Mitverdienerin und Beifahrerin. Das KfZ dient in der Regel dem Mann als Beförderungsmittel zum Arbeitsplatz, der dank der Funktionsteilung in den Städten immer weiter vom Wohnort weggerückt ist – und dies wiederum nur konnte dank der zunehmenden Mobilität durch den männlichen Individualverkehr. Öffentliche Verkehrsmittel, weniger ausgelastet, werden unrentabler und teurer, die Dienstleistungen herabgesetzt. Gegenüber dem starren Fahrplan öffentlicher Verkehrsmittel verbindet sich mit dem Auto die Illusion von Bewegungsfreiheit, und in die PS wird Potenz hineinphantasiert – ein weiblicher Begriff zwar, aber ein männliches Prärogativ. Dieser spezielle Männlichkeitsaspekt wird in der Regel auch von allen progressiven Kritikern des privaten Autofahrens übersehen (Strohm 1979, S. 294; auch von Illich in „Die sogenannte Energiekrise oder die Lähmung der Gesellschaft"). Sie müßten sich dann weniger wundern, warum alle rationalen Rechnungen, wonach mann im Stadtverkehr mit dem PKW auch nur einen Schnitt von 30 km/h macht, und bis zu vier Kilometern Distanz ein Fahrrad ohnehin schneller wäre, keinen Eindruck machen; sie würden sich weniger wundern, warum *trotz* gut ausgebautem und billigem Personennahverkehr in der DDR auch dort das eigene Auto bei 53% der Bürger (der männlichen?) auf Platz eins der Wunschliste steht, nach Ermittlungen

des Deutschen Instituts für Wirtschaftsforschung („Frankfurter Rundschau", 15.4.82); und sie müßten zu dem Schluß kommen, daß nicht nur in wirtschaftlicher Hinsicht das Auto als „eingebauter Stabilisator" des Systems wirkt und attraktiv ist, sondern auch bei der Machtverteilung zwischen den Geschlechtern, mit Differenzierungen wahrscheinlich quer durch alle Schichten.

(Diese Verhältnisse werden auch nicht destabilisiert, wenn wir heute relativ viele Frauen als KfZ-Besitzerinnen finden: sie müssen unverhältnismäßig mehr von ihrem in der Regel geringeren Einkommen für ihre ‚größere Bewegungsfreiheit' bzw. das ‚Auto als Schutzraum vor Männergewalt' aufwenden – Männer dient das KfZ umgekehrt oft als Tatort für Vergewaltigungen.)

Um in den Grundrissen unserer Städte und Wohnungen auch den Lebensplan unserer Mann-Frau-Beziehungen skizziert zu finden, brauchen wir keine speziellen Auguren. Die Eingeweideschau geht relativ leicht zu bewerkstelligen:

- Architekten äußern sich seit je gerne und ausführlich über ihre Werke und enthüllen uns ihre Prinzipien. (Eine repräsentative Auswahl in: Conrads 1975, „Programme und Manifeste zur Architektur des 20. Jahrhunderts".)
- „Die Unwirtlichkeit unserer Städte" wird seit dem Ende der sechziger Jahre zunehmend gesehen und analysiert (Mitscherlich 1965), auch in Architektur- und sonstigen Fachkreisen (Zeitschriften „Bauwelt" und „arch +").
- An Gegenprogrammen, an Aufforderungen zu Umdenken und Reformvorschlägen mangelt es nicht: *Strohm* 1979, *Andritzki/Becker/Selle* 1975 („Labyrinth Stadt" – Planung und Chaos im Städtebau, ein Handbuch für Bewohner), *Andritzky/Selle* 1979 („Lernbereich Wohnen"), u.v.a.m.
- Auch bei den sonst scharfsichtigen Progressiven wurde jedoch und wird in der Regel noch das mit-eingebaute Geschlechterverhältnis nicht als zentral strukturierend erkannt.

In Deutschland wurden dazu erst in den letzten Jahren Analysen und Gegenkonzeptionen von Frauen veröffentlicht: von Architektinnen, Stadtplanerinnen, Technikerinnen, Künstlerinnen, Filmemacherinnen und Historikerinnen. Innerhalb der kurzen Zeit von nur etwa vier Jahren gelang es ihnen, die verschiedenen Daten, Fakten und Phänomene im Zusammenhang eines Systems zu sehen, überzeugende Ansätze einer feministischen Analyse und Perspektive darzustellen, zu veröffentlichen und in Seminaren an den verschiedensten Institutionen zu diskutieren.

Einen guten Ein- und Überblick geben vor allem vier Arbeiten bzw. Sammel-Publikationen:

1. Zeitschrift „Bauwelt" Nr. 31/32/1979 (zu „Frauen in der Architektur –: Frauenarchitektur?")
2. Ulrike Röhr 1979 („Das verbaute Leben – Soziale und räumliche Aspekte der Unterdrückung alleinstehender Frauen in der Stadt", unveröff. Dipl. Arbeit Berlin 1979)
3. Zeitschrift „BEITRÄGE 4"/1980 („Frauen – Räume – Architektur – Um-

welt", herausgegeben von der Gruppe „Frauen, Steine, Erden", München 1980)

4. Zeitschrift „arch +", Nr. 60/1981 („Kein Ort, nirgends – Auf der Suche nach Frauenräumen")

In diesen Arbeiten werden, in der mindest nötigen Ausführlichkeit, die Themen dieses Expertisen-Schwerpunktes zur Sprache gebracht – ich kann in der hier vorgegebenen Kürze nur auf die verschieden gelagerten Probleme hinweisen, auf Lösungskonzepte, soweit in Sicht, und auf Forderungen.

7.2.1. „Private" Räume: Die Behinderung der Emanzipation durch die Wohnung

Die Frau gehört ins Haus, – aber das Haus gehört nicht ihr. Hausfrauenarbeit gilt als Geschlechtsmerkmal. Wenn überhaupt als Arbeit, so gilt sie als „Arbeit aus Liebe" und bleibt unentlohnt (Bock/Duden 1977).

„My home is my castle" meint in fataler Doppeldeutigkeit auch, daß das Heim die letzte Bastion gewissermaßen feudaler Abhängigkeit und Leibeigenschaft geworden war, mit allen Formen der Gewaltausübung, die damit verbunden sein können. (Vgl. Kap. 7.4. über „Die eingebaute Gewalt".) Je größer die Staatengebilde werden, desto schärfer kristallisiert sich ihre „kleinste Zelle" heraus: die „moderne Klein-Familie".

Sie entstand als sozioökonomisches Kunst-Gebilde in Deutschland zum Beispiel jedoch erst in der ersten Hälfte des 19. Jahrhunderts, in der Biedermeier-Zeit:

> „In der Organisationsform des ganzen Hauses der alten Gesellschaft gab es zwar eine Arbeitsteilung zwischen Mann und Frau, aber nicht die Trennung ‚zwischen bezahlter und außerhäuslicher Lohnarbeit des Mannes und unbezahlter Hausarbeit der Frau.' Die geschlechtsspezifische Zuschreibung der Frau auf Hausarbeit und Mutterpflichten gab es nicht, sondern diese Zuschreibung erfolgte erst im Zuge des Übergangs von der feudalen zur kapitalistischen Gesellschaft, wobei dieser Übergang zeitlich, räumlich, klassen- und schichtenspezifisch unterschiedlich verlief. Die sich im letzten Drittel des 18. Jahrhunderts herausbildende Trennung des Erwerbs- und Familienlebens führte zu einer Neu- und Umdefinition der Geschlechtscharakter.
>
> Nicht mehr die zu leistende Arbeit, die damit verbundene Funktion bestimmt die Stellung von Mann und Frau, sondern der ‚Geschlechtercharakter wird als eine Kombination von Biologie und Bestimmung aus der Natur abgeleitet und zugleich als Wesensmerkmal ins Innere der Menschen verlegt', wobei den ‚psychischen Geschlechtseigentümlichkeiten zufolge der Mann für den öffentlichen, die Frau für den häuslichen Bereich von der Natur prädestiniert' ist . . ."

Des Mannes Arbeit durfte und sollte „öffentlich sichtbar", die Hausarbeit der Frau möglichst unsichtbar bleiben. (Dabei wurde über den bürgerlichen Mann, der „pünktlich sein Essen auf dem Tisch haben mußte", auch die neue Zeitökonomie der taylorisierten Arbeitswelt auf den Haushalt übertragen.)

> „Früher war die Herdstelle Mittelpunkt des häuslichen Lebens. Das Ineinander von

Kochstelle, Schlafstelle und Werkstatt ließ keine gesonderten Zimmer für einzelne Wohn- und Arbeitsfunktionen.

Erst mit der Herausbildung der bürgerlichen ‚modernen' Familie entsteht auch eine Spezialisierung der Wohnräume, das ‚moderne' Wohnen.

Die Raumaufteilung des Hauses, die daraus ablesbare Raumnutzung, die Anordnung und Funktionszuschreibung der Räume entsprechen einem neuen Bestreben, Gesellschaft, Berufliches und Privatleben deutlich voneinander abzugrenzen: ‚Einem jeden Bereich wird ein geeigneter Raum zugewiesen. Die Kammer, das Kabinett, der Salon usw.' Diese Spezialisierung der Wohnräume findet zunächst nur innerhalb des gehobenen Bürgertums und der Aristokratie statt, sie zeigt einen veränderten Lebensstil, veränderte Verhaltensformen der Leute, die darin wohnen.

Ariès bezeichnet die veränderte Wohnform als eine der größten Veränderungen des täglichen Lebens. Die Entstehung von Fluren, um nur ein Beispiel zu geben, entspricht dem neuen Bedürfnis nach Isolierung der Leute voneinander, das heißt auch der Räume voneinander. Man geht nicht mehr durch einen Raum in den anderen, sondern die Räume sind vom Flur aus zu betreten ...

Die Grundzüge der bürgerlichen Villa, erstens Bezug zur Öffentlichkeit mit den Repräsentationsräumen zur Straße hin gelegen und zweitens Abtrennung der Privatsphäre ins Obergeschoß oder zu der Rückseite des Hauses hin, werden in dem bürgerlichen Mietshaus beibehalten:

Die Repräsentationsräume werden nach vorn zur Straße hin konzipiert und die privaten Räume im Seitenflügel untergebracht. Eben diese Planung ist Ausdruck für das Unsichtbarmachen der nötigen Wirtschaft und trägt damit zur Verschleierung der Hausarbeit bei.

Diese Raumaufteilung mit all ihren Konsequenzen der Trennung in Tag- und Nachtbereiche, in Repräsentations-, Privat- und Wirtschaftsteil hat sich in der Planung bis heute fast unverändert erhalten." (Schulze 1980, S. 65/65 und 66)

Erhalten hat es sich bis hinein in die Planung dessen, was man sozialen Wohnungsbau nennt.

„Die Behinderung der Frau durch die Wohnung und die Möglichkeit zur Überwindung" hat die Architektin Myra *Warhaftig* in ihrer Dissertation dargestellt (Warhaftig 1978, 1979 und 1980). Sie untersuchte u. a. das Wohnverhalten, das sich aus der Drei-Zimmer-Standard-Wohnung ergibt, gegliedert nach der räumlichen Aufteilung. Hier als Beispiel die Funktion des Schlafzimmers.

„Das Wohnverhalten einer Familie im sozialen Wohnungsbau, welches durch die bauliche Ordnung der Wohnung unterstützt wird, widerspricht der Foderung nach Emanzipation der Frau.

Zwischen 1949 und 1974 wurden in der Bundesrepublik insgesamt 14,1 Mio Wohnungen gebaut, davon 6,1 Mio bzw. 43,3% mit öffentlichen Mitteln im Rahmen des sozialen Wohnungsbaus. Der überwiegende Teil dieser Wohnungen hatte 2 1/2 bis 3 Zimmer.

Die Kleinfamilie, welche diese Wohnung bewohnt, ist aus finanziellen Gründen darauf angewiesen. Die Erwerbspersonen dieser Kleinfamilie sind in der Regel lohnabhängig.

Die räumliche Aufteilung der Wohnung des sozialen Wohnungsbaus ist von staatlichen Richtlinien abhängig. Im Rahmen dieser Richtlinien sind u. a. die DIN-Normen 18011 und 18022 für die Gestaltung der Wohnungen verbindlich. DIN 18011 enthält Angaben über Stellflächen, Abstände und Bewegungsflächen für die einzelnen Räume der Wohnung. DIN 18022 enthält Angaben über Planung, Ausstattung und Einrichtung von Küche, Bad und WC. Beide Normen unterscheiden zwischen Mindestmaßen und Empfehlungsmaßen für die verschiedenen Räume. Sie haben zur Folge, daß zum einen die Wohnung in ‚Tag- und Nachtbereich' aufgeteilt ist, zum anderen die einzelnen Räume in hierarchischer Folge geordnet sind und in der Regel auch in diesem vorgegebenen Sinne von ihren Bewohnern genutzt werden: die Erwachsenen bekommen die größten, die Kinder die kleinsten Zimmer. Das Wohnzimmer, das größte in der Rangfolge, befindet sich im „Tagbereich“ und dient ausschließlich zum „Wohnen“. Das Elternschlafzimmer, das zweitgrößte und zum „Nachtbereich“ gehörende Zimmer, wird lediglich zum Schlafen benutzt. Das benachbarte Kinderzimmer, das kleinste in der Rangfolge, ist Schlafzimmer und Spielzimmer zugleich . . .'

Die *Küche* als ‚selbständiger Raum', dem ‚Tagbereich' zugeordnet, wird nach wie vor als ‚wichtigster Arbeitsraum der Hausfrau' angesehen und dementsprechend auch geplant, obwohl über 46% aller Frauen zwischen 15 und 65 Jahren im Jahre 1974 berufstätig waren, somit also für einen großen Teil der Frauen die alleinige Berufsbezeichnung „Hausfrau“ nicht mehr zutraf.

Kehrt die berufstätige Frau und Mutter in ihre Privatsphäre zurück, so besetzt sie wieder ihren traditionellen Arbeitsraum, die Küche. Sie ist hier – isoliert und getrennt von ihrer Familie oder ihren Gästen – für eine bestimmte Anzahl von Stunden – abhängig von der Familiengröße – beschäftigt und leistet täglich mehr unbezahlte Arbeitsstunden als ihr männlicher Partner . . .

Die Arbeit in der Küche nimmt im Durchschnitt 50% aller Hausarbeiten in Anspruch . . .

In dieser Arbeit soll gezeigt werden, daß die bauliche Ordnung innerhalb der Wohnung nach DIN 18011 und 18022 Lebensvorgänge begünstigen, die:

1. nicht mehr den gegenwärtigen gesellschaftlichen Bewegungen, nämlich den Forderungen nach Emanzipation der Frau, entsprechen.
2. zu einer ‚kinderfeindlichen Erziehung in der Dreizimmerwohnung' führen.

Diese bauliche Gegebenheit prägt sich in der Lebensform der Familie so aus, daß sie:

1. die Ungleichheit zwischen den Geschlechtern in der Arbeitsteilung im Haushalt begünstigt, und
2. als störender Faktor hinsichtlich der Entwicklung des Kindes wirkt . . .

Behinderung der Emanzipation durch das Schlafzimmer

Die Kennzeichen eines Elternschlafzimmers in der Architektur sind: seine Größe, Zuordnung und die Installation von drei Steckdosen.

Das Elternschlafzimmer ist das zweitgrößte Zimmer, es liegt am zweiten Knotenpunkt der Wohnung mit Kinderzimmer, Bad und WC und bildet mit diesen den sogenannten Nachtbereich: Schlafräume und Hygienezelle. Zwei der drei Steckdosen (für je eine Nachttischlampe) sind an einer Wand im Abstand von ca. 2,60 m (Doppelbett und zwei halbe Nachtschrankbreiten) angebracht . . .

Meyer-Ehlers hat in ihren Untersuchungen über die Funktion des Elternschlafzimmers herausgefunden, daß 84% der Bewohner den Raum wie von Architekten vorgesehen verwenden. 11% benutzen den Raum als Kinderzimmer, 3% haben es als Arbeitszimmer, 2% als Wohnzimmer eingerichtet. Die Größe des Schlafzimmers liegt zwischen 12, 10 und 18,18 qm (Durchschnitt 15,14 qm).

Bei den Befragten ist festgestellt worden, daß das Schlafzimmer am Tage weitgehend ungenutzt bleibt.

‚Zwischen 8 und 10 Uhr vormittags befindet sich zwar ein gewisser Anteil der Hausfrauen im Schlafzimmer, doch diese Tatsache darf nicht täuschen, denn während der Tätigkeit des Sauber- und Bettenmachens dient der Raum ja nicht den Bewohnern, sondern umgekehrt der Bewohner dem Raum. Einen leichten Anstieg zwischen 14 und 15.30 kann man auf die Mittagsruhe einiger Hausfrauen zurückführen . . .

Der Hausherr hält sich am Tage praktisch überhaupt nicht im Schlafzimmer auf. Die knapp über der Nullbasis verlaufende Nutzungslinie der Väter findet ihre Erklärung darin, daß einige Väter Nachtdienst haben, und deshalb am Tage schlafen . . . Erst mit den Aktivitäten ‚Nähen und Basteln' der Mütter und ‚berufliche Arbeit' und ‚Schreibarbeit' der Väter übernimmt das Elternschlafzimmer Zusatzfunktionen, die jedoch geringfügig bleiben. Nur in 9% der Elternschlafzimmer steht ein Arbeitstisch.'

Ein Elternschlafzimmer, das wie geplant auch benannt und nach Meyer-Ehlers Untersuchungen auch bewohnt wird, unterliegt in der Zeit von 5.30 bis 24 Uhr im Mittelwert folgender Benutzungsdauer:

Mütter	3 Std 35 Min
Väter	2 Std 38 Min
Kinder aller Altersstufen	5 Min

Dies entspricht einer Nutzungsdauer von 6 Std 18 Min . . .

In den bürgerlichen Wohnungen des 19. Jahrhunderts diente ein besonderes Zimmer als Schlafraum, das am Tage nicht für andere Zwecke benutzt werden mußte. Der Verlust der tagsüber nicht benutzten Fläche im Verhältnis zur Gesamtwohnfläche war – verglichen mit heute – wesentlich geringer, d. h. die Verminderung der verfügbaren Nutzungsfläche war in der bürgerlichen Großwohnung nicht so gravierend wie in der heutigen Drei-Zimmerwohnung.

Hier wirkt sich die durch die baulichen Gegebenheiten unterstützte Monofunktionalität des Schlafzimmers in doppelter Weise negativ aus:

Die gemäß DIN vorgesehene Wohn- und Bewegungsfläche wird insgesamt für alle Bewohner verkleinert.

Insbesondere betroffen sind hiervon die Kinder (also auch und vielleicht gerade die *Mädchen*, C.R.), welchen außer dem Wohnzimmer auch das Elternschlafzimmer entzogen ist . . . Ihre Einengung auf eine geringe Spiel- bzw. Arbeitsfläche geht gleichzeitig zu Lasten der Mutter, welche ihre Kinder während des Tages zu Hause betreut.

Die Tabuisierung des Schlafzimmers verhindert jedoch meist auch, wie Meyer-Ehlert feststellte, die von H.P. Bahrdt geforderte Nutzung dieses Raumes als Individualbereich der Frau.“

(Anm. C.R.: Das Schlafzimmer, Bestandteil der vornehmen europäischen Wohnungen des 18. und 19. Jahrhunderts, hatte zwar immer die mystische Funktion des Intimbereichs; galt es im 18. Jahrhundert jedoch auch noch als Repräsentationsraum, so wurde es erst im 19. Jahrhundert mit dessen viktorianischer Sexualmoral zum Tabu, ein Ort, wo sich das „Privateste“ überhaupt, ja das „Tierische“ abspielte. Vgl. Warhaftig 1979, S. 34)

Nach Mitscherlich läßt sich jedoch ein gutes Wohnklima 'nur dort erreichen, wo zwei Bedürfnissen genügt werden kann: dem Kontaktbedürfnis der zusammen Hausenden – in einer heruntergekommenen, aber ursprünglich guten Sprachfloskel: dem geselligen Beisammensein – und zugleich dem Bedürfnis nach Alleinsein.

Das heißt, eine Wohnung soll Sammelplätze und von den Teilnehmern einer Gruppe respektiertes Sonderterritorium des Einzelnen enthalten'. Wird diese ‚sozio-kulturelle Ausdrucksfunktion', die gleichwertig neben der ‚biologischen Schutzfunktion' der Wohnung besteht, aufgrund von unzureichendem Wohnraum nicht gewährleistet, so ist nach Mitscherlich eine ‚überaggressive Charakterentwicklung' die Folge.

Unter diesem seelischen Zustand leidet nicht nur die Frau. Er wird auch auf ihre Familie übertragen. Ein Individualbereich für jedes Familienmitglied ist somit eine Voraussetzung für die Emanzipation der ganzen Familie.“ (Warhaftig 1979, S. 31-38, Auszüge.)

An diesem letzten Punkt kann ich Myra *Warhaftig* nicht ganz folgen: zwar leidet wohl die Frau infolge von unzureichendem Wohnraum seelisch, weil sie sich „soziokulturell“ nicht ausdrücken kann, und entwickelt vielleicht, nach *Mitscherlich,* einen „überaggressiven Charakter“; aber wenn man dann weiß, daß der überwiegende Teil aller Gewalt gegen Frauen (Mißhandlung in der Ehe, sexuelle Angriffe auf Frauen und Töchter), die größte nur denkbare Destruktivität, *von Männern ausgeht*, die ja unvergleichlich viel weniger Gefangene ihrer Wohnverhältnisse sind; und wenn demnach auch die von *Mitscherlich* postulierte „biologische Schutzfunktion“ wiederum in den Privatwohnungen für

Frauen und Mädchen – und nur sie! – nicht besteht; dann müssen wir uns doch fragen, warum denn ausgerechnet die Frauen trotz der Verhältnisse so *wenig* aggressiv sind, und die Männer ihre destruktiven seelischen Zustände, woher sie auch immer stammen mögen, so gewalttätig gerade in der Wohnung ausleben. (Zu der Gewalt, die in die – sozial oder frei errichteten – Wohnungen eingebaut ist, in diese angeblichen Sicherheits- und Rückzugsbereiche, vgl. Kap. 7.4.)

7.2.2. „Ein Zimmer für sich allein": eine richtige Forderung und die Wirklichkeit

Myra *Warhaftig* hat konkrete Vorschläge entwickelt, wie aus ihrer Sicht die „Behinderung der Frau durch die Wohnung" überwunden werden könnte: innerhalb des DIN-Normen-Rahmens des sozialen Wohnungsbaus, auf der Grundfläche einer Standard-Dreizimmerwohnung, entwickelte sie einen neuen Grundriß. Die Küche liegt nun in der Mitte, die anderen Räume gehen von ihr ab, flächenmäßig nicht so hierarchisch gegliedert, und mobile Wände erlauben die Gestaltung von Räumen je nach wechselndem Bedarf. Diese Modelle werden nun erstmals in Berlin im Rahmen der IBA realisiert.

Tatsächlich würde ein solcher mobiler und egalitärer Grundriß auch im sozialen Wohnungsbau das Leben in Wohngemeinschaften ermöglichen – Formen des Zusammenlebens, wie sie ja bezeichnenderweise nur in Altbauwohnungen größeren bürgerlichen Zuschnitts entwickelt werden konnten, und auch als Frauen- und Mädchen-Wohngemeinschaften sich vielfach zusammengefunden haben. Natürlich tut's der gruppenfreundliche Grundriß alleine nicht; gerade für Frauen und Mädchen stellt sich aufgrund ihrer schlechteren finanziellen Lage verstärkt die Mietpreisfrage, und darüber hinaus weichen solche Frauen- und Mädchen-Wohn-Gruppen so sehr von gesellschaftlichen Normen ab, daß sie bei Vermietern noch hinter kinderreichen Familien mit Haustieren rangieren.

„Ein Zimmer für sich allein" ist jene Minimalforderung, die schon Virginia *Woolf* in ihrem Essay von 1928 als Voraussetzung für weibliche Kreativität genannte hat – 500 Pfund im Jahr, sagte sie, bedeuten die Möglichkeit zur Kontemplation, und ein Schloß in der Tür bedeutet die Möglichkeit, selbständig nachzudenken (Woolf 1978, S. 97); wenn jedoch statt des Zimmers eine Frau eine ganze Wohnung für sich allein bewohnt, dann muß unter den gegenwärtig herrschenden Umständen das Schloß in der Tür offenbar sehr massiv sein, damit eine alleinlebende Frau in ihrer Wohnung überhaupt zur „Kontemplation" kommt: der „Single-Trend" setzt sich in der Bundesrepublik zwar fort, und Frauen stellen einen erstaunlich hohen Anteil an diesen Singles – aber ihr Alleinleben wird als Bedrohung empfunden – sie entziehen sich ein Stück weit der Kontrolle –, und sogleich setzt ein Drohmechanismus der Gegenseite ein: alleinlebende Frauen sind besonders durch Gewalttaten gefährdet. Hierzu eine kurze Übersicht nach *Röhr* 1979:

„Im Mai 1976 gab es in der BRD 23,9 Mill. Privathaushalte. Davon hatten 6,4 Mill. = 26,8% einen weiblichen Haushaltsvorstand.

Der Anteil der weiblichen Einpersonenhaushalte betrug 20,5% = 4,9 Mill. In 1,3 Mill. = 5,4% Haushalten lebte eine Frau mit ihren Kindern zusammen. Das heißt, *in mehr als 1/4 aller Haushalte in der BRD leben Frauen allein oder mit ihren Kindern – jedenfalls ohne Männer.*

Die Zahl dürfte real noch höher liegen, weil die Haushalte, in denen mehrere Frauen zusammen wohnen, in den Statistiken nicht gesondert aufgeführt werden, sondern unter die Mehrpersonenhaushalte fallen.

Zum Vergleich: männliche Einpersonenhaushalte gab es 1976 nur 2 Mill. (Statistisches Jahrbuch der BRD, 1977)

1973 lebten 19% der Frauen (im ‚heiratsfähigen' Alter, insgesamt umfaßte die Gruppe der alleinstehenden Frauen 53% der weiblichen Bevölkerung), aber nur 8% der Männer für sich allein . . .

Wenn der Spiegel alleinstehende Frauen eine radikale Minderheit nennt, aber gleichzeitig fragt: ‚Hat ein Spaltpilz die Paar-Gesellschaften befallen? Formiert sich dort, wo vordem Familien gegründet worden sind, die neue Gesellschaft der Freien und Einzelnen, um deren Fortbestand man besorgt sein muß?" (Der Spiegel Nr. 25/1978, S. 63) drückt sich darin klar die Bedrohlichkeit der zunehmend größer werdenden Gruppe alleinstehender Frauen aus." (S. 4)

Alleinstehende Frauen, so zeigt *Röhr*, können nicht in Ruhe leben: ihre Wohnungen sind bevorzugte Orte für Einbrecher, und werden von diesen oft tagelang observiert; der „Würger von Boston", der von 1962-1964 elf Frauen ermordete, fand seine Opfer unter alleinstehenden Frauen, und er suchte sie so aus, daß sie möglichst in einem Haus mit vielen anderen alleinstehenden Frauen wohnten.

Allen Ernstes konnte unter Hinweis auf solche Vorgänge die Zeitschrift „Psychologie heute" alleinwohnenden Frauen empfehlen:

„Es gibt einige grundsätzliche Vorsichtsmaßnahmen, die jede Frau ergreifen kann. Sie sollte sicherstellen, daß Fenster und Türen ihrer Wohnung fest verschlossen sind und daß es Licht im Hauseingang gibt.

Wenn sie alleine oder mit anderen Frauen zusammen wohnt, sollte der Vorname auf Tür und Klingelschildern und im Telefonbuch nicht ausgeschrieben, sondern abgekürzt werden.

Wenn eine Frau alleine lebt, keinen Besuch erwartet und es an der Tür klopft, dann sollte sie laut rufen: ‚Ich mach schon auf, Liebling', bevor sie die Tür öffnet (so, als ob der Mann zu Hause ist).

Am besten ist es, Fremden die Tür überhaupt nicht aufzumachen." (Psychologie heute, 4/1975, S. 62, zit. nach Röhr 1979, S. 37)

„So berechtigt diese Empfehlungen auch sein mögen, sie verlangen von den Frauen eine totale Anpassung und Selbstverleugnung. Wenn sie schon keinen Mann haben, sollen sie wenigstens so tun als ob oder aber sich gar nicht erst als Frau zu erkennen geben.

‚Sie soll ihre Identität, ihren Lebensstil und ihre Unabhängigkeit verschleiern oder verleugnen und generell Mißtrauen zeigen, das an die klinische Definition von Paranoia grenzt.' (Brownmiller 1978, S. 310) . . .

Zusammenfassend läßt sich feststellen, daß alleinstehende Frauen auch im Privatbereich der Wohnung nicht ungestört leben können, weil man(n) sie durch Bedrohung, Mißtrauen und feindliche Überwachung zu einem normenkonformen Verhalten zwingen will." (Röhr 1979, S. 37/38)

7.3. *„Öffentliche Räume" und Identitätsgewißheit von Frauen*

Auch was die „öffentlichen" Räume angeht, so trifft diese Kategorie für Frauen und Mädchen nicht recht zu, und es stellt sich in ihnen in ganz besonderer Weise die Frage der Identität: der Identitätsdiffusion, des Identitätsverlustes oder, auf der anderen Seite, der Identitätsgewißheit.

Identitätsgewißheit bzw. Identifikation mit einem gegebenen Raum hängt nach *Greverus* von der möglichen Befriedigung von Lebensbedürfnissen ab; und diesen wiederum liegen *verschiedene Raumorientierungen* zugrunde:

> „ . . . die *instrumentale,* die sich auf die räumlichen Ressourcen und ihre ökonomische Nutzung zur Existenzsicherung bezieht;
> die *stratetisch-politische oder kontrollierende* als sowohl auf die formellen als auch informellen Kontrollmöglichkeiten des Raumes durch die ihn bewohnenden Gruppen und Individuen bezogene Raumorientierung;
> die *soziokulturelle,* die die durch den Raum ermöglichten sozialen und kulturellen Aktivitäten und Interaktionen sowie den Prestigewert der Räume beinhaltet;
> die *symbolische,* in der ästhetische Präferenzen, moralisch-rechtliche Bedeutungen, Selbstdarstellungsmerkmale und Traditions- und Erinnerungswerte zum Ausdruck kommen.
> Je konfligierender sich in einem gegebenen Raum die unterschiedlichen Raumorientierungen in ihrem Befriedigungswert gegenüberstehen, desto stärker wird die Identitätsdiffusion in und gegenüber diesem Raum sein, desto stärker wird er die Identität beschädigen." (Greverus 1978, S. 275/76)

Alle vier hier genannten Raumorientierungen sind für Frauen und Mädchen erschwert oder werden ihnen verweigert.

1. Was die instrumentale Orientierung angeht, so verweise ich nochmals auf die Daten, wie sie auf der UNO-Frauen-Konferenz in Kopenhagen 1980 genannt wurden: daß die Frauen, obgleich sie die Hälfte der Weltbevölkerung bilden, ein Drittel der Gesamtarbeitskräfte stellen (in der Erwerbstätigkeit!) und zwei Drittel aller Arbeitsstunden leisten, nur ein Zehntel des Welteinkommens erhalten sowie gar weniger als ein Prozent des Welteigentums besitzen (nach Neue Zürcher Zeitung, 15.7.80). „Welteigentum" und „Welteinkommen" heißt ja nichts anderes als „ . . . die räumlichen Ressourcen und ihre ökonomische Nutzung zur Existenzsicherung".

2. Die strategisch-politische oder kontrollierende Raumorientierung ist von fast durchweg männlichen Instanzen, Organisationen und Institutionen beherrscht: Verwaltungsapparate und Justiz (zumindest auf allen Ebenen mit größeren Entscheidungsbefugnissen), Militär und Polizei z. B. für die formelle Kontrolle des Raums . . .

3. Die soziokulturelle Raumorientierung von Frauen wurde und wird solange verhindert, wie die sozialen und kulturellen Aktivitäten und Selbstdarstellung männliches Privileg sind, und alle die Ausstellungspaläste, Parade-Plätze, Kongreßzentren, Rockpaläste, Museen, Fußballstadien und Musik- und

Eckkneipen Orte männlicher Selbstdarstellung sind, wo sie *ihre* „kollektiven Erinnerungen" erst schaffen und dann immer wiederfinden, und wo am Prestigewert dieser *„männlich-öffentlichen Räume"* Frauen keinen Anteil haben.

Solcher Ausschluß von Frauen aus Öffentlichkeit beginnt schon im jüngsten Mädchenalter und setzt beim Körper an:

„Mädchen werden in ihren Aktivitäten von klein auf systematisch eingeengt. Auf Zäune, Mauern, Bäume klettern ‚schickt' sich nicht für kleine Mädchen. Sie spielen häufiger als Jungen in geschlossenen Räumen und zwar möglichst stille, keinen Schmutz verursachende Spiele.

‚Der Preis dafür ist hoch: Körperkräfte, und die Lust, sich körperlich im Spiel mit der Umwelt auseinanderzusetzen, werden beim Spiel mit Puppen, beim Malen, Stricken und Seilchenspringen und bei kleinen Dienstleistungen im Haushalt nicht entwickelt.' (Roswitha Burgard 1977, S. 33)

Zwei Faktoren behindern also die Entwicklung des räumlichen Aneignungsprozesses bei Mädchen. Zum einen werden sie grundsätzlich zu einem eher passiven Verhalten erzogen, – sowohl in körperlicher als auch in geistiger Hinsicht, zum anderen werden sie wesentlich mehr als Jungen zu Spielen innerhalb der Wohnung, die sie auf ihre späteren häuslichen Pflichten vorbereiten sollen, angehalten." (Röhr 1979, S. 55)

Bewegen sich Mädchen oder Frauen aus den ihnen zugewiesenen Ghettos, findet man sie zur falschen Zeit am falschen Ort, drohen ihnen Sanktionen, von psychischer und physischer Gewalt (vgl. dazu Kap. 7.4.).

4. Ebenso schlecht steht es mit der symbolischen Raumorientierung von Frauen, angesichts der phallokratischen ästhetischen Präferenzen und Selbstdarstellungsmerkmale dieser Kultur, in der wir leben.
   Die Architekten und Planer der räumlichen Umwelt im Industriezeitalter haben diese Präferenzen in Programmen und Manifesten auch deutlich verbal formuliert, von den ersten Hochhausbauern bis *Le Corbusier:* einige Leseproben (und Abb. 71).

„Wir müssen die futuristische Stadt erfinden und erbauen – sie muß einer großen lärmenden Werft gleichen und in allen ihren Teilen flink, beweglich, dynamisch sein; das futuristische Haus muß wie eine riesige Maschine sein . . ." (Antonio Sant'Elia, 1914)

„Architektur ist ein Symbol, Strahlenkranz. Tendenz von Ordnung – Musik, *von Stoßkraft bis zum Ende.* Umarmung und Auflösung.

Das Haus ist kein Block mehr, nur Auflösung in Zellen, Kristallisation von Punkt zu Punkt. Ist Aufbau von Brücken, Gelenken, Schalen, die Luft umhüllen, Luft entleeren. Luft senkt sich zwischen sie wie Frucht Rohre stutzt. In sie hinein ist Luft geströmt, die sie fest und biegsam macht.

Architektur ist leidenschaftliches Lieben. Aufbäumen. Umkreisen. Gleich uns herabgedrückt, aufgeschnellt. Symbol. Feuerzeichen . . . (Arthur Korn, 1923)

„Die Stadt ist ein Arbeitswerkzeug.

Eine Stadt!

Sie ist die Beschlagnahme der Natur durch den Menschen. Sie ist eine Tat des Menschen wider die Natur, ein Organismus des Menschen zum Schutze und zur Arbeit. Sie ist eine Schöpfung . . .

Die Stadt der Geschwindigkeit ist die Stadt des Erfolges.

Der Mensch schreitet *geradeaus*, weil er ein Ziel hat; er weiß, wohin er geht, er hat sich

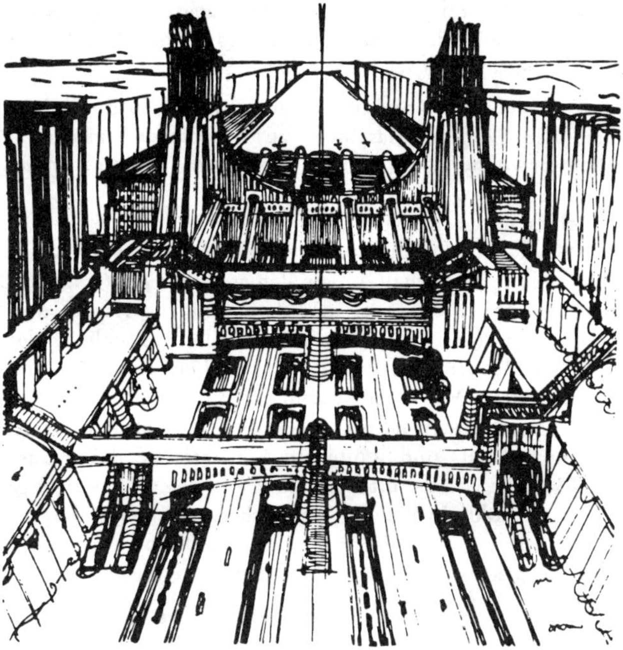

Antonio Sant'Elia, 1914

„ . . . das futuristische Haus muß wie eine riesige Maschine sein . . .“: Architekturentwurf von Antonio Sant'Elia, 1914

für eine Richtung entschieden und schreitet in ihr *geradeaus. Der rechte Winkel* ist das zum Handeln notwendige und ausreichende Werkzeug, weil er den Raum mit *vollkommener Eindeutigkeit* zu bestimmen dient . . .“ (Le Corbusier, 1925)

„Die Schlüssel zum Stadtebau liegen in folgenden vier Funktionen: wohnen, arbeiten, sich erholen (in der Freizeit), sich bewegen . . .
Die Schlüsselfunktionen: wohnen, arbeiten, sich erholen, entfalten sich im Innern der Baumassen, die drei gebieterischen Notwendigkeiten unterworfen sind: genügend Raum, Sonne, Luft.
Die Baumasse hängt nicht nur vom Boden und seinen beiden Dimensionen ab, sondern vor allem von einer dritten, der *Höhe.* Indem er die Höhe miteinbezieht, wird der Städtebau die für den Verkehr notwendigen Terrains und die der Freizeit dienenden Flächen gewinnen . . .“ (Ciam – Charta von Athen, 1933; alle Zitate nach Conrads 1975, Hervorhebungen C.R.)

Diese und unzählige gleichgelagerte programmatische Aussagen zeigen uns, wie die Schöpfer der modernen Städte und des modernen Verkehrs diese nach ihrem Ebenbild gestalteten, als Metapher auf ihre psychische und physische Männlichkeit, als Symbol ihrer Werte: schneller, höher, weiter, größer,

Kontrolle, Funktionenaufteilung, rechter Winkel (wenns geht) – Orte und Räume für „deutschblütige, nordrassische Menschen: rechtwinklig an Leib und Seele" . . . (nach Bock 1980, S. 62)

Und wenn man(n) heute auch teilweise von diesen Werten abrückt, so doch nur, weil die Stadt-Maschinen aus komplexen Ursachen auch für ihre männlichen Bewohner „unwirtlich" geworden sind und immer weniger beherrschbar.

Ich fasse zusammen:

Mädchen und Frauen werden die grundlegenden Möglichkeiten der Raumorientierung vorenthalten, von denen jedoch der Grad der Befriedigung von Lebensbedürfnisse abhängt, und der räumliche Aspekt der Identitätsgewißheit. Wenn man sich Edward *Halls* Feststellung anschließt, daß *Territorialität* „ein für lebende Organismen, den Menschen eingeschlossen, charakteristisches, grundlegendes Verhaltenssystem ist" (nach Greverus 1978, S. 275), so können wir angesichts der herrschenden Besitzverhältnisse an Zeit (von Freizeit bis Geschichts-Zeit) und Raum nur konstatieren, daß Frauen und ihre weibliche Nachkommenschaft unter Gefängnis- bzw. Zoo-Bedingungen leben müssen.

Es ist wohl ein Wunder, was sich da solchen Bedingungen zum Trotz doch noch entfaltet, an weiblicher Intelligenz, Kreativität, an weiblichem Widerstand und Respektlosigkeit gegenüber den zementierten und versteinerten Verhältnissen.

7.4. *„Die eingebaute Gewalt": über die Begünstigung von Gewalt gegen Frauen durch Bau- und Siedlungsstrukturen*

Raum stellt sich also Mädchen und Frauen nicht als Raum für Entfaltung, Bewegungsfreiheit und Identität dar – jede Art von Raum ist im Gegenteil in der Hauptsache ein Ort der potentiellen oder tatsächlichen Gewalt:

Orte werden zu Tat-Orten.

Private Räume sind Orte für Mißhandlungen, öffentliche Räume sind Orte der Mißachtung.

Diese Zusammenhänge finden sich einleuchtend dargestellt bei Ulla *Terlinden*, „*Heim*-lichkeiten – Gewalt gegen Frauen in der Stadt" (Terlinden 1981), und bei Brigitte *Gensch* und Veronika *Zimmer*, „Tatorte. Orte der Gewalt im öffentlichen Raum" (Gensch/Zimmer 1981).

Terlinden unterscheidet zwischen zwei Formen der Gewalt und ordnet sie den verschiedenen städtischen Räumen zu:

„Einmal die körperliche Gewaltandrohung gegenüber Frauen, die, indem sie sie auf Sexualobjekte reduziert, ihre persönliche Integrität mißachtet und in ihnen allein ein Objekt zum ‚Anmachen' sieht.

Zum anderen die direkten körperlichen Mißhandlungen wie Vergewaltigungen und Schläge.

Diese beiden Gewaltformen lassen sich verschiedenen städtischen Räumen zuordnen. In der Öffentlichkeit werden Frauenkörper durch verschiedenste Formen der ,Anmache' mißachtet, und in der Privatheit werden Frauenkörper mißhandelt. Damit schließe ich nicht das Gegenteil aus, Frauen werden auch im privaten Raum mißachtet und im öffentlichen Raum mißhandelt. Dennoch läßt sich eine Konzentration auf die jeweilig unterschiedlichen Räume ablesen." (Terlinden 1981, S. 37)

Zunächst zu den *Mißhandlungen in privaten Räumen:*

Die meisten Vergewaltigungen, Mißhandlungen, und Verstöße gegen das sexuelle Selbstbestimmungsrecht finden in privaten Räumen statt, den angeblichen Sicherheitsbereichen für die weibliche Bevölkerung.

Vergewaltigungen in der Ehe (bisher nicht strafbar) und Mißhandlungen wurden durch die Psychologie der Privatheit der „vier Wände" noch begünstigt: „Schrei leise, sonst hören es die Nachbarn" hieß so auch eine der ersten Veröffentlichungen über Gewalt in der Ehe, von Erin *Pizzey*, die 1971 in England die ersten Frauenhäuser mit begründete. (Vgl. auch den räumlichen Aspekt in dem deutschen Spielfilm über Mißhandlungen in der Ehe, semidokumentarisch dargestellt von Frauen aus dem ersten Berliner Frauenhaus: „Die Macht der Männer ist die Geduld der Frauen", Buch und Regie: Cristina Perincioli 1978.)

Ein noch größeres Tabu liegt auf dem Inzest und allen den sexuellen Angriffen, die vor allem Mädchen jeder Altersstufe betreffen. Barbara *Kavemann* und Ingrid *Lohstöter* sprechen im Rahmen ihrer Expertise zu diesem Jugendbericht dieses Problem an. Dort findet sich auch der Hinweis, daß bei sexuellem Mißbrauch nur 6% der Täter völlig fremde Personen waren – ein weiterer Hinweis auf die Rolle von „privaten" Räumen als Stätten der Gewalt gegen Frauen. Die folgende Beschreibung gibt Ulla *Terlinden:*

„Nach einer Umfrage ist jede fünfte Ehefrau von ihrem eigenen Mann zum Geschlechtsverkehr gezwungen worden. (Vgl. Stern-Umfrage 1976) In 71% der Fälle war die Vergewaltigung der Frau geplant, und in mehr als der Hälfte aller Fälle ,fielen die Täter in ihren Wohnungen über die Opfer her'. (Der Spiegel Nr. 33/1981, S. 56)

Diese Aussagen werden bestätigt durch Untersuchungen, die erbrachten, daß 66% der mißhandelten und vergewaltigten Frauen den Vergewaltiger kennen, daß er in 82% der Fälle in der gleichen Gegend wohnt und es in 56% der Fälle in ihrer oder seiner Wohnung geschieht.

Nach Unterlagen verschiedener Fraueninitiativen der autonomen Frauenbewegung und einer wissenschaftlichen Begleituntersuchung des Frauenhauses Berlin sind körperliche Mißhandlungen und Vergewaltigungen an Frauen in den Wohnungen weder Ausnahmeerscheinungen noch konzentrieren sie sich auf bestimmte soziale Schichten. Anzunehmen, daß in Arbeiterwohnungen mehr mißhandelt wird als in Villen, ist eindeutig falsch . . .

Welche Relevanz die Wohnung bei den Mißhandlungen hat, wird aus dem folgenden Zitat deutlich:

,Frauen werden tage- und wochenlang eingesperrt – Bekleidungsstücke werden versteckt – die Wohnungsschlüssel werden abgenommen – das Telephon wird abgeschlossen . . .

Auch dazu hat sich vor kurzer Zeit der Bundesgerichtshof gemeldet. Dort wurde entschieden, daß nicht in jeglichem Einschließen oder ähnlicher Beschränkung der Bewegungsfreiheit der Frau eine Anwendung von Gewalt zu sehen sei, auch wenn dies mit der

Absicht geschähe, mit ihr geschlechtlich zu verkehren. (Vgl. Courage Nr. 9/1981 und Der Spiegel, a.a.O., S. 53)

Wohnungen sind Herrschaftsräume der Männer. Es sind Territorien, über die sie verfügen.“ (Terlinden 1981, S. 37)

Die speziellen Gefahren und Sanktionen für alleinwohnende Frauen waren hier in Kap. 6.1.2. bereits angesprochen.

„Tatorte“ – zur Mißachtung in öffentlichen Räumen:

„Jeder körperlichen Mißhandlung geht eine Mißachtung des Frauenkörpers voran. Bevor Männer Frauen schlagen und vergewaltigen, haben sie bereits ihr Menschenrecht auf ihre körperliche Integrität mißachtet. Sie tun dies aber auch, ohne daß sie direkt körperliche Gewalt anwenden. Die Mißachtung ihres Körpers erleben Frauen im öffentlichen Raum täglich.

Frauen nachpfeifen, hupen, sie festhalten, ihnen nachgehen, Obszönitäten aussprechen, sie von oben bis unten eindringlich und abschätzend betrachten, sind alltägliche Verhaltensweisen vieler Männer. Diese Gewalt an Frauen auf öffentlichen Straßen und in öffentlichen Gebäuden führt dazu, daß es für Frauen zur Gewohnheit wird, Bemerkungen zu überhören, Situationen auf einen raschen Blick abzuschätzen, Straßen zu überblicken, einzuschätzen, ob sie auf der anderen Straßenseite oder überhaupt ein andere Straßenseite entlanggehen sollen, Schrittempo, Haltung und Gesichtsausdruck zu kontrollieren.

In solchen Fällen wird eine Frau ‚nicht körperlich attackiert, nur metaphorisch. Sie wird sich nur vergegenständlicht fühlen, der Zugriff nur visuell und verbal, eine Einschätzung ihres Marktwertes' . . .“ (Terlinden 1981, S. 37; vgl. Benard/Schlaffer, Der Mann auf der Straße, 1980.)

87% der Frauen und Mädchen trauen sich nicht allein auf die Straße, vor allem in besonderen Situationen wie „Muße“ oder „Dunkelheit“ (vgl. Expertise Kavemann/Lohstöter).

Gensch/Zimmer beschreiben die Situation folgendermaßen:

„Frauen genießen städtische Qualitäten häufig nur in Begleitung des (Ehe-)Mannes.

Er schützt sie vor der Bedrohung durch andere Männer (das abendliche Straßenbild ist überwiegend von Paaren bestimmt). Gehen sie alleine aus, so benutzen sie die öffentlichen Räume überwiegend zweckgebunden. In Muße-Situationen besteht viel eher die Gefahr, angesprochen oder belästigt zu werden.

Frauen verhalten sich unauffällig aus Furcht, angemacht zu werden. Frauen gehen selten allein bei Dunkelheit aus. Einsame und dunkle Gegenden vermeiden sie, wobei sie auch längere Umwege in Kauf nehmen. Das gesellschaftliche Tabu, das Frauen nachts von den Straßen verbannt, macht die nächtliche Situation zur Ausnahmesituation. Da Frauen abends und nachts nichts mehr in der Öffentlichkeit zu erledigen haben (Arbeiten/Pflichten), werden sie auf ihren Status als Sexualobjekt reduziert, ‚. . . da bereits ihre Existenz auf den Straßen einen sexuellen Akt und eine diffuse Provokation darstellt' (Lilian Robinson in Bernard/Schlaffer, Der Mann auf der Straße, 1980, S. 55). Männer erlauben sich bei Dunkelheit das, was ihnen tagsüber aufgrund herrschender Moralvorstellungen in der Öffentlichkeit verboten ist.

Dagegen ergreifen Frauen individuelle Schutzmaßnahmen: kommt ihnen bei Dunkelheit oder in einsamen Gegenden ein Mann oder eine Gruppe von Männern entgegen, so kontrollieren sie ihre Haltung und ihren Gesichtsausdruck, wechseln nicht selten sogar die Straßenseite. Wenn sie es sich finanziell leisten können, schaffen sie sich ein Auto an, oder sie halten sich einen Hund zum Schutz. Viele Frauen tragen nachts grundsätzlich Abwehrsprays, Regenschirme, Stöcke, ihren Hausschlüssel u. a. als Waffen griffbereit mit sich.“ (Gensch/Zimmer 1981, S. 39)

Alle zwei Minuten wird in der BRD eine Frau vergewaltigt; 30% der Vergewaltigungen finden in Außenräumen statt, 70% davon sind geplant.

Gensch/Zimmer haben in Kassel 100 Tatorte im *Außenraum* analysiert, in denen Anmache/Belästigung und Vergewaltigung/versuchte Vergewaltigung stattgefunden haben – meines Wissens die erste derartige Untersuchung für die westdeutsche Situation, und auch eine, die Planungsvorschläge zur Änderung macht.

Ich gebe deshalb hier ihre Analyse zu den „*Vergewaltigungsbereichen*" ausführlich wieder:

„Von den 100 Tatorten liegen 80 in Gebieten ohne Wohnnutzung und damit ohne soziale Kontrolle durch Anwohner. Sie befinden sich in Gebieten des tertiären Sektors, in Gewerbegebieten und in Grünbereichen, sowie in besonderen Situationen wie Unterführungen, Haltestellen, Baustellen und in Bereichen der Prostitution.

Diese Gebiete zeichnen sich insgesamt durch Monofunktionalität aus und haben aufgrund ihrer speziellen Strukturen folgende Auswirkungen auf die Passantinnen:

1. Vergewaltigungsbereiche

a) Gebiete des tertiären Sektors

Die Überfälle auf Fußgängerinnen, welche abends die hier gehäuft anzutreffenden kulturellen Einrichtungen besuchen oder das Gebiet durchqueren müssen, um nach Hause zu gelangen, geschehen selten in den Fußgängerzonen; diese werden von motorisierter Polizei kontrolliert. Stattdessen ereignen sich die Überfälle in den Nebenstraßen dieser Bereiche, die oft zu umliegenden Wohngebieten führen. Sie haben oft *Rückseitencharakter*, weil fast ausschließlich Seiten- und Hinterausgänge an dieser Straße liegen. Oft besteht hier eine Anhäufung von großräumigen, öffentlichen Einrichtungen sowie angrenzenden Parkplatzflächen.

....

Lokale Planungsvorschläge:

- o Zusammenlegung von Fuß- und Fahrwegen, um eine Beobachtung und Hilfe von vorbeifahrenden Autofahrer/innen zu gewährleisten.
- o Sichtbarmachung und ausreichende Beleuchtung von Durchgängen und Einfahrten und Vermeidung großer unübersichtlicher Parkplatzflächen, um keine zusätzlichen Versteckmöglichkeiten zu bieten.

b) Gewerbegebiete

Diese Tatorte liegen meist nicht direkt an gewerblichen Hauptgebäuden, sondern an den Seiten und Rückseiten gewerblicher Flächen, die z. T. durch abgrenzende Mauern und Grün den Überblick verhindern. Fehlender Straßenraum, häufig auch keine klar definierten angrenzenden Flächen, stattdessen Trümmergrundstücke, stillgelegte Betriebe und oft Straßen mit hohem Verkehrsaufkommen und Durchgangsverkehr erhöhen die Unsicherheit der Frauen (häufig Schichtarbeiterinnen).

c) Grünbereiche

Grünbereiche wie Parks, Grünanlagen, randstädtische Erholungsgebiete und Kleingärten sind grundsätzlich für Frauen abends und nachts tabu, denn sie dienen in erster Linie der Erholung, nicht der Erledigung von Aufgaben oder der Arbeit. Frauen werden besonders hier von Männern als ‚Freiwild' angesehen.

Um den Grünbereichen nicht die Erholungsfunktion durch ein Übermaß an Ordnung, Beleuchtung usw. zu nehmen, können sie für Frauen planerisch nicht ‚sicher' gemacht werden. Ein erster Schritt zur sicheren Nutzung kann der sein, daß Frauen sich diese Räume gemeinsam aneignen, um damit ihre Präsenz in diesen nächtlichen Tabuzonen selbstverständlich werden zu lassen.

Für wichtige Verbindungswege, die in einem solchen Grünbereich liegen und z. B. zur Innenstadt oder zu einem anderen Wohngebiet führen, gelten folgende Empfehlungen:
- o direkte, zielgerichtete Wegführung mit Überblick über den weiteren Verlauf und Einmündung in erleuchtete Bereiche,
- o gegliederte, niedrige Randbegrünung und gute Beleuchtung.

d) Besondere Gefährdung erfahren Frauen in speziellen Situationen wie Unterführungen, Haltestellen und an Baustellen.

Unterführungen,

Unterführungen, die in Kassel meist Verbindungswege von der Innenstadt zu umliegenden Wohngebieten sind, können nicht umgangen werden. Sie verhindern durch ihren Charakter (Unter-Führung) eine soziale Kontrolle selbst dann, wenn dort ein Wohngebiet angrenzt.

Deshalb sollten die Unterführungen nachts gesperrt werden und die Fußgänger in den Straßenverkehr integriert werden, z. B. mittels Umschaltung der Ampelanlagen.

Haltestellen bieten dann Gefahr für Frauen, wenn sie entfernt von Wohngebieten und somit außer Ruf- und Sichtbezug liegen. Dies ist besonders häufig an Endhaltestellen der Fall.

Die zutreffenden Maßnahmen liegen auf der Hand: die Haltestellen sollten den entsprechenden Nutzungsgebäuden, -bereichen wie Wohngebieten oder Gewerbegebäuden zugeordnet sein.

Baustellen sind nachts unbeleuchtete und uneinsehbare, oft ungesicherte Dunkelbereiche, die Tätern Versteckmöglichkeiten bieten, bzw. in die Frauen hineingezerrt werden.

Baustellen müssen eindeutig von der Straße abgegrenzt sein, z.B. mittels unüberwindbarer Sperren und Zäune. Der Weg entlang der Baustelle muß, wie *jeder* Bürgersteig –, bei Dunkelheit ausreichend beleuchtet sein.

e) Wohngebiete

In Wohngebieten fanden 20% aller uns bekannten Fälle von Vergewaltigung statt. Frauen sind in diesen Gebieten gefährdet, wenn sie folgende allgemeingültigen Merkmale aufweisen:
- o Hauptwohnräume der Gebäude sind nicht zur Straße orientiert,
- o die Bebauung bildet keinen geschlossenen Straßenraum (z. B. große Abstandsflächen zwischen den Gebäuden),
- o in Ein- und Zweifamilienhausgebieten sind die Wohnhäuser durch dichtes Grün vom Bürgersteig getrennt.

Dies hat zur Folge, daß Hilferufe ungehört bleiben und der Sichtbezug oft total entfällt bzw. erschwert ist.
- o Bei Neuplanung die Gebäude zur Straße orientieren,
- o Maßnahmen zur Wiederherstellung eines Straßen-Raumes entwickeln,
- o auf Ziergrün zwischen Bebauung und Bürgersteig bzw. Bürgersteig und Fahrbahn verzichten,
- o eindeutige Abgrenzung von angrenzenden Freiflächen,
- o ausreichende Beleuchtung,
- o optische Kennzeichnung einmündender Straßen und Wege."

(Gensch/Zimmer 1981, S. 40/41)

Besonders sicherheitsgefährdet sind Frauen nachts, in wenig belebten Gebieten mit geringer sozialer Kontrolle durch Anwohner/innen. (Besonders in den „Walpurgisnacht-Demonstrationen" weisen Frauen alljährlich unter dem Motto: „Frauen erobern sich die Nacht zurück" auf dieses Problem hin.)

Gensch/Zimmer sehen auch, daß mit planerischen und baulichen Maßnahmen nur das Ausmaß der Gewalt reduziert werden kann, oder die Situationen, die sie begünstigen, entschärft; da Gebiete mit Wohnnutzung sicherer sind, plädieren sie für ausgeprägtere Funktionsmischung.

7.5. *Fazit: mehr Raum für Frauen und Mädchen!*

Ulla *Terlinden* bringt die Forderungen für den „privaten" und den „öffentlichen" Raum auf die folgenden Nenner:

> „Frauen haben in Städten wenig Lebensraum und vorrangiges Ziel einer ‚frauengerechten' städtebaulichen Planung mäßte sein, für Frauen diesen Lebensraum zu schaffen.
>
> Grundsätzlich kann Planung Gewalt an Frauen nicht verhindern, sie kann ihr aber Hindernisse entgegenstellen.
>
> Es sind Planungen zu denken, die den privaten Bereich der Wohnung nach ‚außen' öffnen könnten, so daß Einblick für Öffentlichkeit, soziale Kontrolle gewährleistet wäre. Dies könnte z. B. geschehen durch kleine überschaubare Gebäudekomplexe sowie durch die Einrichtung von Gemeinschaftsräumen, die nachbarliche Kontakte fördern.
>
> Im Wohnungsbau sollten Räume eingeplant werden, über die Frauen allein verfügen können.
>
> Diese dienen nicht nur ihrem Schutz vor Gewalt, sondern auch ihrer Regeneration und der Stärkung ihres Selbstbewußtseins. Wohnungen und ihr Umfeld sind auch als Arbeitsstätten für Hausarbeit zu bauen und nicht wie bisher als Regenerationsstätten.
>
> Im öffentlichen Raum könnte Funktionsmischung helfen, Gewalttätigkeiten gegen Frauen zu erschweren. Dies insbesondere, wenn die Mischung so geplant wird, daß dort eine Frauenöffentlichkeit entsteht.
>
> Am dringendsten erscheint mir jederzeit die Einrichtung von Frauenhäusern, die in jeden Stadtteil gehören. Diese Schutzräume könnten in das System sozialer Infrastruktureinrichtungen integriert werden.
>
> Unabdingbar ist hierbei, daß sie als autonome Einrichtungen der Frauen geplant werden und nicht als Teil der staatlichen Familienfürsorge. Diese Frauenhäuser sollten dezentral in den Wohnbereichen verteilt werden.
>
> Nur durch die Existenz von Frauenräumen als Schutzräumen und einer Frauenöffentlichkeit als sozialer Kontrollinstanz kann Gewalt gemildert werden und dazu kann auch baulich-räumliche Planung beitragen." (Terlinden 1981, S. 38)

Die autonome Frauenbewegung entstand nicht zuletzt auch in und aus den in dieser Expertise beschriebenen Situationen: sie verlangte Selbstbestimmung für den weiblichen Körper und Geist, und schuf sich separate Räume, um eben dieses Selbst eigenständig definieren zu können. Frauenzentren, Frauenprojekte vieler Art, Frauenwohngemeinschaften, Mädchenwohngemeinschaften, Frauenhäuser, Mädchenläden – sie alle entstanden auf diesem Boden.

So etwas wie „Die Frauen-Stadt" als ein geplantes und auf dieses Ziel hin strukturiertes Gebilde ist bisher wohl nur in Kanada in Angriff genommen worden: am 16.5.82 berichtete Dagmar *Hildebrand* im Berliner „Tagesspiegel":

Die Frauen-Stadt
Am Rande Torontos entsteht ein Wohnprojekt für Frauen

„Eine Gruppe von 25 geschiedenen, verwitweten und ledigen Müttern mit Kleinkindern und einige alleinstehende Frauen trafen sich vor zwei Jahren im kanadischen Toronto, um sich gegenseitig Mut zu machen. Eine ‚Mordswut' hatten sie alle, weil sie keine passenden Wohnungen finden konnten und die von Männern beherrschte Welt der Bauherren und Architekten ihre speziellen Bedürfnisse aus ‚nacktem Gewinnstreben' oder ‚schierer Ignoranz' einfach nicht zur Kenntnis nehmen wollte.

Die aufgebrachten Frauen hielten sich nicht lange mit Klagen auf und nahmen ihr Schicksal selbst in die Hand: sie gründeten kurzentschlossen eine eigene kleine „Frauen-Stadt", deren Grundsteinlegung vor einigen Tagen stattgefunden hat.

Das Mini-Städtchen am Rande Torontos wird vorerst nur aus 31 Wohnungen bestehen, aber nach fester Überzeugung der inzwischen im Handelsregister eingetragenen Frauengruppe soll das nur ein erster Bauabschnitt sein.

Entworfen hat den Baukomplex die Architektin Joan Simon, der die eigenen Pläne so gut gefallen, daß sie nach Fertigstellung selbst einziehen will. Das Unternehmen soll 1,2 Millionen Dollar kosten, die ‚wegen des beispielhaften Charakters' in voller Höhe und zum fast geschenkten Zinssatz von zwei Prozent von der staatlichen Hypothekengesellschaft vorfinanziert werden.

Weibliche Kreditsachbearbeiter der Behörde erteilten der Eigentümergemeinschaft aber auch eine Reihe unwillkommener Bauauflagen: ‚Falls das Experiment fehlschlägt, und es zu einer Zwangsversteigerung kommt, müssen die Wohnungen in etwa dem üblichen Standard entsprechen.'

Damit mußten statt der geplanten Zentralküche in jede Wohnung eigene Kleinküchen eingebaut werden, was die Frauen als ‚staatlich verordneten Diebstahl von Lebensqualität' einstufen: ‚Es wäre doch viel vernünftiger, wenn jeder abwechselnd für alle und nicht jeder ständig sein eigenes Süppchen kocht.'

Gerettet wurde immerhin die Idee einer gemeinsamen Wäscherei, die gleichzeitig Kommunikationstreffpunkt, gemeinsam betriebenes Cafe und Kindergarten sein soll.

In den Wohnungen wird es zwischen Küchen- und Wohnzimmerbereich keine trennenden Wände geben, damit die Frauen bei der Hausarbeit ständig ihre Kleinkinder im Auge behalten können. Kinderfreundlich sollen auch die (unerreichbar) hoch verlegten Elektrosteckdosen und zwei Griffe an etlichen Türen sein . . .

In einem Haus der Torontoer Siedlung soll ein ‚Frauenhaus' eingerichtet werden, in dem von ihren Ehemännern mißhandelte Frauen erste Zuflucht finden können.

Männerfeindlich ist die Ministadt-Frauengruppe nach eigener Aussage ‚auf keinen Fall'. Als Beweis dafür gilt ein geschiedener Vater mit Kind: er beantragte die Mitgliedschaft im Verein und wurde sofort aufgenommen."

Dieser Schlußsatz über den „Hahn im Korb" macht deutlich, in welchem Maß weiblicher Separatismus sich legitimieren muß, wie unausweichlich die bange Frage nach der *„Männerfeindlichkeit"* kommt, schon nur wenn Frauen in einer *frauenfeindlichen* Umgebung ihre Interessen wahrzunehmen versuchen.

Männlichen Separatismus sind wir gewohnt – die Vorstellung und den Anblick von Männergruppen unterschiedlicher Prägungen und aller Größenordnungen, die die Räume und Orte besetzt halten, mit der größten Selbst-Verständlichkeit.

Der *notwendige weibliche Separatismus*, vor allem der Neuen Frauenbewegung, stößt auf Unverständnis und offenen Widerstand. Die mildere Form, das Unverständnis, beruht auf der typisch männlichen Einbildung, daß Frauen und

Mädchen ohne ihre ‚schlechtere Hälfte' eben niemand sind, oder zumindest einsam; die typischen Situationen sind bekannt: sitzen zum Beispiel fünf Frauen in einem Lokal, wird alsbald ein Herr herantreten mit der Frage: „Was denn, so alleine heute Abend?" Die typisch feministische Antwort: „Wieso alleine? Wir sind fünf."

Die ärgere Form, der offene Widerstand, wird deutlich bei Gelegenheiten wie der erwähnten „Walpurgisnacht-Demonstration": Aktionen die auf größere Bewegungsfreiheit zielen, in männliche Territorien eindringen (und das müssen sie, denn einen ‚Freiraum' gibt es da nicht), in alle die Räume und Tages- und Nachtzeiten, die Männer als ‚verboten' erklärt haben, – diese Aktionen stoßen auf immer härtere Gegenreaktionen.

„Mit der Entwicklung des Bewußtseins der Frauen über ihre Unterdrückung und der Entstehung des aktiven und passiven Widerstands verstärken sich informelle Repressionen und Gewalt der bisher Privilegierten – der Männer. Wenn Frauen beginnen, ihre Rolle infrage zu stellen, sich wie freie Menschen zu verhalten, wird die Gewaltandrohung mehr und mehr wahrgemacht.

‚In den letzten Jahren kann ein Ansteigen von Gewaltdelikten gegen Frauen in den Ländern beobachtet werden, wo es mehr formale Rechte und effektive Gleichberechtigung gibt. Es scheint, daß die informelle Gewalt zunimmt, je mehr formale und soziale Rechte sich die Frauen erkämpfen.

Diese Gewalt ist als eine Strafmaßnahme für ungebührliche Freiheiten, vor allem aber als Rückzugsgefecht des Patriarchats zu verstehen.' (Fischer u. a. 1977, S. 8, zit. nach Röhr 1979, S. 24/25)

(Ein weiterer wichtiger Faktor für die Zunahme von Gewalt gegen Frauen dürfte die steigende Entwertung männlicher Arbeitskraft durch strukturelle Arbeitslosigkeit sein, mit der eine Entwertung des Selbstbewußtseins einhergeht – was durch Erniedrigung von Frauen kompensiert wird.)

Dabei verhalten sich doch auch die ‚autonomen' Frauen durchaus im Rahmen gewisser Vorstellungen des Bundesministers für Raumordnung, Bauwesen und Städtebau:

„In der aktiven Auseinandersetzung mit der sozialen und mit der natürlichen Umwelt und auf keine andere Weise entwickelt und bereichert sich die Innenwelt, wird die Subjektivität freier, die Identität oder wie wir auch sagen: das *Ich* stabiler. Und nur in der ständig fortgesetzten Auseinandersetzung mit der Umwelt, dem Erbringen von Leistungen, die zugleich Arbeitsleistungen oder Leistungen des sozialen Handelns ebenso wie *Abgrenzungsleistungen* sind, läßt sich die subjektive Innenwelt verteidigen." (Bundesminister für Raumordnung . . . 1978, S. 81 f.; Hervorhebungen C.R.)

Immerhin scheint jetzt der Zeitpunkt gekommen, wo man auch in der gebauten Umwelt, der Architektur und Stadtplanung, zwischen männlichen und weiblichen Interessen, männlichen und weiblichen Prinzipien zu unterscheiden lernt; was die anderen Siedlungs- und Lebensformen in Matriarchaten angeht, so habe ich in der Expertise I/Kap. 2ff. dargestellt, wie sie andere sozioökonomische und sexuelle Beziehungen in eine andere Oiko-Logie einbetten: wörtlich übersetzt, in ein anderes Wissen und Tun von sozialer Gemeinschaft und vom „Hausen". (Vgl. auch Rentmeister 1979)

Margrit *Kennedy* und Paola *Coppola Pignatelli* (Jungianerin) arbeiteten zu der „Wiederentdeckung weiblicher Prinzipien in der Architektur“ und im Raum (Kennedy 1979, Coppola Pignatelli 1979 und 1982), auf dem Erfahrungshintergrund ihrer aktuellen Situation als Architektinnen in Praxis und Lehre. Kennedy gelangt, männliche und weibliche und Entwürfe vergleichend, zur – vorläufigen und ansatzweisen – Definition von ‚männlichen‘ und ‚weiblichen‘ Prinzipien im Bauen:

‚Das *weibliche Prinzip*	gegenüber dem	*männlichen Prinzip*
eher Nutzer		als Entwerfer dominant
eher ergonomisch		eher monumental
eher funktional		als formal ausgerichtet
eher veränderbar		als festgeschrieben
eher organisch		als abstrakt
geordnet		systematisiert
eher holistisch/komplex		eher spezialisiert/eindimensional
eher sozial		als profitorientiert
eher langsam wachsend		als schnell konstruiert.

Diese Liste ließe sich sicher noch vervollständigen und liest sich vertikal im Hinblick auf männliche Werte wie eine Kritik an bestehenden Fehlplanungen aus der Sicht der Ökologie- oder Alternativbewegung, die eher weibliche Prinzipien vertritt.“ (Kennedy 1979, S. 1280)

Eine Antwort auf die Frage: was ist weibliche, was ist feministische Architektur? muß unter den derzeitigen und sich krisenhaft zuspitzenden ökonomischen und sozialen Bedingungen wohl auf dem zweidimensionalen Entwurfspapier stehenbleiben –; aber wenigstens teilweise neu einrichten müssen und können wir uns in den vorgefundenen Strukturen; daß es geht, zeigen die vorhandenen Räume, die Frauen sich geschaffen haben.

Was die Grundrisse unserer Gesellschaft angeht, so erweist ihre Krise immer deutlicher, daß das „ewig-männliche“ Streben nach der „Quadratur des Kreises“ nichts anderes als der langfristig und weltgeschichtlich vergebliche Versuch ist, rechtwinklige Ordnungs- und Kontrollprinzipien einer zyklischen, dynamischen, unberechenbaren und organischen Wirklichkeit aufzupressen.

Amazone mit Blick auf das zerstörte Reichstagsgebäude Berlin Tiergarten, 1946 (Foto: Friedrich Seidenstücker)

Albert, K.: Vom Kult zum Logos, Hamburg 1982
Anderson, P.: The Reproductive Role of the Human Breast, in: Current Anthropology (1983), Vol. 24, No. 1, S. 25 ff.
arch +, (1981) Heft 60 (Kein Ort, nirgends – Auf der Suche nach Frauenräumen)
Andritzky, M./*Becker,* P./*Selle,* G.: Labyrinth Stadt – Planung und Chaos im Städtebau, Ein Handbuch für Bewohner, Köln 1975
Andritzky, M./*Selle,* G.: Lernbereich Wohnen. Didaktisches Sachbuch zur Wohnumwelt vom Kinderzimmer bis zur Stadt; Grundlagen, Materialien, Lernbeispiele. Reinbek bei Hamburg 1979 (2 Bände)
Avers, Ch. J.: Einführung in die Sexualbiologie, Stuttgart 1976
B., Elisabeth: Das ist ja zum Peepen, Frankfurt/M. 1983
Bachofen, J.J.: Das Mutterrecht (1861), Auswahl, (2. Auflage) Frankfurt/M. 1978
Bachtiar, H. W.: Negeri Taram: A Minangkabau Village Community, in: *Koentjaraningrat* (Hrsg.): Villages in Indonesia, London 1967
Bamberger, J.: The Myth of Matriarchy: Why Men Rule in Primitive Socienty, in: *Rosaldo,* M. Z./*Lamphere,* L.: Women, Culture and Society, Stanford 1974, S. 263-280
Bausenwein, Ingeborg: Physiologische Leistungsgrundlagen von Frauen unter besonderer Berücksichtigung der Ausdauerleistungsfähigkeit und der Erweiterung des Spielangebots, in: Chancen und Hemmnisse für Frauen im Sport, Deutscher Sportbund Kongreß Sept. 1975, Frankfurt 1976
Bauwelt, Heft 31/32, 1979 „Frauen in der Architektur –: Frauenarchitektur?"
beiträge 4, zur feministischen theorie und praxis: „Frauen, Räume, Architektur, Umwelt". München 1980
Bleibtreu-Ehrenberg, Gisela: Pädophilie und Gewalt in naturvölkischen Gesellschaften und außereuropäischen Hochkulturen, in: *Desirat/Pacharzina,* Sexualität und Gewalt, Bensheim 1979
Blu, K.I.: Kinship and Culture: Affinity and the Role of the Father in the Trobriands, in: *Dolgin,* I. L. u.a. (Hrsg.): Symbolic Anthropology, New York 1977, S. 47-62
Benard, Ch./*Schlaffer,* E.: Der Mann auf der Straße, Reinbek 1980
–: Die Grenzen des Geschlechts, Reinbek 1984
Benedict, R.: Kulturen primitiver Völker, Stuttgart 1949
Bennda-Beckmann, F.v.: Ayam Gadang toh Bataluah? Changing Values in Minangkabau Property and Inheritance Law and Their Relation to Structural Change, in: Kertas Kerja 16, Padang 1980 (Typoskript)
Bernhard, W./*Kandler,* A.: Bevölkerungsbiologie, Stuttgart 1974
Bernatzik, H.: Die neue großer Völkerkunde, Frankfurt/M. 1953
Biezais, H.: Religion des Volkes und Religion der Gelehrten, in: *Duerr,* H.P. (Hrsg.): Der Wissenschaftler und das Irrationale (Band 1), Frankfurt/M. 1981
Bixler, R.H.: Incest Avoidance as a Function of Environment and Heredity, in: Current Anthropology (1981), Vol. 22, No. 6, S. 693-654
Bock, G.: Zum Wohle des Volkskörpers . . . Abtreibung und Sterilisation im Nationalsozialismus, in: Journal für Geschichte 2 (1980) Heft 6, S. 58-65
–: Zwangssterilisation im Nationalsozialismus: Untersuchungen zur Rassenpolitik und Frauenpolitik (erscheint 1985)
Bock, G./*Duden,* B.: Arbeit aus Liebe – Liebe als Arbeit. Zur Entstehung der Hausarbeit im Kapitalismus. In: Frauen und Wissenschaft, Beiträge zur Berliner Sommeruniversität für Frauen, Berlin 1977
Bornemann, E.: Das Patriarchat. Ursprung und Zukunft unseres Gesellschaftssystems. Frankfurt/M. 1975
Bosinski, G./*Fischer,* G.: Die Menschendarstellungen von Gönnersdorf der Ausgrabung von

1968, Wiesbaden 1974
Bredekamp, H.: Die Erde als Lebewesen, in: Kritische Berichte, 9 (1981), Heft 4/5, S. 5ff.
Capra, F.: Der kosmische Reigen – Physik und östliche Mystik – ein zeitgemäßes Weltbild. Bern 1977
–: Wendezeit, Bern/München/Wien 1983
Chamberlain Engelsman, J.: The Feminine Dimension of the Divine, Philadelphia 1979
Cherfas, J./*Gribbin,* J.: The Redundant Male, London 1984
Chombart de Lauwe, P.-H.: Aneignung, Eigentum, Enteignung. Sozialpsychologie der Raumaneignung und Prozesse gesellschaftlicher Veränderung, in arch +, 34/1977
Conrads, U.: Programme und Manifeste zur Architektur des 20. Jahrhunderts, Braunschweig 1975
Coppola Pignatelli, P.: Der Weg zu einer anderen räumlichen Logik, in: Bauwelt 31/32, 1979
–: Spazio e Immaginario – Maschile e Femminile in Architettura, Roma 1982
Delporte, H.: L'image de la femme dans l'art préhistorique, Paris 1979
Deschner, K.: Das Kreuz mit der Kirche. Eine Sexualgeschichte des Christentums, München 1982
Devereux, G.: Angst und Methode in den Verhaltenswissenschaften, Frankfurt/M. 1976
–: Baubo: Die mythische Vulva, Frankfurt/M. 1981
Douglas, M.: Ritual, Tabu und Körpersymbolik. Studien in Industriegesellschaften und Stammeskultur, Frankfurt/M. 1981
Duerr, H.P.: Traumzeit. Über die Grenze zwischen Wildnis und Zivilisation, Frankfurt/M. 1979
D'Eaubonne, F.: Feminismus oder Tod, München 1975
Eckstein-Diener, B.: Mütter und Amazonen. Reprint eines Originals vom Anfang der zwanziger Jahre
Erikson, E.H.: Genitale Modi und räumliche Modalitäten, in: Bauwelt 31/32, 1979
Ehrenfels, O.R.: Mother-Right in India, Oxfort 1941
Eldorado – Homosexuelle Frauen und Männer in Berlin 1850-1950, Katalog zur Ausstellung (Berlin-Museum), Berlin 1984
Evans, A.: Mycenaean Tree and Pillar Cult, in: Journal Hellenic Studies, XXI (1921), S. 99-204
Falk, N.A./*Gross,* R.M.: Uspoken Worlds. Women's Religious Lives in Non-Western Cultures, San Francisco 1980
Ferguson, M.: Die sanfte Verschwörung, Basel 1982
Fester, R.: Protokolle der Steinzeit, München 1974
–: (Hrsg.): Weib und Macht. Fünf Millionen Jahre Urgeschichte der Frau, Frankfurt/M. 1979
–: Urwörter der Menschheit, Eine Archäologie der Sprache, Mainz 1982
Fischer, H.W.: Menschenschönheit. Gestalt und Antlitz des Menschen in Leben und Kunst, Berlin 1935
Fluehr-Lobban, C.: A Marxist Reappraisal of the Matriarchate, in: Current Anthropology (1979), Vol. 20, No. 2, S..341-359
Frauen formen ihre Stadt: Verschiedene Hefte (z. T. als Kataloge zu Ausstellungen wie „Ein Raum für eine Frau" etc.), zu beziehen über den Verein „frauen formen ihre Stadt e.V.", c/o Marianne Pitzen, Bonner Talweg 68, 5300 Bonn
Fromm, E.: Anatomie der menschlichen Destruktivität, Hamburg 1977
Fuchs, E./*Kind,* A.: Die Weiberherrschaft in der Geschichte der Menschheit, Leipzig 1930
Funke, F.W.: Die Sherpa und ihre Nachbarvölker im Himalaya, Frankfurt/M. 1978
Gabor, Mark: A Modest History of Pin Up, London 1974
Gerhard, U.: Verhältnisse und Verhinderungen. Frauenarbeit, Familie und Rechte der Frauen im 19. Jahrhundert. Frankfurt/M. 1978
Gimbutas, M.: The Gods and Goddesses of Old Europe, 7000 – 3500 B.C. . Myths, Legends and Cult Images, London 1974

–: Women and Culture in Goddess-Oriented Old Europe, in: Spretnak, Ch. (Hrsg.), The Politics of Women's Spirituality, New York 1982
Göttner-Abendroth, H.: Die Göttin und ihr Heros – matriarchale Religionen in Mythos, Märchen und Dichtung, München 1980
Gould-Davis, E.: Im Anfang war die Frau – Die neue Zivilisationsgeschichte aus weiblicher Sicht, München 1977
Greverus, I.-M.: Kultur und Alltagswelt – eine Einführung in Fragen der Kulturanthropologie, München 1979
Grof, S.: Topographie des Unbewußten, Stuttgart 1978
–:/*Halifax,* J.: Die Begegnung mit dem Tod, Stuttgart 1980
Hampden-Turner, Ch.: Modelle des Menschen, Weinheim/Basel 1982
Harding, E.: Women's Mysteries, Ancient and Modern, New York 1976
Hartmann, O.v.: Moderne Probleme, Leipzig 1886
Häussler, M./*Helfferich,* C./*Walterspiel,* G./*Wetterer,* A.: Bauchlandungen – Abtreibung, Sexualität, Kinderwunsch, München 1983
Heiler, F.: Die Frau in den Religionen der Menschheit, Berlin und New York 1977
Heinrichs, H.-J.: Materialien zu Bachofens ‚Das Mutterrecht', Frankfurt/M. 1975
Heinsohn, G.: Über die ‚heiße' Venus, das dunkle Zeitalter Griechenlands und das Zittern im akademischen Lehrgebäude. Leben und Forschungen Immanuel Velikovskys, in: Freibeuter (1979) 2
–: Privateigentum, Patriarchat, Geldwirtschaft. Eine sozial-theoretische Rekonstruktion zur Antike, Frankfurt/M. 1984
–: Bevölkerungspolitik, Hexenverfolgung, Kinderwelten, Gutachten zur Bundesrepublik Deutschland für das UNITAR-Vorhaben über die Rechte des Kindes, Typoskript Bremen 1984 (erscheint vorauss. Herbst 1984 in Buchform)
Heinsohn, G./*Knieper,* R./*Steiger,* O.: Menschenproduktion. Allgemeine Bevölkerungslehre der Neuzeit, Frankfurt/M. 1979
Heiler, W.: Betrachtungen zur Großen Göttin und den ihr verbundenen Gottheiten, München und Wien 1971
Hinz, B.: Die Malerei im deutschen Faschismus, Kunst und Konterrevolution, München 1974
Hirvonen, K.: Matriarchal Survivals and Certain Trends in Homer's Female Characters, Helsinki 1968
Hoch-Smith, J. (Hrsg.): Women in Ritual and Symbolic Roles, New York 1978
Hoffmann, D.: Leibesübung, Darmstadt 1984
Hofstätter, H.: Symbolismus und die Kunst der Jahrhundertwende, Köln 1973
Holliger, E.: Schon in der Steinzeit rollten Pillen, Bern 1972
Huizinga, J.: Homo ludens – Vom Ursprung der Kultur im Spiel, Hamburg 1956
Illich, I.: Genus. Zu einer historischen Kritik der Gleichheit, o.O., 1983
Janssen-Jurreit, M.: Sexismus, Frankfurt/M. 1979
Jantsch, E.: Die Selbstorganisation des Universums, München 1982
Jonas, D.F.: Aufstieg und Niedergang weiblicher Macht, in: *Fester,* R. (Hrsg.), Weib und Macht, Frankfurt/M. 1979
Jonas, A.D.: Was war und was noch ist. Eine biopsychologische Übersicht, in: *Fester,* R. (Hrsg.), Weib und Macht, Frankfurt/M. 1979
de Josselin de Jong, J.E.: Deductive Anthropology and Minangkabau, in: Kertas Kerja 2, Padang 1980 (Typoskript)
Jullian, P.: Mythen und Phantasien in der Kunst des fin de siècle, Berlin 1971
Junggesellenmaschinen/les machines celibataires: Katalog zur gleichnamigen Ausstellung, Kunsthalle Bern 1975
Kavemann, B./*Lohstöter,* I.: Väter als Täter. Sexuelle Gewalt gegen Mädchen: ‚Erinnerungen sind wie eine Zeitbombe', Reinbek 1984
–: Plädoyer für das Recht von Mädchen auf sexuelle Selbstbestimmung, Expertise für den

6. Jugendbericht 1982, erscheint in der Reihe der Expertisenveröffentlichungen, hrsg. von der Sachverständigenkommission 6. Jugendbericht, im Band 9 der Reihe „Alltag und Biografie von Mädchen", voraussichtlich Ende 1984

Kato, T.: Matriliny and Migration. Evolving Mingankabau Traditions in Indonesia, Ithaca und London 1982

Kennedy, M.: Zur Wiederentdeckung weiblicher Prinzipien in der Architektur, in: Bauwelt 31/32, 1979

Kerenyi, K.: Die Mysterien von Eleusis, Zürich 1962

Khalatbari, P.: Überbevölkerung in den Entwicklungsländern, Berlin (DDR) 1968

Knussmann, R.: Der Mann, ein Fehlgriff der Natur, Hamburg 1982

König, M.E.P.: Die Frau im Kult der Eiszeit, in: *Fester,* R. (Hrsg.): Weib und Macht, Frankfurt/M. 1979

König, R./*Schuppisser,* P.W.: Die Mode in der menschlichen Gesellschaft, Zürich 1958

Kröner, S.: Der Versuch von Lernzielbestimmungen für einen koedukativen Sportunterricht auf der Grundlage einer Situationsanalyse, in: Sport und Lehren und Lernen, VII. Kongreß für Leibeserziehung, München 1976

Kuhn, A. (Hrsg.): Reihe „Frauen in der Geschichte", Düsseldorf 1979 ff.

Kuhn, Th.: Was sind wissenschaftliche Revolutionen? München 1981

Laming-Emperaire, A.: Lascaux, Dresden 1959

—: La signification de l'art rupestre paléolithique, Paris 1962

Leacock, E.: Women's Status in Egalitarian Society: Implications for Social Evolution, in: Current Anthropology (1978), Vol. 19, No. 2, S. 247-275

Leakey, R.E./*Lewin,* R.E.: Wie der Mensch zum Menschen wurde, (2. Auflage) Hamburg 1980

Leroi-Gourhan, A.: Die Religionen der Vorgeschichte, Paläolithikum, Frankfurt/M. 1981

Loeb, E.M.: Sumatra – it's History and People (1935), Kuala Lumpur 1974

Lowenhaupt Tsing, A./*Junko Yanagisako,* S.: Feminism and Kinship Theory, in: Current Anthropology (1983), Vol. 24, No. 4, S. 511-516

Mackenzie, M.: Shoulder to Shoulder, Middlesex 1975

Mann und Weib (Enzyklopädie), Stuttgart/Berlin/Leipzig o.J. (ca. 1910)

Malinowski, B.: Das Geschlechtsleben der Wilden in Nordwest-Melanesien, Frankfurt/M. 1979

McEvedy, C./*Jones,* R.: Atlas of World Population History, Harmondsworth 1978

Meadows, D. u.a.: Die Grenzen des Wachstums. Bericht des Club of Rome zur Lage der Menschheit, Reinbek 1973

Mellaart, J.: Catal Hüyük, A Neolithic Town in Anatolia, London 1967

—: Earliest Civilizations of the Near East, London 1978

Merchant, C.: The Death of Nature, Women, Ecology and the Scientific Revolution, San Francisco 1983

Meyer, A. (Hrsg.): Lila Nächte, Die Damenclubs der zwanziger Jahre, Berlin 1980

Michell, J.: Die vergessene Kraft der Erde. Ihre Zentren, Strömungen und Wirkungsweisen, Frauenberg 1981

Mitscherlich, A.: Die Unwirtlichkeit unserer Städte, Frankfurt/M. 1965

Mookerjee, A.: Kundalini, The Arousal of the Inner Energy, London 1982

Mühlmann, W.E.: Arioi und Mamaia, Wiesbaden 1955

—: Die Metamorphose der Frau. Weiblicher Schamanismus und Dichtung, Berlin 1981

Mumford, L.: Mythos der Maschine – Kultur, Technik und Macht, Frankfurt/M. 1977

Naundorf, G.: Wochenkurse mit Hauptschülerinnen und Hauptschülern im Wannseeheim für Jugendarbeit e.V., Berlin 1983

Naundorf, G./*Wildt,* C.: Der Streit um die Koedukation. Expertise für den 6. Jugendbericht 1982, erscheint in der Reihe der Expertisenveröffentlichungen, hrsg. von der Sachverständigenkommission 6. Jugendbericht, im Bd. 14 der Reihe „Alltag und Biografie von Mädchen", voraussichtlich Anfang 1985

Negt, O.: Die ‚zwei Realitäten' der Gesellschaft und die politische Funktion der Menschenrechte, in: Freiheit + Gleichheit (1983) Heft 4, S. 41 ff.
Neilson Gattey, Ch.: Amelia Bloomer, Zürich 1968
Neumann, E.: Die Große Mutter, Olten 1974
Nimmergut, J.: Werben mit Sex, München 1966
Ohnefalsch-Richter, M.: Die antiken Cultstätten auf Kypros, Berlin 1893
Paczensky, S.v. (Hrsg.): Die neuen Moralisten, Reinbek 1984
Pak, O.-K.: The Minangkabau Conceptualization of Male and Female, in: Kertas Kerja 20, Padang 1980 (Typoskript)
Perincioli, C.: Die Frauen von Harrisburg oder: ‚Wir lassen uns die Angst nicht ausreden', Reinbek 1980
Pestalozza, U.: L'éternel féminin dans la réligion méditerranéenne, Brüssel 1965
Pfeiffer, J.E.: Aufbruch in die Gegenwart. Frühgeschichte der menschlichen Gesellschaft, Düsseldorf und Wien 1981
Pfister, G. (Hrsg.): Frau und Sport (Texte), Frankfurt/M. 1980
Purce, J.: The Mystic Spiral – Journey of the Soul, London 1975
Ranke-Graves, R.v.: Griechische Mythologie, Reinbek 1960 (Bd. 1) und Reinbek 1965 (Bd. 2)
–: Die weiße Göttin, Berlin 1981
Reed, E.: Woman's Evolution from Matriarchal Clan to Patriarchal Family, New York (1975)
Rentmeister, C.: Daumier und das Häßliche Geschlecht, in: Honoré Daumier und die ungelösten Probleme der bürgerlichen Gesellschaft, Berlin 1974
–: Berufsverbot für die Musen (Über das Geschlecht der Allegorien), erweiterte Fassung in: Frauen und Wissenschaft, Beiträge zur Berliner Sommeruniversität für Frauen 1976, Berlin 1977a
–: Blick zurück im Zorn – Die Geschichte des Ö(dipus), in: *Dietze,* G. (Hrsg.): Die Überwindung der Sprachlosigkeit, Darmstadt 1979 a
–: Die Quadratur des Kreises. Die Machtergreifung der Männer über die Bauformen, in: Bauwelt (1979), Nr. 31/32, S. 1292-1296 (Rentmeister 1979b)
–: Das Rätsel der Sphinx – Matriarchatsthesen und die Archäologie des nichtödipalen Dreiecks, in: *Wartmann,* B. (Hrsg.): Weiblich – männlich, Berlin 1980a
–: „Wer hat die Hosen an?" Vierzig Jahrtausende Körper, Kleider und Geschlechterkampf. Diaserie (60 Bilder, 61 S. Begleittext) Landesbildstelle Berlin, 1980b
–: Die ‚sagenhaften' Amazonen. Diaserie (30 Bilder, 44 Seiten Begleittext) Landesbildstelle Berlin, 1980c
–: Frauen, Körper, Kunst: Mikrophysik der patriarchalischen Macht, erweiterte Fassung in: Beiträge zur 4. Sommeruniversität der Frauen Berlin 1979, Berlin 1981
–: „Kultur". (Leitartikel zum Stichwort „K."), in: *Beyer/Lamott/Meyer* (Hrsg.): Frauenhandlexikon, München 1983a
–: Wandel der Wirklichkeit, in: *Pieper,* W. (Hrsg.): Zukunftsperspektiven – Forschung, Szenarien, Technologien, Löhrbach 1983b
–: Wendezeit – wohin? Rezension des Buches von F. Capra, in: Courage (1983) Nr. 11, 1983 c
–: Die Junggesellenmaschine – Bevölkerungsexplosion in Patriarchaten, Bevölkerungsökologie in Matriarchaten. Diaserie (60 Bilder, 37 S. Begleittext) Landesbildstelle Berlin 1984a
–: (W)affendämmerung? Evolutionsszenarios aus Naturwissenschaften, Kulturwissenschaften und Esoterik, in: *Lutz,* R. (Hrsg.): Frauenzünfte, Weinheim 1984b
–: Die Junggesellenmaschine – Bevölkerungsexplosion in Patriarchaten, Bevölkerungsökologie in Matriarchaten, Rundfunkmanuskript (Typoskript, 60 S.), 1984c
–: Ein Hahn kann keine Eier legen. Das Matriarchat der Minangkabau heute. Rundfunkmanuskript (Typoskript, 60 S.), 1984d

Rifkin, J.: Entropie, Hamburg 1982
Röhr, U.: Das verbaute Leben – Soziale und räumliche Aspekte der Unterdrückung alleinstehender Frauen in der Stadt, Dipl. Arbeit, FU Berlin 1979
Rohrwasser, M.: Saubere Mädel – Starke Genossen, Frankfurt/M. 1975
Rosaldo, M. Z./*Lamphere*, L.: Women, Culture and Society, Standford 1974
Rudolph, K.: Die Gnosis. Wesen und Geschichte einer spätantiken Religion, Göttingen 1982
Samuel, P.: Amazonen, Kriegerinnen, Kraftfrauen, München 1979
Schmerl, C./*Fleischmann*, G.: Materialien zur Frauenfeindlichkeit in der Werbung, Bielefeld 1980
Schirmacher, K.: Die moderne Frauenbewegung, Leipzig 1909
Schneider, D.M./*Gough*, K. (Hrsg.): Matrilineale Kinship, Berkeley/Los Angeles 1961
Schreier, J.: Göttinnen, München 1978
Sherfey, M.J.: Die Potenz der Frau, Köln 1974
Schröder, H.: Die Frau ist frei geboren, Texte zur Frauenemanzipation, Band 1: 1789-1870, München 1979
Schultz, D.: ‚Ein Mädchen ist fast so gut wie ein Junge', Sexismus in der Erziehung, Berlin 1978
Schulze, E.: Trautes Heim, Glück allein! Über die Domestizierung der Frau im Biedermeier, in: beiträge 4, München 1980
Siewing, R. (Hrsg.): Evolution, Bedingungen – Resultate, Konsequenzen. Stuttgart/New York 1978
Solanas, V.: Manifest der Gesellschaft zur Vernichtung der Männer – SCUM, Darmstadt 1969
Spretnak, Ch. (Hrsg.): The Politics of Women's Spirituality, Essays on the Rise of Spiritual Power within the Feminist Movement, New York 1982
Stone, M.: When God was a Woman, New York 1976
–: Ancient Mirrors of Womanhood. Our Goddess and Heroine Heritage, New York 1977
Strohm, H.: politische ökologie, arbeitsmaterialien und lernmodelle für unterricht und aktion, Hamburg 1979
Theweleit, K.: männerphantasien, Frankfurt/M. 1977 (Bd. 1: frauen, fluten, körper, geschichte(und Frankfurt/M. 1978 (Bd. 2: männerkörper – zur psychoanalyse des weißen terrors)
Thimme, J.: Kunst und Kultur der Kykladeninseln im 3. Jahrtausend v. Chr., Karlsruhe 1977
Thomson, G.: Frühgeschichte Griechenlands und der Ägäis, Berlin 1974
Troeller, G./*Deffarge*, C.: Mutterrecht auf Sumatra. Fernsehfilm der Reihe „Frauen der Welt", 1980
Trömmel-Plötz, S.: Frauensprache – Sprache der Veränderung, Reinbek 1982
Velikovsky, I.: Oedipus und Echnaton, Zürich 1966
–: Welten im Zusammenstoß, Frankfurt/M. 1978
–: Erde im Aufruhr, Frankfurt/M. 1980
Walters, M.: Der männliche Akt, – Ideal und Verdrängung in der europäischen Kunstgeschichte, Berlin 1979
Warhaftig, M.: Die Behinderung der Emanzipation der Frau durch die Wohnung und die Möglichkeit zur Überwindung, Unveröff. Diss. Ing. TU Berlin 1978; weitere Beiträge u.a. in „Bauwelt" Nr. 31/32, 1979; in „beiträge 4"/1980; „Schwarze Botin" Nr. 9/1978)
Waters, F.: Das Buch der Hopi, Köln 1983
Weigel, S./*Geiger*, R.: Sind das noch Damen? Vom gelehrten Frauenzimmerjournal zum feministischen Journalismus, München 1981
Wex, M.: „Weibliche" und „männliche" Körpersprache als Folge patriarchalischer Machtverhältnisse, Hamburg 1979
Wickler, W./*Seibt*, U.: männlich weiblich, München 1983
Wilson, E.O.: Biologie als Schicksal, Die soziobiologischen Grundlagen menschlichen Ver-

haltens, Berlin 1980
Wirth, H.: Die Frage der Frauenberge – eine europäische Gegenwartsfrage, Marburg 1972
–: Die heilige Urschrift der Menschheit (1931-1936), Frauenberg 1979
Wolf, Ch.: Voraussetzungen einer Erzählung: Kassandra, Darmstadt 1983
Woolf, V.: Drei Guineen, München 1980
Zotter, H.: Antike Medizin, Graz 1980
Zukav, G.: Die tanzenden Wu Li Meister. Der östliche Pfad zum Verständnis der modernen Physik, Reinbek 1979

Abbildungs-Nachweis

1. Gerlach, Allegorien und Embleme, NF Wien 1900, Taf. 55a
2. Leakey/Lewin 1980 (s. Lit.Verz.) (Hoffmann & Campe), S. 34/35
3. „Die Welt aus der wir kommen“, München (Droemer-Knaur) 1967, S. 15
4. Copyright Rentmeister
5. Copyright Rentmeister
6. Copyright Rentmeister
7. Copyright Rentmeister
8. Copyright Rentmeister
9. Copyright Rentmeister
10. Fotoverlag: Museum Les Eyzies/Frankreich
11. Leroi-Gourhan 1981 (s. Lit.Verz., edition suhrkamp), S. 96
12. Neumann 1974 (Lit. Verz.; Verlag Walter, Olten und Freiburg i.Br.) Tafel 14
13. Neumann 1974 (wie Abb. 12), Tafel 6
14. H. Müller-Karpe, Das vorgeschichtliche Europa, Baden-Baden (Holle-Verlag) 1980 (2. Aufl.) S. 109
15. Thimme/Aström/Lilliu, Frühe Randkulturen des Mittelmeerraumes, Baden-Baden (Holle?) 1968, S. 118
16. J. Purce 1975 (siehe Lit.Verz., Thames & Hudson)
17. Gimbutas 1974 (Lit.Verz., Thames & Hudson), S. 167 (Abb. 109 - 111)
18. Neumann 1974 (vgl. Abb. 12), Tafel 1
19. Mellaart 1978 (Lit.Verz., Thames & Hudson) Abb. 73, S. 95
20. Gimbutas 1974 (vgl. Abb. Nr. 17), S. 161
21. L.-R. Nougier, L-aventure humaine de la préhistoire, o.O., Hachette, o.J. (ca. 1979)
22. Neumann 1974, Abb. 62, S. 259 (Angaben S. Abb. 12)
23. Katalog „Kunst und Kultur Sardiniens“, Badisches Landesmuseum Karlsruhe, 1980, S. 228/Tafel IV
24. Reprovorlage aus dem Museum Iraklion/Kreta
25. Gimbutas 1974, S. 186 (s. Abb. 17)
26. Neumann 1974, Tafel 134
27. J. Hawkes, Geburt der Götter. Bern/Stuttgart (Hallwag) 1972, S. 73
28. Nach dem Original/Repro: Rentmeister
29. Katalog „Marienbild“, Ausstellung Villa Hügel/Essen 1968, Kat. Nr. 128
30. J. Hawkes 1972, S. 274 (s.o., Abb. 27)

31. J. Hawkes 1972, Tafel 126
32. H. Nielsen, Giftpflanzen, Stuttgart 1974, S. 28
33. Neumann 1974, Tafel 166 (s.o., Abb. 12)
34. Khalatbari 1968 (s. Lit.Verzeichnis), Abb. 1 (DDR-Verlag, welcher?)
35. „Die Welt aus der wir kommen“ (s.o., wie Abb. 3), S. 36 - 37
36. Mellaart 1978, S. 83 (wie oben, Abb. 19)
37. E. Guidoni, Architektur der primitiven Kulturen, Stuttgart 1976
38. Repro Rentmeister, nach Original
39. H. Demisch, Die Sphinx, Stuttgart (Urachhaus) 1977, Abb. 279/S. 99
40. Katalog „Der Garten Eden“, Berlin 1978/79 (Museum für Ur- und Frühgeschichte); Katalog im Verlag von Zabern/Mainz. Abb. 13
41. Lilliu/Schubart, Frühe Randkulturen des Mittelmeerraumes, Baden-Baden (Holle) 1979, S. 168
42. Schreier 1978 (München, Frauenoffensive; s.a. Lit.Verz.), Abb. 20
43. Zs. „Emma“, Juni 1977
44. Knussmann 1982 (s. Lit.Verz.), Stern-Buch
45. Repro Rentmeister vom Original
46. Katalog „Kunst im Dritten Reich“, Frankfurt/M. (Kunstverein), 1974, S. 117
47. Katalog „Aspekte der Gründerzeit“, Berlin (Akademie der Künste) 1974, S. 218
48. Bredekamp 1981, Abb. 5/S. 12 (Kritische Berichte erscheinen in Marburg)
49. Gerlach (vgl. Abb. 1. Angaben), NF 1900, No. 87, Repro Rentmeister
50. Querner, Vom Ursprung der Arten, Reinbek (Rowohlt) 1977
51. Merchant 1983 (s. Lit.Verz.) Harper & Row. S. 35
52. B. Wormbs, Über den Umgang mit Natur, Frankfurt/M. (Roter Stern) 1978, S. 73
53. „Geo“ (Zs.), Nr. 12, Dez. 1980
54. dtv-Atlas zur Astronomie, München 1983, S. 36
55. Foto: Rentmeister
56. BILD-Zeitung, 14.5.1982
57. E. Holliger 1972 (s. Lit.Verz.), Abb. 7 (Buch im Eigenverlag)
58. Klaus Honnef, 150 Jahre Fotografie, Frankfurt/M. (Kunstforum) 1977, S. 302
59. Nach Rentmeister 1974
60. J. Richardson, Die Kurtisanen. Frankfurt/M. (S. Fischer) 1968
61. Neilson Gattey (s. Lit.Verz.) S. 56/Abb. 14. (Ala-Verlag, Zürich 1968)
62. Hamann/Hermand, Gründerzeit. München (Nymphenburger) 1971, S. 217

63. Reproduktion Rentmeister
64. Mackenzie 1975 (s. Lit.Verz.), Penguin Books/Harmondsworth
65. R. Westphal, Die Frau im politischen Plakat, Berlin (Frölich & Kaufmann) 1979, S. 33
66. „Bilder aus dem Simplicissimus", Hannover (Fackelträger-Verlag) 1970, S. 214
67. Gabor 1972 (s. Lit.Verz.) London, Pan Books Ltd., S. 203
68. H.W. Fischer, Menschenschönheit, Gestalt und Antlitz des Menschen in Leben und Kunst, Berlin 1935
69. H. W. Fischer, Menschenschönheit, Gestalt und Antlitz des Menschen in Leben und Kunst, Berlin 1935 ,
70. Friedrich Seidenstücker, Von Weimar bis zum Ende. Dortmund (Harenberg) 1980, S. 378
71. U. Conrads, Programme und Manifeste zur Architektur, Ein Band der Ullstein „bauwelt"-Reihe
72. F. Seidenstücker (Angaben wie Abb. 68), S. 417

Die Autorin:
Cillie Rentmeister, geboren 1948, Berlinerin. Studium von Kunstgeschichte und Archäologie (Dr. phil.). Zu feministischer Kultur-Geschichte und Kulturkritik zahlreiche Veröffentlichungen (unter anderem zu den Themen Matriarchate, Kunst und Kultur des 19. und 20. Jahrhunderts, Bevölkerungspolitik, Verhältnis von Geistes- und Naturwissenschaften: siehe auch das Literaturverzeichnis in diesem Buch). Seit 1977 Lehrbeauftragte an Hochschulen und Universitäten in Berlin, Bremen und Hamburg. Seminare in der außerschulischen Bildung mit Jugendlichen und Erwachsenen.
Rundfunk- und Filmautorin (kl. Fernsehspiele). Keyborderin in Frauenbands (u. a. Flying Lesbians, eine LP), seit 1983 Solo-Projekt „E.M.P." (elektronischer Wave, eine Single).

Die verunsicherte Generation
Jugend und Wertewandel
leske